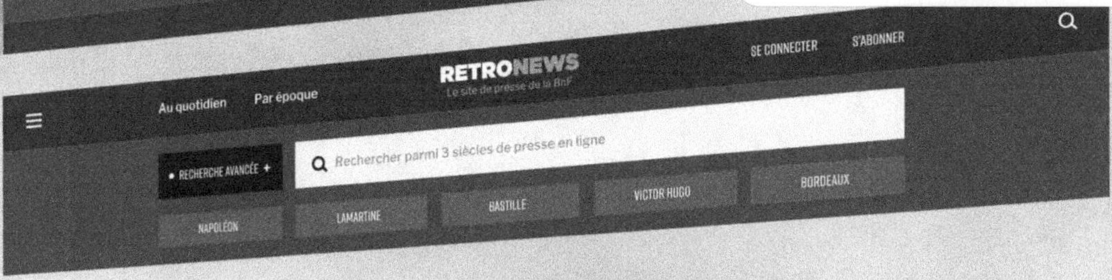

REVUE
ÉPIGRAPHIQUE

N° 94. — Juillet, août, septembre 1899

Béziers, dans l'Hérault; Nîmes, dans le Gard; Les Echelles, dans la Savoie; Vienne, dans l'Isère; Sainte-Colombe-lès-Vienne, dans le Rhône; Nuits, Fontaine-Française, Bessey, Pommard, dans la Côte-d'Or; Rom, dans les Deux-Sèvres.
Les dieux de la Gaule celtique (suite).
Les Eduens et les Arvernes sous la domination romaine (suite).

1298

Epitaphe d'un sévir de condition ingénue

Copie dessinée et renseignements de M. NOGUIER, Bibliothécaire et Conservateur du Musée, à Béziers.

Cazon-lès-Béziers, dép. de l'Hérault. — Grand bloc quadrangulaire paraissant avoir fait partie d'une construction, « trouvé récemment dans les « environs de Cazon-les-Béziers ».

P·IVLIO·P·F·PVP
PATRI·VI·VIRO·ET
P·IVLIO·P·F·FIRMONI
FRATRI

« Beaux caractères de la meilleure époque; les lettres de la première ligne n'ont pas moins de 10 centimètres »; le T et l'R de PATRI à la seconde ligne liés en un monogramme.

Publio Iulio, Publii filio, (tribu) Pupinia, patri, sexviro, et Publio Iulio, Publii filio, Firmoni, fratri.

« A Publius Iulius, fils de Publius (Iuius), de la tribu Pupinia, sevir, son « père, et à Publius Iulius Firmo, fils de Publius (Iulius), son frère ».

Les deux défunts, l'un le père, l'autre le frère de l'auteur innommé du tombeau.

La désignation du père par son prénom et son nom gentilice sans cognomen, de même que le sévirat exercé par un ingénu et l'absence du complément habituel *Augustalis* à la suite du titre de *sexvir*, sont des indices d'ancienneté qui nous reportent au premier siècle de notre ère.

La pierre sur laquelle est gravée l'inscription paraît, d'après sa forme quadrangulaire et ses dimensions provenir, soit d'un tombeau monumental, soit de l'enceinte d'un enclos funéraire formé d'un mur d'appui surmonté de piliers joints par des grilles ou des treillages, disposition dont les inscriptions offrent de nombreux exemples.

Béziers, une des cinq colonies militaires de droit romain, dénommées d'après les numéros des légions de César; colonia V..... Iulia Septumanorum Baeterrae, tribu Pupinia, dans la Narbonnaise, en distinction des colonies d'Auguste *Iuliae* ou *Iuliae Augustae* ou *Augustae*, toutes de droit latin et inscrites dans la tribu Voltinia.

1299

Fragment d'épitaphe avec des noms celtiques

Estampages et renseignements de M. CARRIÈRE, Conservateur du musée archéologique.

Nîmes, dép. du Gard. — Pierre oblongue sans ornements, incomplète à gauche, « trouvée dans les travaux de construction de l'égoût qui longe le « boulevard, en face le Palais de Justice ». Actuellement au musée de la Ville. — Hauteur environ 0 m. 30; longueur 0 m. 60. Hauteur des lettres 0 m. 07.

.........S ADCENNO
.........LIMARVS

Lettres fortement gravées, d'apparence très ancienne, probablement des premières années de l'époque impériale; l'S de la première ligne réduite à sa partie inférieure; l'L au commencement de la seconde, à l'extrémité de sa branche horizontale; pas un C.

Adcennus, nom celtique qui se retrouve plus tard à Nîmes et ailleurs sous la forme gentilice *Adgennius*.

....*limarus*, fin d'un nom celtique à compléter peut-être en [*so*]*limarus*.

1300

Epitaphe

Estampages et renseignements de M. CARRIERE.

Nîmes. — Stèle à sommet cintré, « provenant du quartier du Théâtre ». — Hauteur 0 m. 60, largeur 0 m. 45.— Hauteur des lettres, de 0 m.10 à 0.12.

C · IVLIO
DIONYSIEIL
SANDYCEI ·

Lettres grandes, inégales, très fortement et négligemment gravées; les arrêts tantôt manquants, tantôt exagérés; les A à pointe acuminée et à barre chevronnée, les N très étroites, les O ovales; l'E et l'I (valant pour deux) de DIONYSIEI, l'N et le D de SANDYCEI liés en monogrammes.

C. Iulio, Dionysiei l(iberto), Sandycei.

« A Caius Julius Sandyx, affranchi de (Caius Julius) Dionysius ».

L'ortographe *ei* pour *i* dans DIONYSIEI pour DIONYSII, et dans SANDYCEI pour SANDYCI, indices d'ancienneté qui ne permettent pas de faire descendre l'inscription plus bas que la première moitié du premier siècle.

1301

Marque de fabrique sur une tuile

Estampage et renseignements de M. MULLER, Bibliothécaire et Conservateur du matériel de l'Ecole de Médecine et de Pharmacie de Grenoble.

Les Echelles, dép. de la Savoie, lieu dit : « La-Bauche ».

LVERR · PAC

Lettres en creux et larges; de bonne forme.

L(ucius) Verrius Pac(atus)?

Marque déjà connue. — *C. I. L.*, tome XII, nº 5679-75. « Tuile trouvée près du lac d'Aiguebelette ».

1302

Marque de fabrique sur une brique (?) avec le monogramme du Christ

Estampage et renseignements de M. MULLER.

Grenoble, environs ; provenance précise non connue. — Fragment de brique (?) avec inscription en cercle.

CLVDIANA ☧ = *Clodiana*

Lettres du IVe siècle, à ce qu'il nous semble, l'V et le D réduits à leur moitié inférieure.

Au centre, dans un cercle, le chrisme, composé du X et du P en un monogramme.

1303

Fragment d'une épitaphe chrétienne

Estampage et renseignements de M. MULLER.

Vienne, dép. de l'Isère. — Fragment d'une plaque de marbre, « trouvé à Vienne ». — Hauteur 0 m. 12, largeur 0 m. 07 :

.......*famu*
LADEI.......
QVAE *obiit*.....
NOVEM*bres...p.c*
BA *sili v. c. cons*
IN *dictione*.....

Lettres du VIe siècle. Lecture nullement certaine, les lettres BA supposées le commencement du nom de Basile, consul en 540, suivies d'une lettre douteuse, mais qui ne parait pas pouvoir être un S.

1304

Marque de plombier

Estampage et renseignements de M. BIZOT, architecte de la ville de Vienne, Conservateur du Musée.

Sainte-Colombe-lès-Vienne, dép. du Rhône. — Tuyau de plomb pour la conduite des eaux : « J'ai trouvé, ces temps derniers (lettre du 1er juin 1899) :
« deux tuyaux de plomb, portant de très belles marques de fabrique, dont j'ai
« fait l'acquisition pour le Musée. Je n'en connais pas la provenance exacte,
« mais je les crois venir de Sainte-Colombe ».

C VOCCI CAMPANI

Lettres en relief dans un listel bordé d'un filet ; l'O et le premier C de VOC, l'A, l'M et le P de CAMP liés en monogrammes.

C. Vocci(i) Campan(i).

« (Fabrique) de Caius Voccius Campanus ».

Marque peut-être nouvelle ; elle ne figure pas au tome XII du *Corpus inscriptionum latinarum* de la Narbonnaise.

1305

Marque de plombier

Estampage et renseignements de M. BIZOT.

Sainte-Colombe-lès-Vienne. — Tuyau de plomb, trouvé depuis peu (lettre du 1er juin 1899), à Sainte-Colombe.

M·ANN·FIRMINI·VF

Lettres en relief dans un listel bordé d'un double filet ; l'A et la première N de ANN, l'N et les deux derniers I de FIRMINI, liés en monogrammes.

M. Ann(ii) Firmini. V(iennae) f(ecit).
« (Fabrique) de Marcus Annius Firminus. Fait à Vienne ».
Marque déjà connue. Voir Hirschfeld, *Corpus* XII, 5701-22, « à Sainte-Colombe ».

1306

Fragments de tuiles avec marque de fabrique

Estampages et renseignements de M. CHANGARNIER, Directeur du Museum à Beaune.

1. **Nuits**, dép. de la Côte-d'Or, lieu dit : « En Bolard ». — Au musée de Nuits.

OCTA

Lettres en creux.

2. **Nuits**, lieu dit : « En Bolard ». Au musée de Nuits.

OCTA

Lettres en creux. Marque paraissant entière.

3. **Nuits**, lieu dit : « En Bolard ». Collection de M. Derône, pharmacien à Nuits.

OCTA

Lettres en creux dans un cartouche légèrement creux. Commencement du cartouche et de la marque.

4. **Artes**, près Fontaine-Française, dép. de la Côte-d'Or. Collection de M. Gascon, Correspondant de la Société des Antiquaires de la Côte-d'Or.

OCTA

Lettres en creux, dans un cartouche légèrement creux; Marque le remplissant exactement et paraissant entière.

Sans doute pas la première partie du mot *Octava* se rapportant à la *legio VIII Aug(usta)*, mais simplement le nom complet ou non d'un tuilier quelconque, dont la fabrique était à Nuits.

1307

Fragments de tuiles au nom de la légion VIII Augusta

Estampages, photographies et renseignements de M. CHANGARNIER, Directeur du Museum de Beaune.

1. — **Bessey**, près Dampierre-sur-Vingeanne, canton de Fontaine-Française, dép. de la Côte-d'Or.

LEG VIII AVG

Estampage. Lettres en relief dans un cartouche bordé d'un filet en relief terminé à chaque extrêmité par un appendice en queue d'aronde. Collection de M. Gascon, Correspondant de la Société des Antiquaires de la Côte-d'Or. M. Gascon aurait trouvé « des fragments de tuiles au nom de la légion VIII Augusta, à Sacquenay, Orain, Ognes, Pouilly-sur-Vingeaune, Martigny-sur-Vingeanne, Saint-Maurice-sur-Vingeanne ».

2. — **Pommard**, lieu dit : « En Lulune », dép. de la Côte-d'Or.

LEG VIII·AVG

Estampage et photographie. « On vient de découvrir (lettre du mois de mai

1899), en Lulune, trois fragments de tuiles au nom de la légion VIII Augusta, dont un avec la légende entière », dans un cartouche à queue d'aronde.

L'un des deux autres : *leg. VIII a*VG.

Le troisième : *l'EG Viii Aug.*

Les trois fragments, dans la Collection de M. Albert Moingeon, à Dommard, par qui ils ont été trouvés.

1308

Fragment

Copie de M. BLUMEREAU, notaire à Rom, en Poitou, par qui ont été faites, il y a déjà plus d'une dizaine d'années, dans une de ses propriétés à Rom, sur l'emplacement d'un cimetière romain, plusieurs fouilles consécutives ; les découvertes amenées par ces travaux ont été publiées à mesure dans le *Bulletin de la Société des Antiquaires de l'Ouest* de 1887, dans le *Bulletin des Antiquaires de France* de 1887 et 1888 et encore dans celui *des Antiquaires de l'Ouest* de 1889, puis viennent de l'être à nouveau dans un exposé général sous le titre : *Les Fouilles de M. Blumereau à Rom* (*Deux-Sèvres*) par M. Camille Jullian, associé correspondant national de la Société des Antiquaires de France, *Paris*, 1899.

Rom, dép. des Deux-Sèvres. — « Fragment présentant la partie droite d'une « table en pierre blanche, taillée, très polie sur sa face supérieure ; sortie de « terre en labourant avec une charrue plus forte que de coutume dans un « champ : un des nombreux champs qui recouvrent des ruines romaines ». L'inscription est gravée sur la tranche de la table. — Longueur 0 m. 60, largeur 0 m. 35 ; épaisseur de la tranche inscrite 0 m. 07.

..............VMVS SCAMNVM

C. Jullian, notice intitulée *les Fouilles de M. Blumereau*, p. 27, où il semble s'agir d'une découverte récente.

[........? *Post*]*umus scamnum*, mots à la suite desquels on s'attendrait au mot, entier ou abrégé, DAT.

« [....Post]umus donne ce scamnum ».

Scamnum ainsi qu'explique M. Blumereau : « un tabouret de pierre destiné « à supporter les pieds d'une statue de divinité » (Voir *C.* II, 1066, *Ordo decrevit statuam et scamna marmorea*).

Parmi les nombreux petits objets rendus à la lumière par les fouilles de Rom, il y a à citer particulièrement une tablette de plomb, tablette magique probablement, inscrite sur ses deux faces en caractères cursifs très effacés et presque indéchiffrables, publiée par M. Jullian dans la *Revue Celtique* de 1898.

Rom, le Rauranum de l'Itinéraire d'Antonin, sur le territoire anciennement des Pictaves dans la partie de la Celtique ajoutée par Auguste à l'Aquitaine ibérienne d'entre Pyrénées et Garonne, non tant pour agrandir, en l'étendant jusqu'à la basse Loire, une des trois Gaules trop petites que pour affaiblir par le morcellement la puissance trop prépondérante de la nation celtique (Voir dans *Revue épigr.*, III, p. 453, Hirschfeld, l'*Aquitaine à l'époque romaine*).

Sous l'empire, station de la voie de Bordeaux à Autun, ou plus précisément de Saintes, à Poitiers, à trente-six *m. p. m.* de la première des deux villes et à XXI *m. p. m.* de la seconde.

Au IVe siècle, le poète Ausone avait à Rauranum, une campagne où il oubliait volontiers dans une contrée verdoyante et fertile le souci des grandeurs et quittait avec plaisir la riche trabée aux broderies dorées pour le grossier sarreau d'un campagnard.

CORRECTIONS

Ci-dessus III, pp. 494, 495. Autel au dieu Albius et à Damona. Ligne 3 de l'inscription : COCILLIANVS, non COCILIANIF. Correction indiquée par notre collègue M. Dissard.

1309

Mercure Victor MAGNIACUS VELLAUNVS

Province Narbonnaise (civitas des Allobroges, puis des Viennenses, colonia, Iulia Vienna. — Vienne).

Autel trouvé à Hières, canton de Crémieux, dép. de l'Isère. — Hières, au devant d'une maison, sur la place.

Aug(usto) sacr(um), deo Mercurio Victori (?) *Magniaco Veilauno, C. Capitoius Macrinus restituit.*

Hirschfeld, *C.* XII, 2373. — Allmer, *Inscr. de Vienne*, III, 191, atl. 269 34 ; ci-dessus II, p. 316.

« Autel à Auguste, à Mercure Victor (?) Magniacus Vellaunus, rétabli par « Caius Capitoius Macrinus ».

On ne connaît pas d'exemple de Mercure « Vainqueur »; *Victor* ne serait-il pas à remplacer par *Viator*, « protecteur des chemins ? ».

Magniacus, *Vellaunus* seraient des surnoms tirés de noms de lieux placés sous la sauvegarde du dieu. Il y a, non loin d'Hières, dans le département de l'Ain, près de Belley, une commune du nom de Magnieu, et dans le département de l'Isère une commune du nom de Billieu.

La gravure de ce texte est très défectueuse; elle donne MACNIACO pour MAGNIACO, VEILAVNO pour VELLAVNO, CAPITOIVS pour CAPITONIVS ? ; elle peut bien donner tout aussi fautivement VICTORI pour VIATORI.

1310

MAIURRUS

Prov. Narbonnaise (civitas des Deciates, peuple d'origine ligure ; Antipolis colonie grecque de Marseille, Antibes).

Grasse, dép. des Alpes-Maritimes. Trouvée au quartier de Malbosc, ou plus exactement au pied du Pey-Loubet.

Maiurro C. Flavius Secundinus v. s. l. m

Hirschfeld, *C.* XII, 165, d'après Blanc, *Epigr. des Alp. Mar.*, I, p. 151, qui vidit. — Ci-dessus, II, p. 316.

« A Maiurrus, Caius Flavius Secundinus avec reconnaissance en accom- « plissement de son vœu ».

La copie du nom du dieu, lu seulement par M. Blanc, n'est peut-être pas certaine.

On peut d'ailleurs dire d'une manière générale que toutes les inscriptions en demi-cursive de gravure négligée sont d'une lecture douteuse. C'est extrêmement souvent que les L et les T, et quelquefois les E, même les S, y affectent la forme de l'I.

1311

MATRAE, MATRES

Voir Almahae, Aufaniae, Eburnicae, Elitivae, Gerudatiae, Nemetiales, Obeleses, Olatonae, Osdiavae, Ubelnae, Urobrocae, Uroicae, Vediantiae.

1. — Province Narbonnaise (civitas des Salluves, peuple d'origine ligure ; colonia Iulia Augusta Aquae Sextiae, Aix).

Provenance précise inconnue. — Au musée d'Aix.

Matrib(us) Conservatricibus L. (*ou P. ou I*) *P...... R......*

Hirschfeld, *C.* XII, 497 et *Add.* p. 813. « Aux Mères Conservatrices, Lucius « (*ou* Publius *ou* Titus) P...... R......

2. — Aix. Provenance précise non connue. — Perdue.

T. Pom(peius) Fel(ix) Matrib(us) v. s. l. m

Hirschfeld, *C.* XII, 504. — Friederichs, *matron. mon.*, 152.

« Titus Pompeius Felix, aux Mères, avec reconnaissance en accomplisse« ment de son vœu ».

3. — Province Narbonnaise (civitas des Salluves, peuple d'origine ligure; colonia Iulia Paterna Sextanorum Arelate, Arles).

Ventabren, canton de Berre, dép. des Bouches-du-Rhône. — Perdue.

Ma[t]ris, L. Iul(ius) [E]upr(epes?) [v. s.] l. m

Hirschfeld, *C.* XII, 634. — Friederichs, 154.

« Aux Mères, Lucius Julius Euprepes avec reconnaissance en accomplis« sement de son vœu ».

4.— Province Narbonnaise (civitas des Vulgientes; colonia Iulia Apta, Apt).

Apt. — Au Musée.

M. At[ili]us? Karus, Matrib(us) pro prae(diis?).

Hirschfeld, *C.* XII, 1078; litteris rusticis. — Allmer, *Bull. de la Drôme*, 1874, p. 266. — Friederichs, 158.

« Marcus Atilius Karus aux Mères pour son domaine ».

Lecture peu certaine. Le dévot s'appelait peut-être *Attius*; l'action de grâces a peut-être été faite pour un apparenté appelé *Prae(sens)* ou de quelque autre nom commençant par les mêmes lettres.

5.—Province Narbonnaise (civitas des Memines; colonia Iulia Carpentorate, Carpentras).

Montbrun, canton de Séderon, dép. de la Drôme; au quartier de Vic, dans un mur.

MATRIBVS

....

Hirschfeld, *C.* XII, 1173.— Friederichs, 160. — Allmer, *Rev. épig.*, I, p. 195.

« Aux Mères........ ».

6. — Prov. Narbonnaise (civitas des Voconces; Vasio, Vaison).

Trouvée à Vaison.

MATRABVS

Hirschfeld, *C.* XII, 1302. — Friederichs, 167. — « Aux Mères ».

7. — Vaison. — Perdue.

Matribus v. s. l. m. Q. Abudius, Frontonis l(ibertus), Theodotus.

Hirschfeld, *C.* XII, 1303. — Friederichs, 168.

« Aux Mères, Quintus Abudius T(h)eodotus, affranchi de Fronto, avec « reconnaissance en accomplissement de son vœu ».

Abudius, nom peut-être celtique, peut-être grec. *Abudos* se lit sur des monnaies gauloises qu'on attribue aux Bituriges.

8. — Vaison. — Autrefois dans l'église paroissiale, sous l'autel de Notre-Dame.

Matribus Adcultus, Vassedonis f(ilius) v. s. l. m

Hirschfeld, *C.* XII, 1304. — Friederichs, 169.

« Aux Mères, Adcultus, fils de Vassedo, avec reconnaissance en accom« plissement de son vœu ».

Vassedo, nom celtique connu par d'autres exemples.

9. — Vaison. — Autrefois au cimetière de Saint-Quinin.

Matribus, Catius Mansuetu[s] et fratres votum (solverunt)

Hirschfeld, *C.* XII, 1305. — Friederichs, 170.
« Aux Mères, Catius Mansuetus et ses frères, en accomplissement de leur « vœu ».

10. — Vaison. — Perdue.

Matrabus, Sex. Coelius, Nigri l(ibertus), Ingenuus v. s. l. m

Hirschfeld, *C.* XII, 1306. — Friederichs, 171.
« Aux Mères, Sextus Coelius Ingenuus, affranchi de Niger, avec recon- « naissance en accomplissement de son vœu ».
Intercalé dans le texte, un personnage debout tenant des fruits (?) de la main gauche.

11. — Vaison ? — Portée à Londres, dans une collection particulière.

Matris C. Dunatius Gratus praefectus pagi Iuni(i) d(e) s(uo) d(at)

Hirschfeld, *C.* XII, 1307, d'après Longpérier, *Bull. arch. de l'Athenaeum fr.* p. 16. — Friederichs, 172.
« Aux Mères, Caius Dunatius Gratus, préfet du pagus Junius donne de ses « deniers ».
Le pagus *Iunius*, connu par cette seule inscription.
Dunatius, nom celtique.

12. — Vaison. A la Roche Balajot. — Perdue.

Matribus L. Epidius L. l(ibertus), Murran(us) v. s. l. m

Hirschfeld, *C.* XII, 1308. — Friederichs, 173.
« Aux Mères, Lucius Epidius Murranus, affranchi de Lucius, avec recon- « naissance en accomplissement de son vœu ».
Au-dessous du texte, un homme tenant « un miroir ».
Il est singulier qu'un homme ait à la main « un miroir »; ne serait-ce pas plutôt une patère pourvue d'un manche ?

13. — Vaison. — Trouvée sur le territoire de Vaison. — Perdue.

Matrabus v. s. l. m. Euneos, Sex. Afranii l(ibertus)

Hirschfeld, *C.* XII, 1309, d'après Suarès, ms. du Vatican, 9141, p. 13. — Friederichs, 174.
« Aux Mères, Euneos, affranchi de Sextus Afranius, avec reconnaissance « en accomplissement de son vœu ».
Une inscription de Vaison (*C.* XII, 5842) *Vasienses Vocontii patrono Sex. Afranio, Sex. f(ilio), Voltinia, Burro*, en l'honneur du célèbre Burrus, préfet du prétoire sous Claude et Néron, fait connaitre qu'il était patron de la cité des Voconces et très probablement originaire lui-même de cette cité. Le dévot *Sex. Afranius Euneos, Sexti libertus*, était sans doute un affranchi du père de Burrus ou de Burrus lui-même.

14. — Curnier, canton de Nyons, dép. de la Drôme, dans un mur d'une maison.

Sabinu[s] Coelius Matribu[s] v. s. l. m

Fl. Vallentin, *Bullet. épigr.* 1881, p. 275. — Hirschfeld, *C.* XII, 1699.
« Sabinus Coelius, aux Mères, avec reconnaissance en accomplissement de « son vœu ».
Remarquer la transposition des noms du dévot; il s'appelait Coelius Sabinus.

15. — Sahune, canton de Rémusat, dép. de la Drôme. — Lyon, au Musée.

Ingenua, Solimuti (filia), Matris v. s. l. m

Hirschfeld, *C*. XII, 1310. — Fl. Vallentin, *Bull. épigr.*, 1881, p. 71. — Ci-dessus I, p. 223. — Friederichs, 175.

« Ingènua (fille ?) de Solimutus, aux Mères avec reconnaissance en accomplissement de son vœu ».

Solimutus, nom celtique, connu par d'autres exemples.

16. — Dieulefit, arr. de Montélimar, dép. de la Drôme. Trouvée au lieu dit le Jonchet.

Matris M. Lusius Rhod(on) v. s. l. m

Hirschfeld, *C*. XII, 1713. — Allmer, *Bull. de la Drôme*, 1873, p. 190. — Friederichs, 179.

« Aux Mères, Marcus Lusius Rhodon avec reconnaissance en accomplisse-
« ment de son vœu ».

Au-dessus du texte, une patère.

17. — Pont-du-Barret, canton de Dieulefit, dép. de la Drôme. — Montélimar, collection de M. Ludovic Vallentin.

Sex. Sergius Tiro Matris v(otum) r(eddidit) l(ibens) m(erito).

Hirschfeld, *C*. XII, 1716. — Ci-dessus I, p. 21. — Friederichs, 180.

« Aux Mères, Sextus Sergius Tiro avec reconnaissance en accomplissement
« de son vœu ».

18. — Allan, canton de Montélimar, dép. de la Drôme. — A Montélimar dans la collection de M. Ludovic Vallentin.

Matris Victricibus ....

Ci-dessus, II, p. 316, copie peut-être certaine et incomplète.

« Aux Mères Victorieuses...... ».

M. Vallentin se propose de continuer les fouilles qui lui ont fait découvrir les fragments qu'il possède; il espère arriver à les compléter de manière à avoir un texte intégral, qu'il publiera. En l'état actuel, il semble être question de la donation ou de la réparation d'une construction qu'on peut supposer être un bassin recevant un jet d'eau: [a]*nariate*. Le surnom de *Victrices* donné aux Mères, ferait allusion aux difficultés vaincues pour amener l'eau peut-être de loin et la faire jaillir.

19. — Prov. Narbonnaise (civitas des Arécomiques; colonia Augusta Nemausus, Nîmes).

Chapiteau trouvé à Nîmes en 1742; l'inscription gravée sur le tailloir. — Au Musée.

ΙΑΡΤΑΒ//ΔΙΛΛΑΝΟΥΙΑΚΟΣ ΔΕΔΕ
ΜΑΤΡΕΒΟ ΝΑΜΑΥΣΙΚΑΒΟ ΒΡΑΤΟΥΔΕ

Durand et Allmer, *Hist. de Lang.*, XV; *Nîmes* 87, 104. — Hirschfeld, *C*. XII, p. 383, « descripsi ». — Friederichs, 210. — La première lettre incomplète dans le haut et incertaine.

...*arta B(i)dillanoviacus dedit Matribus Namausicabus, dedicavit.*

« ...arta, de Bidilhan (?), a donné aux Mères de Nîmes (ce chapiteau) et
« l'a dédié ».

20. — Nîmes. — Trouvée à Nîmes. — Au Musée.

Matris L. Classius v. s. l. m

Durand et Allmer, *Hist. de Lang.*, XV, *Nîmes*, 88, 502. — Hirschfeld, *C*., XII, 3085, « descripsi »: « letterès non bonis ». — Friederichs, 206.

« Aux Mères, Lucius Classius avec reconnaissance en accomplissement de
« son vœu ».

21. — Trouvée à Brienne, près Brignon, canton de Vézenobres, dép. du Gard, « dans le voisinage de Fons ». — Alais, au Musée.

Casuna v. s. l. m. Mat(ris).

Hirschfeld, *C.* XII, 2915. — Durand et Allmer, *Hist. de Lang.*, XV, *Nîmes*, 1664.

« Casuna avec reconnaissance en accomplissement de son vœu aux Mères ».

22. — Prov. Narbonnaise (civitas des Allobroges, puis des *Viennenses*. Colonia Iulia Vienna, Vienne).

Matris Augustis D. Dimarius Messulus restituit ex voto.

Allmer, *Inscr. de Vienne*, II, p. 447. — Hirschfeld, *C.* XII, 1824, « contuli ». — Friederichs, 182.

« Aux Mères Augustes, Decimus Dimarius Messulus a rétabli (cette cha- « pelle ?) en accomplissement de son vœu ».

23. — Trouvée à Vienne. — A la Bibliothèque de la ville.

*m*A*t*RISaVC*ustis*
*c*NPoMP·QVAR*tus*
V·S·L·M

Ci-dessus I, p. 101. — Hirschfeld, *C.* XII, 1825. — Friederichs, 183.

« Aux Mères Augustes, Cneus Pompeius Quartus, avec reconnaissance en « accomplissement de son vœu ».

24. — Trouvée à Vienne. — Lyon, au Musée.

Matris Augustis C. Titius Sedulus ex voto.

Allmer, *Inscr. de Vienne* II, p. 450. — Hirschfeld, *C.* XII, 1826, « contuli ». — De Boissieu, p. 57. — Friederichs, 184.

« Aux Mères Augustes, Caius Titius Sedulus en accomplissement de son « vœu ».

25. — Vienne. — Tablette en marbre, trouvée à Saint-Romain-en-Galle, canton de Condrieu, dép. du Rhône. — Vienne, au musée.

Matris August(is) aedem et [........].

Allmer, *Inscr. de Vienne* II, p. 451. — Hirschfeld, *C.* XII, 1823, « contuli ». — Friederichs, 181.

« Aux Mères Augustes........ « (a fait *ou* rétabli) cette chapelle et.....».

L'objet donné en compagnie de la chapelle élevée par le dévot anonyme était probablement une image des Mères ou une *ara*. Voir plus loin à Lyon, sur un autel dédié aux Mères *aedem cum ara dat*.

26. — Aoste, canton de Pont-de-Beauvoisin, dép. de l'Isère; l'inscription « en grandes et belles lettres ». — Perdue.

MATRIS AVG EX STIPE ANNVA *(denarios)* XXXV ET D···

Allmer, *Inscr. de Vienne* III, p. 204. — Hirschfeld *C.* XII, 2388. — Friederichs, 189.

Matris Aug(ustis) ex stipe annua denariorum XXXV et d[onis?.....].

« Aux Mères Augustes, du produit des offrandes d'une année, se montant à « trente-cinq deniers, et de dons..... ». 35 deniers, environ 28 francs.

27. — Trouvée à Allondaz, près Albertville, dép. de la Haute-Savoie, dans la démolition de la vieille église et placée dans le mur du cimetière.

Matris, Mithres, soc(iorum) XL vil(licus), ad Tur(...) L.XIII PA·VI.

Notre copie dessinée. — Allmer, *Inscr. de Vienne*, I, p. 341. — Hirschfeld, *C.* XII, 2348. — Friederichs, 188.

« Aux Mères, Mithres, esclave de la Société du Quarantième, préposé à la « station de Tur.....?, ... ».

La fin de l'inscription est d'interprétation difficile. AD TVR; nous avons proposé *ad Tur(nonem)* en pensant à Tournon, localité peu distante d'Allondaz. M. Mommsen (note au *Corpus*) préférerait *ad Tur(rim)*. Viennent ensuite les groupes de lettres L·XIII PA·VI. Dans une première proposition (*Inscr. de Vienne*, I, p. 341), nous expliquions *l(atum) XIII p(edibus)*, *a(ltum) VI*, en supposant par exemple une pièce d'eau qui aurait eu 13 pieds de large et 6 pieds de profondeur, puis dans une deuxième proposition, que le dévot aurait donné un objet valant LXIII, c'est-à-dire 63 mille sesterces (12,600 fr.) et qui aurait été d'or, du poids de 6 livres P(*ondo*) A(*uri*) VI. M. Mommsen préférerait L(*auream*) XIII P(*ondo*) A(*uri* ou *argenti*) V(*isu*) I(*ussus*), ou bien encore L(*oco*) XIII P(*er*) A(*nnos*) VI. M. Hirschfeld s'abstient d'essai de restitution.

L'inscription est renfermée dans une couronne ou plutôt dans un cercle formé par un serpent.

28. — Grenoble. — Au Musée.

Matris Aug(ustis) sacrum T. Cassius Eros.

Allmer, *Inscr. de Vienne*, III, p. 126. — Hirschfeld *C*. XII, 2220, « contuli». — Friederichs, *Matron.*, 186.

« Aux Mères Augustes, Titus Cassius Eros ».

Le dévot, connu par une autre inscription de Vienne.

29. — Aix. — Trouvée à Saint-Innocent près Aix, dép. de la Savoie, dans la démolition de l'ancien clocher. — Aix, au Musée.

Matris Au[gusti] L. Daverius M[.....] v. s. l. m

Allmer, *Inscr. de Vienne*, III, p. 294. — Hirschfeld, *C*. XII, 2448. — Friederichs, 192.

« Aux Mères Augustes, Lucius Daverius M........ avec reconnaissance en « accomplissement de son vœu ».

30. — Genève (Suisse), dans les murs du clocher de la cathédrale.

MATR·AVG·A.......

Allmer, *Insc. de Vienne*, III, p. 262. — Mommsen, *Inscr. Helv.*, n° 71. — Hirschfeld, *C*. XII, 2593.

« Aux Mères Augustes, A[.......] ».

31. — Genève. Dans l'église St-Pierre-ès-Liens.

MATR·AVG///V·///

Allmer, *Inscr. de Vienne*, IV, p. 475; peut-être la même que la précédente.

« Aux Mères Augustes, [......] ».

32. — Province Lyonnaise (colonia Copia Claudia Augusta) Lyon.

M·A·T·R

Autrefois à Lyon, à l'angle de la rue Juiverie et de la rue de la Loge, à côté du mur d'un ancien quai de la Saône.

Fragment.

Artaud, *Lyon souterrain* (éd. 1846, p. 32). — Hirschfeld, *C*. XIII, 1757.

« Aux Mères....... ».

33. — Autrefois à Lyon, devant l'église d'Ainay. — Perdue.

Matris Aug(ustis), L. Dextrius Apollinaris

De Boissieu, p. 57. — Allmer et Dissard, p. 24. — Fruderichs, 227. — Hirschfeld, *C*. XIII, 1758.

« Aux Mères Augustes, Lucius Dextrius Apollinaris ».

34. — A Lyon, dans le jardin des Pères Trinitaires, au quartier St-Georges. — Perdue.

Matris Aug(ustis) Mastonia Bella v. s. l. m

Allmer et Dissard, III, p. 24. — Hirschfeld, *C.* XIII, 1760.
« Aux Mères augustes, Mastonia Bella avec reconnaissance en accomplis- « sement de son vœu ».
Mastonia, gentilice formé d'un mot grec.

35. — Lyon; autel trouvé en 1846, à Vaise, en creusant un puits.

Numinib[us] Aug(ustorum) Matris Augustis C. Nonius [......]

Allmer et Dissard, III, p. 25, voir III, p. 6. — Hirschfeld, *C.* XIII, 1764.
« Aux *Numina* des empereurs, aux Mères augustes, Caius Nonius.
Peut-être le même dévot qu'un C. Nonius Euposius dont l'inscription, provenant aussi de Vaise, parle d'embellissements faits à un temple d'Apollon. Dans ce cas, le surnom ici manquant serait *Euposius*.

36. — Lyon. Sur le socle d'un bas-relief, autrefois à Ainay, dans le mur de la façade de l'église, au-dessus de la porte principale. — Au Musée.

Matr(is) Aug(ustis), Phlegon med(icus).

De Boissieu, p. 56. — Dr Poncot, *la Médecine à Lyon*, p. 9, avec planche. — Allmer et Dissard, III, p. 15: l'O de PHLEGON inscrit dans le G. — Friederichs, 226. — Hirschfeld, *C.* XIII, 1762.
« Aux Mères Augustes, Phlégon médecin ».
Dans le tableau sculpté au bas duquel se lit l'inscription, les Mères, au nombre de trois sont représentées assises, des fruits sur leurs genoux; celle du milieu tient de la main gauche une corne d'abondance.

PUBLICATIONS

Les Eduens et les Arvernes (suite)

Les relations d'amitié entre Eduens et Romains remontent au deuxième siècle avant l'ère chrétienne. En l'an 121, au rapport de Tite-Live (22), les Romains avaient entamé contre les Allobroges et les Arvernes la lutte dont est résultée l'occupation de la Narbonnaise, en partie parce que les Arvernes ayant envahi le pays des Eduens, ceux-ci s'étaient tournés vers les Romains pour être secourus. Déjà alors, autant qu'on en peut conclure des mots tronqués de l'*Epitome*, une alliance entre les Romains et les Eduens paraît être admise par Tite-Live comme existante. Il est certain que dans le deuxième chapitre, terminé peu après l'an 119, de la Chronique d'Apollodore (23), les Eduens sont désignés comme σύμμαχοι Ῥωμαίων. Dans César, ils apparaissent comme anciens amis des Romains, souvent appelés dans des décrets du Sénat du titre honorifique de *fratres consanguineique* (24), et Cicéron pareillement les désigne dès avant l'expédition de César comme frères des Romains (25). Diodore confirme dans un passage tiré de Posidonius (V, 25, 1) la συγγένεια καὶ φιλία; de même Strabon (26), et aussi Tacite, qui, dans l'exposé de la proposition de l'empereur Claude pour l'admission des Gaulois au sénat de Rome, motive la concession faite d'abord aux Eduens seuls, par les mots tirés de la décision même du Sénat: *datum id foederi antiquo et quia soli Gallorum fraternitatis nomen cum populo Romano usurpant*. Encore au pire temps de la décadence des Eduens le *vetus Romanae fraternitatis nomen* est employé par Eumène et les autres panégyristes en de nombreuses variations comme un titre glorieux donnant droit de prétention à la bienveillance impériale (27).

Le titre de *fratres et consanguinei* est si absolument singulier dans les relations extérieures des Romains que la concession de ce titre à un peuple gaulois ne peut manquer d'exciter un extrême étonnement. Car les *consanguinei* sont, en définition rigoureuse, non pas en général les apparentés par le sang, mais seulement les issus d'un même père, c'est-à-dire les frères et les sœurs (28), et quand même le mot a reçu dans le langage ordinaire et particulièrement dans le langage poétique une signification générale (29), cette désignation ne pourra être accordée dans le commerce international qu'aux

Troyens sur le fondement de la tradition, élevée à la hauteur d'un dogme politique, de l'origine troyenne des Romains (30). On a à la vérité admis pour Ségeste et Sagonte la prétention à ce titre, mais pour l'une comme pour l'autre de ces villes sans justification suffisante (31). Par contre, il y a précisément dans la Gaule encore un second peuple, les Arvernes, qui se seraient désignés aussi comme *fratres et consanguinei* des Romains. Ce serait maintenant une particularité certes très intéressante, si les deux plus puissants peuples de la Gaule eussent été en possession de cette même désignation; mais on devra cependant admettre que la concession de ce titre par les Romains aux Arvernes, leurs constants ennemis, de chez qui est sorti Vercingétorix, le plus grand antagoniste de César, serait un fait surprenant au plus haut degré, et l'on ne parvient à trouver ni avant, ni après César un moment où puisse une telle concession être concevable. Il faudrait en réalité pour rendre croyable un tel rapport de rapprochement entre ces peuples de convaincants témoignages. En quoi donc ceux-ci consistent-ils?

Le poète Lucain, contemporain de Néron, est le seul écrivain qui atteste que les Arvernes aient eu ce titre, ou au moins y aient prétendu. Dans le livre premier de sa Pharsale (V, 427 et s.), il est dit: *Arvernique ausi Latio se fingere fratres sanguine ab Iliaco populi.* Non pas un second témoignage, mais une citation de ce passage se retrouve dans les mots du poète gaulois Sidone Apollinaire (*Epp.* VII, 7, 2) *Arvernorum, — pro dolor — servitus qui si prisea replicarentur, audebant se quondam fratres Latio dicere et sanguine ab Iliaco populos computare.* Mais tandis que les plus récents écrivains admettent sans scrupules ce témoignage, déjà le scholiaste de Lucain avait sans doute vu juste dans l'observation qu'il fait au sujet des vers ci-dessus rapportés: *errasse hic poeta videtur, nam Edui sunt ab Ilico sanguine qui Romanorum fratres dicti sunt.* Après cela, la remarque d'un autre scholiaste sur le même passage pourra surprendre: *Arverni a quodam Trojano nominantur..... de his Cicero in Scauriana inventi sunt, qui etiam fratres populi Romani vocarentur.* Le passage appartient, comme cela a été exactement reconnu au chapitre 22 du discours conservé seulement en fragments *pro Scauro,* où Cicéron montre qu'indépendamment de la Sardaigne tous les pays qui avaient été autrefois en lutte avec les Romains possédaient tout au moins une *amica populo Romano ac libera civitas.* Après l'Afrique et l'Espagne qui sont nommées comme preuve, ne pouvait manquer la Gaule qui alors précisément (le discours a été prononcé en l'an 54 av. J. C), venait d'être subjuguée par les armes de César et malgré cela renfermait un peuple qui portait le titre honorifique de *fratres et consanguinei.* Que Cicéron ait pensé aux Eduens qu'en deux autres endroits, selon la remarque déjà faite, il appelle *fratres,* c'est entièrement hors de doute; il n'a suivant toute apparence, comme la forme *inventi sunt qui* le fait voir, énoncé aucun nom (32), et certainement cela n'était pas nécessaire à l'égard de ses auditeurs; mais que le scholiaste du poète ait nommé par erreur *fratres populi Romoni* les Arvernes à la place des Eduens, c'est non seulement admissible, mais particulièrement compréhensible de soi-même.

Ainsi les Eduens seuls, comme le confirment expressément (33) Tacite (*Ann.*, XI, 25) par les mots *soli Gallorum fraternitatis nomen cum populo Romano usurpant* et à la vérité plus tard l'auteur appartenant à ce peuple et d'après cela sûrement renseigné, du VIIIe Panegyrique, ch. 2: *Aedui soli etiam consanguinitatis nomine gloriati sunt,* et ch. 3: *soli Aedui..... fratres populi Romani crediti sunt appellarique meruerunt,* et aucun autre peuple de la Gaule n'a eu le titre honorifique de *fratres et consanguinei.*

Maintenant, comment sont à expliquer ce titre et sa concession aux Eduens? Lucain, comme cela ressort de la périphrase *sanguine ab Iliaco* les a rapportés à une commune origine troyenne, et peut-être cette opinion, depuis surtout que les Jules occupaient le trône et que la tradition d'une descendance troyenne avait par là profité d'un considérable accroissement d'importance, a-t-elle été la dominante. Mais l'on n'aura à admettre ni que Lucain ait puisé pour cela à une information particulière, ni qu'on puisse considérer comme prouvé que déjà au temps d'Auguste, ainsi que récemment M. Birt avec un grand déploiement de savoir a essayé de la montrer, la croyance à l'origine troyenne des Gaulois ait été généralement répandue, et qu'alors le rattachement des Francs aux Troyens, signalé en premier lieu chez Frédégaire, trouverait ici son application (35). Le seul témoignage précis est le renseignement emprunté par Ammian Marcellin (XV, 9, 5) à Timagènes: *Aiunt quidam paucos post excidium Trojae fugitantes Graecos ubique dispersos loca haec occupasse, tunc vacua*, c'est-à-dire une variante des innombrables légendes troyennes, mises en avant par « quelques-uns » (*quidam*), et vraisemblablement inconnue avant Timogènes (*Timagenes haec quae diu sunt ignorata collegit ex multiplicibus libris*). Quant à ce que visent les mots de Properce (11, 13, 43), acceptés par la plupart (36) des éditeurs ; *Gallicus Iliacis miles in aggeribus* sur lesquels Birt a basé sa recherche, j'avoue qu'alors même que tous les Romains auraient cru à l'origine troyenne des Gaulois, ce qui bien évidemment n'a pas été le cas, la conclusion tirée que le poète ait pu à cause de cela désigner un soldat troyen combattant dans les murs de Troie comme *Gallicus miles*, reste pour moi inintelligible.

Mais il faut, je pense, nier absolument que les Eduens aient été appelés *fratres et consanguinei* des Romains, à cause de leur prétendue origine troyenne. Car autrement comment expliquer que dans les nombreux passages où la mention de ce titre se rencontre et avant tout chez les rhéteurs du pays éduen aux temps de Constance et de Constantin, qui n'eussent sûrement pas manqué de faire valoir ce titre honorable, ne se trouve nulle part la moindre allusion à cette origine, et que même dans un rapprochement peu flatteur avec les Mamertins et précisément en opposition avec les Eduens, il soit reproché aux Troyens de n'être devenus les amis des Romains qu'à l'occasion de leur « origine fabuleuse » (37). Si donc avait existé dans la Gaule la croyance à l'extraction troyenne des Eduens, il est impossible que les rhéteurs eussent pu parler ainsi.

Nous devons alors pour ce titre unique dans le droit public romain, — car même les Troyens auraient été désignés il est vrai comme *consanguinei*, mais non comme *fratres*, — chercher une autre explication. A mon avis, la solution est offerte par des analogies non romaines, mais gauloises. César mentionne notamment en deux endroits (38) des rapports entièrement analogues entre deux peuples voisins, d'une part entre les Eduens et leurs voisins contigus les Ambarres, désignés comme *necessarii et consanguinei Haeduorum*, d'autre part dans la Belgique entre les Rèmes et les Suessions; *tantum esse eorum omnium furorem*, rapporte César (*b. G.* VIII, 6 ; II, 3), à l'occasion du soulèvement de la Belgique, que les Rèmes *ne Suessiones quidem fratres consanguineosque suos qui eodem iure et isdem legibus utuntur, unum imperium unumque magistratum cum ipsis habeant, deterrere potuerint quin cum his consentirent :* ainsi la plus étroite forme d'alliance entre deux peuples gaulois voisins, institution dont il peut bien y avoir eu dans la Gaule encore d'autres exemples que ceux cités occasionnellement par César. A une parenté du sang, au sens rigoureux il n'y a pas à penser, mais bien à une parenté du sang dans les effets réciproques d'une alliance égale, c'est-à-dire rien autre chose que la fraternité du sang bien connue en Germanie, il est vrai, attestée là entre individus seulement, et non entre d'entiers peuples, et qui, comme l'a brièvement définie M. Brunner (39), « peut-être formée entre deux ou « plusieurs personnes de sexe masculin non parentes : la conclusion a lieu « par un acte en forme, dans lequel le mélange du sang donné de chacun des « deux côtés et le serment de venger comme frères la mort de l'un ou de « l'autre, jouent le principal rôle. Entre les frères du sang il y a obligation de vengeance et obligation d'assistance ». L'analogie de cette fraternité du sang avec l'alliance gauloise saute aux yeux, soit que maintenant, ce qui me paraît le plus vraisemblable, il y ait ici une coutume celto-germanique, soit que cette coutume de la fraternité du sang ait été apportée de la Germanie dans la Gaule et soit devenue ici une institution de droit public pour la conclusion de laquelle devait sans doute avoir lieu un cérémonial analogue à celui usité pour la sanction de la fraternité du sang entre individus (40). Ainsi s'explique que les Romains, étant devenus par la conquête du territoire allobrogique les voisins des Eduens, l'alliance qu'ils conclurent avec ceux-ci l'ait été dans cette forme la plus étroite et la plus solennelle pour les Gaulois, et que le titre de *fratres et consanguinei* ait été accordé aux Eduens, et, il est vrai, à eux seuls, nullement certes par amour de la fiction d'une commune origine tirée de Troie, mais bien comme contre-échange latin de la désignation celtique de « frères du sang » (41). Pour les Romains, il était à cette époque d'une grande importance de lier un tel rapport de voisinage avec le plus puissant peuple de la Gaule, en même temps l'ennemi le plus acharné des Arvernes, et sûrement ils n'avaient alors apporté aucune hésitation à faire aux usages de la nationalité celtique cette concession non compromettante.

NOTES

22. — Tite-Live, *Epitome* 61 : *quod Aeduorum agros (sociorum* ou *amicorum* ainsi que suppléent avec raison mais sans entière sûreté les derniers manuscrits) *populi Romani vastavissent*; Florus, I, 37, d'après Tite-Live.

23. — Stephanus sub verbo Αἰδούσιοι : σύμμαχοι Ῥωμαίων πρός τῇ Κελτικῇ Γαλατια Ἀπολλόδωρος ἐν Χρονικῶν δ'. V. Schwartz dans Pauly-Wissowa, II, p. 2858 et ss.

24. — César (*b. G.* I, 33, 2) : *Haeduos fratres consanguineosque saepe numero a senatu appellatos* ; voy. I, 36, 5 ; I, 43, 6 ; I, 44, 9.

25. — Cicéron, *Epp. ad familiares* VII, 10, 4 ; *ad Atticum* I, 19, 2 (de l'an 60 av. J.-C.).

26. — Strabon, IV, 3, 2, p. 192 : οἱ δὲ Αἴδουοι (ἀδελφοί intercalle avec raison Miller : *Blatter fur Bayrische Gymnasien* 14, 1878, p. 264) καὶ συγγενεῖς Ῥωμαίων ὠνομάζοντο καί πρῶτοι τῶν ταύτῃ προσῆλθον πρὸς τὴν φιλίαν καὶ συμμαχίαν.

27. — Eumène, *pro restaur. schol.* ch. IV ; *Paneg*, V, ch. 21 ; VIII, ch. 23. Seeck (*Jahrb. fur class. Philol.* 1888, p. 71 et s.) croit que les Panégyriques réunis ici sont tous d'Eumène ; Brandt admet un auteur Antunois différent d'Eumène (Fribourg, 1882). Pour le Panégyrique 7-9 (d'après le numérotage de Baehrens que je suis) l'identité ne se reconnaît pas sûrement ; pour 6 et 9 Seeck lui-même l'admet ; pour 7 et 8 il tient l'identité pour indubitable sur le motif que l'orateur est professeur d'éloquence et qu'il est aussi invraisemblable qu'incroyable qu'Autun aurait eu un second professeur pour la même chaire. Mais est-il bien avéré qu'Eumène fût alors encore en vie ? — Voy. aussi le poème chrétien *Laudes Domini* composé au commencement du quatrième siècle, v. 9 : *qua fraterna Remo progignitur Aedua pubes.*

28. — Dans la lumineuse définition de Cassius dans Ulpien (Digg. 38, 16, 10 : *Consanguineos Cassius definit eos qui sanguine inter se conexi sunt* ; Mommsen pense que « *fratres et sorores ex eodem patre* » ou quelque chose d'analogue doit manquer.

29. — Voy. par exemple les plaintes des soldats romains dans l'armée d'Espagne de Pompeius (César, *b. c.* I, 74) : *quod arma cum hominibus necessariis et consanguineis contulerint*; Tite-Live, V, 16, 9, où ceux de Veii sont désignés par les autres Etrusques comme *consanguinei*, et autres passages.

30. — Suétone, *Claud.*, chap. 25 : *Iliensibus, quasi Romanae gentis auctoribus, tributa in perpetuum remisit, recitata vetere epistula Graeca senatus populique R. Selenco regi amicitiam et societatem ita demum pollicentis, si sanguineos suos Ilienses ab omni onere immunes praestitisset* ; Voy. Callistrate dans *Digg.* XXVII, 1, 17, § I.

31. — Quand même la ville de Sagonte certainement ibérienne (Voy. Hubner dans *C.* II, suppl. p. 96, et *Monumenta Iberica* p. 94 et 3 ; Meltzer, *Hist. de Carthage* II, p. 601. note 59) est appelée deux fois *consanguinea* par Silius Italicus (I, 608 et 655), le témoignage n'est pas à tenir pour valable — Polybe (I, 10) appelle les Mamertins ὁμόφυλοι des Romains (Voy. *Panég.* VIII, ch. 3 : *imputavere se origine fabulosa in Sicilia Mamertini, in Asia Ilienses*), ce qui naturellement ne suffit pas pour faire admettre une reconnaissance officielle de parenté par le Sénat. Roth, *Die Trojasage der Franken in Germania* I, 1856, p. 34 et s., qui avec raison rejette ces témoignages, admet

au contraire pour avérée la consanguinéité des Sigestins, d'une part par Cicéron (*Verr.* IV, ch. 33, § 72; rappelant que d'après la tradition Ségeste aurait été fondée par Enée dans son voyage en Italie: *Itaque Segestini non solum perpetua societate atque amicitia verum etiam cognatione se cum populo R. conjunctos esse arbitrantur*; d'autre part par Tacite *Ann.* IV, 43: *Segestani aedem Veneris montem apud Erycem vetustate dilapsam restaurari postulavere, nota memorantes de origine eius et laeta Tiberio : suscepit curam libens ut consanguineus.* Mais ici est seulement mis en relief l'étroit rapport de la famille Julienne dans laquelle Tibère était entré par adoption, et le prétendu temple (Virgile, *Ann.* V, 759) bâti par Enée, et delà non plus que des paroles de Cicéron il n'y a à conclure sûrement que les Ségestins aient été officiellement appelés *consanguinei* par le sénat romain.

32. — Les mots peignent bien la haute estime pour les *foederiti* dans la Gaule, où il y a penser en première ligne à Marseille.

33. — C'est ce que confirme aussi (Posidonius —) Diodore, V, 25. s. ὧν ἐν ἐστὶ πρὸς 'Ρωμαίον ἔχον συγγένειαν παλαιὰν καὶ φιλίαν τὴν μέχρι τῶν καθ' ἡμᾶς χρόνων διαμένουσαν.

34. — Ainsi portent les manuscrits d'Upsal et du Vatican, 775; les autres: *soli et.* Bahrens n'a pourtant pas craint de remplacer *soli etiam* par *olim jam.*

35. — Birt dans le *Rhein-Mus.*, 51, 1896, p. 506 et s.: *de Francorum Gallorumque origine Troiana*; Roth, avant lui, dans la dissertation citée p. 9, note 31, a essayé de prouver la même opinion.

36. Hv. Walden (*Monatsber der Berlin Akademie* 1881, p. 351) défend ce texte et tient *Gallicus* pour une mauvaise désignation de « Phrygien » c'est-à-dire Troyen.

37. — Panegyrique VIII, ch. 3: *imputovere se origine fabulosa in Sicilia Mamertini, in Asia Ilienses : soli Aedui non metu territi, non adulatione compulsi, sed ingenua et simplici caritate fratres populi Romani crediti sunt appellarique meruerunt; quo nomine praeter cetera necessitudinum vocabula et communitas amoris apparet et dignitatis aequalitas.*

38. — César (*b. G.* I, 11-4; et II, 3, 5. Roth, *l. c.* p. 51, cite aussi les passages mais seulement sans donner aucun motif de leur application au rapport des Héduens avec les Romains.

39. — Brumer D. R. G. I., p. 94; voy. Pappenheim, *Die altdanische Schutzgilden*, p. 22 et s.

40. — Kohler traite de la fraternité du sang chez les autres peuples, *studien über die Künstliche Verwandtschaft* dans la *Ztschr. fur vergl. Rechtwissenschaft* 5, 1884, p. 434; II, 1895 p. 424, et le même savant de la fraternité entre communes dans la *Grünhuts Ztschr.* pour le droit privé et public *der Gegenwort*, 19, 1892, p. 565. « La coutume de la fraternité par le mélange du sang est nationale chez les peuples Malais, chez les Howas à Madagascar, chez les peuples de l'Afrique orientale, mais aussi en Europe », voy. note 2; « se trouve aussi chez les peuples de l'Amérique la fraternité au moyen d'une branche d'arbre enduite de sang d'une et même personne, au Mexique par exemple : Bankroft, *Works* I, p. 636-637; à l'égard des peuples Malais, voy. Riedel, *de sluik... en popua*, p. 342 ». Sur les Scythes, voy. Lucien : *Toxaris*, ch. 37 : ἀφ' οὗ γὰρ ἂν ἐντεμόντες ἅπαξ τοὺς δακτύλους ἐνσταλάζωμεν τὸ αἷμα εἰς κύλικα καὶ τὰ ξίφη ἄκρα βάψαντες ἅμα ἀμφότεροι ἐπισχόμενοι πίωμεν, οὐκ ἔστιν ὅ τι τὸ μετὰ τοῦτο ἡμᾶς διαλύσειεν ἄν. ἐφεῖται δὲ τὸ μέγιστον ἄχρι τριῶν ἐς συνθήκας εἰσιέναι.

41. — César (*b. G.*, VII, 77, 7) emploie le mot dans un sens analogue dans le discours de l'Arverne Critognat: *Quid hominum milibus LXXX uno loco interfectis propinquis consanguineisque nostris.*

A. ALLMER,
Correspondant de l'Institut,
Conservateur honoraire du Musée épigraphique de la ville de Lyon.

E. ESPÉRANDIEU,
Correspondant du Ministère de l'Instruction publique.

Vienne, imp. Savigné — Ogeret et Martin, succrs. — *Le Gérant* : J. OGERET.

REVUE ÉPIGRAPHIQUE

N° 95. — Octobre, novembre, décembre 1899

Auguste ALLMER.
Narbonne ; Boulogne-sur-Mer, dans le Pas-de-Calais.
ALLMER. — Les dieux de la Gaule celtique (Suite).
HIRSCHFELD. — Les Eduens et les Arvernes sous la domination romaine (Suite).
Chronique

Auguste ALLMER

AUGUSTE ALLMER

Tous les amis de la *Revue Epigraphique* partageront, nous en sommes convaincu, la douleur profonde que nous éprouvons en écrivant ces lignes. Louis-Christophe-Auguste ALLMER, Conservateur honoraire des musées de la ville de Lyon, Correspondant de l'Institut, Chevalier de la Légion d'honneur, est décédé à Lyon, le 27 novembre dernier, dans sa 85e année. Il serait superflu de louer auprès de ceux qui l'ont connu ses qualités de cœur et d'esprit. Sa bonté, son désintéressement et sa modestie le rendaient éminent non moins que sa science. « Plus que personne, a dit M. Héron de Villefosse, il a contribué par son activité, par son exemple, par sa doctrine, à entretenir le goût de notre Archéologie nationale ; il en demeure un des plus illustres représentants. Ses amis qui ont connu les difficultés et les chagrins de sa vie savent avec quelle sérénité d'esprit et quelle égalité d'âme il a supporté la mauvaise fortune. Devenu le Maître incontesté de l'épigraphie antique de la Gaule, son activité ne s'est jamais ralentie et, jusqu'à la dernière heure, il est resté fidèle aux études qui avaient rempli sa vie et qui l'avaient souvent consolé ». (*Journal des Débats* du 30 novembre). Une notice biographique lui sera consacrée prochainement dans cette *Revue* qu'il a fondée, et où lui-même a toujours salué, en termes émus, ceux de ses collaborateurs ou de ses amis qui l'ont précédé dans la tombe.

E. E.

1312

Epitaphe

Copie et renseignements de M. Frédéric-Paul THIERS, conservateur du Musée archéologique de Narbonne.

Narbonne. — Blocs de pierre, au nombre de deux, ayant appartenu, selon toute apparence, à l'épistyle d'un mausolée. L'un de ces blocs, celui de gauche, a été publié d'après un manuscrit de Lafont, dans l'*Histoire de Languedoc*, nouvelle édition, tome XV, n° 731, et le *Corpus* des inscriptions latines, tome XII, n. 5057. Il n'était pas perdu, contrairement à ce que l'on croyait, mais on l'avait déposé dans un coin obscur du musée de Lamourguier, où il passait inaperçu.

Le bloc de droite, encore inédit, se trouvait également dans ce même musée, où il a été retrouvé tout récemment par M. Thiers. Longueur totale, 2 m. 22; hauteur, 0 m. 54. Hauteur des lettres, 0 m. 11.

M · PLANIVS · M · L · MA|AXSVMVS

« Caractères de bonne forme, très effacés ».

M(arcus) Planius, M(arci) l(ibertus), Maxsumus.....

« Marcus Planius Maxsumus, affranchi de Marcus..... ».

La forme des lettres et l'orthographe archaïque du mot *Maximus* s'accordent pour dater cette inscription des premières années de l'Empire. On sait, par Quintilien (*Inst. orat.*, I, 7) que le premier exemple de la substitution de l'I à l'V, dans les mots *optimus* et *maximus*, avait paru sur une inscription de Caius César. L'ancienne orthographe fut reprise par Auguste. On voit par l'inscription d'Ancyre, qu'il préféra constamment l'I à l'V dans les superlatifs et autres mots où précédemment l'V était seul employé, mais l'orthographe à laquelle il renonça ne fut pas abandonnée complètement dès cette haute époque. Elle se maintint pendant longtemps, et elle apparait, en particulier, sur des inscriptions qui donnent à Trajan le titre d'*Optumus*. Le gentilice *Planius* est connu, à Narbonne, par plusieurs exemples relatifs, probablement, à d'autres membres d'une même famille. La tribu *Papiria*, dont la mention fait ici défaut, était celle des citoyens romains de la colonie.

1313

Epitaphe chrétienne

Copie, renseignements et lecture de M. Frédéric-Paul THIERS, conservateur du musée archéologique de Narbonne.

Narbonne. — Fragment de marbre « déposé dans les magasins du musée depuis 1887, époque où il fut trouvé aux abords du bastion Saint-Félix et de l'ancien cimetière wisigoth ». Hauteur, 0 m. 17; largeur, 0 m. 15. Hauteur des lettres, 0 m. 03.

...ıVI....
..IVSG....
.SMEN....
..CES....

« Caractères du sixième siècle ». La première lettre est réduite à la partie inférieure d'un jambage, celui peut-être d'un Q de forme minuscule. Il n'existe plus, de même que la partie supérieure des trois lettres de la dernière ligne.

[Hic re]qui[escit in pace bonememor] ius G[... qui vixit annos plu]s men[us.... re]ces[sit....

« Ici repose dans la paix G..., de bonne mémoire, qui vécut.... ans, plus ou moins, et mourut le... ».

1314

Epitaphe d'une femme pourvue d'un prénom

Note de M. le docteur HAMY, communiquée par M. Héron de Villefosse à la Société des Antiquaires de France, séance du 21 décembre 1898; *Bulletin du 4e trimestre*, 1898, p. 410.

Boulogne-sur-Mer, dép. du Pas-de-Calais. — Fouilles dans un cimetière romain, dit « Vieil-Atre ».

D *m*
P · VONGIDIA *i*
SATVRNINAI
VIXITANNISXX
VALERIVSNAT
ALISVXORIPI
ENTISSIMAI
BENEMERENTI
*fe*CIT

La barre des A remplacée par un trait oblique semblable à un accent aigu.

D(iis) [*M(anibus)*] *P(ubliae) Vongidia*[*i*] *Saturninai*; *vixit annis XX*; *Valerius Natalis uxori pientissimai benemerenti* [*fe*]*cit*.

« Aux dieux Mânes de Publia Vongidia Saturnina, morte à l'âge de vingt « ans; Valerius Vitalis a fait construire (ce tombeau) à son excellente et bien « méritante épouse ».

On remarquera les noms de la défunte précédés d'un surnom. M. Héron de Villefosse cite plusieurs exemples de cette particularité, dans lesquels le prénom vient du père. On notera également la diphtongue AI employée pour AE.

Vongidia est un nom, sans doute celtique, qui apparaît pour la première fois. Boulogne-sur-Mer, autrefois *Gessoriacum*, était un port sur le territoire du peuple belge des Morins.

1315

Epitaphe

Boulogne-sur-Mer. — Dans les mêmes fouilles du cimetière romain de « Vieil-Atre ». *Bulletin des Ant. de Fr.*, 4e trimestre, 1898, p. 411.

D · M
EXSVPERE
ANNORV
M · XXXMA
TERPROQVR

La barre des A remplacée, comme dans l'inscription précédente, par un trait oblique ayant la forme d'un accent aigu.

D(iis) M(anibus) Exsuper(a)e, annorum XXX; mater proqur(avit).

« Aux dieux Mânes d'Exsupera, morte à l'âge de trente ans; son tombeau « par les soins de sa mère ».

L'orthographe *q* pour *c*, dans le mot *proqur(avit)*, est à signaler.

DIEUX DE LA GAULE

par Auguste ALLMER

I. — LES DIEUX DE LA GAULE CELTIQUE (suite).

1316

MATRAE, MATRES (suite; voir ci-dessus 1311, 1 à 36)

37. — Lyon. Autel à la montée St-Barthélemy, dans le mur de la voûte qui sert d'entrée à l'ancien couvent des Recollets.

Matris Aug(ustis), in honorem domus Saediorum, Eutyches lib(ertus) aedem cum ara dat.

De Boissieu, p. 58. — Allmer et Dissard, III, p. 24. — Friederichs, 229.— Hirschfeld, C. XIII, 1759.

« Aux Mères Augustes en l'honneur de la famille des Saedii, Eutyches leur « affranchi, donne ce temple avec cet autel ».

38. — Lyon. Autel autrefois au logis du Faisan, rue de la Vacherie.

Sappiena Lychnis Matris v. s. l. m.

De Boissieu, p. 59. — Allmer et Dissard, IV, p. 24. — Friederichs, 230.— Hirschfeld, *C.* XIII, 1763.

« Sappiena Lychnis, aux Mères, avec reconnaissance en accomplissement « de son vœu ».

Sappiena, nom gentilice.

39. — Lyon. Trouvée en septembre 1894, dans les travaux pour le percement du funiculaire de St-Paul à Fourvières. — Au musée.

MATR*is·aug*
P·MATTIVS·QVA*rtus*
L·MATTIVS·SATTO·
C·MATTIVS·VITA'LIS·
EX·VO'TO·

Copie dessinée de M. Dissard. « Lettres de bonne forme », et conservant encore presque intacte leur enluminure au minium. - Hirschfeld, *C.* XIII, 1761.

Matris Augustis, P. Mattius Quartus? L. Mattius Satto, C. Mattius Vitalis, ex voto.

« Aux Mères Augustes, Publius Mattius Quartus, Lucius Mattius Satto, « Caius Mattius Vitalis, en accomplissement de leur vœu ».

En même temps que cette inscription gravée sur une tablette qui à cause de sa faible épaisseur devait être enchâssée, a été découvert un autel brisé dans le haut et représentant sur sa face antérieure le groupe de trois Mères assises, des fruits dans leur giron, et sur chacune des autres faces un personnage debout, dont la tête manque. A gauche, la Fortune tenant de la droite abaissée un gouvernail reposant par son extrémité inférieure sur un globe, à droite Mercure avec la bourse et le caducée, la tortue à ses pieds, et sur la face postérieure Silvain tenant de la main droite le pot ollaire habituel et s'appuyant de la gauche sur le maillet-sceptre, réduit par la cassure de la pierre à une partie de son manche. Une large et profonde mortaise creusée au milieu de la face inférieure recevait une saillie correspondante appartenant à une base.

Ainsi visible des quatre côtés, l'autel devait occuper le milieu ou le devant d'un petit temple, au fond duquel se lisait l'inscription, sans doute engagée dans le mur.

La restitution *Matr[is]* de préférence à *Matr[ibus]* ou à *Matr[onis]*, justifiée par les autres inscriptions lyonnaises consacrées aux Mères.

Le nom *Mattius* déjà connu à Lyon, mais sous la forme féminine et avec un seul *t*.

Satto, nom grec latin.

40. — Prov. de Belgique prolongée, puis de Germanie Supérieure (civitas des Sequanes, Vesontio, Besançon).

Trouvée à Belley, (dép. de l'Ain). — Perdue.

IN HONOREM DEABVS
MAIRABVS

Sirand, *Ant. de l'Ain*, p. 163 ; copie probablement incomplète et fautive. — Allmer, *Inscr. de Vienne*, III, p. 421. — Friederichs, 197.

In honorem [domus divinae], Matrabus.....
« En l'honneur de la Maison divine, aux Mères.......... ».
DEABVS à la première ligne de texte, copie évidemment fautive.

41. — Besançon. — Perdue.

Matrabus Aug(ustis) Martialis Augg. n. n. ver(na) ex disp(ensatoribus) ex voto monitus.

Orelli, 2091, d'après Dunod, *Mercure Suisse*, janvier 1745, p. 18. — Friederichs, *Matron.*, 492.
« Aux Mères Augustes, Martialis, esclave de nos deux empereurs, de la « catégorie des payeurs, en accomplissement de son vœu, d'après un avertisse- « ment reçu du dieu ».
Ex voto, à corriger sans doute en *ex visu*.

42. — Orchamps, près Besançon, dép. du Doubs.

Matrabus sacrum.

Desjardins, *Table de Peutinger*, p. 34.
« Autel aux Mères........ ».

43. — Province de Belgique prolongée, puis de Germanie Supérieure (civitas des Lingons, Andematunnum, Langres).
Autel trouvé à Dijon dans les murs du castrum. — Au musée de Dijon.

[? *deab*]*us* [? *M*]*atris*[.....], *Nigidia Rufula v. s. l. m.*

Lejay, *Insc. de la Côte-d'Or*, p. 79. — Mowat, *Inscr. de la cité des Lingons*, p. 13, ligne 1 : SI/IRIS.
« Aux..... Mères (?), Nigidia Rufula avec reconnaissance en accomplisse- « ment de son vœu ».
La lecture de la première ligne tout-à-fait incertaine; le dernier mot peut-être [*m*]*atris*, mais le premier pas [*deab*]*us*, faute d'aucun exemple certain que les Mères aient été jamais qualifiées « déesses ».

44. — **Buire-le-Châtel**, canton de Mirebeau, dép. de la Côte-d'Or. — Petit autel en pierre blanche, déterré par la charrue en mai 1898, dans un champ en labour. — Hauteur environ 0 m. 45; largeur 0 m. 11.

D I S M
A T R I B V
S V I N T
E D O
V S L M

Note de M. l'abbé MORILLOT, à la Société des Antiquaires de France; *Bulletin* du 4e trimestre 1898, p. 317.
A la troisième ligne, l'N et le T liés en un monogramme; à la dernière, une L, non pas un T. Copie et lecture rectifiées par M. l'abbé Thédenat (p. 319).
Diis Matribus, Vintedo v. s. l. m.
« Aux déesses Mères, Vintedo avec reconnaissance en accomplissement de « son vœu ».
Buire-le-Châtel, territoire anciennement des Lingons, peuple de la partie de la Gaule celtique ajoutée par Auguste à la Belgique et ensuite comprise dans la province de Germanie supérieure.

45. — Thil-Châtel, canton de d'Is-sur-Tille (Côte-d'Or). Perdue.

[*In*] *h. d. d. deabus Matra*(*bus*) *Iulius Regulus milcs legionis VI*[*II*] *Antoninianae A*[*ug. c*]*absarius ex vo*[*to*] *pro se et suis v. s. l. l m.*

Lejay, *Inscr. de la Côte-d'Or*, p. 216. — Gruter, 84, 5 avec fausse indication à Langres. — MAIR*abus* à corriger en MATR*abus*. — Friederichs, *Matron.*, 494 : ABSARTVS.

« En l'honneur de la Maison divine, aux déesses (?) Mères. Julius Regulus « soldat de la légion VIII *Antoniniana Augusta*, gardien de l'armoire aux « registres, d'après son vœu pour lui et les siens, avec reconnaissance et « contentement ».

Le surnom *Antoniniana* donné à la légion VIII Augusta en l'honneur de Caracalla fixe l'âge de l'inscription au règne de cet empereur ; cette légion avait son quartier général à Strasbourg. Regulus, qui y servait comme soldat avait l'emploi de garde de l'armoire contenant les registres et les livres de comptes de la légion ou d'un détachement campé à Thil-Châtel.

46. — A Langres. — Trouvée à Langres rue de l'Homme-Sauvage. — Au Musée.

[*Ma*]*trab*(*us*) *Vatin*(*ius*) *Magninnus pro Lupercilla filia, v. s. l. m*

Mowat, *Inscr. des Lingons*, p. 40.

« Aux Mères, Vatinius Magninnus pour Lupercilla sa fille, avec reconnais- « sance en accomplissement de son vœu ».

47. — Langres. Trouvée à Langres à la Citadelle. — Langres, au Musée.

MATRA*bus*

Mowat, *Inscr. des Lingons*, p. 41, l'M et l'A liés en en un monogramme.

« Aux Mères ».

48. — Province de Belgique prolongée (civitas des Helvetes ; colonia Pia Flavia Aventicum, Avenches). — Petits objets de bronze trouvés en 1824-25 au nombre de six à peu près pareils dans les ruines d'un temple mises à découvert à Almendingen près Thun, canton de Berne (Suisse). — Longueur de chacun des objets 0 m. 09.

MATRIBVS

Mommsen, *Inscr. Helv.*, 211, avec la figure des objets.

Matribus. — « Aux Mères ».

La note des *Inscriptiones Helveticae* appelle les objets représentés *secures*, « des haches ». La partie triangulaire qui serait la lame est percée à son centre d'un large trou pareillement triangulaire qui devait servir au passage d'un crochet de suspension ; la partie qui aurait été le manche est, non pas droite mais coudée et terminée par un fort pommeau de forme hexagonale comme le manche lui-même. Suspendue, l'offrande se présentait la lame en haut et le manche en bas et, dans cette position, c'est sur la marge entre le trou et le bord supérieur de la lame que se voit l'inscription, différente pour chacun des six objets : IOVI, MATRIBVS, MATRONIS, MERCVRIO, MINERVAE, NEPTVNI (*sic*), suivant l'ordre alphabétique.

Nous penchons à croire qu'il y a peut-être erreur dans la désignation de ces objets, et qu'il faut y voir, non pas des haches, mais des gouvernails, auxquels conviennent aussi opportunément que peu à des haches un manche coudé et hexagonal et un fort pommeau terminal. Ces gouvernails feraient allusion à la navigation du lac de Thun et de l'Aar. Le choix des divinités, notamment Neptune, Minerve, Mercure, concordent parfaitement avec l'idée de navigation et de commerce. Ces six divinités avaient probablement des temples sur les bords du lac et de la rivière.

Dans les exemples ici réunis la forme dominante du nom des Mères est *Matris* au datif ; vient ensuite *Matribus* et aussi mais rarement *Matrabus*, ce qui dans le premier et le dernier cas fait présumer le nominatif *Matrae*, et, dans le second, le nominatif *Matres*. C'est par suite de fausses lectures : *Mairabus* pour *Matrabus*, qu'on a cru qu'elles se nommaient aussi *Mairae*. D'après des inscriptions perdues et probablement mal lues, elles auraient été dites quelquefois *deae*. A Vienne, à Lyon, elles sont presque constamment qualifiées *Augustae*.

Dans les bas-reliefs, elles apparaissent au nombre de trois, sous la figure de femmes assises, tenant des fruits, celle du milieu une corne d'abondance.

Une inscription de la Savoie les montre comme protectrices d'un bureau du Quarantième des Gaules. Une inscription des Voconces les appelle *Victrices*, « Victorieuses », une inscription d'Aquae Sextiae, Aix en Provence, *Conservatrices*, « Conservatrices ». Dans une localité voisine de Thun, canton de Berne, elles figurent ainsi que les *Matronae* parmi les plus grandes divinités : Jupiter, Mercure, Minerve, Neptune, comme protectrices de la navigation sur le lac de Thun et la rivière Aar.

On voit qu'elles ne se rencontrent ni dans l'Aquitaine primitive, ni dans la partie de la Gaule celtique ajoutée à l'Aquitaine ou devenue la province Lyonnaise, si ce n'est à Lyon même. Au contraire dans la Belgique propre et le long du Rhin elles se montrent en quantité très grande et presque toujours avec un surnom local. Elles apparaissent fréquemment dans la partie de la Narbonnaise rapprochée des Alpes. On a voulu en faire des déesses nationales gauloises; elles n'étaient pas gauloises; elles n'étaient probablement pas déesses.

1317

MATRONA

1. — Prov. de Belgique prolongée, puis de Germanie-Supérieure (civitas des Lingons; Andematunnum, Langres).

Trouvée près de Langres, dép. de la Haute-Marne, à Bolesmes, lieu dit la Marnotte, où se voient, à 5 kilomètres au sud-est de Langres, les sources de la Marne. — Langres, au musée :

Successus, Natalis l(ibertus), maceriem caementiciam circa hoc templum de sua pecunia Matronae ex voto suscepto v. s. l. m.

Copie de M. Mowat, *Inscr. de Langres*, dans la *Rev. Archéol.*, 1890, tiré à part, p. 41. — Luquet. *Ant. de Langres*, p. 148, en fac similé.

« Successus, affranchi de Natalis, a, de ses deniers, entouré d'une clôture « en maçonnerie ce temple de la Marne, avec reconnaissance en accomplisse- « ment de son vœu ».

Matrona, la Marne divinisée à sa source. Des substructions de son temple, celui que mentionne l'inscription, existaient encore au commencement du siècle ; un plan de ces substructions, dressé en 1805, est reproduit en tête des *Antiquités de Langres* de Luquet.

Il est à peine besoin de faire remarquer que le nom *Matrona*, bien que porté par une rivière de la Gaule et malgré la terminaison *ona* commune à beaucoup de cours d'eau, n'a peut être rien de celtique; il est latin, aussi latin que le nom *Mons Matrona*, l'actuel Mont-Genèvre et que le nom des *Matronae* si abondamment répandues dans les pays du Rhin et surtout du Rhin inférieur. Le nom national de la Marne, ayant sans doute quelque analogie avec le nom romain, aura été remplacé par lui et n'est pas connu. C'est ainsi que les anciens noms du Rhône et de la Saône ont été supplantés par les noms grecs *Rhodanus* et *Arar*; le primitif nom du Rhône s'est perdu sans laisser de trace ; celui de la Saône, probablement conservé dans l'usage, a reparu tardivement sous la forme altérée *Sagona*.

1318

MATRONAE

Prov. Narbonnaise. (Civitas des Allobroges, puis des Viennenses).

Saint-Vincent, près Aix, dép. de la Savoie.

[*matr*]ONIS

Allmer, *Insc. de Vienne*, III, p. 297, atl. 269-153. — Friederichs, 196. — Hirschfeld, *C.* XII, 2483.

Lecture très incertaine ; peut-être SING au lieu de ONIS. Restitution très incertaine aussi : peut-être *patr*ONIS au lieu de *Matr*ONIS. Dans ce cas, il ne serait pas question des Matrones mythologiques.

1319

Prov. de Belgique prolongée puis de Germanie Supérieure. (Civitas des Helvètes ; Colonia Flavia Aventicum, Avenches).

Allmendingen près Thun, dans le canton de Berne, en Suisse :

MATRONIS

Mommsen, *Inscr. Helv.*, 211. — Friedrichs, 491.

Sur un objet en bronze trouvé avec cinq autres parcils, dans lesquels nous croyons reconnaître des gouvernails.

Voir *Matres*, n° 48.

1320

MENMANDUTIAE, MINMANTIAE

1. — Prov. Narbonnaise. (Civitas des Arécomiques ; Colonia V..... Iulia Baeterrae, Béziers).

Trouvée à Béziers, lieu dit le Plateau des Poètes. — Au musée.

Menmandutis, M. Licinius Sabinus v. s. l. m.

Notre copie dessinée. — Ci-dessus, I, p. 260 ; II, p. 317. — Noguier, *Béziers*, 38. — Hirschfeld, *C.* XII, 4223. — Lebègue, *Hist. de Lang.*, XV, 1544. — Friederichs, 222.

« Aux Menmandutiae, Marcus Licinius Sabinus avec reconnaissance en « accomplissement de son vœu ».

2. — Gaule celtique. — Prov. d'Aquitaine prolongée. (Civitas des Petrucores, Périgueux).

Autrefois à Périgueux. — Perdue.

Iovi opt(imo) max(imo), Minmantiis Vi[.......].

Espérandieu, *Inscr. de Périgueux*, 1893, p. 47, d'après Gruter, Suppl. p. 1159, n° 1. — Hirschfeld, *C.* XIII, 940.

« A Jupiter très bon, très grand, aux Minmantiae, Vi... ».

Vi....., commencement du nom du dévôt aux *Minmantiae* ; celles-ci peut-être les mêmes que les *Menmandutiae* de Béziers, mais dont on ne sait rien de plus.

1321

MINURAE

Fausse lecture d'une inscription, aujourd'hui perdue, trouvée en 1806, à Altmayer, dép. de la Moselle, et sur laquelle il y avait, non pas MINVRIS, mais MINIIR/S, à lire *Minerv(ae) s(acrum)* : « Autel à Minerve ».

On avait cru aussi pouvoir lire MINIIR/(i)S : « à plusieurs Minerves » ; *Lucanus v. s. l. m.*

Voir, Robert, *Epigr. de la Moselle*, p. 88 et dans le *Bullet. épigr.*, 1886, p. 258.

L'inscription est sur le haut de la pierre, dans un encadrement de rainures terminé de chaque côté par un ornement en forme de *pelta*.

1322

Mercurius MOCCUS

1. — Prov. de Belgique prolongée. (Civitas des Lingons ; Andematunum, Langres).

Langres, dép. de la Haute-Marne. Trouvée dans les fondations de l'ancienne enceinte, derrière l'Evêché, au musée :

In h(onorem) d(omus) d(ivinae), deo Mercur(io) Mocco, L. Mascl(ius) Musculus et Sedatia Blandula mater p(osuerunt) ex voto.

Bimard, dans Muratori *Proleg.* 51. — Orelli, 1407. — Mowat, *Inscr. des Lingons*, dans la *Rev. archéol.* 1890, tirage à part, p. 42 : l'inscription aujourd'hui réduite à des restes de ses trois premières lignes.

« En l'honneur de la Maison divine, au dieu Mercure Moccus, Lucius Mas-« clius Masculus et Sedatia Blandula, sa mère, en accomplissement de leur « vœu ».

Bimard signale, d'après un pouillé du diocèse, une colline près de Langres appelée « Mont de Moque » ou « Mont-Merceur » et constate qu'il n'y a pas à chercher ailleurs le surnom de Mercure Moccus. Suivant un autre renseignement (Viguier, *Décade hist. du dioc. de Langres*) cette colline s'appelait « le Moche » ou « Mège » et aussi « le mont Mercure » ; elle était proche du village d'Andilly, à 12 kilomètres au nord-est de Langres, et on voyait à son sommet « les restes d'un temple ».

(*A suivre*).

PUBLICATIONS

Les Eduens et les Arvernes sous la domination romaine, par M. Otto Hirschfeld. (Extrait des *Comptes-rendus des séances de l'Académie des Sciences de Berlin*, tome 51, année 1897). — Traduction Allmer (suite).

L'histoire des Arvernes finit de fait avec la chute de leur héroïque chef Vercingétorix ; depuis ce temps ils ont été les sujets fidèles ou tout au moins obéissants des Romains, et il est significatif que le Cadurque Lucterius, le dernier défenseur de la liberté de la Gaule, a été livré enchaîné à César par l'Arverne Epasnactus, ami dévoué du peuple romain, comme Hirtius a soin de le marquer (42). Dans aucun des soulèvements qui pendant le cours de l'Empire ont agité la Gaule, ils n'ont joué aucun rôle. Seulement dans l'insurrection de Vindex, dirigée moins contre Rome que contre Néron, ils sont mentionnés à côté des Eduens comme ayant été battus par la cavalerie germaine (43). Même les inscriptions ramenées au jour sur leur territoire, et qui sont en partie des épitaphes, ne nous fournissent aucun renseignement historique, ne nous parlent ni de leurs fonctionnaires ni de leurs prêtres ; cependant s'y trouve, à l'égard des prêtres à l'autel de Rome et d'Auguste sortis de chez eux, l'attestation ordinaire, sur les statues élevées aux prêtres de cet autel, d'avoir revêtu tous les honneurs parmi les leurs avant l'investiture de la prêtrise impériale des trois Gaules. Matériellement, le pays aura sûrement eu une existence heureuse ; car la basse Auvergne est une des contrées de France les plus bénies et les eaux du Mont-Dore et de Vichy avaient déjà alors, comme de nos jours, d'après le témoignage des inscriptions, exercé dans l'empire romain leur puissance d'attraction. Plus grande encore était la vogue du sanctuaire, placé en vue dominante à la ronde sur tout le pays d'Auvergne, de Mercure Dumias au sommet du Puy-de-Dôme, et qui a gardé clairement son ancien nom celtique. Pour ce temple, au temps de Néron, le célèbre artiste fondeur Zénodore a fait en un travail qui a duré dix ans une statue colossale du dieu, du prix de main-d'œuvre de quatre cent mille sesterces (44), preuve de la splendeur du temple en même temps que de la prospérité des Arvernes à cette époque (45). A ce temple est à rapporter avec raison le récit de Grégoire de Tours que Chrocus, roi des Alamans au temps de Valerius et de Gallien, *veniens Arvernos* (où d'après le langage de l'époque il y a à comprendre non pas le pays mais la ville d'Augustonemetum) *delubrum illud, quod gallica lingua Vasso Galate vocant, incendit, diruit atque subvertit* (46). Grégoire décrit la magnificence et la solidité du temple ; ses murs avaient trente pieds d'épaisseur ; à l'intérieur les parois étaient recouvertes de marbre et de mosaïques (47), le sol était pavé en mosaïque, le toit couvert en plomb. Les fouilles qui ont été faites pendant les années 1873 et 1874 pour l'établissement d'un observatoire au sommet de la montagne ont ramené au jour de considérables substructions du temple, de grands fragments de marbre, quelques inscriptions dédicatoires à Mercure Arverne ou Dumias, et autres nombreux objets de fouilles propres à donner seulement une image imparfaite de la somptuosité de la construction (48). De la statue colossale de Zénodore pas le moindre débris ne nous est parvenu (49) ; sans doute elle a été la proie du roi des Alamans.

Peut être sommes nous mieux renseignés sur la destinée des Eduens que sur celle des Arvernes au temps de l'Empire. Si César, comme cela n'est pas pas invraisemblable, a pensé faire de Bibracte une colonie (50), peut-être même la métropole du pays gaulois, cela, ainsi que nous l'avons vu, ne répondait nullement à la politique d'Auguste. Toutefois Auguste a accordé aux Eduens, autant qu'elle pouvait s'adapter au cadre de la domination romaine, une situation privilégiée dont témoignent leur condition de *civitas foederata*, et outre la collation de la première prêtrise à l'autel d'Auguste à un Eduen (51), la somptuosité de construction d'Augustodunum. Cette nouvelle capitale, désignée par son nom comme forteresse impériale, et dont les murailles sont appelées par Ammien Marcellin (52) l'ornement de la province Lyonnaise, dont les portes: la porte d'Arroux et la porte St-André, comptent encore de nos jours parmi les monuments des plus beaux de ce côté-ci des Alpes, était certainement destinée à devenir le point protecteur de toute la moyenne Gaule. Egalement des édifices publics, aussi bien ceux cités par les écrivains postérieurs que ceux dont subsistent encore des ruines : le théâtre, l'amphithéâtre et le cirque, le forum avec ses basiliques, le Capitole dédié à trois dieux et le temple d'Apollon (53), peuvent en partie avoir appartenu à la première érection. La nouvelle ville des Eduens devait aussi être en même temps un centre intellectuel, l'école supérieure de la jeunesse d'élite de la Gaule, et déjà sans doute redevable de son existence au premier empereur (54), fondée par lui dans la même intention qu'avait eue Sertorius, dans le règlement de la constitution de l'Académie d'Osca, de détourner, par l'éducation greco-romaine, la génération venante du celticisme, avec son instruction druidique politiquement dangereuse, et d'être, pour la romanisation, une institution de préparation et d'enrôlement. Malgré ces faveurs, ce sont précisément les Eduens qui, dans la Lyonnaise, comme les Trevères dans la Belgique, formeront le point central de la révolte et peu d'années après la mort d'Auguste menaceront momentanément la stabilité de la domination romaine. D'une famille éduenne de haute distinction, déjà gratifiée par César certainement du droit de cité romaine, est sorti le chef particulier du soulèvement, Julius Sacrovir, qu'un écrivain de ce temps appelle avec honneur un *princeps Galliarum*. (55) L'occupation d'Autun, place forte il est vrai, mais entièrement dépourvue de garnison romaine comme en général toutes les villes de la Gaule à l'exception de la Capitale, fut le premier et aussi le seul résultat ; armés en grande partie de couteaux et d'épieux de chasse, sans aucune expérience de la guerre et déshabitués de toute fatigue, les 40.000 Eduens de l'armée insurrectionnelle, tout à fait insuffisants bien que renforcés des hommes tirés d'une école de gladiateurs que sans doute il y avait là et qui d'après leur équipement gaulois tout de fer étaient appelés *cruppellarii* (56), furent en un seul combat, à environ deux milles d'Autun, anéantis par le gouverneur de la haute Germanie, et leur chef, après tout espoir perdu, se donna la mort de sa propre main (57). Que pour leur manque de fidélité, les Eduens aient subi quelque châtiment, on ne le sait, mais puisque le Sénat en l'an 48 leur accorde à eux seuls, en considération de leur *foedus* alors encore en vigueur et de leur fraternité avec les Romains, le droit demandé par Claude pour tous les *primores* de la Gaule, d'accès au Sénat de Rome et aux fonctions publiques supérieures (58), cela parle en tout cas contre un amoindrissement durable de la situation d'honneur que leur avait accordée Auguste.

De nouveau les Eduens se sont soulevés contre les Romains lorsque Julius Vindex appela aux armes toute la Gaule, et, joints cette fois aux Arvernes, ils ont été mis en déroute par la cavalerie de l'armée de Germanie (59). Certainement, ils ont en cette circonstance eu part, en première ligne, aux bienfaits dont Galba comblait alors ses partisans dans la Gaule, et il peut se faire, ainsi qu'on l'a pensé (60), qu'une partie du territoire des Lingons leur ait alors été attribuée à titre de récompense. Depuis ce temps, ils n'ont plus, que nous sachions, croisé les armes avec les Romains ; ils ont même, sous Vitellius, réprimé, avec leur propre milice unie aux cohortes romaines (61), une insurrection des Boiens établis chez eux par César, et un des leurs, Julius Calenus, ancien tribun militaire dans l'armée de Vitellius, vraisemblablement un petit-fils de l'Eduen Eporédorix (62), mentionné comme chef-d'armée dans César, a reçu d'Antonius Primus la mission de porter à ses compatriotes la nouvelle de la prise de Crémone (63).

Mais que le *foedus* avec les Eduens ait été maintenu jusqu'à une époque avancée de l'empire, cela est douteux; dans les inscriptions ils ne portent jamais le titre de *foederati*. Malheureusement ces documents nous renseignent peu sur leur constitution, qui, sans doute chez les peuples fédérés, s'appliquait à conserver quelque chose de l'empreinte nationale. Nous savons par César que chez les Eduens le magistrat suprême, le Vergobretus (*Rechtswirker*), était nommé annuellement par le peuple et avait droit de vie et de mort, et qu'il résidait à Bibracte. César ajoute sur sa nomination et ses fonctions des renseignements détaillés (64). De fait, cette magistrature celtique se laisse encore apercevoir sur les inscriptions dans la *civitas libera* des Santons (65), tandis que chez les Eduens, dans les sources conservées, se montre déjà à sa place l'ordinaire duovirat, à côté duquel, à ce qu'il parait (66), se trouve la questure, alors qu'en Italie et dans les villes organisées sur le modèle italien l'édilité ne manque presque jamais, mais ici, au contraire, de même que dans la plupart des communes gauloises, ne se rencontre pas. Une prêtrise celtique nous est conservée par une inscription de Mâcon faisant mention d'un *gutuater* de Mars, en même temps prêtre de l'empereur et du dieu celtique Moltinus (67) autrement inconnu, exemple remarquable du mélange du celtique et du romain aux premiers temps de l'Empire; plus tard, les dieux nationaux disparaissent de plus en plus dans l'ombre en face de l'empereur dieu, et les prêtres des divinités celtiques, peut-être permis seulement dans les cités libres et dans les cités fédérées, deviennent extrêmement rares dans la Gaule. Le même titre sacerdotal se retrouve encore une fois dans une inscription du premier temps chez les Vellaves (68), suivant toute apparence aussi chez les Carnutes où le *gutuater* était au temps de César le prêtre suprême, quand même Hirtius paraisse avoir pris faussement le titre pour un nom d'homme (69).

Deux cents ans seulement après le soulèvement promptement réprimé de la Gaule sous Vindex, les Eduens sortent encore une fois de l'obscurité. A cette époque d'épreuves si dures pour la Gaule, alors que Postume et ses successeurs appelèrent à la vie pour peu de temps un empire gaulois, Autun, qui avait gardé fidélité aux empereurs reconnus par le Sénat, fut affligé d'une manière terrible (70) et, après un siège de sept mois, livré aux hordes germaniques par ses défenseurs épuisés à mort par la famine et attendant inutilement un secours (71). Les murailles de la ville furent alors gravement endommagées; les bâtiments, les édifices publics (72) en partie détruits; la capitale aussi bien que le pays des Eduens saccagés et dévastés.

Combien pesait lourdement le présent sur la ville jadis si florissante, on le voit déjà clairement par le discours que le rhéteur Eumène, appelé dans sa ville natale pour la direction de l'enseignement prononça, en l'an 297, pour le rétablissement du bâtiment somptueux de l'école dite Maeniana (73); on le voit d'une manière bien plus saisissante encore, par les discours de remerciement à Constantin où l'impression de la douleur sur l'état misérable de sa patrie n'est nullement effacée par les louanges prolixes et écœurantes que l'orateur croit devoir à l'empereur au sujet du payement de ses honoraires (74). La brillante perspective que, dans sa confiance en la générosité de l'empereur, il esquisse (75) pour sa ville natale n'est pas parvenue à réalisation; encore au temps de Julien les murailles étaient en ruines (76), et, à l'intérieur d'Autun où déjà, lorsque furent prononcés ces discours, le Christianisme comptait une nombreuse (77) communauté, les temples paiens restés debout au milieu des décombres, auront eu à peine un meilleur sort, quand bien même longtemps après, et surtout hors de la ville, les dieux du pays aient continué à être vénérés comme en l'ancien temps (78).

Dans le déclin d'Augustodunum se reflète celui de tout le pays gaulois à la fin du troisième siècle. Les murailles des grandes villes de toute la Gaule, construites à cette époque précipitamment (79), sous l'impression profonde de la terrible visite des barbares, de débris arrachés aux monuments sacrés et profanes, publics et privés, parlent un langage encore plus éloquent que les témoignages des orateurs et des historiens. Si un empereur aussi énergique qu'Aurelien a regardé comme une nécessité d'entourer d'une nouvelle enceinte Rome fortifiée depuis de longs siècles et a considéré comme n'étant plus suffisant le fort boulevard établi par Trajan de l'autre côté du Danube, c'était bien la déclaration de faillite de l'empire romain vis-à-vis des barbares. A la vérité, un assez long sursis de splendeur relative a été encore accordé à la Gaule ; mais qu'elle dût partager dans un temps non très éloigné le sort de la Dacie, c'était déjà alors hors de doute, et, sans la victoire de Julien sur les Alamans à Strasbourg, c'est certainement un siècle plus tôt qu'elle fût devenue la proie des Germains, frappant toujours plus violemment aux portes de l'empire du monde.

NOTES

42. — Hirtius *b. G.* VIII, 44. 3.

43. — Tacite, *Hist.* IV, 17: *Ne Vindicis aciem cogitarent: Batavo equite protritos Aeduos Arvernosque.*

44. — Sans doute, au lieu des CCCC du texte, il y a à lire dans Pline, *n. h.* 34. § 45, cccc, avec Ulrichs, qui toutefois explique à tort *quadringenties* (400).

45. — Pour ce qui est de l'opinion de Renier (*Revue des Soc. sav.* 1875, p. 22; voy. Desjardins, *Géogr. de la Gaule*, I, p. 107) que la Gaule entière aurait participé à la construction et à l'ornementation du temple, parce que le *Mercurius Arvernus*, appelé *Arvernorix* (roi des Arvernes), dans une inscription de Miltenberg (Brambach, *I. Rh.* n. 1741), aurait été adoré dans toute la Gaule et même au delà de ses limites, elle manque entièrement de confirmation, et il est très douteux que sous l'Empire la construction d'un tel temple national de la Gaule eût été permise.

46. — Grégoire de Tours (*Hist. Francor.* I, ch. 32). Le passage a été souvent commenté à cause des mots *Vasso Galate* (*Gallate*, *Galatae* dans quelques manuscrits). L'explication est donnée, comme depuis longtemps cela est reconnu, par une inscription de Bitburg (Brambach, *I. Rh.*, 835) dédiée *deo Mercu[rio] Vassocaleti*, dont la lecture, d'après une communication de M. Zangemeister, est certaine, bien qu'il soit cependant possible qu'un point ait existé après Vasso. D'après cela, Grégoire aura écrit *Vassocalete*, ou bien le nom s'était de son temps corrompu en *Vassogalate*. Birt (ouvr. cité, p. 522), prétend faussement que, sur l'inscription de Bitburg, il y a *Vasso Celeti*, et rattache à cela des considérations sur la signification du mot *Celeti*, le même d'après lui que *Celti* et que le *Galate* de Grégoire de Tours.

47. — A propos de ce que dit très simplement Grégoire: *intrinsecus vero marmore ac museo variatum erat* Birt (ouvr. cité, p. 524) fait la remarque qui suit: « *In delubro autem Mercurii Vassi Galatae picturas musivicas cons-* « *picuas fuisse vidisti; hominum depictas esse figuras facile suspiceris; quid* « *igitur? nonne Vassi historia descripta esse debuit? quod tamen fieri non potuit* « *sine Graecae artis imitatione. Itaque etiam hac in re Graecae sive Troicae* (!) « *fabulae aliquid subodoramur* ».

48. — Sur ces fouilles ont paru à Clermont-Ferrand, en 1876, les lettres de PP. Mathieu et A. Tillion, intitulées : *Le Puy de Dôme.*

49. — Mowat (*Notice épigr.*, Paris 1887, p. 1 et s.) a voulu reconnaitre dans la représentation de Mercure assis avec le caducée, la bourse, la tortue et le coq, sur une pierre dédiée à Mercure Arverne (Brambach, *Add.* 2029), une répétition de la statue de Zenodore. Cependant il n'y a pas à tirer de là une preuve positive. Voy. Allmer, *Rev. épigr.*, III, p. 487.

50. — A cela se rapporterait, comme il me parait, le passage, toutefois seul, à la fin du 8e Panégyrique *Antiquum Bibracte quod hucusque dictum est Iulia Pollia* (*Polia* dans le texte) *Florentia*. Il n'est pas possible qu'avec Brand, sur le poème du primitif christianisme *Laudes Domini* (Braunschweig 1887, p. 24, note) on doive rejeter ces mots comme une interpolation, mais plutôt on aura à se souvenir à ce sujet que suivant toute apparence aussi, Vienne a porté les

noms de *col. Iul. Aug. Flor(entia)* (voy. la remarque de Mommsen au Corpus XII, 2327), quand même le surnom n'apparaît dans aucune autre inscription. Mais le rattachement de ces surnoms à Autun, indépendamment de ce que la ville n'est pas appelée sans intention par l'orateur *antiquum Bibracte*, demande d'autant plus de réserve qu'Auguste n'a pas pu donner à une ville, fondée par lui, non avant l'an 27 av. J.C., le surnom de Julia et que, outre cela, les noms de Pollia (s'il n'y a ici une confusion avec le nom de la tribu, voy. Bormann dans *Archaeol. epigr. Mittheil.* 10, p. 228), et de Florentia indiquent un temps plus ancien. D'après cela on devra admettre que la concession de ces noms remonte à César et dans le fait, conformément au reste de sa conduite à l'égard des Eduens, il a eu l'intention de faire de Bibracte une colonie, projet à la vérité à peine parvenu à réalisation. L'expression *hucusque* de l'orateur, mal applicable à une ville abandonnée depuis plus de trois siècles, laisse présumer que ces surnoms de Pollia et Florentia ont été reportés de Bibracte sur Autun, élevée en son remplacement.

51. — Tite-Live, *Epit.* 139 : *sacerdote creato C. Iulio Vercondaridubno Aeduo.*

52. — Ammien, XV, 11, 11 : *Lugdunensem primam Lugdunus ornat......et maenium Augustoduni magnitudo vetusta.*

53. — Le renseignement est donné par la lettre ci-dessus mentionnée (note 15) d'Harold de Fontenay sur Autun ; voy. *C.* XIII, p. 403.

54. — Voy. Tacite, *Ann.* III, 43, à l'année 21 : *Augustodunum...... Sacrovir occupaverat,[ut] nobilissimam Galliarum subolem liberalibus studiis ibi operatam et eo pignore parentes propinquosque eorum adjungeret.*

55. — Velleius II, ch. 129.

56. — Tacite, *Ann.* III, 43 : *adduntur e servitiis gladiaturae destinati, quibus more gentico continuum ferri tegimen : cruppellarios vocant, inferendis ictibus inhabiles, accipiendis impenetrabiles.* Ils sont représentés en deux statuettes de bronze du Musée d'Autun, voy. la gravure dans Fontenay, p. 38. Du reste, à mon avis (autrement Meier, *De gladiatura Romana*, p. 37), ils ne diffèrent pas des *murmillones*, dont un *natione Aedu(u)s* apparaît sur une inscription de Nîmes (*C.* XII, 3325).

57. — Tacite, *Ann.* III, 46.

58. — Tacite, *Ann.* XI, 25.

59. — Tacite, *Hist.* IV, 17.

60. — Anatole de Charmasse dans Fontenay, p. 42.

61. — Tacite, *Hist.* II, 61.

62. — Dans une inscription de Bourbon-Lancy sur le territoire des Eduens (Creuly, *Rev. arch. n.* 5, 4, 1861, p. 110 ; *C.* XIII, 2805) un *C. Iulius Eporedirigis f. Magnus*, fait une dédicace *pro L. Iulio Caleno filio*, dont le frère Proculus s'appelle sur une inscr. d'Autun (Creuly, p. 111 ; *C.* XIII, 2728) *C. Iulius, C. Magni f., C. Eporedirigis n(epos), Proculus.* D'après cela le grand-père, à qui est aussi donné ici le prénom *Caius*, paraît avoir reçu déjà de César le droit de cité romaine. Chez César le nom est *Eporedorix* ; voy. les endroits dans Holden *Altcelt. Sprachschatz*, I, p. 1452 *s. v.*, qui, avec raison pense au jeune Eporedorix plusieurs fois mentionné dans Cesar (*b. G.* VII, 39, 1 : *Eporedorix Haeduus, summo loco natus adulescens et summae domi potentiae.*

63. — Tacite, *Hist.* III, 35.

64. — Cesar (*b. G.* I, 16, 5 : VII, 32, 33).

65. — Mowat, *Bull. des Ant. de Fr.*, 1879, p. 238 ; *C.* XIII, 1048 : [*C. Iulio*], *C. Iulii Ricoveriugi f. Vol. Marino* [*flamini* (?) *Augus*]*tali primo, c(uratori) c(ivium) R(omanorum), quaestori, verg*[*obreto*] comme Mowat complète avec raison. Le titre se trouve aussi sur une monnaie connue des Lexovii (Muret-Chabouillet, *Catalogue des monnaies gauloises*, n. 7159 ; De la Tour, *Atlas*, pl. 28) : *Cisiambos Cattos vercobreto* et dans les notes Tironiennes (éd. Schmitz, pl. XXXVI, 37 :) *Virgobretus.*

66. — L'abréviation *II vir q* dans l'inscription citée, note 67, permet, il est vrai, comme le montrent beaucoup d'exemples, la lecture *II vir q(uinquennalis)*. Cependant aucun exemple de la quinquennalité du duovirat n'existe

à ma connaissance dans la Gaule (la Narbonnaise exceptée), pas une seule fois à Lyon, ce qui sans doute est à expliquer par ce fait que dans la Gaule la fixation du cens n'appartenait pas, comme dans les colonies et municipes organisés sur le modèle italien, aux premiers magistrats. Les Eduens pouvaient à la vérité, comme *civitas foederata*, avoir été à cet égard placés plus favorablement ; mais chez les Rèmes, qui se trouvaient dans la même situation, le *census* est fait par un personnage de l'ordre équestre (entre le tribunat légionnaire et une procuratelle), avec le titre de *censor civitatis Remor(um) foeder(atae)*, *C*. XII, 1855 ; à Lyon se rencontre même une inscription du temps de Septime Sevère (*C*. II, n° 4121) faisant exercer, par un personnage de condition consulaire, une fonction de *censitor provinciae Lugdunensis, item Lugdunensium*, mais qui peut avoir été exceptionnelle.

67. — Cette remarquable inscription (Allmer, *Rev. épigr*. III, 949; *C*. XIII, 2586) est malheureusement perdue depuis environ 50 ans; elle a été copiée par Millin et plus tard par deux autres, et il n'y a pas à douter de sa sincérité. Elle était en l'honneur d'un *C. Sulp(icii) M. fil. Galli omnibus honoribus apud suos funct(i), II vir(i), q(uaestoris)* (voy. note 66), *flaminis Aug(usti)*, P/OGEN (d'après Monnier, HO GE d'après Millin, peut-être le nom celtique d'une prêtrise) *dei Moltini gutuatr*[*i*] *Mart(is) VI*, où l'on a supposé *Vi*[*ctoris*] mais où il y a à penser peut-être plutôt à *Ultoris*.

68. — Allmer, *Rev. épigr*. II, 781 ; *C*. XIII, 1577 (le nom manque, mais son fils qui était *flamen* et *iivir* pour la seconde fois, s'appelait Nonnius Ferox): *ferrariarum* (mot peut-être précédé de *adsessor*), *gutuater*, *praefectus colon(iae)*.

69. — Suivant une supposition interrogative de Desjardins, *Géogr. de la Gaule*, II, p. 511, note 3. D'après Hirtius (*b. G*. VIII, 38. 3), César fit mettre à mort dans le pays des Carnutes révoltés notamment, *principem sceleris illius et concitatorem belli Gutruatrum*. Les manuscrits varient entre *Gutruatrum* (ms. Bongars.), *Gutuatrum* (les autres de la classe α dans Meusel) *gu'truatrum* ou *gultruatum* (classe β); dans le § 5 du même chapitre les mots *a Gutuato* (*gultruato*, Vat. 3324) sont considérés avec toute raison par Oudendorp et les meilleurs éditeurs comme une interpolation. Un nom est nécessaire à cette place, mais *Cotuatum* (voy. *B. G*. VII, 3. 1 : *Carnutes Cotuato et Conconnetodumno ducibus*) est impossible à mettre, ainsi qu'on l'a essayé, en remplacement de *Gutuatrum*. Tout au plus pourrait-on penser qu'Hirtius aurait écrit *Cotuatum Gutuatrum* et que le premier mot à cause de son analogie avec le suivant aurait échappé aux copistes. Autrement, il ne reste rien qu'à admettre avec Desjardins une méprise d'Hirtius.

70. — Aux Eduens marquants, qui alors furent obligés de fuir leur patrie, appartenait aussi Arborius, le grand-père maternel d'Ausone. Voy. *Parent*. VI, 8.

71. — Panégyrique VIII, ch. 4 : C'est sans doute du même siège que veut parler Eumène, *pro rest. schol.*, ch. 4, où l'on a à tort substitué *Bagaudicae* au *Batavicae* du texte.

72 — Les inscriptions publiques sont en petit nombre à Autun et ne nous sont parvenues qu'en fragments.

73. — Voy. ch. 4, où les mots: *ut tanto esset illustrior gloria restitutorum, quanto ipsa moles restitutionis immanior; itaque maximas pecunias et totum, si res poscat, aerarium non templis modo ad locis publicis reficiundis sed etiam privatis domibus indulgent*, montrent suffisamment que la ville était alors en ruines, et aussi bien que les passages suivants sur les nouveaux habitants, prouvent la dévastation du pays. Voy. *Panegyr*. V, ch. 9, sur l'établissement des Chamaves et des Frisons comme cultivateurs dans le pays des Eduens, et VIII, ch. 4: *metoecis undique transferendis*.

74. — Voy. surtout *Panegyr*. VIII, ch. 5.

75. — *Panegyr*. VII, ch. 22.

76. — Ammien Marcellin XVI, 2, 1 : (Julianus) *comperit Augustoduni civitatis antiquae muros spatiosi quidem ambitus sed carie vetustatis invalidos barbarorum impetu repentino obsessos*.

77. — Apparemment devaient avoir déjà subi le martyre Marcel à Châlon-sur-Saône en 178, Symphorien à Autun en 179 ou en 180 (voy. les actes

postérieurs, cependant sincères, des deux saints dans les Acta §§, du 5 septembre et au 21 août). Sûrement antérieure à Constantin est la célèbre inscription ἰχθύς d'Autun (Lebègue, *Inscr. graecae* n° 2525), ainsi que l'épitaphe chrétienne, trouvée aussi, suivant toute apparence, à Autun d'une Euphronia (Le Blant, *Inscr. chrét. de la Gaule*, I, n. 5; *C.* XIII, 2718). L'évêque d'Autun Reticius avait déjà pris part aux Conciles de Rome de l'an 313 et d'Arles de l'an 314; peu d'années après, a été composé, à Autun, le poème chrétien *Laudes Domini* ci-dessus mentionné, note 27 (voy. Brandes, *ouvr. cité*, p. 25).

78. — Sur le culte national d'ancien temps chez les Eduens de Berecynthia *pro salvatione agrorum et vinearum*, encore pratiqué au temps de l'évêque Simplicius (début du 5ᵉ siècle), voy. Grégoire *in gloria Confess.*, ch. 76. Sur l'activité de Saint Martin dans le pays des Eduens et des Sénons (vers l'an 377) voy. Bulliot et Thiollier dans les *Mém. de la Soc. Eduenne*, vol. 16-19 (1888-1891).

79. — Voy. dans Camille Jullian, *Inscr. Rom. de Bordeaux*, II, p. 395, les excellentes remarques sur la construction de ces murailles dans la Gaule.

CHRONIQUE

— Une inscription romaine, récemment découverte par M. le docteur Rouvier dans les environs de Beyrouth (Asie-Mineure) et datée des dernières années de la République ou du commencement de l'Empire, donne à la VIIIᵉ légion le surnom *Gallica* rappelant, sans aucun doute, quelque exploit accompli par cette légion pendant les campagnes de César en Gaule. (V. à ce sujet, une note de M. Héron de Villefosse dans le *Bulletin archéologique* du Comité des travaux historiques, 1899, p. XXXVI).

— Un plateau de bronze découvert près Beït-ed-Din dans le Liban, et signalé à M. Cagnat, membre de l'Institut, par le R. P. Ronzevalle, professeur à l'Université Saint-Joseph de Beyrouth, porte une inscription qui est ainsi conçue (*Comptes-rendus de l'Acad. des I. et B. L.*, 1899, p. 353): ....*J]ulianus naviculariis/ [mar]inis Arela[t]ensibus quinque/ [c]orporum./ Q[u]id lecto decreto vestro scripserim/ .....proc. Augg. e. v. subi/ci iussi opto felicissimi bene valeatis/ e. e./ Exemplum decreti naviculariorum/ ma/rinorum Arelatensium quinque cor/ porum item eorum quae aput me acta/ sunt subieci et cum eadem querella l/atius procedat ceteris etiam inploranti/bus auxilium aequitatis cum quadam de/nuntiatione cessaturi propediem obsequi./ si permaneat iniuria peto ut tam indemni/tati rationis quam securitati hominum/ qui annonae deserviunt consulatur/ inprimi charactere regulas ferreas et/ adplicari prosecutores ex officio tuo iu/ beas qui in urbe pondus quod susce/perint tradant*.... (Suivent 18 lignes dont on ne possède plus que le commencement).

M. Cagnat se réserve de revenir plus largement sur ce texte, qui est intéressant pour l'histoire de la colonie d'Arles, et dont la date semble remonter à la fin du second siècle de notre ère.

— Une importante inscription latine de la Narbonnaise (*Corp. inscr. latin.*, XII, n° 3291) qui, depuis longtemps, était considérée comme perdue, vient d'être retrouvée près de Caissargues, où elle servait de revêtement au barrage du moulin Villard. Elle a été donnée au musée lapidaire de Nimes par M. de Boyve, propriétaire de ce moulin. Cette inscription est surtout intéressante, parce qu'elle fournit le nom complet de la ville de Riez, *colonia Iulia Augusta Apollinaris Reiorum*. (Communication de M. Berthelé, archiviste de l'Hérault, faite à la Société des Antiquaires de France par l'intermédiaire de M. Héron de Villefosse. *Bulletin*, 1899, p. 306).

ESPÉRANDIEU

Vienne, imp. Savigné — Ogeret et Martin, succʳˢ. — *Le Gérant :* J. OGERET.

REVUE

ÉPIGRAPHIQUE

Nº 96. — Janvier, février, mars 1900

*Notice sur la vie et les travaux d'*AUGUSTE ALLMER.
Lyon; — *Fréjus*; — *Montagnac et Fabrègues, dans l'Hérault*; — *Bourges*; *Baume-les-Messieurs, dans le Jura*.
ALLMER. — *Les dieux de la Gaule Celtique* (suite).
Bibliographie. — *Chronique*. — *Corrections*.

NOTICE SUR LA VIE ET LES TRAVAUX D'AUGUSTE ALLMER

Louis-Christophe-Auguste ALLMER naquit à Paris le 8 juillet 1815. Sa famille était de vieille noblesse. Une Jeanne Allmer de la Jaille, apparentée par sa mère aux seigneurs de Rochefort et aux vicomtes de Thouars, avait épousé Olivier III de Clisson, que Philippe de Valois fit décapiter, en 1343, en l'accusant de tenir le parti de Charles de Blois.

Au dix-septième siècle, un Allmer de la Jaille avait eu, en Suisse, un fils naturel qu'il avait reconnu. Admis à la Cour du roi de Prusse en qualité de chambellan, ce fils eut lui-même trois enfants, dont un, Chrisane Allmer de la Jaille, ministre de la religion réformée à Bâle, fut le père de Godefroy-Eucher Allmer de la Jaille, trisaïeul d'Auguste Allmer.

Godefroy-Eucher Allmer de la Jaille, né en 1713, se consacra de très bonne heure à la carrière des armes. Un duel malheureux qu'il eut en Saxe, avec un cadet de noblesse, le força à s'expatrier. Il vint en France et se fit incorporer dans la compagnie colonelle générale des Gardes Suisses. Protestant, on ne lui donna tout d'abord qu'un grade subalterne. Il abjura, en 1740, au moment d'un premier mariage, et fut alors admis dans la maison du roi. Il perdit la vie, en 1757, au cours de la guerre de Sept-Ans. Godefroy Allmer de la Jaille laissait deux fils. Le plus jeune, Alexandre, né le 3 avril 1746, d'un second mariage, épousa Clémence Houzel, de Ver-en-Galy, dans le diocèse de Senlis, et de cette union naquirent encore deux enfants dont la destinée fut assez tragique. Le cadet, Alexis, chevalier de la Jaille, avait eu de tout temps, des idées libérales. Tandis que son aîné, le marquis de la Jaille, émigrait, lui-même prenait du service dans les armées républicaines et recevait le commandement du 5e bataillon des Volontaires de Paris. Tous deux se rencontrèrent, dans des camps opposés, à la bataille de Quiberon où le marquis de la Jaille, fait prisonnier pendant le combat, ne dut son salut qu'à l'intervention pressante de son frère Alexis. Cette circonstance, toutefois, impressionna vivement le chevalier de la Jaille. Il démissionna et revint à Paris. Arrêté comme aristocrate, les blessures qu'il avait reçues au service de la République le firent acquitter. Incarcéré un peu plus tard comme suspect de modérantisme, il réussit à s'évader et à se réfugier, d'abord à Paris même, chez un maître de pension de la rue Calandre, ensuite à Ver-en-Galy, chez des parents éloignés de son aïeule.

De son mariage avec Marie de Châtenay, Alexis Allmer eut deux fils: Louis, qui fut tué comme officier d'artillerie, en 1813, à la bataille de Leipzig, et

Jacques-François, né en 1783, qui se maria en 1812, avec Adélaïde-Augustine Cretolle, et fut le père d'Auguste Allmer. Jacques-François Allmer, successivement vérificateur aux comptabilités, trésorier de la colonie d'Afrique à St-Louis, payeur principal de la trésorerie de l'armée, et sous-chef au contrôle central du ministère des finances, fut admis à la retraite en qualité de contrôleur principal des dépenses générales, et mourut en 1852.

Par sa mère, Auguste Allmer était le petit-fils d'un officier d'artillerie, Augustin Cretolle, qui avait servi avec distinction à l'armée d'Italie, sous Bonaparte et commandé pendant quelque temps la petite place forte de Sospello.

Auguste Allmer vécut ses premières années à Chantilly, où sa famille possédait une maison de campagne. Il aimait peu l'étude et lui préférait les longues courses dans les bois avec les petits paysans de son âge. Dès cette époque, ses goûts modestes, sa prédilection pour la vie et les plaisirs champêtres se manifestaient si nettement, que son père, dont la nature était très fière, s'en inquiétait. Le jeune Allmer fut envoyé à la petite communauté de St-Germain-des-Prés, où son intelligence très vive le fit bien vite remarquer. Il racontait lui-même plus tard, volontiers, que le grec et le latin le désespéraient. Son esprit se complaisait davantage dans l'étude des classiques français et du dessin, mais on peut retenir cependant que, parmi les récompenses scolaires qui lui furent accordées, dans la classe de cinquième, en 1829, un prix de thème latin, un prix de vers latins et un prix de version grecque figurent à côté d'un premier prix d'excellence.

Dès que ses études furent terminées, Auguste Allmer débuta dans la vie, en 1836, par un emploi de surnuméraire dans la division du Contrôle, c'est-à-dire sous les ordres de son père, au Ministère des finances. Nommé expéditionnaire en 1838, on le plaçait peu de temps après, en janvier 1839, à la tête de la perception de la réunion de Bain, arrondissement de Redon (Ille-et-Vilaine). Mais le climat de Bretagne lui convenait peu. Il demanda et obtint, au bout de quelques semaines, la réunion d'Estrablin (transférée plus tard à Septème), avec résidence à Vienne. Bon et compatissant envers les malheureux, — il le prouva plus tard en s'intéressant jusqu'à aider de sa bourse, pendant longtemps, un vieux poète tombé dans la misère, — les exigences de sa profession ne s'allièrent jamais chez lui à la sécheresse du cœur. Redevable au Trésor, tous les mois, du douzième des contributions qu'il avait à recouvrer, Allmer avait inventé, pour son usage personnel, un système compensatoire qui lui permettait, tout en s'acquittant vis à vis de l'Etat, d'user d'une très large mansuétude quand un de ses contribuables se trouvait dans l'embarras. Un curieux *Mémoire au Ministre*, publié en 1855 par Jean-Baptiste Vidaillet, receveur des finances à Saint-Flour, contient cette appréciation sur son collègue de Septème: « Il est en France un percepteur modèle, vivante incarnation du type idéal du comptable, aussi modeste que fertile en recouvrements opérés sans frais, marchant surtout héroïquement ceint du glaive des compensations ». (*La perception*, par J.-B Vidaillet, Saint-Flour, 1855, p. 159). Et ces *compensations* qui lui permettaient de ne pas inquiéter les pauvres, et de défendre, ainsi qu'il le devait, les intérêts du Trésor, Allmer les expliquait, dans une lettre, qui serait à citer tout entière : « J'avais le 31 mars », disait-il, en 1854, « cinq douzièmes et neuf centièmes de douzièmes: frais faits pour arriver à ce résultat: *néant*. J'ai aujourd'hui, 15 avril, cinq douzièmes et demi ; j'en aurai six à la fin du mois et peut-être sept à la fin de mai. Arrivé là, je resterai à peu près stationnaire jusqu'en septembre, c'est-à-dire que j'aurai trois mois à employer à toute autre chose, comme par exemple à me promener ou à *fac-similer* des inscriptions..... Vous me demanderez peut-être comment il se fait que j'aie sept douzièmes à la fin de mai ; c'est parce que, sur la plupart des petites cotes dont je demande la moitié dès la fin de mars, on me paie à cette même époque la totalité. Je spécule sur cette bonne volonté des contribuables à petits articles pour améliorer encore mon service, en n'accordant à aucun » — de ceux qui peuvent payer aurait-il pu dire — « d'attendre la moitié de l'an ; j'exige qu'ils viennent tous à la fin de mars, et, sous prétexte de première moitié, je perçois tout. Jugez comme le Trésor y gagne, et comme les poursuites y perdent!... »

Auguste Allmer conserva pendant longtemps la perception de Septême. Sans aucune ambition, il se trouvait heureux de vivre à Vienne où il comptait d'ailleurs de solides amitiés. On le nomma cependant, en 1855, percepteur de la réunion de Saint-Priest, avec résidence à Lyon, et ce fut dans cette ville qu'il prit sa retraite treize ans plus tard.

Pendant les premières années de son séjour à Vienne, Allmer se consacra surtout aux deux arts qui avaient eu ses prédilections d'enfant : la littérature et le dessin. Il existe de lui des poésies charmantes, dont le texte est accompagné de ravissantes aquarelles.

Allmer a raconté lui-même comment il devint épigraphiste. « Il y a une vingtaine d'années », écrivait-il en 1875, « trois habitants de la ville de Vienne, attirés l'un vers l'autre par une conformité de goût, se voyaient fréquemment. L'un était le bibliothécaire-conservateur du Musée de la Ville ; l'autre, un libraire, en même temps antiquaire et collectionneur dévoué aux intérêts de la science ; le troisième un dessinateur ; tous trois admirateurs fervents du beau dans la nature ou dans l'art ; tous trois ayant l'amour des choses instructives. Un jour l'idée vint à l'artiste de copier toutes les *pierres écrites* que renfermait le musée. Idée bizarre assurément ! Un pays si richement décoré par la nature ne lui offrait-il pas quantité de motifs bien plus attrayants? En outre, il n'entendait pas le plus simple mot d'une inscription. Mais pour lui, paraît-il, c'était précisément ce mystère de l'inconnu qui prêtait à ces vieilles pierres énigmatiques un charme d'imagination, à peine entièrement effacé aujourd'hui par celui de leur intérêt véritable. Les dessins, mis sous les yeux de son ami le libraire, suggérèrent à celui-ci, toujours prêt aux entreprises généreuses, la pensée d'une publication, à laquelle leur ami commun, le bibliothécaire, offrit avec empressement de coopérer par un texte explicatif.

« Telle est l'origine du livre intitulé : *Inscriptions antiques et du moyen âge de Vienne en Dauphiné*, décidé, il y a vingt ans et plus, en Conseil du petit triumvirat d'antiquaires viennois : Girard, éditeur ; Allmer, chargé des lithographies ; Delorme, chargé du commentaire. Un quatrième concours ne tarda pas à s'adjoindre. M. Alfred de Terrebasse accepta de prendre part à l'œuvre. Il voulut bien se laisser imposer la tâche des annotations à faire aux inscriptions du moyen âge. A M. Delorme furent réservées les annotations qui devaient éclairer les inscriptions antiques » (*Inscript. de Vienne*, I, p. III et IV)

Mais ce que ne dit pas Auguste Allmer, c'est la passion qu'il avait apportée dans son travail de copiste. Il ne lui avait pas suffi de dessiner les inscriptions du musée de Vienne ; il avait aussi voulu les comprendre, alors même que sa collaboration à l'œuvre projetée ne comportait, de sa part, aucune ligne d'écriture. Sans le secours d'aucun livre, par la puissance même de son érudition, par son labeur obstiné, il y était parvenu. Il y a loin sans doute de ses premiers essais à la perfection même de celles de ses œuvres qui ont porté si haut la gloire de son nom, mais, dès 1857, sa compétence en matière épigraphique s'affirmait dans une note *sur quelques inscriptions de l'église de St-Martin-d'Ainay*, adressée à M. Antoine Péricaud, de l'Académie de Lyon, et publiée dans la *France littéraire* de Roanne. Il était en relations, dès cette époque, avec des savants illustres tels que Léon Renier, Edmond Le Blant, Egger, Henzen, de Rossi et bien d'autres encore. En 1856, sur la proposition de Léon Renier, on le nommait correspondant du Ministère de l'Instruction publique ; en 1861, la Société des Antiquaires de France lui accordait aussi le titre de Correspondant et il était question, pour lui, d'une mission épigraphique en Algérie. La distinction, alors nouvelle, d'officier d'Académie lui était accordée et le Ministre, en 1864, le désignait pour la direction des fouilles que permettaient les travaux de restauration dont l'église de St-Pierre, à Vienne, était l'objet. Sa personnalité s'affirmait de toutes les manières ; aussi, lorsque la mort de Delorme, « l'esprit miné par le chagrin, à la suite de l'incendie de la bibliothèque de Vienne », se produisit, Allmer se trouvait-il tout désigné pour le remplacer. Mais telle était cependant sa défiance envers lui-même qu'il s'effaça modestement. Ce fut Léon Renier qui se chargea de tirer des inscriptions antiques de Vienne tout l'enseignement qu'elles comportent. L'ouvrage devait paraître sous ce titre, qui indique suffisamment la part de collaboration de chacun: *Inscriptions antiques et du moyen âge de Vienne en Dauphiné, recueillies et reproduites en fac-simile par M. Auguste Allmer, accompagnées d'un texte explicatif par MM. Léon Renier et Alfred de Terrebasse.*

Malheureusement, le bon vouloir de Léon Renier ne put lui suffire ; il dut renoncer, fort à regret, et pour des causes très diverses, à la tâche qu'il avait assumée. Allmer se résigna ; il suivit les conseils de son ami Girard, et recueillit résolument l'héritage de Delorme.

« Ainsi que ces soldats de fortune », dit-il de lui-même, « à qui un lambeau de pourpre, jeté sur les épaules par leurs compagnons d'armes, imposait de force le périlleux honneur d'un principat inattendu, élevé par le hasard à un rôle supérieur à nous-même, nous dûmes associer au crayon du lithographe la plume du commentateur; chercher à acquérir l'intelligence de ce que, jusques-là, nous nous contentions de représenter sans le comprendre; faire des voyages, afin de voir des inscriptions en plus grand nombre; nous procurer des ouvrages d'épigraphie, en un mot, nous improviser savant » (*Inscriptions de Vienne*, I, p. V).

L'ouvrage ne devait comprendre, primitivement que les inscriptions du musée de Vienne. On l'étendit d'abord à toutes les inscriptions de la ville, puis à celles de tout l'arrondissement, puis enfin à celles de l'ancienne colonie dont Vienne était le chef-lieu. Une aussi courageuse détermination laissait prévoir de très grandes fatigues; elles ne manquèrent pas non plus. « Que de fois », dit encore Allmer, « le bâton de voyageur à la main, un imperceptible bagage sous le bras, insouciant de la bonne ou mauvaise humeur du ciel, de ses sourires ou de ses colères, des averses du printemps, des ardeurs de l'été, des neiges de l'hiver, n'avons nous pas égrené sur les routes, sur les chemins, sur les sentiers des huit départements français et du canton étranger qui composent la circonscription de l'ancienne cité de Vienne, d'interminables séries de kilomètres! Que de fois, apprenant avoir laissé quelque chose en arrière, n'avons-nous pas rétrogradé courageusement, sans plainte ni dépit, et repassé pendant des lieues nombreuses sur le chemin déjà parcouru! Trouvions-nous quelque richesse à joindre, petite ou grosse, à notre trésor, oh ! comme toute peine alors était aussitôt oubliée: lassitudes et découragements, ennuis des longues routes monotones et des contremarches, hôtelleries décevantes, gîtes indescriptibles, contacts grossiers, dédains des personnes aux yeux de qui poursuivre toute autre chose qu'un profit d'argent est frivolité! L'esprit absorbé dans l'objet de nos recherches, nous ne sentions ni privations, ni souffrances; nous n'apercevions rien des vulgarités au milieu desquelles nous jetait le hasard. Pour nous ramener de temps à autre à la réalité, du haut des sereines régions où se complaisait notre pensée, il ne fallait rien moins que le brusque heurt à quelque aventure misérable, par exemple la rencontre d'un garde-champêtre ou d'un commissaire qui n'ayant jamais entendu parler de la profession de *chercheur d'inscriptions*, nous prenait pour un malfaiteur d'une espèce nouvelle, et s'obstinait absolument à vouloir nous mener en prison » (*Ibid.*, p. VII et VIII).

Les deux premiers volumes des *Inscriptions de Vienne*, présentés seuls, par suite de la mort d'Alfred de Terrebasse, au Concours des Antiquités nationales, obtinrent de l'Institut, en 1874, la première médaille de vermeil. Au nom de la Commission nommée à cet effet, Adrien de Longpérier rappela avec éloge, dans son rapport, les difficultés et les mérites de l'œuvre: « M. Allmer, disait-il, fait preuve de connaissances solides en ce qui touche l'administration romaine, la hiérarchie militaire, la géographie. Il est au courant des progrès de la science, et il contribue à ces progrès. Son recueil est le plus considérable et le plus avancé en doctrine qui ait été publié pour les inscriptions de la Gaule ». Un regret se mêlait à ce triomphe, autant dans l'esprit d'Auguste Allmer, que dans celui du rapporteur du Concours. C'était la circonstance douloureuse qui, en enlevant à ce concours les inscriptions du moyen âge de Vienne, déjà commentées par Alfred de Terrebasse, privait l'Institut

« d'adresser à l'un des deux collaborateurs une part d'éloges bien légitime ».

A la suite de ce premier succès, deux autres récompenses qu'Allmer n'avait point recherchées, lui arrivèrent encore. Le 2 avril 1875, il fut fait chevalier de la Légion d'honneur, comme « auteur de travaux importants d'archéologie », et le 23 décembre de l'année suivante, l'Académie des Inscriptions et Belles-Lettres l'accueillit en qualité de Correspondant.

Après avoir publié les *Inscriptions de Vienne*, Allmer porta ses regards vers celles du Midi de la France, depuis les Alpes jusqu'à l'Océan. On l'avait placé, en 1878, à la tête des collections épigraphiques de la ville de Lyon, mais il se démit bien vite de ses fonctions pour reprendre son indépendance, et il ne garda que le titre de conservateur honoraire. Il reprit son bâton de voyageur et mieux accueilli cette fois, il parcourut encore par tous les temps, les grandes routes et les sentiers. « J'étais au mois de mai (1879) à Nîmes », écrivait-il plus tard à M. Camille Jullian, « au mois de juin à Narbonne, au mois d'août à Toulouse, en août et septembre dans les Pyrénées. C'est de Nérac que je suis allé à Bordeaux ; de Bordeaux, je suis allé à Périgueux. Puis j'ai passé tout le temps, depuis la fin d'avril jusqu'au commencement de novembre (1880), à copier les inscriptions des villes et des pays que je visitais... Je n'ai jamais eu la curiosité de compter combien j'en ai copiées dans ce laps de temps; mais ce doit être au moins 2,500. . ». (*Inscript. rom. de Bordeaux*, II, p. 113, note 1). « De deux à trois mille » me disait-il, et il ne comprenait pas, dans ce nombre, celles des musées d'Avignon et d'Arles qu'il avait copiées antérieurement. Et c'est à 65 ans passés qu'Auguste Allmer, uniquement soutenu par son zèle pour l'épigraphie, se livrait à cette tâche écrasante !

Notre pays ne possédait aucune Revue spécialement consacrée aux inscriptions antiques. Allmer eut le courage, sans aucune subvention, de fonder, en 1878, la *Revue épigraphique du Midi de la France*. Il ne comptait que sur lui-même pour l'alimenter, et de fait, la *Revue* a été son œuvre exclusive pendant vingt ans. Mais il savait que des amitiés sûres lui fourniraient les abonnés qui lui étaient indispensables, et que des collaborateurs dévoués se chargeraient de l'informer avec empressement de toutes les nouvelles découvertes. Louis Revon à Annecy, Florian Vallentin à Grenoble, Rochetin à Avignon, Léon Alègre à Bagnols, Estève à Orange et plus tard à Nîmes, Aurès et Albin Michel à Nîmes, Gratien Charvet à Alais, bien d'autres encore pour ne citer que des disparus, répondirent des premiers à son appel. Il ne m'appartient pas d'insister sur l'impulsion qui a été donnée par la *Revue*, aux études épigraphiques. Mais je puis bien dire que, grâce à elle, une quantité considérable de savants et de chercheurs se sont intéressés à une science qui, pour beaucoup, leur apparaissait pleine d'obstacles.

Quand il fut question de réviser et de compléter le recueil des inscriptions latines que les religieux dom Devic et dom Vaissete avaient joint à leur *Histoire de Languedoc*, dont un éditeur éclairé publiait une nouvelle édition, le concours d'Allmer fut sollicité, après la mort d'Edward Barry, et la part qu'il a prise à ce labeur a été prépondérante. Ce furent ses copies qui servirent surtout pour toute l'œuvre. Mais on lui doit complètement « l'ordre dans lequel les inscriptions sont classées, et à l'épigraphie de Nîmes, pour une très large part, les lectures, toutes les traductions et presque tous les commentaires » (*Hist. de Languedoc*, XV, Préface, p. XI). Faut-il ajouter que cette épigraphie de Nîmes atteint, à elle seule, le chiffre fantastique de 2,236 inscriptions ?

En 1885 et 1886, les travaux pour l'établissement d'une nouvelle voie ferrée, en continuation de celle récente, qui finissait alors à Saint-Just, firent découvrir à Lyon, dans un quartier dit de Trion, sur la rive droite de la Saône, une grande quantité de débris romains. D'autres découvertes s'étaient produites au même lieu, à différentes époques, et notamment en 1874, en 1875 et en 1882, pour la création précisément de ce chemin de fer de Lyon à Saint-Just, et pour l'élargissement du côté nord de la rue de Trion, aux abords de la gare. L'Académie de Lyon, sous la présidence de MM. Locard et Caillemer, décida, le 16 février 1886, qu'un volume de ses Mémoires serait consacré entièrement à la description de toutes les antiquités provenant de Trion et la tâche fut partagée entre les deux conservateurs du musée des antiques : Auguste Allmer, conservateur honoraire, et M. Dissard, son collègue titulaire. Auguste Allmer se réserva la partie épigraphique ; la description des menus objets fut prise en main par M. Dissard. Les inscriptions, au nombre de 114, formaient une collection très importante. Allmer en accrut encore l'intérêt en les faisant précéder d'une longue préface de 168 pages, qui constituait, sous le nom d'*Exposé préliminaire*, la plus belle étude que l'on eût consacrée jusques-là à l'histoire de Lyon à l'époque romaine.

L'apparition de *Trion* fut un événement scientifique d'une haute portée, dont la réputation ne devait pas tarder cependant à être dépassée par celle d'une œuvre plus vaste. Sur le rapport de son Maire, M Gailleton, le Conseil municipal de la ville de Lyon décida, le 20 avril 1886, la publication d'un nouveau catalogue des inscriptions du musée des antiques, et la rédaction en fut encore confiée à Allmer et à M. Dissard, qui fondirent l'un et l'autre, en les modifiant dans leur nouveau travail, toutes les pages de leur récent ouvrage sur Trion.

Les *Inscriptions antiques du musée de Lyon*, qui virent le jour de 1888 à 1893 et dont quatre volumes sur cinq et les 217 premières pages du volume restant lui sont dus, portèrent à son apogée la réputation scientifique d'Auguste Allmer. Je ne puis songer à reproduire ici tous les comptes-rendus qu'on leur consacra. M. l'abbé Thédenat, un des juges les plus compétents pour se prononcer sur un tel livre, avait écrit les lignes suivantes dès l'apparition du troisième volume : « ...Fidèle à sa méthode habituelle, à celle qui a fait de ses *Inscriptions de Vienne* un si excellent ouvrage, et de sa *Revue épigraphique* un si précieux recueil, M. Allmer a largement commenté les textes. Il ne laisse rien d'obscur sans chercher à l'expliquer. Aucune inscription ne sort de ses mains sans qu'il en ait exprimé toutes les notions qu'elle contient. Ce livre n'est donc pas un simple recueil d'inscriptions, mais un véritable cours ; il continue dignement une carrière consacrée tout entière au service désintéressé de la science et un enseignement qui, pour n'être pas oral, n'en a pas moins groupé autour de M. Allmer des disciples fiers de l'appeler leur Maitre » (*Bulletin critique*, du 15 décembre 1890).

M. Waltzing, analysant l'œuvre complète, s'était exprimé, de son côté, dans les termes que voici : « ...M. Allmer, suivant la coutume suivie dans tous ses ouvrages, et dans son excellente *Revue épigraphique du Midi de la Gaule* publie chaque inscription d'une façon exemplaire, si bien que son livre, tout en satisfaisant aux exigences de la science, est le meilleur guide que puissent consulter ceux qui veulent s'initier à l'épigraphie latine » (*Revue de l'Instruction publique en Belgique*, 1893, p. 427).

Mais une sanction plus solennelle était réservée à cet immense labeur, et le prix Gobert, une des plus hautes récompenses dont dispose l'Institut, vint montrer en quelle estime était tenue le savant. Dans sa modestie excessive, Allmer n'aurait jamais envisagé la possibilité d'un tel honneur. Le souvenir des Thiers, des Augustin Thierry, des Henri Martin, de tant d'autres de nos gloires qui l'avaient brigué, en rehaussait encore, à ses yeux, le prestige. Ce furent ses amis qui lui firent violence et, un peu par surprise, parvinrent à le décider. Meilleurs juges que lui de sa propre valeur, certains même parmi ces amis, avaient rêvé de lui faire attribuer, une récompense plus haute ; mais il était déjà trop tard. M Héron de Villefosse fut chargé du rapport ; ses conclusions furent adoptées presque à l'unanimité et l'Académie des Inscriptions et Belles-Lettres accorda pour la première fois, à des travaux sur l'antiquité, un prix envié dont l'histoire du moyen âge avait jusque-là bénéficié.

Dans son discours d'ouverture, en séance publique annuelle, le président de l'Académie, M. Maspéro, s'exprimait ainsi sur les *Inscriptions antiques du Musée de Lyon* : « Ce grand ouvrage est le couronnement d'une longue carrière savante d'un dévouement si actif à l'exploration épigraphique de la Gaule, qu'on a pu dire que M. Allmer la personnifiait toute en lui, soit par ses travaux personnels, soit par l'impulsion féconde que, jusqu'en un âge très avancé, il ne cesse de lui imprimer dans tout notre Midi. L'Académie est heureuse de reconnaitre tant et de si longs services en attribuant aux cinq volumes des *Inscriptions du Musée de Lyon* le grand prix Gobert. C'est un salut que la capitale d'aujourd'hui envoie à son aînée ».

A peine la décision de l'Académie était-elle connue, que de tous les côtés arrivèrent à Auguste Allmer des expressions de joie et de dévouement.

M. Mommsen s'associait par cette courte lettre aux hommages de l'Institut : « Digne digno. Gratulor libens laetus ».

M. Hirschfeld, son ami depuis un quart de siècle, un de ceux que sa mort a le plus profondément attristés, lui envoyait de chaleureux compliments, qu'il terminait par une citation célèbre de Virgile.

« ...Ce que l'on veut honorer en vous », lui écrivait Edmond Le Blant, « en même temps que vos derniers volumes, c'est votre vie donnée tout entière au travail, au milieu de difficultés sans nombre ; c'est le noble exemple que vous avez donné à tous... ».

« . . .Tous nos Confrères » lui disait un autre membre de l'Institut, et non des moins illustres, « ont tenu à vous témoigner leur admiration et leur reconnaissance, à vous qui, depuis un demi-siècle, êtes l'incarnation vivante de tout le travail épigraphique de la Gaule. Tous ceux qui vous aiment, tous ceux qui apprécient vos travaux et qui admirent votre activité se réjouissent de la décision de notre Académie ».

« ...C'est votre carrière de chercheur heureux », lui mandait encore, en le complimentant, un autre de ses amis, « de savant sûr et consciencieux, de travailleur dévoué, désintéressé, généreux, accueillant aux jeunes, ne voyant que la science, travaillant jusqu'à l'extrême vieillesse, ce sont vos propres œuvres toujours nettes, toujours complètes, c'est votre érudition de tout repos, c'est votre influence si sereine et si bienfaisante sur nous tous, c'est vous enfin qu'on a voulu honorer dans cette récompense ».

Dans la *Revue historique*, M Camille Jullian interrompait ses critiques des travaux récents sur l'antiquité romaine pour lui consacrer cette page :

« L'histoire de la Science française, disait-il, offre peu de vies plus honorables et plus belles que celle de M. Allmer. L'isolement, la vieillesse, la pauvreté n'ont jamais refroidi l'ardeur de son zèle, ni terni la pureté de son dévouement. Scaliger, Peiresc, Seguier, qui ont été aux siècles précédents nos meilleurs épigraphistes, avaient tout ce qui a manqué à notre Maitre : la fortune, d'illustres amitiés, l'entrainement de l'éducation et du milieu, l'éclat de la situation, d'infatigables secrétaires. M. Allmer a fait autant qu'eux, et il a fait tout par lui-même, sa propre éducation d'abord et ses livres ensuite. C'est à pied qu'il a visité toute la Gaule du Midi, ayant ses carnets pour principal bagage, ne trouvant parfois qu'un gite misérable, insensible à la fatigue, indifférent aux rebuts. L'âge l'a obligé, mais depuis quelques années à peine, à se contenter d'un travail sédentaire. Mais il ne distrait de sa besogne aucune des heures de la journée ; il a quatre-vingts ans, et nulle faiblesse n'est encore apparue ni dans son attachement à la science, ni dans la valeur de ses recherches. Comme on est heureux de lui appliquer, à lui ainsi qu'à Fustel de Coulanges, l'admirable confession de Thierry ! Aussi bien M. Allmer, dans ses heures de retour sur lui-même, ne pense pas, ne parle pas autrement : « L'étude sérieuse et calme n'est-elle pas là ? et n'y a-t-il pas en elle un « refuge, une espérance, une carrière à la portée de chacun de nous ? Avec « elle, on traverse les mauvais jours sans en sentir le poids ; on se fait à soi-« même sa destinée ; on use noblement sa vie. Voilà ce que je fais, et ce que « je ferais encore si j'avais à recommencer ma route ; je prendrais celle qui « m'a conduit où je suis ».

Le rapide exposé que je viens de faire de la carrière scientifique d'Auguste Allmer serait incomplet, si j'omettais de rappeler un autre de ses ouvrages : les *Gestes du dieu Auguste* avec restitutions et commentaires extraits du *Monumentum Ancyranum* de M. Mommsen, dont l'impression fut faite luxueusement par M. Savigné, et sur ses instances personnelles. Il le serait aussi, si je ne disais rien de ses relations, de sa correspondance ininterrompue, et toujours empreinte d'une inépuisable bienveillance, de ses conseils judicieux, du savoir en un mot, qu'il répandait à profusion autour de lui. Il lui arrivait bien quelquefois que des commentaires qu'on lui avait demandés, que des notes entières de sa main étaient publiés sous un autre nom que le sien. Il ne s'en offensait jamais et pas une parole amère ne sortait à aucun moment de ses lèvres. Tout au plus se contentait-il, pour sa satisfaction personnelle, d'annoter, avec une douce philosophie, ceux de ses travaux qui lui revenaient de la sorte et de leur appliquer le *sic vos non vobis* des Eglogues de Virgile. Et ce ne fut pas un chagrin sans portée, pour cet homme bon et juste, que d'être accusé dans les dernières années de sa vie, d'avoir voulu s'approprier le travail d'autrui. Il faut avoir été le témoin, ainsi que je le fus moi-même, de sa douleur violente pour comprendre quel déchirement profond de tout son être lui firent éprouver des accusations abominables,où l'irréflexion, je veux le croire, avait encore plus de part que la mauvaise foi.

Ainsi que l'a dit M. Camille Jullian, le propre du talent d'Auguste Allmer était une sorte de divination, qui faisait que nul ne comprenait mieux que lui les anciennes inscriptions. Le cas n'est sans doute pas rare, en épigraphie, où certaines restitutions s'imposent d'elles-mêmes. Mais il arrive aussi, non moins souvent, que des difficultés extrêmes se présentent. Il faut alors au savant qui veut les surmonter beaucoup de sagacité, d'érudition et de méthode, et personne, on peut le dire, ne fut, en France, mieux doué sous ce rapport qu'Auguste Allmer. Que de fois ne lui est-il pas arrivé de proposer, pour des monuments mutilés, dont tout autre que lui aurait désespéré, des restitutions que de nouvelles découvertes venaient confirmer! Il s'en réjouissait alors, et triomphait avec ses amis, non pas par vanité certes, mais uniquement dans l'intérêt de la science qui lui était chère. N'y avait-il pas là un argument sans réplique contre la morosité de certains esprits qui s'imaginent volontiers, ou feignent de croire, que l'épigraphie n'est somme toute, qu'un passe-temps, où il suffit de quelques souvenirs classiques et de beaucoup d'imagination?

Auguste Allmer est mort à Lyon, le 27 novembre 1899, dans la petite chambre qu'il habitait,depuis bien des années, sur la rive gauche du Rhône, en face de la colline de Fourvière qui lui a inspiré quelques-unes de ses plus belles pages. Sa robuste constitution était minée depuis longtemps par des infirmités qui le condamnaient à un repos presque absolu. La tristesse et le deuil s'étaient appesantis sur lui. Un fils qu'il aimait tendrement, et dont il avait formé le goût pour les choses de l'antiquité, lui avait été enlevé il y a quelques années. Il avait dû vendre sa bibliothèque et la perte de ses livres l'avait profondément affecté. Mais la Providence, du moins, lui a épargné jusqu'à sa dernière heure ce qu'il redoutait par-dessus toutes choses: l'affaiblissement de ses facultés intellectuelles. Il a quitté ce monde en pleine possession de lui-même et dans toute la force de son génie. Il a servi la science avec une foi d'apôtre. L'épitaphe qu'il souhaitait: « Ci-gît quelqu'un qui n'a fait du mal à personne » sera, je l'espère bien, placée un jour sur son tombeau. Mais du coin de terre où il repose, sa renommée dès maintenant s'élève grandissante et lui assure l'immortalité. Et ses Mânes vénérés me pardonneront de lui appliquer, en me les appropriant dans ma douleur, ces paroles que l'on a déjà prononcées pour glorifier l'un des plus grands parmi les épigraphistes: « *Tanto nomini nullum par elogium* ».

Titres scientifiques d'Auguste Allmer

Correspondant du Ministère de l'Instruction publique, en janvier 1856.

Correspondant du Comité des travaux historiques et des Sociétés savantes, le 26 août 1858.

Membre titulaire de la Société littéraire de Lyon, le 8 décembre 1858. Démissionnaire, le 22 août 1861.

Membre de la Société française d'archéologie pour la conservation et la description des monuments historiques, le 25 janvier 1859.

Officier d'Académie, le 14 août 1859.

Correspondant de l'Institut de correspondance archéologique, le 30 juin 1860.

Correspondant de la Société des Antiquaires de France, le 15 mars 1861.
Officier de l'Instruction publique, le 27 avril 1867.
Chevalier de la Légion d'honneur, le 2 avril 1875.
Membre titulaire de l'Académie nationale des Sciences, Belles-Lettres et Arts de Lyon, le 12 juin 1876.
Correspondant de l'Académie des Inscriptions et Belles-Lettres, le 23 décembre 1876.
Membre non résidant du Comité des travaux historiques, le 30 juillet 1877.
Conservateur des musées d'épigraphie, de numismatique et de sigillographie de la ville de Lyon, le 27 novembre 1878.
Membre correspondant de la Société historique et archéologique du Périgord, le 9 juin 1880.
Membre honoraire de la Société archéologique et littéraire de l'arrondissement de Narbonne, le 11 juin 1880.
Membre honoraire de la Société de la Diana, le 26 décembre 1880.
Membre de l'Institut archéologique impérial allemand à Berlin, Rome et Athènes, le 9 décembre 1880.
Membre auxiliaire de la Commission de Géographie historique de l'ancienne France, le 18 janvier 1881.
Membre correspondant de l'Académie de Vaucluse, le 6 février 1882.
Membre émérite de l'Académie des Sciences, Belles-Lettres et Arts de Lyon, le 27 juin 1882.
Membre honoraire de la Société des Etudes de Comminges, le 17 novembre 1884.
Membre de la Société archéologique de Bordeaux, le 11 mai 1888.
Membre honoraire de l'Académie de Nimes, le 23 mai 1891.

Bibliographie des Ouvrages d'Auguste Allmer

I. — Ouvrages publiés isolément et Tirages a part

1. — *Sur quelques Inscriptions de l'église St-Martin-d'Ainay.* (Roanne, impr. de Ferlay, 1857), in-8, 7 pages. Extrait de la *France littéraire* du 21 novembre 1857. (A Monsieur Antoine Péricaud, l'aîné, de l'Académie de Lyon).

2. — *Sur quelques inscriptions antiques.* Vienne, impr. et lith. de Roure, 1858, in-8, 56 pages. (Inscription romaine, à Rochemaure, relative à un tonnelier. — Epitaphe d'un enfant chrétien au musée de Lyon. — Sur une inscription trouvée dans la Saône relative à un gouverneur de la province lyonnaise. — Inscription acrostiche à Charmes, relative à un illustre personnage lyonnais du Ve siècle).

3. — *Sur deux colonnes milliaires romaines aux noms de l'empereur Maximin et de son fils, l'une à Usson, dans le département de la Loire, l'autre apportée d'Ampuis au musée de Lyon* (Lyon, impr. Aimé Vingtrinier, 31 décembre 1858), in-8, 22 pages. (A Monsieur Péricaud aîné, de l'Académie de Lyon).

4. — *Sur quelques inscriptions alléguées de part et d'autre dans une récente polémique au sujet d'un ouvrage intitulé: Description du pays des Ségusiaves.* (Vienne, impr. et lith. de Roure), février 1859, in-8, 15 pages. (A Monsieur Péricaud aîné, de l'Académie de Lyon).

5. — *Sur deux inscriptions votives en l'honneur de la déesse Bormo, protectrice, à l'époque romaine, des eaux thermales d'Aix-en-Savoie, et sur l'étymologie du mot Bourbon.* Lyon, impr. d'Aimé Vingtrinier, 1859, in-8, 22 pages. (A Monsieur Léon Rénier, membre de l'Institut).

6. — *Note sur plusieurs monuments épigraphiques.* (Lyon, impr. d'Aimé Vingtrinier, 1860), in-8, 16 pages. Extrait des *Mémoires* de l'Académie de Lyon. (A Monsieur Léon Rénier, membre de l'Institut).

7. — *Découverte de colonnes et de tombeaux antiques dans l'église de St-Pierre, à Vienne.* Lyon, impr. d'Aimé Vingtrinier, 1861, in-8, 32 pages. (Extrait des *Mémoires* de l'Académie de Lyon).

8. — *Mosaïque romaine découverte à Ste-Colombe-lès-Vienne représentant l'enlèvement de Ganymède.* (Lyon, typ. A. Vingtrinier, s. d.), in-8, 6 pages.

9. — *Mosaïque romaine découverte à Ste-Colombe-lès-Vienne représentant*

l'enlèvement de Ganymède. (Vienne, imp. et lith. de J. Timon), 1862, in-8. 4 pages.

10. — *Sur une inscription antique trouvée à Genay, dans le département de l'Ain.* (Lyon, impr. d'A. Vingtrinier, 1863), in-8, 17 pages. Extrait des *Mémoires* de l'Académie de Lyon. (A Monsieur Léon Rénier, membre de l'Institut). La même notice a été imprimée dans le tome XXVII, année 1863, pp. 1 à 19, des *Mémoires de la Société des Antiquaires de France.* (Voyez ci-après, n° 33).

11. — *Sur la question de l'emplacement de l'autel de Rome et d'Auguste, ou des Augustes, au confluent de la Saône et du Rhône.* (Lyon, typ. Vingtrinier, 1864), in-8, 16 pages. Extrait de la *Revue du Lyonnais,* février 1864. (A Monsieur Valentin-Smith, de l'Académie de Lyon).

12. — *Notice sur plusieurs inscriptions de Lyon et sur quelques noms de céramistes.* Vienne, impr. Savigné, 1864, in-8, 39 pages. (A Monsieur G. Henzen, de l'Institut archéologique de Rome).

13. — *Rapport à S. Exc. Monsieur le Ministre de l'Instruction publique sur les nouvelles fouilles exécutées pendant les mois d'octobre, novembre et décembre 1864, dans l'église de St-Pierre, à Vienne.* Vienne, impr. et lith. de Savigné, 1865, in-8, 38 pages.

14. — *Sur plusieurs inscriptions antiques découvertes à Lyon pendant l'année 1865.* Lyon. s. l. n. d., in-8, 24 pages.

15. — *Découverte à Vienne de quatre belles statuettes antiques d'Hercule et de Mercure, et de divers autres objets.* (Vienne, impr. et lith. Savigné, 1re édition, 1866, 2e édition, 1867), in-8, 8 pages.

16. — *Découverte à Vienne d'une statue de bronze et de deux inscriptions sur plaques de bronze provenant l'une et l'autre de piédestaux de statues.* Valence, impr. Chenevier et Chavet, 1875, in-8, 22 pages, une planche.

17. — *Les Gestes du dieu Auguste, d'après l'inscription du temple d'Ancyre avec restitutions et commentaires extraits* du monumentum Ancyranum 1865-1883, *de M.* Mommsen. Vienne, E.-J. Savigné, imprimeur-éditeur, 1889, grand in-8, 316 pages.

18. — *La Brochure* Encore Lugdunum *du baron Raverat. Comme quoi cette brochure est un tissu d'inepties depuis le commencement jusqu'à la fin.* Lyon, impr. Léon Delaroche, 1890, grand in-8, 17 pages. (*Tiré à 12 exemplaires non mis en librairie* et probablement détruits par Auguste Allmer, à l'exception d'un exemplaire que je possède).

19. —*Revue épigraphique du Midi de la France.* Vienne, impr. Savigné, in-8. Tome I (1878-1883), 416 pages; tome II (1884-1889), 475 pages; tome III 1890-1898), 570 pages; tome IV (année 1899, 3 fascicules), 48 pages.

En collaboration avec Alfred de Terrebasse:

20. — *Inscriptions antiques et du moyen-âge de Vienne, en Dauphiné*; 1re partie, *Inscriptions antiques antérieures* au VIIIe siècle (4 volumes), par Auguste Allmer; 2e partie, *Inscriptions du moyen-âge antérieures* au XVIIe siècle (2 volumes), par Alfred de Terrebasse. Vienne, Girard, ancien libraire, éditeur, E.-J. Savigné, imprimeur, 1875, in-8.

Atlas des inscriptions antiques et du moyen-âge de Vienne en Dauphiné, reproduites en fac-similé par Auguste et Adrien Allmer (son fils). Vienne, Girard, ancien libraire, éditeur, 1875, in-4, 193 planches.

Suppléments aux *Inscriptions de Vienne,* par Auguste Allmer :

21. — 1er *Supplément aux inscriptions antiques et du moyen-âge de Vienne en Dauphiné.* Vienne, E.-J. Savigné, imprimeur-éditeur, 1877, in-8, 10 pages. (Extrait de la *Revue du Dauphiné et du Vivarais)*

22. — 2e *Supplément,* etc. Vienne, E.-J. Savigné, 1878, in-8, 17 pages, une planche. (Extrait de la *Revue du Dauphiné et du Vivarais*).

23. — 3e *Supplément,* etc. Vienne, E.-J. Savigné, 1880, in-8, 16 pages. (Extrait de la *Revue du Dauphiné et du Vivarais,* n° 3, mai-juin 1880).

24. — (4e *Supplément*). *Fragments de* dolia *de terre cuite de grandes capacités. Collection de M. Ludovic Vallentin, à Montélimar.* (Vienne, impr. Savigné), 1881, in-8, 4 pages. (Extrait du *Bulletin épigraphique de la Gaule*, t. 1, 1881, p. 156 à 159).

En collaboration avec M. Dissard :

25. — *Trion. Antiquités découvertes en* 1885 *et* 1886, *et antérieurement, au quartier de Lyon dit de Trion.* Tome I, par Allmer, *inscriptions*, CLXVIII-260 pages; tome II, par Dissard, *Archéologie*, 381 pages. Lyon, Association typographique, 1887, grand in-8, planches et figures. (Extrait des *Mémoires de l'Académie de Lyon*. Voyez ci après, n° 56).

26. — *Musée de Lyon. Inscriptions antiques*. Lyon, impr. Léon Delaroche, 1888-1893, cinq volumes, grand in-8, 2225 pages, planches et figures. Les trois premiers volumes, le cinquième (Tables) et les 217 premières pages du quatrième volume sont l'œuvre exclusive d'Auguste Allmer.

En collaboration avec Edward Barry, Eugène Germer-Durand,
Albert Lebègue et M. François Germer-Durand :

27. — *Recueil des inscriptions antiques de la province du Languedoc*, préparé par Edward Barry et Eugène Germer-Durand, publié par MM. Albert Lebègue, François Germer-Durand et Auguste Allmer. Toulouse, Edouard Privat, éditeur, 1893, in-4°, 1251 pages.

(Ce volume forme le tome XV de la nouvelle édition de l'*Histoire de Languedoc*. Il a été imprimé sous la direction d'Auguste Allmer et ce sont surtout ses copies, bien qu'il n'en dise rien, qui ont servi pour le préparer. Il s'était, du reste, réservé personnellement l'épigraphie de Nîmes, des Helves et des Vellaves, c'est-à-dire la partie la plus longue et la plus difficile de l'œuvre. Voyez ci-après, n° 28).

En collaboration avec Eug. Germer-Durand et M. Fr. Germer-Durand :

28. — *Inscriptions antiques de Nîmes, publiées par Eugène Germer-Durand et MM. F. Germer-Durand et A. Allmer, sous les auspices de la Commission archéologique de Nîmes.* Toulouse, imprimerie et librairie Edouard Privat, 1893, in-12, 1100 pages.

(La partie qui va du n° 1 au n° 57 des inscriptions est l'œuvre d'Eugène Germer-Durand. M. François Germer-Durand a fourni, d'après les notes de son père, ou d'après ses propres notes, le texte, l'indication de la provenance et la bibliographie de chacune des inscriptions. Auguste Allmer a fourni le classement, un très grand grand nombre de copies prises par lui-même ou par ses correspondants et, sauf exceptions indiquées dans le livre, les lectures, les traductions et les commentaires. Les *Inscriptions antiques de Nîmes* sont extraites, avec quelques modifications, du tome XV de l'*Histoire de Languedoc*).

II. — MÉMOIRES, ARTICLES, RAPPORTS, COMMUNICATIONS ET NOTES PUBLIÉS DANS DIVERS RECUEILS

1. — *Bulletins* et *Mémoires* de la Société des Antiquaires de France :

29. — *Bulletin*, 1860, p. 158 à 160 : Notice relative aux fouilles récemment opérées dans l'église de Saint-Pierre, à Vienne.

30. — *Bulletin*, 1861, p. 70 à 72 : Note relative à des fouilles faites à Vienne (Isère).

31. — *Bulletin*, 1862, p. 100, 101 : Communication sur une inscription romaine conservée au village de Chadoz (Ain). (Dédicace à Vulcain, *Corp. inscr. lat.*, XIII, n. 2451). — P. 103 à 106. Communication sur une mosaïque romaine découverte à Sainte-Colombe-lès-Vienne, et représentant l'enlèvement de Ganymède. (Voyez ci-dessus, n. 8 et 9).

32. — *Bulletin*, 1863, p. 49, 50 : Communication sur une mosaïque romaine découverte à Vienne, et représentant des oiseaux. — P. 173 : Communication

relative à l'épitaphe d'un marchand syriaque, découverte à Genay, près de Trévoux. (Voyez ci-dessus, n. 10, et ci-après, n. 34).

33. — *Mémoires*, 1863, p. 1 à 19 : *Notice sur une inscription antique* (épitaphe d'un marchand Syriaque), *trouvée à Genay, dans le département de l'Ain.* (Tiré à part ; voyez ci-dessus, n. 10).

34. — *Bulletin*, 1864, p. 44 à 50 : Résumé de deux communications sur trois inscriptions romaines découvertes à Lyon. (*Corp. inscr. lat.*, XIII, n. 1741, 1819 et 2004) et une inscription grecque conservée au musée de cette ville. (Kaibel et Lebègue, *Corp. insc. graec.*, n. 2534). Cf. Bulletin, 1865, p. 153.

35. — *Bulletin*, 1865, p. 37 : Communication relative au texte d'une inscription découverte au village d'Hières, près Crémieu (Isère). — P. 68, 69 : Analyse, par Egger, du rapport adressé, par Allmer, au Ministre de l'Instruction publique, (voyez ci-dessus, n. 13), sur des fouilles exécutées dans l'église de l'ancienne abbaye de Saint-Pierre, à Vienne. — P. 105, 106. Rapport d'Edmond Le Blant sur une communication relative à une inscription romaine découverte à Lyon, dans le Rhône, près du pont de l'Hôtel-Dieu. (*Corp. inscr. lat.*, XIII, n 1901). — P. 154 à 167 : Communication relative à huit inscriptions de provenance lyonnaise. (*Corp. inscr. lat.*, XIII, n. 1671, 1881, 1926, 1960, 2121, 2166, 2186, 2291).

36. — *Bulletin*, 1866, p. 64, 65 : Communication relative à un fragment d'inscription chrétienne trouvé dans le Rhône, un peu au-dessous de Vienne. (*Corp. inscr. lat.*, XII, n. 2156).— P. 99 à 104 : Communication relative à divers objets d'antiquité trouvés à Vienne. (Voyez ci-dessus, n. 15).

37. — *Bulletin*, 1867, p. 70 à 73 : Communication au sujet d'une inscription taurobolique trouvée à Valence. (*Corp. inscr. lat.*, XII, n. 1745) — P. 173 à 175 : Sur une mosaïque romaine découverte à Vienne et représentant les Saisons.

38. — *Bulletin*, 1868, p. 52 à 56 : Analyse d'un travail consacré par Wilmanns à l'inscription de Genay. (V. ci-dessus, n° 10). — P. 56, 57 : Au sujet de l'inscription taurobolique trouvée à Valence. (V. ci-dessus, n. 37. — P. 67, 68 : Au sujet d'un médaillon en pierre, représentant, croit-on, la Ferronnière. — P. 133, 134 : Milliaire d'Andance au nom de Constance Chlore. (*Corp. inscr. lat.*, n. 5560).

39. — *Bulletin*, 1870, p 102 à 106 : Notice sur cinq inscriptions antiques retirées du Rhône, à Lyon, vis-à-vis la place Grolier. (*Corp. inscr. lat.*, XIII, n. 2016, 2081, 2183, 2235, 2243).

40. — *Bulletin*, 1884, p. 81 : Au sujet d'une mosaïque romaine, découverte à Nimes, et représentant le mariage d'Admète.

2. — *Bulletins* de la Société départementale d'archéologie et de statistique de la Drôme :

41.— *Tome II*, 1867, p. 204 à 209 : Au sujet du taurobole de Tain. (*Corp. inscr. lat.*, XII, n. 1745 et 1782. — P. 435 à 444 : Nouvelles observations critiques relatives au taurobole de Tain.

42. — *Tome III*, 1868, p. 69 à 71 : Sur une inscription romaine inédite à Saint-Laurent-en-Royans (*Corp. inscr. lat.*, XII, n. 2212). — P. 107 à 109 : Tauroboles de Tain et de Valence, dernière réponse à la dernière réplique de M. Robert — P. 222 à 235 : Lettre à M. Lacroix, sur plusieurs inscriptions antiques, notamment du Royans (*Cor. inscr. lat.*, XII, n. 1700, 1706, 1753, 1761, 2204, 2207, 2210, 2211).

43. *Tome IV*, 1869, p. 155 à 161 : Lettre à M. Lacroix sur diverses inscriptions romaines de la Drôme. (*Corp. inscr. lat.*, XII, n. 1753, 1754, 1772, 5547, 5550). — P. 282 à 288 : Inscriptions (romaines), de Valence et d'Aixme. (*Corp. inscr. lat.*, XII, n. 102, 110, 112, 114, 1765). — P. 466 à 468 : Découverte de quatre nouvelles inscriptions romaines à Valence. (*Corp. inscr. lat.*, XII, n. 1748, 1752, 1757, 1759).

44. — *Tome V*, 1870, p. 224 à 241, 257 : Organisation de la province Narbonnaise. (*Corp. inscr. lat.*, XII, n. 1741, 2194, 2195).

45. — *Tome VI*, 1871, p. 114 à 115 : Une inscription (romaine) à Cléon

d'Andran. (*Corp. inscr. lat.*, XII, n. 1718). — P. 267 à 298, 354 à 379 : Promenade d'un épigraphiste à travers les départements de l'Ardèche, du Gard, de Vaucluse et de la Drôme. (Inscriptions romaines *Corp. inscr. lat.*, XII, n. 1202, 1250, 1262, 1274, 1297, 1333, 1343, 1360, 1376, 1393, 1411, 1412, 1561, 1562, 1572, 1577, 1578, 1598, 1599, 1602, 1655, 1686, 1715, 1718, 1719, 1721, 1731, 1739, 1743, 1751, 2263-2665, 2668, 2670, 2951, 2958, 5562, 5563).

46. — *Tome VII*, 1873, p. 71 à 76 : Inscriptions romaines à Valence et à Soyons. (*Corp. inscr. lat.*, XII, n. 1746, 2656, 2657, 2659). — P. 183 à 192, 243 à 258 : Inscriptions diverses (païennes et chrétiennes ; *Corp. inscr. lat.*, XII, n. 1358, 1564, 1584, 1639, 1692, 1701, 1713). — P. 430 à 451 : Deuxième promenade d'un épigraphiste, etc., (v. ci-dessus, n. 45. Inscriptions romaines. *Corp. inscr. lat.*, XII, n. 516, 677, 2929).

47. — *Tome VIII*, 1874, p. 195 à 208, 347 à 371 : Deuxième promenade d'un épigraphiste, etc. (V. ci-dessus, n. 45 et 46. Inscriptions romaines *Corp. inscr. lat.*, XII, n. 1133, 1159, 1164, 1169, 1174, 1175, 1179, 1195, 1201, 1212, 1232, 1238, 1243, 1245, 1253, 1334, 1730, 1734, 1736, 1747, 1750, 1773, 1774 1776). — P. 481 à 485 : Statue antique de bronze découverte à Vienne (Isère).

48. — *Tome IX*, 1875, p. 147 à 172 : Découverte à Vienne d'une statue de bronze et de deux inscriptions (romaines) sur plaque de bronze. (V. ci-dessus, n. 16). — P. 167 : Lettre à M. Lacroix (sur le nombre restreint des légions romaines dans les Gaules).

49. — *Tome X*, 1876, p. 78 à 89, 204 à 215, 292 à 314 : Deuxième promenade d'un épigraphiste, etc. (V. ci-dessus, n. 45 à 48. Inscriptions romaines, *Corp. inscr. lat.*, XII, n. 1148, 1276, 1278, 1304, 1322, 1334, 1351, 1354, 1368, 1371, 1382, 1397, 1413, 1429, 1433, 1434, 1450, 1498, 1579, 1603, 1680, 1720).

50. — *Tome XI*, 1877, p. 74 à 84 : Deuxième promenade d'un épigraphiste, etc. (V. ci-dessus, n. 45 à 49. Marques de potiers). — P. 230 à 232 : Inscriptions (romaines) découvertes à Vaison. (*Corp. inscr. lat.*, XII, n. 1318, 1440).

51. — *Tome XII*, 1878, p. 56 à 58 : Un cachet d'oculiste romain. (*Corp. inscr. lat.*, XII, n 5691, 6). — P. 150 à 157 : Bornes milliaires de la route romaine d'Alba Helviorum à Valence, et épitaphe à Châteauneuf-de-Mazenc. *Corp. inscr. lat.*, XII, n. 5565, 5567 et 1714).

52. — *Tome XVIII*, 1884, p. 347 à 348 : Fragment d'épitaphe d'apparence très ancienne à Bourg-les-Valence et correction de l'inscription d'Aubignosc, près de Sisteron (*Corp. inscr. lat.*, XII, n. 1521).

3. — *Mémoires* de l'Académie des Sciences, belles-lettres et arts de Lyon (Classe des Lettres) :

53. — *Tome IX*, 1860-1861, p. 147 à 160. Voyez ci-dessus, n. 6. — P. 299 à 331. Voyez ci-dessus, n. 7.

54. — *Tome XII*, 1864-1865, p. 63 à 81. Voyez ci-dessus, n. 10.

55. — *Tome XIX*, 1879-1880, p. 195 à 198 : *Note sur un fragment de colonne itinéraire* (trouvée au camp de la Valbonne).

56. — *Tome XXIII*, 1885-1886, p. 281 à 354 : Découverte de monuments funéraires et d'objets antiques au quartier de Trion, *planches*. Voy. ci dessus, n. 25.

57. — *Travaux archéologiques extraits des Mémoires de l'Académie impériale des Sciences, belles-lettres et arts de Lyon*, 1859-1867. Lyon, 1868, in-8. — P. 50 à 55. Inscription de la Forclaz de Prarion (*Corp. inscr. lat.*, XII, n. 113).

4. — *Revue du Lyonnais*, Lyon, impr. Mougin-Rusand, in-4 :

58. — Février 1864, Voyez ci-dessus, n° 11.

59. — Mai 1868, p. 358 à 382. *Sur deux inscriptions antiques trouvées à Lyon en* 1867. (*Corp. inscript. latin.*, XII, n. 1712 et 1848).

5. — *France littéraire*, de Roanne :

60. — Numéro du 21 novembre 1857. Voyez plus haut, numéro 1.

6. — *Revue du Dauphiné et du Vivarais*. Vienne, imp. E.-J. Savigné, in-8 :

Voyez plus haut les numéros 21 à 24.

7. — *Bulletins* de la Société historique et archéologique du Périgord :

61. — *Tome V*, 1878, p. 362 à 363 ; *Vésone, cité libre des Petrocorii.*
62. — *Tome IX*, 1882, p. 80, 191, 294 et 414. *Inscriptions du musée lapidaire de Périgueux*. (Extrait de la *Revue épigraphique du Midi de la France*).

8. — *Bullettino del l'Instituto di Corrispondenza archeologica.* Rome, tipografia Tiberina, in-8 :

63. — Juillet 1861, p. 142 à 144. *Fouilles de Vienne (France) et de Lyon.* Il s'agit du déblaiement de la place antique devant le temple d'Auguste et de Livie. (*Corp. inscript. lat.*, XII, n° 1908).
64. — Août 1862, p. 153 à 155. *Mosaïque romaine découverte à Sainte-Colombe-lès-Vienne* (cf. ci-dessus, n° 8).
65. — Mars 1864, p. 51 à 53. *Inscriptions de Lyon. Extrait d'une lettre de M. A. Allmer à M. Henzen (Corp. inscript. latin.*, XIII, n° 1741, 1819 et 2004).
66. — Février 1867, p. 42. Séance de l'Institut du 1er février. M. Benndorf rend compte d'une fouille faite dans la rue Peyron, à Vienne en France, d'après une publication de M. Allmer. (Voyez ci-dessus, n. 15).
67. — Octobre 1867, p. 193 à 195. *Fouilles de Vienne (France). Lettre de M. A. Allmer à G. Henzen* (Mosaïques). — P. 204. *Inscription de Genay* (voyez ci-dessus n. 33).
68. — Janvier 1868, p. 22 à 24. *Fouilles de Lyon. Lettre de M. Allmer à M. Henzen.* (Voyez ci-dessus n 10 et 34). P. 48 à 50. *Fouilles de Vienne, en France. Lettre de M. Allmer à M. Henzen.* Mosaïque des Saisons.
69. — Août 1869, p. 177 à 181. *Fouilles de Vienne, en France.* Fouilles rue de la Gare.
70. — Avril 1870, p. 90 à 96. *Inscriptions tirées du fond du Rhône. (Extraits de lettres de M. A. Allmer à G. Henzen).* (*Corp. inscript. latin.*, XIII, n. 1814, 2016, 2048, 2081, 2183, 2235 et 2243).
71. — Juin 1870, p. 174 à 180. *Fouilles de Lyon.* Lettre de M. A. Allmer à G. Henzen. Fouilles sur la rive gauche du Rhône, au faubourg de la Guillotière. (*Corp. inscript. latin.*, XIII, n. 1910, 2134 et 2320). Voyez ci-après, n. 72 et 74.
72. — Juin 1871, p. 183 à 189. *Fouilles de Lyon. Lettre de M. Allmer à M. G. Henzen.* Suite des fouilles de la Guillotière.

9. — *Salut public.* Journal quotidien. Lyon, in-folio :

73. — 12 septembre 1867. *Une inscription romaine à Buvin* (*Corp. inscript. latin.*, XIII, n. 2385).
74. — 7 et 19 juin 1870. *Nouvelle découverte archéologique à Lyon.* (*Corp. inscr. latin.* XIII, n. 1910 et 2134).
75. — 7 et 8 juillet 1870. *Continuation des fouilles de la rue de Marseille.* (*Corp. inscript. latin.*, XIII, n° 1910 et 2320).

10. — *Journal de Vienne et de l'Isère.* Vienne, imp. E.-J. Savigné, in-folio :

76. — Le *Journal de Vienne et de l'Isère* a contenu, durant un grand nombre d'années, des articles d'épigraphie signés Auguste Allmer. Presque tous ont été repris et modifiés dans les *Inscriptions de Vienne*, et leur nomenclature, par cela même, n'offrirait que peu d'intérêt.

La bibliographie, que je viens de donner, des ouvrages imprimés d'Auguste Allmer, est certainement incomplète, mais je ne possédais, à ce sujet, aucune indication de nature à me guider. Les omissions que je reconnaîtrai ou que l'on voudra bien me signaler, seront publiées dans un supplément.

III. — Travaux manuscrits

1. — *Les Dieux de la Gaule*:

1re partie : *Dieux de la Gaule Celtique*. L'impression de cette partie est commencée depuis 1894, dans la *Revue épigraphique*.
2e partie : *Dieux de la Gaule Aquitanique ou Pyrénéenne*, un volume in-folio.
3e partie : *Dieux de la Gaule Belgique*, deux volumes in-folio.

2. — *La Gaule romaine avant Dioclétien*. Cet ouvrage, construit sur le plan de la *Prosopographia imperii Romani* de Klebs, de Rohden et Dessau, concerne tous les Gaulois, qui méritent pour une cause quelconque, de fixer l'attention. Il y a là un labeur considérable, auquel Auguste Allmer a consacré les trois dernières années de sa vie, et dont la publication serait fort utile pour tous ceux qui s'occupent de l'histoire des Gaules aux temps romains.

1324

Fragments divers

Extrait des *Notes sur les Temples païens de Fourvière à l'époque romaine*, par le R. P. F. Tournier, de la Compagnie de Jésus. Lyon, 1899, in-8, 30 pages. Estampages trouvés parmi les papiers d'Auguste Allmer.

Lyon. — Fragments, presque tous en marbre, découverts dans le courant de l'année 1899, vers le point culminant de la colline de Fourvière, dans le voisinage de substructions supposées celles d'un temple de Jupiter et d'un temple de Mercure, l'un et l'autre attenants au forum romain.

1. — *Notes*, p. 20. « Fragment en marbre ».

...B...
..IN...

2. — *Notes*, p. 20. « Fragment en marbre ».

.......sIs

Peut-être la fin du mot *Lugdunensis*.

3. — *Notes*, p. 20. « Fragment en marbre ».

.....IR

Probablement : ...*sev*]*ir*(*is*) [*aug*(*ustalibus*).

4. — *Notes*, p. 20. Estampage. « Angle supérieur droit d'un piédestal en marbre ; lettres très belles de 0,04 de hauteur ». L'inscription était contenue dans un encadrement formé par une moulure de 0 m. 25 de largeur.

.......TRI

La première lettre, réduite à son extrémité supérieure, est incertaine ; il faut peut-être lire : ...ERI.

5. — *Notes*, p. 21. Angle supérieur gauche d'un fragment de marbre. Hauteur de la lettre, 0 m. 04.

M.....

M. le R. P. Tournier propose les lectures *M*[*ercurio*], *M*[*arti*] ou *M*[*aiae*]... mais il s'agit plus probablement d'un cippe funéraire ou d'un piédestal.

6. — *Notes*, p. 21. Estampage. « Fragment de piédestal en marbre ». Presque toutes les lettres sont martelées.

...(ei) ob merita ex p O *stulatione populi*
statuam ordo sanc TIS *simus decrevit*
cujus stat VAE·*Dedicatione*
sevir a VG·X·—V·*Dedit*

Ligne 4 : [*sevir*(*is*) *a*]*ugustalibus*) *denarios quinque d*[*edit*].

7. — *Notes*, p. 21. Fragment de marbre paraissant provenir d'un piédestal. La plupart des lettres sont martelées.

...........V.........
.? *statua* E·—X......
...I....... S........

Il s'agit encore, comme dans le fragment précédent, d'une distribution de *tant* de deniers faite, selon toute apparence, aux sevirs augustaux de la colonie de Lyon, à l'occasion de la dédicace d'une statue.

8. — *Notes*, p. 21. — Fragment en pierre calcaire, dite « Choin de Fay ».

.....N.....
...COM....
.....O......
...VO.....

La restitution de ce fragment n'est pas possible, mais on peut croire, cependant, qu'il ne s'agit pas d'un autel

9. — *Notes*, p. 21. « Plaquette de marbre de 0 m. 017 d'épaisseur.

d M
II E L E*ne*
annor. XII
....

Ce fragment, ainsi du reste que l'a reconnu M. le R. P. Tournier, parait provenir d'une épitaphe. La restitution du mot HELE*ne* n'est pas certaine, mais fort probable. A Lyon, ce cognomen a déjà été fourni par une épitaphe du premier siècle ; (Allmer et Dissard, *Musée de Lyon*, t. 3, p. 250 ; *Corp. inscript. latin.*, XIII, n. 2128).

10. — *Notes*, p. 21. « Fragment en marbre ».

CVI.......
IVS·SE.....

La restitution de ce fragment n'est pas possible.

11. — *Notes*, p. 22. Fragment de marbre paraissant provenir d'un piédestal.

................*cujus*
statuae dedic ATIO *ne ordini*
equestri IIIIII *vir. Aug.*
et honoratis corp. Lugdunens.
omnium ✗ (denarios).... *dedit*

Restitution fort incertaine.

12. — *Notes*, p. 22. Estampage. Fragment de marbre. La première lettre, dont il ne reste plus que la partie inférieure est douteuse ; elle peut être un F, un P ou un T.

.....*(ei) ob merita statuam sanctissimus ordo*
P *ublice ponendum decrevit*
*c*VIVS·STATV*ae dedicatione ordini equestri*
*i*IIIII.VIR·AV*g. et honoratis corp. Lugdunens.*
*o*MNIVM·-X................*dedit*

On peut s'autoriser, pour cette restitution, d'une inscription de Lyon, dont les dernières lignes sont ainsi conçues : « ...*cujus doni dedicatione decurioni(bus) denarios V, ordini equestri, seviris aug(ustalibus), negotiatorib(us) vinari(i)s (denarios) III, et omnib(us) corporib(us) Lug(duni) licite coeuntibus (denarios) II item ludos circenses dedit* ». (*Corp. inscript. latin.*, XIII, n° 1921).

13. — *Notes*, p. 22. Estampage. « Angle supérieur gauche d'un piédestal en

marbre, richement orné, avec trou de scellement à la partie supérieure; très belles lettres, haut. 0 m. 03; guirlande de fleurs sur le côté du piédestal ».

SEX · IVLI . . . . . .
PAL · . . . .
SEX · IVLI*us*. . . . .
IIIIII *Vir. Aug. Lug.*
pa TR *ono*. . . . . . .

Il semble bien que l'on puisse rapprocher ce texte, ainsi que l'a fait M. le R. P. Tournier, d'une inscription de Lyon relative à un personnage appelé *Sextus Julius Helius*, de la tribu *Palatina*, *patronus optimus et indulgentissimus* à qui un affranchi, du nom de *Callistus*, a fait élever un monument funéraire (*Corp. inscript. latin.*, XIII, n. 1956). Il s'agirait ainsi, non pas d'un piédestal, mais d'une pierre tombale.

14. — *Notes*, p. 23. Estampage. « Très beau fragment en marbre; moulure à droite, de 0m25, richement sculptée ». Les deux premières lettres sont réduites à leur partie inférieure.

. . . . *pro salute* HE
liadis Sex. Iuli Call ISTI
*filiae Heliane et Callis*TATE
sorores . . . . V · S

Une inscription de Lyon (Allmer et Dissard, *Musée*, t. 2, p. 372, *Corp. inscript. latin.*, XIII, n° 2181, est ainsi conçue: « *D. M. Juliae Heliadis, Sex. Iuli Callisti et Iuliae Nices filiae, flaminic(ae) Aug(ustali), quae vixit annis XXV. mensibus II, Juliae: Heliane et Callistate, corpus sororis anima sua sibi carioris ab Urbe* (Roma) *adferri curaverunt et sarcophago intra maesoleum condiderunt* ». On peut s'en autoriser pour justifier la restitution qui précède. Il s'agirait, dans ce cas, de quelque vœu fait par Heliane et Callistate, filles de l'affranchi Sextus Julius Callistus, dont il a été question dans le fragment précédent, pour le retour à la santé de leur sœur Helias (ou Heliade), flaminique Augustale de Lyon, morte à Rome.

15. — *Notes*, p. 24. — Estampage. « Angle inférieur gauche d'un piédestal en marbre ».

. . . . *cujus*
STAT*uae* *dedicatione*
IIIIII *Vir. Aug. Lug. et*
VNIV*ersis corp. Lug.* x (denarios)... *dedit.*

16. — *Notes*, p. 24. Estampage. « Bloc de marbre en forme de dé ». Hauteur, 0m75; longueur et largeur, 0m70.

. . . .
IIIIII VIR · AVG · H *Aeres*
*pone*NDVM · CVRAVIT

Les deux dernières lettres de la première ligne sont réduites: l'H à sa partie inférieure, et l'A à une simple amorce de son premier jambage oblique. M. le R. P. Tournier a lu: ITE*rum*, mais nous croyons plutôt à la lecture HA*eres*, dont l'orthographe d'ailleurs peut se justifier par d'autres exemples.

17. — *Notes*, p. 25. « Fragment d'une plaquette de marbre. Epaisseur, 0m02 ». Hauteur des lettres, 0m12 à la 1re ligne, 0m09 à la seconde.

. . . .
ex corpore. . . . . LVGVDV*ni consistentium*
? *magister* LARVM · *Aug(ustorum).*

Cette restitution n'est rien moins que certaine, mais nous la croyons préférable, cependant, à celle : « *[Augusti et] Lugudu[ni] Larum* » que propose M. le R. P. Tournier.

Pour le plus grand nombre, les fragments que l'on vient de découvrir sur la colline de Fourvière sont tellement incomplets, qu'il est presque impossible de reconnaître sûrement leur destination primitive.

Quelques-uns, les numéros 8, 9, 13 et 16 notamment, paraissent funéraires. Les monuments auxquels ils ont appartenus ne se trouvaient certainement pas sur le sommet de la colline, uniquement occupé par le Forum, différents temples et de nombreux édifices publics, mais sur un autre point qu'il est difficile de préciser.

D'autres fragments, et en particulier les numéros 3, 6, 7, 11, 12 et 15, sont évidemment détachés de piédestaux ayant supporté les statues de différents personnages à qui le « *sanctissimus ordo* » de la colonie de Lyon, sans doute en reconnaissance de leur libéralité, ou de quelque autre extraordinaire mérite, avait décrété cet honneur. A l'occasion de la dédicace de ces statues, qui devaient décorer une partie du Forum, les personnages dont il s'agit avaient fait, à titre de sportule, aux corporations lyonnaises, et tout particulièrement aux sévirs augustaux, des distributions d'argent. Le montant de l'une d'elles (fragment numéro 6) était de cinq deniers (environ 4 francs) pour chaque participant.

Le travail de M. le R. P. Tournier a pour but d'établir l'existence, non encore démontrée, mais néanmoins fort vraisemblable, d'un temple de Jupiter et d'un temple de Mercure attenants au Forum, au point culminant de la colline de Fourvière. Les fragments que l'on a rencontrés, on doit le reconnaître, n'apportent aucune lumière et ne font aucune allusion, ni de près, ni de loin, à ces deux temples. La lecture *M[ercurio]* du fragment numéro 5 est extrêmement douteuse, puisqu'elle ne repose que sur l'initiale d'un mot.

Une inscription qui aurait été momentanément aperçue, en 1830, « au chemin neuf, dans le mur de soutènement de l'Antiquaille », semblerait favoriser de préférence l'existence d'un temple consacré à Venus (VENERI SACRVM, *Corp. inscript. latin.*, XIII, n° 1781). Elle servirait admirablement l'opinion de quelques étymologistes, qui font dériver le nom de *Fourvière* des mots *Forum Veneris*; malheureusement cette inscription, laissée sur place et recouverte d'un mur, est des plus suspectes.

Nous ajouterons que les *Notes sur les temples païens de Fourvière* sont faites avec soin; elles témoignent de beaucoup de conscience et de recherches. Les fouilles auxquelles sont dus les fragments que nous venons de décrire seront continuées nous a-t-on dit. Il faut espérer que de nouveaux fragments apporteront un peu plus de lumière sur la question mise à l'étude, mais un point reste bien acquis dès à présent : l'existence sur le Forum, de diverses statues se rapportant à des personnages qui, aux yeux du « sanctissime ordre », avaient bien mérité du peuple de Lyon.

1325

Inscription relative à un tombeau de famille

Extrait du *Bulletin archéologique* du Comité des travaux historiques, année 1899, 1re livraison, p. CI. Communication de M. Héron de Villefosse.

Fréjus. — Dalle de marbre découverte par M. Bullok-Hall, « dans les ruines des anciens thermes. La partie droite, comprenant la fin des lignes, manque; le texte subsistant se compose de trois morceaux ». Longueur environ 1 m. 30; largeur, 0 m. 65. L'inscription est renfermée dans un encadrement de moulures.

QPESCENNIVS·I...
T·PESCENNIO·GRAC*cho*
PESC*enni*AE C F SILVIN*ae*
GAV*ia*E·L·F·VERAE·SOR*orib*
*gavi*AE V·F·L·F·SILV*inae*

Q(uintus) Pescennius .... T(ito) Pescennio Grac[cho]; Pesc[enni]ae, C(aii) f(iliae), Silvin[ae]; Gav[ia]e, L(ucii) f(iliae), Verae, sor[orib(us)]; Gavi]ae, L(ucii) f(iliae), Silv[inae]. V(ivus) f(ecit).

« Quintus Pescennius..... à Titus Pescennius Gracchus; à Pescennia Silvina, fille de Caius, et à Gavia Vera, fille de Lucius, ses sœurs; à Gavia Silvina, fille de Lucius. Tombeau construit aussi pour lui-même, de son vivant ».

Le gentilice *Pescennius*, porté par un général qui disputa l'Empire à Septime-Sévère, était assez rare. On l'a rencontré à Narbonne, sur une épitaphe découverte dans les remparts, et qui est aujourd'hui perdue (*Corp. inscript. lat.*, XII, n° 5.047). Le surnom *Gracchus*, à remplacer peut être par *Gracilis*, était de même, fort peu répandu. Il a été relevé à Bourges, sur un monument votif (*Corp. inscript. latin.*, XIII, n. 1193), et à Vienne, par Allmer, sur un petit vase de la collection Chavassieux (*Inscrip de Vienne*, IV, n. 1142; *Corp. inscript. lat.*, XII, n° 5.686, 392).

« La dernière ligne du texte de Fréjus, dit M. Héron de Villefosse, se composait originairement des seules lettres V. F., tracées en caractères semblables à ceux de la première ligne. Le nom qui se lit à droite et à gauche de ces deux lettres, et qui a été gravé en plus petits caractères, constitue certainement une addition au texte primitif de l'inscription. » Suivant l'étendue de la lacune, on peut choisir, au commencement de cette dernière ligne, entre les deux lectures *Gaviae* et *Pescenniae*. Dans le doute, nous préférons la première, en raison de la filiation, qui semble faire de la défunte une sœur de *Gavia Vera*.

1326

Epitaphe celtique en lettres grecques

Copie dessinée et renseignements de M. Louis NOGUIER, conservateur du musée archéologique de Béziers.

Montagnac (Hérault). — Colonnette, surmontée d'un large chapiteau, découverte, en 1898, à Montagnac, sur un plateau présentant de nombreuses traces d'une occupation antique: tuiles à rebord et débris de toutes sortes. La colonnette autour de laquelle se déroule l'inscription est seulement ornée, au-dessus de celle-ci, d'un renflement en forme de tore. Le chapiteau, beaucoup plus compliqué, se compose, ainsi que le montre la figure ci-contre, d'une série de moulures et de listaux décorés d'oves ou de dents de scie.

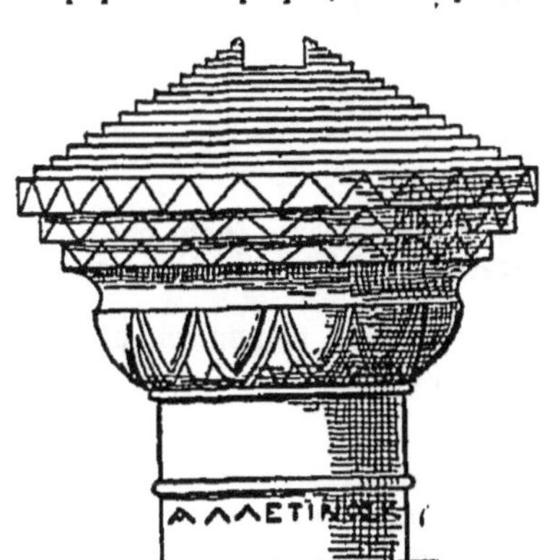

« Le caractère de ce chapiteau, a dit M. Héron de Villefosse, est particulièrement frappant: il est tout à fait grec, et le monument doit remonter à l'époque où l'influence de Marseille était prépondérante dans le sud de la Narbonnaise. L'échancrure qui se voit à la partie supérieure était sans doute destinée à fixer un motif décoratif qui n'a pas été retrouvé ». (*Bulletin des Antiquaires de France*, 1899, p. 274, avec la figure que nous reproduisons). Les caractères gravés à la pointe, ont des hauteurs très inégales. Les O notamment, sont assez petits et ne dépassent guère 0 m. 013. Les autres lettres ont une hauteur moyenne d'environ 0 m. 020.

ΑΛΛΕΤΙΝΟΣΚΑΡΝΟΝΟΥΑΛ[...]Σ Ο [...]ΕΑΣ

Αλλετινος Καρνονου Αλισο[ν]εας.

« Alletinus, fils de Carnonus, de... (tel endroit) ».

M. Héron de Villefosse, dans le *Bulletin des Antiquaires* précité, observe que le premier mot est à rapprocher de *Alletorix* ou, peut être plus exactement, de *Alletorix*, nom gaulois relevé sur une inscription de Nîmes, seulement comme par une ancienne copie. (*Corp. inscr. lat.*, XII, nº 3396). Il faut y reconnaître, à n'en pas douter, le nom du défunt. Le second mot, comme dans le plus grand nombre des inscriptions celto-grecques que l'on possède, exprime une filiation par le simple nom du père mis au génitif. Le dernier mot, enfin, est non seulement d'une lecture douteuse, mais encore d'une interprétation difficile. D'après M. Héron de Villefosse, on devrait y reconnaître le nom de la personne ayant fait élever le monument. Nous croyons plutôt qu'il faut y trouver un ethnique dont on a, peut être, une forme moderne plus ou moins rapprochée dans les deux noms de localités, *Alzonne* et *Alzon*, situées, la première dans l'Aude et la seconde dans le Gard.

« Ce qui donne un intérêt particulier à ce monument dit encore M. Héron de Villefosse, c'est la réunion de la colonne et du chapiteau. En 1887, j'ai publié la liste des inscriptions gauloises en caractères grecs connues jusqu'alors ; je faisais remarquer que quatre d'entre elles étaient gravées sur des tailloirs de chapiteaux et deux à la partie supérieure de fûts de colonnes cylindriques. On voit par ce nouvel exemple que cette forme de stèle était très en usage chez les Gallo-Grecs ».

1327

Epitaphe

Copie dessinée et renseignements de M. Aristide MERLE, propriétaire à Fabrègues.

Fabrègues (Hérault). — Cippe « en pierre calcaire très dure imitant le marbre gris » découvert, il y a quelques années, en démolissant l'ancienne église de Saint-Martin-de-Colombe, commune de Fabrègues; aujourd'hui encastré au même lieu, à dix mètres de hauteur, dans un mur de la maison d'habitation de M. Aristide Merle. Le bas de ce cippe a disparu, et avec lui toute la partie inférieure d'un élégant rinceau qui entourait l'inscription. Hauteur de la pierre, 0m60; largeur, 0m63; épaisseur, 0m50. Hauteur des lettres, 0m03 et 0m05. Les caractères parfaitement gravés, paraissent remonter au premier siècle.

D M
T·PATERNII
MARTINI
LICINIA · ET
VALERIANVS
....

D(iis) M(anibus) T(iti) Paternii Martini ; Licinia et Valerianus [*patri optimo?*].

« Aux dieux Mânes de Titus Paternius Martinus; Licinia et Valerianus à « leur excellent père ».

Le gentilice *Paternius* est connu par d'autres exemples, notamment par une inscription de Nîmes (*Corp. inscript. latin.*, XII, nº 3787).

1328

Fragments se rapportant à un personnage municipal

Renseignements empruntés à un article de M. Ch. de LAUGARDIÈRE, publié dans les *Mémoires des Antiquaires du Centre*, tome XXII, 1898, p. 60 ; dessin de M. CHERION, d'après une planche de M. A. des Meloizes, accompagnant cet article, et une vérification faite, sur la pierre, par M. Rolin, architecte de la ville, à Bourges.

Bourges. — Fragments, au nombre de quatorze, d'une plaque en pierre de Celle, découverte à Bourges, à 2 m. 80 environ de profondeur, « dans les fouilles exécutées, au numéro 16 de la rue du Commerce, en vue de la réédification de la maison de M. Duteil, pharmacien ». D'après M. Ch. de Laugardière, cette inscription serait « manifestement votive, mais incomplète, par malheur, du commencement et de la fin ». La plaque, soigneusement reconstituée par M. Rolin, architecte de la ville, a 0m40 de largeur et 0m72 de hauteur. Son épaisseur est de 0m030 à 0m035. « La pierre a été régulièrement taillée des deux côtés et par le bas. La fin de l'inscription devait se lire sur une autre plaque adaptée en dessous et dont rien n'a été retrouvé ». Les lettres, « gravées profondément en biseau avec une remarquable sureté de main et une rare habileté » ont 0m075 de hauteur, sauf l'I de la troisième ligne, qui n'a que 0m028.

[*Diis Manibus* (ou... *nomine?*) ....*omnibus honorib*]*us apud su*[*os*] *f*[*u*]*ncti, Flaccus, Priscus, Qu*[*i*]*rina*[*lis, e*]*q*(*uites*) *R*(*omani*)...

« Aux dieux Mânes de... (*ou* au nom de...) « parvenu à tous les honneurs dans sa cité, « Flaccus, Priscus et Quirinalis, chevaliers « romains... ».

Le caractère votif de cette inscription n'apparait pas. Nous croyons, de préférence, qu'il s'agit soit d'une inscription funéraire, soit peut être encore de quelque donation faite par trois personnes au nom d'une quatrième, leur père sans doute, qui l'avait prescrite par testament.

A la quatrième ligne, on doit renoncer à la lecture *Fidus*; l'amorce de lettre qui subsiste est celle d'un C. Le cognomen *Flaccus*, dont la restitution n'est possible, q'en admettant l'existence d'un E et d'un second C plus petits que les lettres voisines, nous parait cependant préférable à tout autre. *Ficus* serait un cognomen injurieux, peu admissible par cela même, bien que l'on aie déjà le sobriquet *Ficosus* (*Corp. inscript. latin.*, XIII, n. 1941).

La restitution [*e*]*q*(*ues*) *R*(*omanus*) semble justifiée malgré le peu de place dont on dispose. Nous ne saurions dire toutefois si la qualité de chevalier romain était commune à Ficus, Priscus et Quirinalis, ou seulement applicable à ce dernier.

1329

Cachet d'oculiste

Communication de M. l'abbé Brune, correspondant du Ministère de l'Instruction publique.

Baume-les-Messieurs (Jura). — Tablette en « ardoise bleue » conservée à Baume-les-Messieurs, parmi les reliques de l'ancienne abbaye de cette ville. Longueur, 0 m. 022; longueur, 0 m. 010.

CROCOD

Crocod(*es*).

« Collyre au safran ».

La tablette de Baume-les-Messieurs est un cachet d'oculiste; elle a été publiée incidemment, par M. l'abbé Brune, dans le *Bulletin archéologique* du Comité des travaux historiques, année 1899, p. 111.

On sait que les cachets d'oculistes servaient à marquer les collyres solides de l'antiquité, débités, par les pharmacopoles, sous la forme de petits bâtonnets dont on possède des spécimens. Le nouveau cachet, découvert à Baume-les-Messieurs, prend le numéro 210 dans la série de ces petits objets. Ainsi que son nom l'indique, le collyre *crocodes* était à base de safran. On ne saurait dire cependant, s'il s'agit de la plante de ce nom, ou d'un sous-carbonate de fer appelé safran de Mars en raison de sa couleur. Nous renvoyons, pour le collyre *crocodes* et ses applications thérapeutiques, à la dissertation de MM. Héron de Villefosse et Thédenat, dans le tome I, pages 63 et suiv., de leur savant ouvrage sur les *Cachets d'oculistes romains*. Une remarque cependant trouve ici sa place: Le cachet de Baume-les-Messieurs n'est pas le premier que l'on ait rencontré parmi des reliques. Un autre cachet découvert à Sienne, dans une sacristie (no 174 de notre *Recueil*), figurait de même parmi des souvenirs de Saint-Thomas Becket. Il est hors de doute que, par ignorance, on a dû attribuer, plus d'une fois, au moyen âge, un caractère religieux aux cachets d'oculistes. Il n'est pas invraisemblable de supposer, par conséquent, que l'examen des châsses auquel on se livre quelquefois pour diverses causes, en fera découvrir d'autres.

DIEUX DE LA GAULE

par Auguste ALLMER

I. — LES DIEUX DE LA GAULE CELTIQUE (suite).

1330

Mars MOGETIUS

1. — Gaule celtique. Prov. d'Aquitaine prolongée. (Civitas des Bituriges, Bourges).

Autel trouvé à Bourges, dép. du Cher, dans les restes des anciennes murailles.

Num(inibus) Aug(ustorum) et Marti Mogetio, Gracchus, Ategnutis fi(lius), v. s. l. m.

Buhot de Kersers, *Mon. déc. à Bourges en* 1885, p. 5. — *Bull. épigr.* 1885, p. 119. — Hirschfeld, *C.* XIII, 1193 : litteris bonis.

« Aux *Numina* des empereurs et à Mars Mogetius, Gracchus, fils d'Ate-
« gnutes, avec reconnaissance en accomplissement de son vœu ».

Ategnutes, nom grec ou celtique.

2 — En Bretagne. — Trouvée à Old-Penrith (Cumberland).

DEO
MOGTI

Hubner, *C.* VII, 320.

Deo Mogeti (?).

« Au dieu Mogetis ».

Le dieu Mogtis, est-il bien le même que le dieu *Mogetius* de Bourges ? Ce n'est nullement sûr. Le *Corpus* propose *Mog(on)ti*.

1331

MOGOUNUS

Voir Apollon *Grannus*, ci-dessus III, p. 531, n° 13.

1332

Deus MOLTINUS

1. — Prov. Lyonnaise (civitas des Eduens ; Augustodunum, Autun).

Mâcon, dép. de Saône et Loire.

Trouvée dans les fondations de la nouvelle église de Saint-Vincent et déposée dans le jardin de la Préfecture. — Perdue.

C. Sulp(icii), M. fil(ii), Galli, omnibus honoribus apud suos funt(i), II vir(i) q(uinquennalis), flaminis Augusti, p[rim]ogen(i) dei Moltini, gutvatri Mart(is). VI cui ordo quod esset civ(is) optimus et innocentissimus statuas publ(ce) ponendas decrevit.

Canat, *Inscr. de Châlon et de Mâcon*, p. 54. — Ci-dessus III, p. 230. — Hirschfeld, *C.* XIII, 2585.

« (Aux dieux Mânes) de Caius Sulpicius Gallus, fils de Marcus (Sulpicius),
« parvenu dans sa cité à tous les honneurs ; duumvir quinquennal, flamine
« d'Auguste, p[rim]ogène (*ou*) P[rot]ogène du dieu Moltinus, gutvater de Mars,
« et à qui le Conseil des décurions, en reconnaissance de sa bonté et de son
« intégrité, a décrété six statues publiques ».

Au sujet de la prêtrise désignée par le titre de *gutvater* de Mars, nous avons déjà eu l'occasion de parler du personnage de cette inscription, parvenu *apud suos*, c'est-à-dire chez les Eduens, aux divers honneurs de la carrière municipale. Il se présente ici particulièrement à notre attention, à cause du dieu Moltinus, dont il était *p[rimo]genius* ou *p[rot]ogenius*. Malheureusement, le dieu et la prêtrise nous sont aussi inconnus l'un que l'autre.

« Six statues » paraissent être un nombre quelque peu exorbitant, d'autant plus encore que le chiffre VI est séparé du mot *statuas* par une série de plusieurs mots ; peut-être faut-il rattacher le chiffre à la prêtrise dont la mention précède immédiatement et comprendre: « gutvater de Mars six fois »; mais alors le nombre des statues décrétées n'aurait pas été indiqué. Le Corpus propose : *Martis U(ltoris)*.

Le titre sacerdotal *gutvater* se retrouve chez les Vellaves, au Puy-en-Velay, et peut-être aussi dans les Commentaires de César, où l'un des auteurs d'une nouvelle tentative de soulèvement général des Gaules s'appelle au livre VII écrit par César lui-même *Cotvatus*, et au livre VIII rédigé par Hirtius *Gutruatrum* (variante *Gutvatrum*), le titre de la prêtrise pris fautivement pour un nom d'homme (voir la note au *Corpus*, 2585).

BIBLIOGRAPHIE

Lettre d'Auguste ALLMER à M. André STEYERT au sujet de son mémoire : *Réplique et Observations*, en réponse à une notice intitulée: *les Noms de lieux dans la région lyonnaise aux époques celtique et gallo-romaine*, par l'abbé A. Devaux, doyen de la Faculté catholique de Lyon. Lyon, 1899, in-4°.

« Mon cher Steyert, vous savez que je suis si absolument étranger aux études de linguistique, que je me garderais bien de hasarder sur ce terrain, plein de faux chemins et d'énigmes perfides, même le pas le plus timide. Mais je ne puis m'empêcher de remarquer que vous vous défendez bien et très bien, avec esprit et savoir, et que votre contradicteur aura sans doute quelque peine à trouver des réponses à toutes vos observations. En ce qui concerne l'étymologie de *Lugudunum* par « colline des corbeaux », la seule particularité qui nous intéresse, la question n'est nullement ici de savoir si cette étymologie est scientifiquement vraie; la question est uniquement et entièrement de savoir si cette étymologie a été acceptée et tenue pour vraie par les Gaulois et par les Romains de l'époque et par les descendants des uns et des autres pendant plusieurs siècles; et la chose ne peut pas même faire l'ombre d'un doute. Les Gaulois et les Romains du temps, et leurs descendants pendant plusieurs centaines d'années, ont cru à l'étymologie de « colline des corbeaux » et ont donné de leur croyance preuves sur preuves.

« Un monument autonome des Ségusiaves offre, à son revers, un corbeau (pas un aigle). Au revers d'un grand bronze d'Auguste de la colonie de Lyon, se laisse apercevoir, dans une sorte de nuage, la tête d'un corbeau; mais il y a plus: Albin, s'apprêtant à la guerre contre Sévère, a frappé à Lyon, la capitale de son provisoire empire des Gaules, des monnaies d'or et d'argent au revers desquelles apparaît le Génie de Lyon, GENIO LVG., le corbeau à ses pieds (pas un aigle; l'aigle se laisse voir aux pieds des Génies de ville seulement au quatrième siècle). De plus encore, des poteries historiées du même temps, et relatives à un grand événement de la guerre d'Albin et de Sévère, montrent le Génie de Lyon en colloque avec le fondateur de la colonie, et le corbeau légendaire est à ses pieds.

« Et bien alors, que veut-on de plus? A quoi bon toute cette érudition à côté et en dehors du sujet? Arrivera-t-elle à détruire ce fait avéré que Gaulois et Romains, dès avant l'ère chrétienne, et encore à l'entrée du troisième siècle, ont cru à l'étymologie de « colline des corbeaux? » L'érudition est certes, une belle chose, mais pourtant à la condition qu'elle ne s'égare pas en vagabondages digressifs..... ».

Cette lettre, peut-être inachevée, a été écrite par Allmer la veille même de sa mort.

Emile ESPÉRANDIEU. *Musée Calvet*; *Inscriptions antiques*. Avignon, Fr. Seguin, éditeur, 1900, in-8, 260 pages, 231 gravures.

Il existe un certain nombre d'exemplaires du petit vase ovoïde que nous avons publié, dans ce travail, sous le numéro 12*, p. 239. Le faussaire qui les a produits a été démasqué par M. A. Bertrand, dans le *Bulletin de la société d'émulation de l'Allier*, t. XVII, p. 18 et suivantes Un de ces exemplaires appartient à M. A. Nicaise, de Châlons-sur-Marne. (*Mémoires de la société d'agriculture* de la Marne, t. XVI, p 57); un autre est au Musée départemental de Moulins (*Catalogue*, 1885, n° 353 et pl. XXX). Celui que possède le Musée Calvet ne saurait, par conséquent, provenir de la Grèce.

L'inscription grecque que nous avons décrite sous le numéro 219 a fait l'objet d'une communication de M. Théodore Reinach à l'Académie des Inscriptions et Belles-Lettres. Le compte-rendu de cette communication, paru dans le *Journal Officiel* sous la signature de M Mispoulet, est ainsi conçu :

« M. Théodore Reinach présente la photographie d'une stèle attique du musée d'Avignon, provenant de la collection Nani, de Venise. Cette stèle, ornée d'un bas-relief, porte un décret conférant le droit de cité honoraire (proxénie) à trois personnages militaires. Quoique le texte en ait été volontairement effacé, puis dégradé par les intempéries, M. Th. Reinach a réussi à déterminer la date du décret (2 juin 339 avant J.-C.), la nationalité des bénéficiaires (trois généraux mégariens, alliés d'Athènes), et, chose plus curieuse, le nom de l'orateur qui a proposé le décret. Ce nom n'est autre que celui du célèbre Démosthènes. Un musée français se trouve ainsi posséder le seul décret inscrit sur pierre, qui soit parvenu jusqu'à nous du grand orateur athénien » (*Journal Officiel*, numéro du 30 janvier 1900, p. 621).

CHRONIQUE

— L'inscription L·ERONEI|AVGINI·LIB, que M. Hirschfeld a publiée dans le tome XII du *Corpus inscript. lat.*, sous le n° 4.783, d'après une copie de Lantelme de Romyeu, a été retrouvée récemment et extraite des maçonneries du bastion Damville, à Narbonne. Elle est aujourd'hui au Musée lapidaire de cette ville. La copie de Romyeu est correcte, mais il n'est peut-être pas inutile d'observer que la paléographie de cette inscription corrobore les preuves d'ancienneté résultant de l'emploi de la diphtongue EI et de l'absence d'un surnom donné au défunt. Les caractères employés ont, de plus, une hauteur de 0 m. 20, ce qui indique un tombeau de proportions monumentales. (Communication de M. Thiers, conservateur du Musée archéologique de Narbonne).

— Une vérification, récemment faite par M. Thiers, conservateur du Musée archéologique de Narbonne, confirme l'exactitude de la copie, prise par Garrigues, de l'inscription chrétienne de Montady (Hérault). La pierre porte, à la seconde ligne, non pas BASELICAM EX VOTC, ainsi qu'on l'a imprimé, (Edm. Le Blant, *Inscript. chrét.*, 2, p. 455 et pl. 81, n° 492 ; *Corpus inscript. latin.*, XII, n° 4311), mais plus exactement BASELIC EX VOTC.

CORRECTIONS

Numéro 92, p. 1. — Une faute d'impression nous a fait déformer le nom de M. le Pasteur de Mouriès. Il faut lire: M. Destandau Le milliaire d'Auguste de la voie Aurélienne, découvert sur le terroir de Maussane, a fait l'objet d'une communication de M. l'abbé Thédenat, au Comité des travaux historiques (*Bull. archéol.*, 1898, p. 441). Les restitutions proposées ne diffèrent pas des nôtres; mais M. l'abbé Thédenat rapproche, peut-être avec raison, cette borne, dont on ne possède que la partie supérieure, d'une base de milliaire découverte dans le voisinage, au Paradou, et portant le chiffre X, indicatif de la distance (*Corp. inscrip. lat.*, XII, n° 5.487). L'inscription de cette base n'est connue que par une copie de Peiresc; la pierre a disparu.

Numéro 94, p. 34, 2e alinéa. — La provenance de l'inscription est à lire: Cazouls-lès-Béziers.

Numéro 95, p. 52, l. 21. — Au lieu de *Vitalis*, il faut lire : *Natalis*.

ESPÉRANDIEU

Vienne, imp. Savigné — Ogeret et Martin, succrs. — Le Gérant : J. OGERET.

REVUE

ÉPIGRAPHIQUE

N° 97. — Avril, mai, juin 1900

Lyon; — *Cadenet* (*Vaucluse*); — *Saint-Canadet* (*Bouches-du-Rhône*); — *Marseille*; — *Narbonne*; — *Civray* (*Vendée*); — *Orange*; — *Mésigny* (*Haute-Savoie*); *Lectoure*.
ALLMER. — *Les dieux de la Gaule Celtique* (suite).
Bibliographie. — *Chronique*. — *Nécrologie*. — *Corrections*.

1333

Epitaphe

Photographie et renseignements de MM. le docteur BIROT et l'abbé MARTIN, de Lyon. Dessin de M. Lesage.

Lyon. — Stèle en calcaire très grossier conservée à Lyon, Saint-Irénée, dans la propriété de M. Favier, et découverte à une date inconnue, très probablement dans le voisinage. Hauteur, 0m54; largeur, 0m44. Hauteur des lettres, 0m06 à la première ligne, 0m04 aux suivantes.

D(iis) M(anibus) Aureliae Satyrae, T(iti) filiae, qu(a)e vixit ann(is) VI, m(ensibus) V, d(iebus) XXII; Marullina, mater s(ua), d(edit).

« Aux dieux Mânes d'Aurelia Satyra, fille de Titus, morte à l'âge de six ans, cinq mois, vingt-deux jours; Marullina, sa mère, lui a donné ce tombeau ».

La jeune défunte, vêtue d'une robe grossièrement taillée et coiffée d'un bonnet qui lui cache les cheveux, est assise, ayant sur les genoux un petit chat. Une pierre tombale du musée de Bordeaux offre, de même, le portrait d'une fillette, debout et tenant un chat dont un coq becquette la queue (Camille Jullian, *Inscript. rom. de Bordeaux*, 1, p. 353; *Corp. inscript. latin.*, XIII, n° 787). En Gaule, vers la fin du troisième siècle, à l'époque où paraît remonter la stèle de Satyra, les chats n'étaient pas aussi répandus que de nos jours. Leur importation de l'Orient était même relativement récente. Dans un de ses derniers *Courriers de l'art antique*, M. Salomon Reinach a consacré à cette question de la domestication du chat dans le monde gréco-romain, quelques lignes pleines d'intérêt. A défaut de renseignements précis, on croyait assez volontiers, en se basant sur certains indices, que l'introduction des chats en Grèce, en Etrurie, dans l'Italie méridionale et sans doute aussi en Gaule, par l'intermédiaire des navigateurs marseillais, s'était produite vers le Ve siècle avant notre ère. M. Salomon Reinach vient de démontrer que cette opinion était parfaitement justifiée. Deux peintures céramiques faites en Apulie aux environs de l'an 350, présentent chacune l'image d'une jeune fille jouant avec un chat. « Cette époque, dit

M. Salomon Reinach, est précisément celle où l'Egypte s'ouvre définitivement au commerce hellénique et l'Egypte, comme on sait, adorait le chat, notamment à Bubastis, où l'on a retrouvé des milliers de momies de cet animal. Tuer un chat y passait pour un crime énorme ; sous un des derniers Ptolemées, un Romain, qui s'en était involontairement rendu coupable, fut mis en pièces par la foule, malgré les efforts des autorités locales (Diodore de Sicile, I, 83, 8). Les deux centres de domestication du chat ont été, dans l'antiquité, la Chine et l'Egypte ; comme il ne peut être question d'une influence chinoise sur le monde gréco-romain, force est de chercher en Egypte le centre de diffusion de nos matous. Il paraît cependant que le chat resta rare, tant en Grèce qu'en Italie, jusqu'à l'époque chrétienne ; alors une nouvelle fournée de chats, suivant les pas des moines grecs d'Egypte, se répandit sur l'Europe, où ils se trouvèrent en présence des rats, arrivés du fond de l'Asie avec les Huns. Le monde des rats et des chats eut aussi, au Ve siècle de notre ère, ses batailles de Pollentia et de Châlons ! Une chose singulière est qu'à Pompeï, où l'on a recueilli, sous la pluie de *lapilli*, des animaux de tout genre, on a vainement, jusqu'à ce jour, cherché un chat. C'était cependant une ville fréquentée par les Grecs d'Egypte et, à bien des égards, plus alexandrine qu'italienne. Les chats avaient-ils pressenti la catastrophe et s'étaient-ils mis en sûreté? Les Pompeiens étaient-ils ennemis des chats? La question est ouverte. Mais il reste une troisième hypothèse proposée par feu Victor Hehn : c'est que, tant que le culte de ces animaux fleurit en Egypte, l'exportation en fut difficile, peut être même entravée par des règlements d'ordre public. Le jour où le paganisme égyptien disparut, vaincu par la religion nouvelle, toutes les barrières s'abaissèrent. On a lieu de croire, par conséquent, que la présence des chats sur nos toits et dans nos ménages est un des bienfaits que l'Europe doit au christianisme » (*Gazette des Beaux-Arts*, 1899, p. 263).

1334

Autel à Lanovalus

Photographie, copie et renseignements de M. le docteur JACQUÊME, pharmacien de 1re classe à Marseille ; copie de M. Michel CLERC, directeur du musée d'archéologie de Marseille.

Cadenet (Vaucluse). Autel en pierre calcaire découvert en 1895, à Cadenet, « sur les bords d'un torrent qui porte encore, en provençal, le nom de *Lavar* », et conservé chez M. le docteur Jacquême à Montredon, banlieue de Marseille. Hauteur, 0 m. 58 ; largeur, 0 m. 35 ; épaisseur, 0 m. 31. Hauteur des lettres, 0 m. 05.

Lanovalo; v(olum) s(olvit) l(ibens) m(erito) Sex(tus) Celtilius Sencio, pro Sex(to) Veratio....

« A Lanovalus ; Sextus Celtilius Sencio (a dédié cet autel) avec reconnaissance, en accomplissement de son vœu pour Sextus Veratius.... ».

Une seconde inscription de Cadenet que possède M. le docteur Jacquême, et qui a été découverte au même endroit, en 1820, se rapporte, comme celle-ci, à un vœu fait par un dévôt, au dieu Lanovalus, pour le retour à la santé d'une autre personne. (*Corp. inscript. latin.*, XII, n° 1065; cf. abbé Rabiet, *Mém. de la Société des Antiquaires de France*, t. XLVIII, p. 338). Ce dieu, dont on ignore la nature, était probablement une divinité locale que l'on invoquait contre la maladie. Allmer a déjà fait observer que le rapprochement proposé du nom divin, peut être celtique, *Lanovalus* et du nom moderne *Laval* ou *Lavar* d'un torrent et d'un village voisins de Cadenet était purement accidentel. (Voyez ci-dessus, p. 12). « Il y a sur les bords de ce torrent », nous écrit M. le docteur Jacquême « une chapelle dédiée à Notre-Dame des Anges, où les habitants du pays placent des ex-voto. Cette chapelle est construite sur les ruines d'un monument beaucoup plus ancien, dont les murs ont une épaisseur de 1 m. 20 environ. Sur les terrains avoisinants sont encore des sarcophages de pierre brute, sans inscriptions. On y trouve souvent des médailles romaines des IIIe et IVe siècles ».

1335

Autel aux Nymphes

Dessin au lavis et renseignements de M. de FONVERT, membre de l'Académie des sciences, agriculture, arts et belles-lettres d'Aix-en-Provence ; copie de M. Michel CLERC, directeur du musée d'archéologie de Marseille.

Saint-Canadet (Bouches-du-Rhône). Petit autel rustique, avec base et couronnement, découvert au mois d'octobre 1898 « en labourant une terre du domaine de Fonvert, près de Saint-Canadet, commune du Puy-Sainte-Réparade (Bouches-du-Rhône) », et conservé au même lieu, chez M. de Fonvert. Hauteur, 0 m. 29; largeur, 0 m. 13. Hauteur des lettres, 0 m. 0,15 environ.

Nenfis, (ou *Nenpis*) *v(otum)* *(solvit)* *l(ibens)* *m(erito)* *Servatus*.

« Aux Nymphes ; Servatus (a dédié cet autel) avec reconnaissance, en accomplissement de son vœu ».

Les Nymphes, quoique non désignées par un surnom, sont toujours des divinités essentiellement locales. Elles présidaient aux sources, mais ne les personnifiaient peut être pas. Une source pouvait avoir à la fois ses Nymphes et son dieu. La fontaine de Nimes, notamment, consacrée au dieu *Nemausus*, possédait des Nymphes que l'on connaît par plusieurs autels (*Corp. inscript. latin.*, XII, n°s 3103 à 3109). M. de Fonvert, à qui nous devons un dessin fort soigné du petit monument de sa collection, veut bien nous renseigner sur les différentes sources dont les Nymphes ont pu motiver l'acte de dévotion accompli par Servatus. L'une d'elles est située à cent mètres environ du hameau de Saint-Canadet, auquel, en toute saison, elle fournit en abondance, des eaux très pures. Une autre source, de moindre importance, appartient à M. de Fonvert et se trouve sur son domaine. Une troisième enfin, désignée de nos jours sous le nom de *Nymphe Gacharelle*, suinte dans une grotte, au sommet du plateau sur lequel avait été construit primitivement le village de Sainte-Réparade, détruit par le duc d'Epernon, vers la fin du XVIe siècle, et remplacé depuis par la localité actuelle, au pied même de la hauteur. De ces trois sources, la première sans doute a été de tout temps la plus considérable, celle qui a rendu le plus de services. Il est présumable que ses Nymphes jouissaient aussi d'une vogue particulière, et que ce sont elles qui figurent sur l'autel de Saint-Canadet.

1336

Epitaphe chrétienne

Notre copie au musée de Marseille.

Marseille. — Plaque de marbre blanc découverte, en 1899, à Marseille, à 1 m. 25 de profondeur, dans la rue du Chêne, en face de la maison portant le numéro 3, sur l'emplacement du cloître de l'ancien couvent des Minimes. Donnée au musée par M. J.-B. Rebattu. Hauteur, 0 m. 55 ; largeur, 0 m. 34 ; épaisseur, 0,045. Hauteur des lettres 0 m. 035.

+HICREQVIISCITINPACEBO
NEMEMORIEMARTHA
QVIVIXITANNOSPLVS
MENVS:XL OBIITPRIDIE
NONAS:IVNIAS INDICIT
ONEQVINTA

† *Hic requiescit in pace bon(a)e memori(a)e Martha, qui vixit annos plus menus XL; obiit pridie nonas iunias, indictione quinta.*

« Ici repose en paix Martha, de bonne mémoire, qui vécut 70 ans, plus ou moins, et trépassa la veille des nones de juin de la cinquième indiction ».

La formule *plus minus*, marquant une incertitude voulue sur l'âge du défunt, apparaît en Gaule, pour la première fois, en 511 (Edm. Le Blant, *Inscript. chrét.*, 2, n° 437). L'épithète *bonae memoriae* est peut être un peu plus ancienne. Elle figure, dès l'année 473, sur une inscription de Lyon (*Inscript. chrét.*, 1, n° 72). Au commencement du sixième siècle, à l'époque où semble se placer l'épitaphe qui précède, l'indiction cinquième revient aux années 512, 527 et 542. L'appellation *Martha*, d'origine araméenne, est très rare sur les marbres chrétiens d'Occident. En Gaule, on n'en connaissait encore que deux exemples, l'un et l'autre avec l'orthographe *Marta* (*Inscript. chrét.*, 2, n° 523 et 612).

1337

Fragment d'inscription votive

Copie et renseignements de M. Frédéric-Paul THIERS, conservateur du musée archéologique de Narbonne.

Narbonne. — Fragment de tablette, en marbre blanc, découvert, il y a quelques années, par M. Bories, sur le terrain des Moulinasses, à Narbonne. Hauteur, 0 m. 09; largeur, 0 m. 15. Hauteur des lettres: 0 m. 015 à la première ligne, 0 m. 125 aux deux suivantes. La cassure a fait disparaître la partie supérieure du premier T et le second jambage de la lettre N. Points triangulaires.

. . . .
EXVOT*o suscepto*
SATVRN*ina et*
Q·IVLIVS·...

« Caractères du second siècle ».

.....*ex vot[o suscepto], Saturn[ina? et] Q(uintus) Iulius*.......

« ....Saturnina et Quintus Julius..... ont élevé cet autel en accomplissement de leur vœu ».

Ce fragment d'inscription est à rapprocher peut-être d'un autre vœu, fait à Narbonne, en l'an 43, par deux personnes, pour la conservation, le retour et la victoire de l'empereur Claude, alors engagé dans une guerre contre les Bretons (*Corp. inscript. latin.*, XII, n° 4334).

1338

Epitaphe chrétienne

Copie et renseignements de M. Frédéric-Paul THIERS, conservateur du musée archéologique de Narbonne.

Narbonne. — Fragment de tablette en marbre blanc conservé à Narbonne, chez M. Bories, membre de la Commission archéologique. On n'a aucun renseignement sur sa provenance exacte. Hauteur, 0 m. 13; largeur, 0 m. 17. Hauteur des lettres, de 0 m. 02 à 0 m. 03.

hic quies CIT BoNE
memorie ROMA
n..............

[Hic quies]cit bon(a)e [memori(a)e] Roma[nus (ou *Romana*).......

« Ici repose, de bonne mémoire, Romanus (*ou* Romana)...... ».

La formule initiale des inscriptions chrétiennes de Narbonne est presque toujours: *hic requiescit in pace*. Nous nous sommes autorisé, pour la restitution qui précède, d'une inscription perdue de cette ville, dans laquelle, comme ici, les mots *in pace* font défaut (*Corp. inscript. latin.*, XII, n° 5355).

1339

Epitaphe chrétienne du temps des Goths

Copie et renseignements de M. Frédéric-Paul THIERS, conservateur du musée archéologique de Narbonne.

Narbonne. — Fragment de tablette en marbre blanc conservé à Narbonne chez M. Bories, membre de la Commission archéologique. L'époque et le lieu précis de sa découverte ne sont pas connus. Il existe une moulure antique sur la face opposée à celle qui porte l'inscription. Hauteur, 0 m. 20; largeur, 0 m. 12. Hauteur des lettres, de 0 m. 03 à 0 m. 04.

.....ΕUES
.....PACE
....mmR°s

[*Hic re*]*cues*[*cit in*] *pace* [*bone*]*m*(*e*)*mor*(*iu*)*s*.....

« Ici repose en paix, de bonne mémoire..... ».

Ce fragment d'épitaphe est d'une basse époque. Il offre un curieux mélange d'onciales et de cursives et date peut-être, ainsi que le croit M. Thiers, de la seconde moitié du VI° siècle.

1340

Epitaphe avec formule prohibitive

Copie dessinée et renseignements de M. Frédéric-Paul THIERS, conservateur du musée archéologique de Narbonne.

Narbonne. — Blocs de pierre au nombre de deux, ayant appartenu à l'épistyle d'un mausolée de proportions monumentales. Tous deux sont connus, mais leurs inscriptions avaient été, jusqu'ici, publiées séparément (*Histoire de Languedoc*, XV, n°s 1074 et 1077; *Corp. inscript. latin.*, XII, n°s 5304 et 5307). Leur rapprochement a été fait par M. Thiers. Chaque bloc a 1 m. 14 de long sur 0 m. 58 de haut. Les lettres, parfaitement gravées, ont 0 m. 115; elles remontent probablement vers le milieu du premier siècle. Points triangulaires.

.......MONIMENTO·ET·LOCI·SEPVLTVRAE·I...

.....*huic*] *monimento et loc*[*o*] *sepulturae inferantur nulli*, *nisi quorum nomina scripta sunt*.

« .....Dans ce monument et dans cette concession ne doivent pas être portées d'autres personnes que celles dont les noms sont exprimés ».

L'épigraphie de Narbonne, qui a fourni plusieurs exemples de formules prohibitives, n'en présente aucune avec le génitif *loci*. Nous croyons, sans pouvoir l'affirmer, qu'une faute de gravure a été commise et que l'on doit lire *loco*. M. Thiers admet l'existence du mot *solo* à la suite de *sepulturae*, et complète: *huic*] *monimento et loci sepulturae solo nemo inferatur*, etc.

1341

Epitaphe

Moulage en plâtre et renseignements de M. Louis BROCHET, agent-voyer à Fontenay-le-Comte, membre de la Société des Antiquaires de l'Ouest.

Civray, commune de Maillezais (Vendée). — Fragment de pierre, partagé lui-même en deux parties, découvert dans le courant de l'année dernière,

« à 500 mètres environ du village gallo-romain de Civray, le long d'une voie romaine dont les traces sont encore apparentes sur une étendue de plus de 300 mètres et une largeur de 10 mètres environ ». Hauteur, 0 m. 22; largeur, 0 m. 35; épaisseur, 0 m. 10. Hauteur des lettres, 0 m. 06.

.....VIA·PRIVAT*a*.....
.....C·IVL·TAVR*i*C*o*...

Les caractères, un peu grêles, paraissent remonter au second siècle. A la première ligne, un jambage oblique dont on reconnait peut-être la trace à 0 m. 05 à gauche de la base du premier V, permet de supposer que ce V formait un monogramme avec un A. A cette même ligne, les deux lettres V et A sont placées l'une dans l'autre et s'entrecroisent. A la ligne suivante, la dernière lettre est réduite à une simple amorce.

.....*via Prival[a sibi et] C(aio) Iul(io) Tauric[o, marito* (ou *filio?*).....

« .....via Privata, pour elle-même et pour Caius Julius Tauricus, son mari (*ou* son fils?)..... ».

Le nom par lequel commence la première ligne n'est pas restituable. *Flavia, Gavia, Octavia*, une quantité d'autres, en admettant l'existence d'un A avant le V, sont des gentilices qui peuvent convenir. Il est probable que cette inscription, certainement funéraire, commençait par une dédicace aux dieux Mânes et se clôturait par quelque formule telle que *ponendum curavit*, par exemple; mais on ne peut à ce sujet, rien dire de précis. La restitution *sibi et* n'est elle-même pas bien certaine. L'*ager Pictonum* n'a fourni jusqu'ici qu'un très petit nombre d'inscriptions antiques, notamment dans sa partie occidentale. Le fragment qui précède n'en reçoit que plus d'intérêt; il prouve, dans une certaine mesure, qu'il y avait à Civray une agglomération gallo-romaine, d'ailleurs attestée par d'autres débris. La chaussée antique dont M. Brochet a reconnu une partie du tracé, était celle de Nantes à Saintes. Cette voie, non indiquée par les itinéraires, se détachait peut-être à *Durinum* (St-Georges-de-Montaigu) de la voie de Nantes à *Rauranum* (Rom). Elle passait à Ingrande, dont le nom indique une limite de territoires, traversait à Civray le Marais poitevin, puis arrivait à Saintes, sans doute par Tonnay-Boutonne et St-Savinien.

1342

Fragment d'épitaphe

Copie dessinée et renseignements de M. Charles MARTEAUX, professeur au lycée d'Annecy.

Mésigny. — Débris de calcaire blanchâtre découvert, au mois de janvier dernier, à Mésigny (Haute-Savoie), au lieu dit la Mure, sur un petit mamelon incliné vers l'ouest, au confluent de la Petite Usse et du Nant de Véry, en creusant peu profondément dans un jardin appartenant à M. Guillot. Hauteur, 0 m. 18; largeur, 0 m. 28; épaisseur, 0 m. 20. Hauteur des lettres, 0 m. 06. L'inscription était entourée d'une moulure dont on aperçoit la trace à la fin de la première ligne.

d m
*iu*NIORIS
*se*NIORIS
fil P! . . .

Caractères allongés, un peu grêles mais bien soignés, paraissant dater des premières années du second siècle. Les S ont un crochet supérieur qui est caractéristique. Les N sont largement ouverts.

[D(iis) M(anibus) Ju]nioris, [Se]nioris [fil(ii)...

« Aux dieux Mânes de Junior, fils de Senior.... »

Il nous paraît bien, sans pouvoir l'affirmer, que le défunt avait reçu une dénomination antithétique de celle de son père. Le cas serait certainement curieux, mais non pas tellement rare qu'on n'en trouve pas, de nos jours, de tout aussi surprenants.

1343

Marques de fabriques sur lampes

Estampages et renseignements de M. Pascal, à Courbevoie.

1. — **Cammaret**, près d'Orange. — Lampe de terre rouge « beaucoup moins unie que la terre samienne ». Le disque est décoré d'un masque de théâtre. Cette lampe fait partie de la collection de M. Pascal.

COMMVNIS

Les deux M forment un monogramme.

La marque *Communis* est celle d'un fabricant de lampes et de poteries, qui vivait au premier siècle de notre ère, et probablement du temps d'Auguste. On retrouve de ses produits parmi les ruines de Pompei. (Cf. *Corpus inscr. lat.*, X, n° 8052, 5; XV, p. 783).

2. — **Orange**. — Lampe de terre rouge vernissée achetée à Orange par M. Pascal et découverte vraisemblablement dans le voisinage de cette ville. Le disque est décoré « d'un guerrier casqué (gladiateur?) tenant de la main droite une haste et de la main gauche un bouclier passé au bras ».

COPPIRES

C(aii) Oppii(i) Res(tituti).

« (Poterie de) Caius Oppius Restitutus ».

Les produits à ce nom sont des plus répandus, mais on n'en retrouve pas à Pompei, ce qui indique qu'ils sont postérieurs à la destruction de cette ville. De très nombreuses briques de la *gens Oppia*, démontrent, d'un autre côté, que les manufactures qu'elle possédait étaient en pleine activité dans le premier quart du second siècle. (Cf. Camille Jullian, *Inscr. rom. de Bordeaux*, p. 1, 478; Dressel, *Corp. inscr. lat.*, XV, n° 6591 à 6595).

1344

Marques diverses

Copies dessinées et renseignements de M. Eugène Camoreyt, conservateur du musée de Lectoure.

Lectoure. — Les marques ci-après ont été recueillies récemment dans la plaine de *Pradoulin*, attenante au midi du plateau de Lectoure. Elles se trouvent au musée de Lectoure et font suite à un travail de M. Camoreyt paru dans la *Revue de Gascogne* en 1893-1894, et tiré à part sous ce titre : *Objets antiques avec marques de fabricants, inscriptions ou autres signes trouvés à Lectoure*, Auch, 1894, in-8, 114 pages. On se reportera, pour les ligatures de lettres, à la planche en vraie grandeur que nous donnons d'autre part. Sauf indication contraire, les marques sont en relief pour les amphores, dans un rectangle produit par la pression du cachet, et pour les poteries dans un cartel rectangulaire dont les petits côtés sont arrondis.

1. — Grand fragment d'une anse d'amphore.

CALPVRNb

Calpurn(ii) B.... — « Fabrique de Calpurnius B.... ».

Marque connue par de nombreux exemplaires.

2. — « Anse d'amphore ». La marque est en creux, dans un cartel en forme de trapèze.

I·CAMILI
MELISSI

T(iti?) Camili(i) Melissi. — « Fabrique de Titus Camilius Melissus ».

M. Camoreyt observe qu'il semble impossible d'admettre, pour la marque trouvée à Lectoure, l'initiale N qui été déchiffrée sur un exemplaire de cette marque conservée au musée de Lyon

3. — Anse d'amphore. La marque est dans un cartel irrégulier.

C·F·E

4. — Moitié d'une anse d'amphore.

CMNC

C(aii) M[a]n(ii?) C.... — « Fabrique de Caius Manius C... ».

5. — Grand fragment d'une anse d'amphore.

L·C·F

6. — Anse d'amphore. La partie supérieure des lettres n'a pas porté.

L·VAL·TROPHIM

L(ucii) Val(erii) Trophim(i). — « Fabrique de Lucius Valerius Trophimus ». Cette marque est très connue. (Cf., notamment, *Corp. inscript. latin.*, XII, n. 5683, 305).

7. — Fragment d'une anse d'amphore.

M·A·R

Le musée de Lyon possède deux exemplaires de cette marque inexpliquée.

8. — Grande anse d'amphore.

Q·RV·CORELI

Q(uinti) Ru.... Cor[n]eli(i). — « Fabrique de Quintus Ru.... Cornelius ».

9. — Anse d'amphore. La marque est dans un rectangle à double ligne sur les petits côtés.

Q·M...
BNASI

Les lettres NASI sont seules certaines sur cette marque en partie effacée.

A partir du numéro suivant, les marques sont apposées sur des poteries fines à couverte rouge lustrée. La majeure partie sont connues; quelques-unes restent inexpliquées.

10. — « Fond creux ». — La marque est dans une ellipse.

ALBIN

Albin(i). — « Fabrique d'Albinus ».

11. — « Fond plat et fond légèrement creux ».

ALBVS

12. — « Fond de bol ». La marque est dans un rectangle.

ANDCAM

Deux autres fragments de poterie, trouvés à Lectoure, donnent de cette marque la variante ANDOCAM. Ainsi que l'a conjecturé M. Camoreyt, il s'agit peut-être d'un nom gaulois. (Cf. *Andecamulos*, nom d'homme, dans une inscription perdue de Nevers, *Corp. inscript. latin.*, XIII, n. 2821).

13. — Fragment d'un fond de patère.

ATTILVS

Cette marque bien connue est fournie par d'autres fragments trouvés à Lectoure. (V. Camoreyt, *ouv. cité*, p. 19, n. 27 et 28).

14. — « Fond plat ». La marque est dans un rectangle.

IIITTA

Variante rétrograde de l'estampille *Attilus*.

15. — Fragment du fond et des parois d'un vase creux avec moulures à l'extérieur, au dessous du rebord. Le vase complet avait 0 m. 14 de diamètre.

C·A·D·V·R

Cadur(cus). — « Cadurcus ».

La même marque a été découverte à Lectoure, sous la forme CADVRCVS (Camoreyt, *ouv. cité*, p. 21, n. 35). Elle est assez rare. M. Camille Jullian est d'avis qu'elle se rapporte à un potier gaulois « des premiers temps du premier siècle » (*Inscript. rom. de Bordeaux*, I, p. 504).

16. — « Fond creux ». La marque est dans un rectangle.

CCAPO

17. — « Grand fond plat de coupe sur pied non élevé ».

CHRESIMI

Chresimi. — « Fabrique de Chresimus ».

Cette marque, fort commune, était celle d'une famille de potiers dont le gentilice était *Julius*. Elle est antérieure à Marc-Aurèle. (V. Camille Jullian, *Inscript. de Bordeaux*, I, p. 507).

18. — « Fragment de fond plat ». La marque est dans un rectangle.

CHRE*simi*

19. — « Fond creux ». La marque est dans un cartel rectangulaire aux coins arrondis.

CICE

(V. *Corp. inscript. latin.* XII, n. 5686, 232, la marque OF CICELB ?).

20. — « Fond creux d'un grand vase ». La marque est dans un rectangle.

CINAMVS

Marque très commune.

21. — « Fond d'un petit bol. La marque est dans un cartouche rectangulaire renflé de toutes parts ».

COSI

Cosi(i). — « Fabrique de Cosius ».

Un potier appelé *L. Cosius Virilis* a estampillé des produits dont la Narbonnaise a fourni de très nombreux spécimens. (V. *Corp. inscript. latin.*, XII, n. 5686, 267).

22. — Fragment du fond et des parois d'un petit vase de la même forme que celui rapporté plus haut sous le numéro 15, mais décoré de hachures verticales entre la moulure et le rebord.

COTNI

Cot(i)ni. — « Fabrique de Cotinus ».

23. — « Fragment de coupe sur pied élevé ».

CR·ETI

Creti(ci ?). — « Fabrique de Creticus ».

24. — « Fond de bol ».

DONI

Doni(cati). — « Fabrique de Donicatus ».

Cette marque est surtout commune en Aquitaine. Quelques exemplaires la font connaître sous la forme DONICATI. (V. Camoreyt, *ouv. cité*, p. 27, n. 52 et suivants).

25. — « Fragment d'un petit bol à double courbure ». La marque est dans un rectangle.

ENO

26. — « Fragment du fond et des parois d'une petite coupe sur pied non élevé ». La marque est dans un rectangle.

OEPRA

« Cette marque, dit M. Camoreyt, a été usée intentionnellement dans l'antiquité; elle est par suite d'un déchiffrement un peu douteux, vers la fin surtout ».

27. — « Fragment d'un petit vase affectant la forme de deux cones tronqués et soudés, avec moulure extérieure, sur le milieu de la hauteur ». La marque est dans un cartel rectangulaire aux petits côtés irrégulièrement arrondis.

ESO

28. — « Fond plat ». La marque est dans un rectangle.

EVTIC

Euti(cus). — « Euticus ».

29. — « Fond d'une grande patère ». La marque est dans un rectangle.

FAMVL*us*

Cette estampille est peut-être nouvelle et le nom lui-même est assez rare. Des poteries marquées FAM se rencontrent communément dans toute la région aquitanique. (Cf. Camille Jullian, *Inscript. de Bordeaux*, I, p. 523).

30. — « Petit fond creux ». La marque est dans un rectangle.

FELICIO

31. — « Petit fond convexe; couverte violacée ». La marque est dans un rectangle.

OIƆI⅃Ǝꟻ

Variante rétrograde de la marque qui précède. L'une et l'autre sont très répandues.

32. — « Petit vase ornementé presque complet; la forme, étendue en largeur, et l'ornementation grasse et à fort relief, sont belles et rares ».

FIRMANI

Firmani. — « Fabrique de Firmanus ».

33. — « Sur deux fragments de coupes, pourvues d'un pied non élevé, qui avaient chacune 0 m. 165 de diamètre ». La marque est dans un cartel rectangulaire aux coins arrondis.

FLAVINI

Flavini. — « Fabrique de Flavinus ».

34. — « Sur deux fonds, le premier légèrement creux et le second plus petit et plus creux ». La marque est dans un cartel rectangulaire, aux petits côtés arrondis et irréguliers.

FLORI

Flori. — « Fabrique de Florus ».

35. — « Fragments des parois d'un vase ornementé ». La marque est en creux, d'une part à côté d'une femme tenant un animal par la patte; de l'autre à côté d'un homme debout et nu ».

IЯO⅃ꟻ

36. — « Petit fond creux ». La marque est dans une couronne.

F
ᴚ ⅃
O

Cette marque et la précédente ne sont que des variantes du numéro 34.

37. — Sur trois fragments de petits vases avec leurs fonds. L'un de ces vases, ayant la forme de celui rapporté plus haut sous le numéro 26, avait 0 m. 09 de diamètre ».

IVCV

Iucu(ndi). — « Fabrique de Iucundus ».

Cette estampille est fort commune et connue par de nombreuses variantes, dont quelques-unes fournissent le nom complet.

38. — « Fond d'un petit vase ». La marque est dans une ellipse.

IVCV·

39. — « Fragment de fond creux ». La marque est dans un cartel rectangulaire, dont les grands côtés sont arrondis et se raccordent en forme d'ailerons avec les petits côtés.

IIΓΓVI

40. — « Petit fond creux ».

IVLLI

41. — « Petit fond creux ».

IVIV

Cette marque, et les deux précédentes, communes à Lectoure, se rapportent à un potier, peut-être aquitain, du nom de *Iullus*. Un autre fragment, découvert au même lieu, a donné la marque IVLVS. (Camoreyt, *ouv. cité*, p. 32, n. 66 à 69. Voir Camille Jullian, *Inscript. rom. de Bordeaux*, 1, p. 539).

42. — « Fond légèrement creux d'un grand vase ».

LAI.....

43. — « Fragment du fond et des parois d'un petit vase, qui avait la forme et l'ornementation du numéro 22 ». La marque est dans un cartel rectangulaire, dont un seul petit côté, celui de droite, est arrondi.

L·A·F

44. — « Petit fond convexe ».

L·EP·PI

L(ucii) Eppi(i). — « Fabrique de Lucius Eppius ».

45. — « Fond d'une patère ».

LEXIAES

La fin de cette marque est mal venue, ce qui rend sa lecture fort douteuse. On connait un potier du nom de *Laxtucus* (*Corp. inscript. latin.*, XII, n. 5686, 476).

46. — « Fond plat » La marque est dans un rectangle incomplet du côté gauche.

LI·FLO

L(ucii) I(ulii) Flo(ri). — « Fabrique de Lucius Julius Florus ».

D'après M. Camille Jullian, cette marque serait assez rare hors de Bordeaux. Elle parait ancienne et remonte peut-être au milieu du premier siècle. (*Inscript. rom. de Bordeaux*, 1, p. 530).

47. — « Fond plat ».

L·SCRE

L(ucii) S... Cre(scentis?) — « Fabrique de Lucius S... Crescens ».

48. — « Fragment d'un fond creusé en forme de cône ». La marque est en creux dans un reste de cartel rectangulaire aux coins arrondis ».

L·S.....

M. Camoreyt a découvert à Lectoure la marque L·S·CRE dont les deux estampilles ci-dessus ne seraient ainsi que des variantes. La Narbonnaise a déjà fourni, d'un autre côté, de très nombreuses poteries signées par des fabricants dont le gentilice est abrégé par un S. (*Corp. inscript. lat.*, XII, p. 880, 4e colonne).

49. — « Fond creux ».

MAL

50. — « Fond plat ».

MALC

M. Camoreyt observe que cette marque et celle qui précède, ne sont que des variantes de la marque MALCIO extrêmement commune à Lectoure (*ouvr. cité*, p. 38 et suiv.), assez fréquente à Bordeaux (Camille Jullian, *Inscript. rom. de Bordeaux*, I, p. 546), et fort peu répandue partout ailleurs. Le potier qui s'en servait pour estampiller ses produits était certainement d'origine aquitanique.

51. — « Petit fragment du fond d'une patère ». La marque est dans une ellipse un peu pointue vers la droite.

MAIIO

52. — « Fond plat d'un vase ornementé ».

MONTAni

Monta[*ni*]. — « Fabrique de Montanus ».

53. — « Fond plat ».

NEPOTIS

Nepotis. — « Fabrique de Nepos ».

D'après M. Camille Jullian, il s'agirait encore d'un potier aquitain (*Inscript. rom. de Bordeaux*, I, p. 549).

54. — « Fond plat ». La marque est dans un rectangle.

SITOdƎN

Variante rétrograde de l'estampille précédente et de celles déjà publiées par M. Camoreyt, sous les numéros 92, 93 et 213 de son recueil.

55. — « Patère de 0 m. 15 de diamètre dont on possède les deux tiers ». La marque est dans un cartouche pourvu d'ailerons.

...ICCIISSI

La même marque, trouvée à Bordeaux, a été lue : [*officina*] *Meccessi* (??) par M. Camille Jullian (*Inscript. de Bordeaux*, I, p. 548).

56. — « Petit bol à double courbure ». La marque est dans une ellipse.

NFA

57. — « Fond légèrement creux ».

NOMI

Nomi. — « Fabrique de Nomus ? »

Connue à Lectoure par plusieurs exemples (voyez ci-après), l'estampille NOMI est assez rare. On peut croire qu'elle appartenait, comme tant d'autres, à quelque potier local.

58. — « Fond d'un petit bol à double courbure ».

NOMI

59. — « Fond creux ».

NOMI

60. — « Petit fond creux ». La marque est dans une couronne.

N
I O
·M·

61. — « Fragment de fond creux ». La marque est dans un reste de rectangle.

N·S.....

62. — « Fond d'un vase ornementé ».

PAVLI

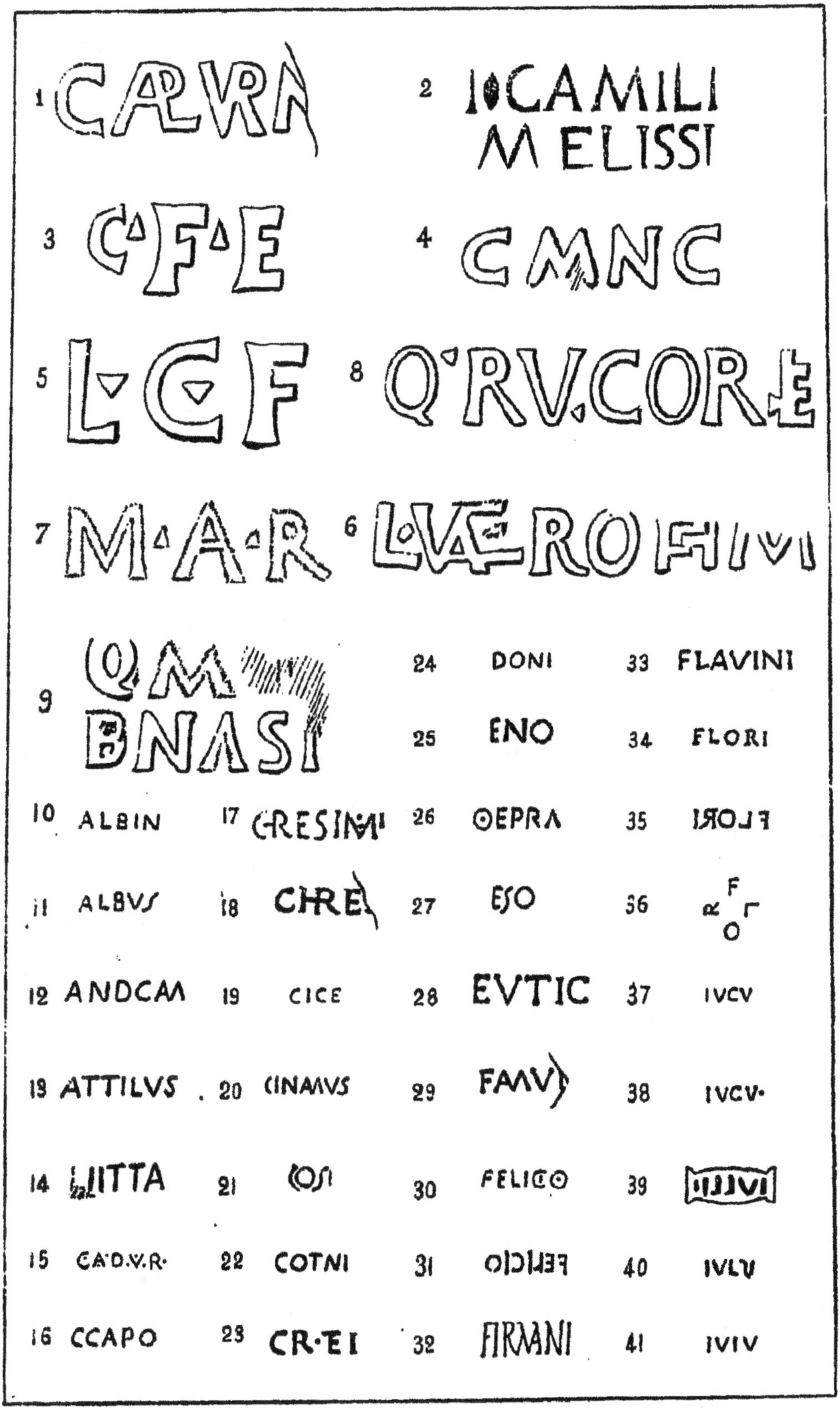

1 CAERVRA

2 I CAMILI MELISSI

3 C·F·E

4 CMNC

5 L·C·F

8 Q·RV·CORE

7 M·A·R

6 L·VAERO FHIVI

9 QM BNASI

24 DONI

33 FLAVINI

25 ENO

34 FLORI

10 ALBIN

17 CRESIMI

26 OEPRA

35 IROLF

11 ALBVS

18 CHRE

27 ESO

36 F O

12 ANDCAM

19 CICE

28 EVTIC

37 IVCV

13 ATTILVS

20 CINAMVS

29 FAMV

38 IVCV·

14 LIITTA

21 COSI

30 FELICO

39 IIIIVI

15 CA·D·V·R·

22 COTNI

31 OICIJEF

40 IVLV

16 CCAPO

23 CR·EI

32 FIRMANI

41 IVIV

42 LA
43 L·AI
44 L·EP P I
45 L·XIAE
46 L·I·FLO
47 L·SCRE
48 L·S
49 MAL
50 MALC
51 M IIO
52 MON
53 NEPOTIS
54 SITOPEN
55 MCCIISSI
56 NAA
57 NOM
58 NOMI
59 NOMI
60 NOM
61 N·S
62 PAVLI
63 ·PRIMVS·
64 PRIVA
65 ·RVTEN·I
66 TMS
67 TIB
68 VAVGNI
69 VLEV
70 NIIV
71 VITLVS
72 MAIV
73 XOFIMI VOX
74
75
76
77
78
79
80
81
82
83
84 VII
85 NH
86 X
87 ATIMETI
88 OMMVN
89 CORMO
90 CIVNDRAC
91 NII
92 L·MIV
93 LVEST
94
95 X
96
97
98
99
100
101
102
103
104

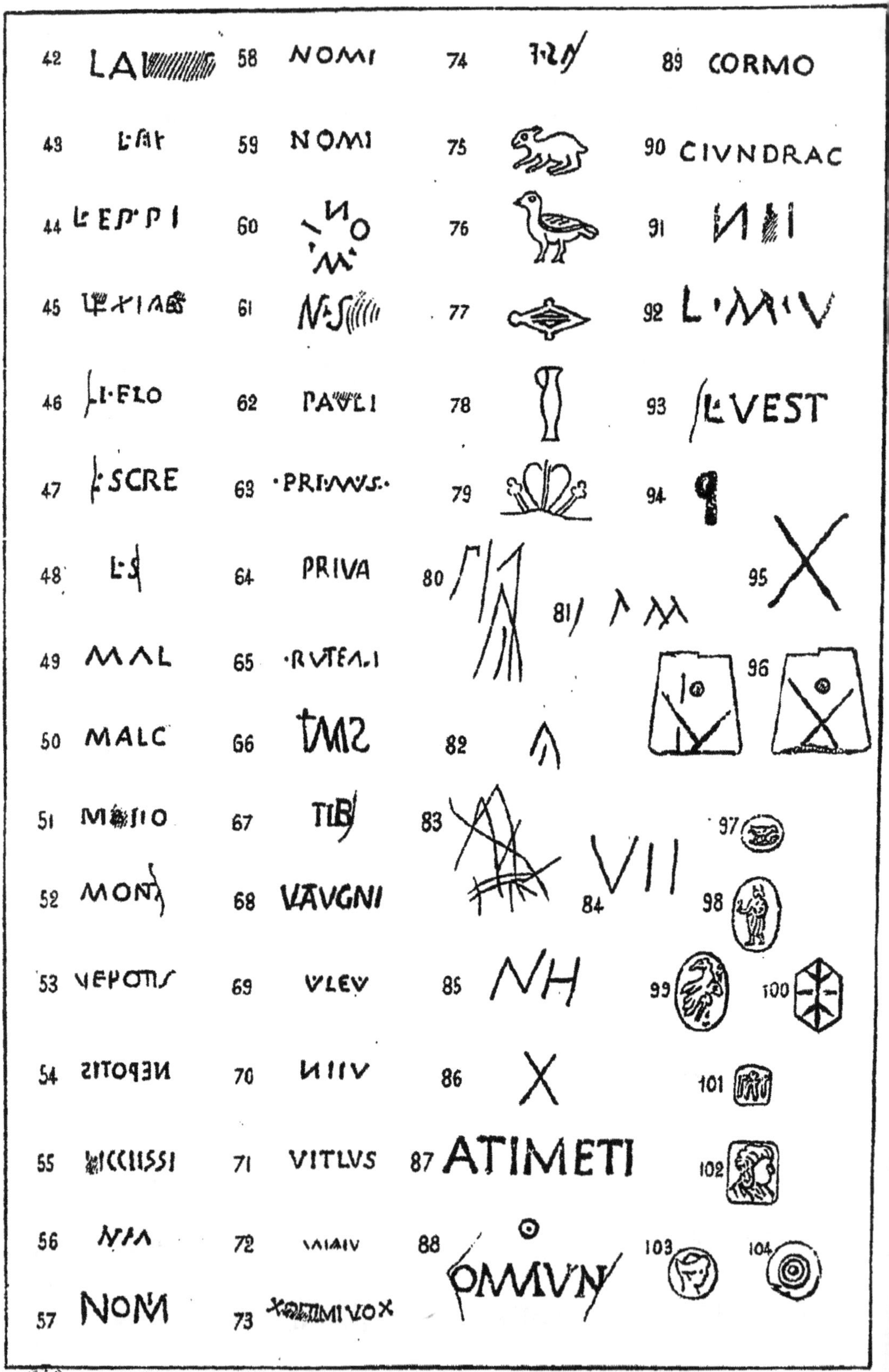

Pauli. — « Fabrique de Paulus ».
63. — « Fond creux ». La marque est d'un cartouche pourvu d'ailerons.

·PRI·MV·S·

Les estampilles du potier *Primus* sont des plus répandues. M. Camoreyt en a découvert, à Lectoure, trois variantes (numéros 103, 104 et 244 de son recueil).
64. — « Fond creux ». La marque est dans un rectangle.

PRIVA

Priva(ti). — « Fabrique de Privatus ».
65. — « Fond creux, et assez grossier, d'un grand vase ornementé ». La marque est dans une ellipse un peu irrégulière.

·RVTENI

Ruteni. — « Fabrique de Rutenus ».
Marque celtique à rapprocher de celle *Cadurcus*, rapportée plus haut sous le numéro 15.
66. — « Fragment des parois d'un vase ornementé d'oves, de ronces, et de grandes feuilles dentelées ». La marque est en creux dans un rectangle irrégulier.

ITVMAS

Samuti. — « Fabrique de Samutus ? ».
67. — « Moitié du fond, légèrement creux, d'un vase ornementé ».

TIB.....

Tib[eri ?]. — « Fabrique de Tiberius ».
68. — « Fragment du fond d'une patère ».

VLATVGNI

Ulatugni ? — « Fabrique d'Ulatugnus ».
Estampille, qui paraît nouvelle, d'un potier gaulois. On connaît déjà le nom d'homme *Ulatos* et le nom de femme *Ulatia*. (V. abbé Thédenat, *Noms gaulois*, p. 89).
69. — « Fragment du fond et des parois d'un vase dont le diamètre était de 0 m. 08 ». La marque est dans un rectangle.

V·LEV·

70. — « Fond creux ».

NIIV

71. — « *a*. Fragment d'une patère dont le diamètre était de 0 m. 14. — *b*. Petit fragment d'une seconde patère ».

VITLVS

Vit(u)lus. — « Fabrique de Vitulus ».
72. — « Fond creux ».

VAIAIV

73. — « Fragment d'une patère dont le diamètre était de 0 m. 16 ». La marque est dans un cartel rectangulaire qui s'incurve de haut en bas.

XOITIMIVLOX

Marque inexpliquée qui pourrait appartenir à quelque potier pyrénéen. M. Camoreyt en rapproche les dernières lettres du nom d'homme *Ulohoxis*. (*Corp. inscript. latin.*, XIII, n° 334).
74. — « Fragment de fond creux ».

ꟻ·SI

D'autres marques de Lectoure, déjà publiées, sont aujourd'hui connues par un plus grand nombre d'exemplaires. Ce sont celles qui, dans le recueil précité de M. Camoreyt, ont les numéros 18, 19, 52, 53, 73, 74, 86, 107, 116, 121, 122, 126 et 241.

Nous devons ajouter, à la liste qui précède, un certain nombre de poteries qui portent, comme marques de fabrique, non pas des noms d'hommes, mais des figures d'animaux ou des signes particuliers. Ce sont les suivantes :

75. — « Fragment du fond et des parois d'un bol à double courbure ». Image d'un lapin.

76. — « Fond et fragment des parois d'un bol à double courbure ». Image d'un oiseau.

77. — « Petit fond creux ». Image d'une navette (?).

78. — « Petit fond creux ». Image d'un vase allongé pourvu d'une seule anse. La marque est dans un cartouche épousant la forme de l'objet.

79. — « Petit fond légèrement creux ». Image d'une feuille de lierre accostée de deux tiges.

Quelques poteries ont des *graffiti* :

80. — Au revers du fragment de vase décrit sous le numéro 11. Monogramme indistinct (voir la planche).

81. — Au revers de l'un des exemplaires décrits sous le numéro 34 : ITM.

82. — Au revers de l'un des exemplaires décrits sous le numéro 37 ; A.

83. — Sur le fond d'un vase creux, sans marque : Monogramme indistinct (voir la planche).

84. — Sur un fragment d'un très grand vase décoré de feuilles cordiformes : VII.

85. — Au revers d'un fragment provenant du fond d'un petit vase : NH.

86. — Au revers d'un nouveau fragment portant l'estampille SVRDINI : Lettre X.

Un assez grand nombre de lampes proviennent encore du même endroit. Sauf indication contraire, les estampilles qu'elles portent sont en relief sur le fond de la lampe :

87. — « Lampe plate en dessous et en dessus, mais avec des moulures élevant et abaissant ces deux côtés ; terre dure, unie, sans couverte ; pas d'anse, on trouve à la place deux petits oreillons sur le haut du disque ».

ATIMETI

Atimeti. — « Fabrique d'Atimetus ».

88. — « Petit fragment du fond d'une lampe en terre rouge, dure, sans couverte ».

*c*OMMVN*is*

Voyez ci-dessus, numéro 1342.

89. — « Fragment de la moitié inférieure d'une très petite lampe en terre jaune, avec couverte rougeâtre tâchetée de brun ».

CORMO

90. — « Fond de lampe en terre jaune ; couverte rougeâtre ». La marque est en creux.

CIVNDRAC

C(aii) Jun(ii) Drac(onis). — « Fabrique de Caius Junius Draco ».

Cette estampille est surtout connue par des lampes trouvées à Rome. (V. *Corp. inscript. latin.*, XV. n°s 6503, 1 à 20).

91. — « Disque de lampe décoré d'un griffon ». Au dessus de celui-ci, en relief, la marque :

NII

92. — « Fragment de la moitié inférieure d'une lampe en terre jaune chamois, avec couverte de même couleur tâchetée de brun ». La marque est en creux.

L·M·V

93. — « Fragment du fond d'une lampe en terre jaune blanchâtre, avec couverte rouge tachetée de brun ». La marque est en creux.

...L·VEST

.....*Iu*]*l*(*ius?*) *Vest*(*inus*). — « Fabrique de..... Iulius Vestinus ».

94. — « Lampe fine, décorée d'une étoile à quatre branches; pas d'anse, couverte orangée ».

d

95. — « Fond de lampe en terre grossière et commune ». La marque est en creux.

X

On a retrouvé de nouveaux exemplaires des marques COPPIRES et MVNTREPT décrites par M. Camoreyt dans son recueil (numéros 170 et 173), et des lampes sans estampilles dont les disques sont décorés de la manière suivante : un semeur; une cigale; un griffon; un cerf; un chien de chasse; un scorpion; un soldat romain avec cuirasse, lance et bouclier rectangulaire; une grande tête laurée; un aigle éployé; une couronne de chêne; des rosaces étoilées. Les fouilles ont fait connaître également deux nouveaux exemplaires avec *graffiti* (voir la planche où ces *graffiti* sont reproduits à l'échelle du cinquième, sous le n° 96), des prismes énigmatiques que l'on désigne communément sous le nom de poids de tisserand et que M. Camoreyt considère comme des frottoirs (*Objets antiques*, p. 73). Il convient, enfin, d'ajouter à la nomenclature qui précède les quelques intailles ou empreintes d'intailles que voici (v. la planche):

97. — « Fragment d'une bague en bronze; l'intaille est sur une pierre fine, rougeâtre, striée d'une ligne jaune ». L'image que donne l'empreinte est celle d'un oiseau.

98. — « Bague en argent formée d'un fil mince et d'un gros chaton portant une intaille en pâte de verre ou en pierre, de couleur bleu clair à la surface ». L'empreinte fournit l'image d'un personnage debout, à gauche, tenant dans la main droite un objet indéterminé.

99. — « Intaille détachée d'une bague en argent et gravée sur une pâte de verre jaune clair ». Le sujet paraît être un aigle emportant une enseigne légionnaire.

100 à 102. — « Bagues de bronze ». L'intaille est gravée sur le chaton.

103 et 104. — Empreintes d'intailles sur deux disques en terre cuite rougeâtre, quelque peu grossière, ayant 0 m. 008 et 0 m. 009 de diamètre. L'usage de ces petits disques, dont les découvertes que l'on a faites à Lectoure fournissent déjà un certain nombre de spécimens (Camoreyt, *ouv. cité*, p. 77), ne s'aperçoit pas facilement.

DIEUX DE LA GAULE

par Auguste ALLMER

I. — LES DIEUX DE LA GAULE CELTIQUE (suite).

1345

Deus MORITASGUS

1. — Prov. Lyonnaise (Civitas des Eduens; Augustodunum, Autun).

Trouvée à Alise-Sainte-Reine, canton de Flavigny, dép. de la Côte-d'Or, l'ancienne Alesia Mandubiorum des Commentaires. — Perdue.

Ti. Cl(*audius*) *Professus Niger, omnibus honoribus apud Aeduos et Lingonos functus, deo Moritasgo porticum testamento poni jussit suo nomine, et Juliae Virgulinae uxoris, et filiarum : Claudiae Professae et Jul*(*iae*) *Virgulae.*

Lejay, *Inscr. de la Côte-d'Or* 1889, p. 23. — Spon, Miscell, p. 109.— Millin, *Voy*. I, p. 207. — Orelli, 2028; — *Bull des. Antiq. de France*, 1896, p. 91. — Hirschfeld. *C*. XIII, 2873.

« Au dieu Moritasgus, Tiberius Claudius Professus Niger, parvenu dans la « cité des Eduens et dans celle des Lingons à tous les honneurs municipaux, « a, en son nom, et au nom de son épouse Julia Virgulina et de leurs filles, « Claudia Professa et Julia Virgula, ordonné par son testament la construc- « tion de ce portique ».

Moritasgus est, dans les Commentaires (V, ch. 54), le nom d'un roi des Senons, disgracié par César, mais vivement regretté de ses anciens sujets. Il se peut qu'après sa mort il ait été déifié et honoré d'un temple à Alise.

1346

Mars MULLO

1. — Prov. Lyonnaise (civitas des Aulerques Cénomans; Vindinum, le Mans).

Craon, dép. de la Mayenne.

Marti Mulloni Tauricus, Tauri f., v. s. l. m. Augusto.

L'N et l'I de MVLLONI inscrits en un monogramme dans l'O.

Mowat, *Extr. des Pr. v. des séances de la Soc. des Antiquaires de France* 1896, p. 8 ; estampage « sur lequel on lit *Mulloni* plutôt que *Mulioni* ».— Hirschfeld, *C*., XIII, 3096, joint aux *Andecavi*, l'actuel Anjou.

« A Mars Mullo, Tauricus, fils de Taurus, avec reconnaissance en accom- « plissement de son vœu, (et) à Auguste ».

Il se peut que *Aug(usto)*, rejeté tout à la fin du texte, se rapporte à Mars Mullo, qualifié « Auguste ».

2. — Prov. Lyonnaise (civitas des Namnètes ; Condevincum, Nantes).

Trouvée à Nantes.

Aug(usto) Marti M[ull]oni signum cum suo templo [et] ornamentis omnibus, suo et Toutillae filiae nomine, Agedovirus, Morici filius, v. s. l. m.

Mowat, *Extr. des Pr. v. des séances de la Soc. des Antiq. de France*, 1896, p. 9. — *C*. XIII, 3101 litteris bonis.

« A Mars Mullo (?), Agedovirus, fils de Moricus, donne en son nom et au « nom de sa fille Toutilla, cette statue du dieu, avec son temple et tous ses « ornements, avec reconnaissance en accomplissement de leur vœu.

Moricus, Agedovirus, Toutilla, noms celtiques.

3. — Prov. Lyonnaise (civitas des Redones; Condate, Rennes).

Trouvée à Rennes, avec les deux suivantes, en octobre 1896, dans les fondations de l'enceinte romaine.

In honorem domus divinae et pagi Matantis Ɔ *Marti* Ɔ *Mulloni, L. Campanius Priscus et Virilis fil(ius), sacerdotes Romae et Aug., statuam cum suis ornamentis de suo posuerunt. — L(ocus) d(atus) ex d(ecurionum) s(ententia).*

Espérandieu, copie d'après un estampage de M. Decombe. — Mowat, *Extr. des pr. v. des Séances de la Soc. des Ant. de France*, 1896, p. 3. — *C*. XIII, 3148 : litteris bonis.

« En l'honneur de la Maison divine et du pagus Matantis (*au génitif*), à « Mars Mullo, Lucius Campanius Priscus et Virilis son fils, prêtres de Rome « et d'Auguste, ont de leurs deniers donné cette statue du dieu avec ses « ornements. — L'emplacement concédé par décret des décurions ».

L'inscription non antérieure au deuxième siècle.

Le pagus Matans (au génitif *Matantis*), sur le territoire des Redons, mais non connu.

Prêtres de Rome et d'Auguste, non pas à l'autel national du Confluent de la Saône et du Rhône, mais de la cité des *Redones*.

4. — Rennes.
De même provenance que la précédente.

In honorem domus divinae et pagi Sextanmandui, Marti ꟿ Mulloni, L. Campanius Priscus et Virilis filius, sacerdotes Romae et Aug. statuam cum suis ornamentis de suo posuerunt. — L(ocus) d(atus) ex d(ecurionum) sententia.

Espérandieu, copie d'après un estampage de M. Decombe. — Mowat, *Extr. des pr. v. des séances de la Soc. des Ant. de France*, 1896, p. 4. — Hirschfeld, *C.* XIII, 3149 : litteris bonis.

« En l'honneur de la Maison divine et du pagus Sextanmanduus, à Mars
« Mullo, Lucius Campanius Priscus et Virilis son fils, prêtres de Rome et
« d'Auguste, ont de leurs deniers donné cette statue du dieu avec ses orne-
« ments. — L'emplacement concédé par décret des décurions ».
L'inscription non antérieure au deuxième siècle.
Le pagus Sextanmanduus sur le territoire des Redons, mais non connu.
Prêtres de Rome et d'Auguste, non pas à l'autel national du Confluent de la Saône et du Rhône, mais de la cité des *Redones*.
Voir Mars VICINNUS, autel dédié par les mêmes dévots en l'honneur d'un pagus *Carnutenus*, à Rennes; *C.* XIII, 3170.

1347

Mars NABELCUS

1. — Prov. Narbonnaise (civitas des Mémines ; Carpentras).
Autel trouvé, près Saint-Didier, canton de Pernes, dép. de Vaucluse, au lieu dit : La Rambaude, « au fond d'un puits romain ». — Avignon, au Musée.

M(arti) Na·bel·co v. s. l. m. B(......) Mar·ci·[a]·nus.

Hirschfeld, *C.* XII, 1170 ; — Rochetin, *Mém. de l'Acad. de Vaucluse*, 1884, p. 40.
« A Mars Nabelcus, B....., Marcianus avec reconnaissance en accomplis-
« sement de son vœu ».

2. — Autel trouvé près Saint-Didier. — Avignon, au Musée.

V:I:NATO
IIVSVSM
II

Notre copie dessinée. — Hirschfeld, *C.* XII, 1184 ; « descripsi ; litteris pessimis »; ligne 1, au commencement, les points après V et I, peut-être une fantaisie du graveur ; à la fin VBTo ; 2, $\frac{T}{S}$ M.

Copie extrêmement incertaine.

3. — Autel trouvé à Monieux, canton de Sault (Vaucluse) ; engagé dans un mur intérieur de la chapelle St-André au-dessus du village.

Mar(ti) N(abelco) v. s. l. m. M. Attius Sextinus.

Notre copie dessinée, *Bull. de la Drôme*, 1874, p. 362. — Hirschfeld, *C.* XII, 1169, et *add.*; « descripsi ; litteris malis ». — Rochetin, *Mém. de l'Acad. de Vaucluse*, 1884, p. 39 ;
« A Mars Nabelcus, Marcus Attius Sextinus avec reconnaissance en accom-
« plissement de son vœu ».

4. — Autel à Monieux, dans le jardin d'une maison. — A Sault, au Musée.

MARTI
NABeLCO
eX · Monitu
T · GemIN
IVS · SEVe
RINVS
V · S · L · M

Notre copie dessinée, *Bullet. de la Drôme*, 1874, p. 362 et suiv.; ci-dessus II, p. 317. — Hirschfeld, *C.*, XII, 1171 et *add.*, p. 823. — Rochetin, *Mém. de l'Acad. de Vaucluse*, 1884, p. 38.

« A Mars Nabelcus, Titus Geminius Severinus d'après un avertissement « du dieu, avec reconnaissance en accomplissement de son vœu ».

M. Rochetin pense que Mars Nabelcus pourrait être la personnification divinisée du cours d'eau appelé la Nesque et dont le nom est aussi celui de la vallée que la rivière arrose.

1348

NANTOSVELTA

Déesse compagne du dieu Sucellus. (Voir plus loin *Sucellus*).

1349

Dea NARIA

Gaule celtique. — Prov. de Belgique prolongée (civitas des Helvètes; colonia Flavia Aventicum, Avenches).

Trouvée à Muri, près Berne en Suisse; l'inscription sur la base d'une statuette de bronze. — Berne, au musée.

Deae Nariae reg(ionis) Arure Cur(ius), Feroc(is) l(ibertus).

Mommsen, *Inscr. Helv.*, p. 40; n° 216 — Orelli Henzen, 5903.

« A la déesse Naria de la région de l'Aar, Cur(ius), affranchi de Ferox ».

Qu'était la déesse Naria? La statuette qui nous offre son image, représente une femme vêtue, debout, sans attributs: Junon d'après Henzen, plus vraisemblablement une déesse locale dont l'homonymie nous échappe.

L'Aar *Arura*, qui traverse du sud au nord presque toute la Suisse, embrasse dans son parcours une assez vaste région; il est peu probable qu'une si grande étendue de pays se soit unifiée dans un acte de dévotion consistant à offrir à la déesse, par l'entremise d'un affranchi, une minuscule statue de bronze, et il n'y a pas à penser, croyons-nous, à lire : *regio Arure, cur(ante) Feroce liberto*. La simplicité du nom parait mieux correspondre à une dévotion individuelle.

Cur(ius), c'est-à-dire *Cyrius* est un nom servile, qui convient bien à un affranchi.

Il y avait peut être une autre déesse Naria dans une région autre que celle baignée par l'Aar. L'adorateur de celle de Muri aura voulu, en précisant, éviter une confusion.

Ne pourrait-on pas lire, — et nous serions très tenté de le faire, — *Deae Nariae reg(inae) Arure*: « à la déesse Naria reine Aar »; l'Aar divinisée et associée ou identifiée avec une déesse Naria, peut-être un de ses affluents.

2. — Cressier près Landeron, canton de Neufchâtel (Suisse), à la pointe sud du lac de Bienne dans le mur de l'église dite Matile.

Nariae Nousantiae, T. Frontin(ius) Hiberus v. s. l. m.

Mommsen, *Inscr. Helv.*, 163. — Orelli Henzen, 5031.

« A Naria Nousantia, Titus Frontinius Hiberus avec reconnaissance en « accomplissement de son vœu ».

Nousantia, sans doute un surnom local ou régional comme dans l'inscription précédente le complément *regionis Arure*.

Au dos de l'inscription, une dédicace à Mars par un Titus Frontinius Genialis.

D'après le parti-pris ci-dessus signalé, (voir *Cicolluis*) de faire de toute déesse locale associée à Mars une Bellone nationale gauloise, Naria Nousantia serait une nouvelle Bellone à introduire sur le champ de bataille, où déjà sept autres prétendantes se disputent l'exercice sans partage des attributions de la guerre dans la Gaule.

1350

NEMAUSUS

1. — Prov. Narbonnaise (civitas des Arécomiques); colonia Augusta Nemausus. — Nîmes).

Grand autel trouvé à Nîmes, au bord de la Fontaine. — Au musée.

C ❦ ANDOLATIVS
NEMAVSO ❦ V ❦ S ❦ L ❦ M

Durand et Allmer, *Hist. de Lang.*, XV, *Nîmes*. — 487. — Aurès, *Dimensions d'une inscr. du musée de Nîmes*. 1869. — Hirschfeld, *C*. XII, 3093.

« Caius Andolatius, à Nemausus avec reconnaissance en accomplissement » de son vœu ».

Andolatius, nom celtique transformé en gentilice.

La bonne forme des lettres, l'absence de surnom indiquent une époque ancienne, probablement le premier siècle.

Sur la face supérieure de la pierre se voient trois trous de scellement pour fixer un couronnement ou une statue.

2.— Nimes, au clos Alison, près de la Tour-Magne, sur la colline qui domine la Fontaine.

... Sulpicius Cosmus restituit.

Laribus augustis sacrum et Minervae, Nemauso, Urniae, Avicanto, T. Cassius, Titi libertus, Felicio ex voto.

Durand et Allmer, *Hist. de Lang.* XV, *Nîmes*, 486.— Hirschfeld, *C*. XII, 3077.

« Rétabli par... Sulpicius Cosmus. — Autel aux Lares augustes et à « Minerve, à Nemausus, à Urnia, à Avicantus, Titus Cassius Felicio, affranchi « de Titus (Cassius), en accomplissement de son vœu ».

Voir *Avicantus*.

3. — Nimes. Trouvée sur la colline au-dessus de la Fontaine.— Au musée.

Nemauso Q. Crassius [S]*ecundinus, q(uaestor) col(oniae)* [.......].

Durand et Allmer, *Hist. de Lang.*, XV, *Nîmes*, 290. — Hirschfeld, *C*. XII, 3094.

« A Nemausus, Quintus Crassius Secundinus, questeur de la colonie.....».

Pelet dit dans son *Catalogue*, 1863, p. 194, qu'on voit encore « au-dessus, le « fer qui servait à fixer la statue ».

4. — Nimes. Trouvée dans des démolitions. — Au musée.

Nem(auso) Aug(usto), Censor jugarius ex voto : si [*fi*]*lia superstite, decessisset.*

Durand et Allmer, *Hist. de Languedoc*, XV, *Nîmes*, 494. — Hirschfeld, *C*. XII, 3102.

« A Nemausus Auguste, Censor, laboureur, en accomplissement de son « vœu de mourir, à la condition que sa fille lui survive ».

Exemple touchant d'amour paternel. Censor, dont la fille était malade, offre au dieu Nemausus sa propre vie pour le rachat de celle de son enfant. Il semble d'après cela que Nemausus aurait eu le renom d'un dieu guérisseur.

5. — Nimes. — Trouvée dans le bassin de la Fontaine. — Au musée.

Iovi et Nemaus(o) T. Flavius Herm(es), exactor oper(is) basilicae marmorarii et lapidarii, v(otum) s(olvit).

Durand et Allmer, *Hist. de Lang.* XV, *Nîmes*, 198. — Hirschfeld, *C.* XII, 3070, « descripsi, litteris saeculi secundi ».

« A Jupiter et à Nemausus, Titus Flavius Hermès, surveillant de l'œuvre « de la basilique pour les travaux de marbre et de pierre, en accomplissement « de son vœu ».

La basilique était peut-être celle qu'Hadrien fit construire en l'honneur de Plotine.

6. — Nîmes. — Trouvée dans le bassin de la Fontaine. — Perdue.

Q. Iuliu[s] Bucca ae[dilis col.], Nemauso v. s. [l. m.].

Durand et Allmer, *Hist. de Lang*, XV, *Nîmes*, 280. — Hirschfeld, *C.* XII, 3095.

« A Nemausus, Quintus Julius Bucca, édile de la colonie, avec reconnais« sance en accomplissement de son vœu ».

7. Nimes. — Trouvée dans le bassin de la Fontaine. — Perdue.

Nemaus[o] v. s. l. m. Sex. Iul. Severu[s].

Durand et Allmer, *Hist. de Lang.* XV, *Nîmes* 488. — Hirschfeld, *C.* XII, 3096. — Ménard, VII, p. 224.

« A Nemausus, Sextus Julius Severus, avec reconnaissance en accomplis« sement de son vœu ».

8. — Nimes. Autel découvert dans le bassin de la Fontaine. Sur la face latérale gauche se voit la figure sculptée en relief de Jupiter; sur la face opposée, un faisceau d'armes composé d'un bouclier et d'une épée. — Au musée.

I(ovi) o(ptimo) M(aximo) Heliopolitano et Nemauso C. Iulius, Tib. fil(ius), Fab(ia), Tiberinus p(rimi) p(ilaris), domo Beryto votum solvit.

Durand et Allmer, *Hist. de Lang.*, XV; *Nîmes*, 2 et 461. — Hirschfeld, *C.* XII, 3072: « litteris saeculi secundi exeuntis ».

« A Jupiter très bon très grand d'Heliopolis, Caius Julius Tiberinus, fils de « Tiberius (Julius), de la tribu *Fabia*, originaire de Beryte, ancien primipile, en « accomplissement de son vœu ».

Jupiter d'Heliopolis est représenté, sur la face gauche de l'autel, dans son costume oriental, une sorte de gaine à grands carreaux de dessous laquelle s'échappent les plis du bas d'un vêtement qu'on a pris à tort pour une bordure de longues franges. Il est coiffé d'un *calothus* ornée de fleurs et de perles, et tient de la main droite élevée un fouet, de la gauche un bouquet d'épis. Il a sous ses pieds un animal non reconnaissable, peut être un lion. (Voir Macrobe, *Saturn.*, I, 23, 10; Lenormant, *Gazette archéol.*, II, 1876, p.78). C'est en l'honneur de Jupiter d'Héliopolis qu'a été construit, par Antonin le Pieux, en Syrie, le magnifique temple de Balbek, dont les ruines imposantes excitent encore l'admiration des voyageurs.

9. — Nimes. — Autrefois à Manduel, canton de Marguerites, près Nimes. — Perdue.

[De]o Nemauso [..] Marius Paternus pro patr[e] v. s. l. m.

Durand et Allmer, *Hist. de Lang.*, XV, *Nîmes*, 493. — Hirschfeld, *C.* XII, 3097.

« Au dieu Nemausus, ...Marius Paternus, pour son père, avec reconnais« sance en accomplissement de son vœu ».

Ici encore Nemausus apparait comme un dieu guérisseur.

10. — Nimes. — Chapiteau toscan trouvé à Nimes près de la Fontaine.

L'inscription est gravée sur la tranche d'une des quatre faces de l'abaque qui termine le chapiteau. — Au musée.

[*nema*]VSO·SACRVM
[.......]NICCI❦F❦CAPITVLVM

Durand et Allmer, *Hist. de Lang.*, XV, *Nîmes*, 491. — Hirschfeld, *C*. XII, 3101.

« A Nemausus, ... fils de ...nicus, donne ce chapiteau ».

Au milieu de la face supérieure, évidée en doucine, est creusée une cavité carrée, qui paraît avoir été destinée à contenir de l'eau.

11. — Nimes. — Perdue.

Deo Nem[auso Se]x. Titulius Perseus horologium et cerulas II argenteas t(estamento) p(osuit).

Durand et Allmer, *Hist. de Lang.*, XV, *Nîmes*, 492. — Hirschfeld, *C.*, XII, 3100 ; VTVLLIVS.

« Au dieu Nemausus. Sextus Titulius Perseus, a donné par testament cet « horloge et ces deux chandeliers d'argent ».

Le donateur s'appelait peut être *Utullius*. M. Hirschfeld dit qu'il ne lui parait pas certain que *cerulas* soit synonyme de *ceriolaria*.

12. — Nimes. — Petite plaque de cuivre jaune terminée de chaque côté par une appendice en queue d'aronde ; extraite des fouilles à la Fontaine. Portée à Saint-Jean-du-Gard. — Perdue.

Deo Nemauso Valeria Procilla.

Durand et Allmer, *Hist. de Lang.*, XV, *Nîmes*, 489. — Hirschfeld, *C*. XII, 3098. — Menard, VII, p. 183. — Mowat, *Bull. mon.*, 1882, p. 496.

« Au dieu Nemausus, Valeria Procilla ».

13. — Nimes. — Autrefois à Nimes. — Perdue.

VIRRIVS·A·...
NEM·V·S·*l. m*

Durand et Allmer, *Hist. de Lang.*, XV, 490. — Hirschfeld, *C*. XII, 3099.

Virrius A......, Nemauso votum solvit libens merito.

« A Nemausus, Virrius A..... avec reconnaissance en accomplissement de « son vœu ».

14. — Nimes. — Perdue.

[D]eo Silvano et Libero Patri ❦ et ❦ Nemauso ❦ [.........]archus Synodi.

Durand et Allmer, *Hist. de Lang.* XV, *Nîmes*, 398. — Hirschfeld, *C*. XII, 3132.

« Au dieu Silvain et à Liber Pater et à Nemausus, ...hiérarque (*ou* « xystarque) du Synode ».

Le Synode était une Société chorale qu'on trouve à Nimes, au temps d'Hadrien.

15. — Trouvée à Lansargues, canton de Mauguio, dép. de l'Hérault. — Perdue.

NÉM///////AVG
ET N· DEORVM
ETEMC///OC///ƎT ET
DENDRO//////OR
CI///////////////
....

Durand et Allmer, *Hist. de Lang.*, XV ; *Nîmes*, 2088. — Trélis, lettre adressée en 1801 à Calvet, conservée à la Bibliothèque d'Avignon. — Hirschfeld, *C*. XII, 5953.

Restitution dubitativement proposée par M. Hirschfeld :

Nemauso Augusto et numinibus deorum, item Genio collegiorum centonariorum et dendrophororum....

« Au dieu Nemausus Auguste et à la puissance des dieux, et aussi au Génie « des collèges des centonaires et des dendrophores... ».

16. — Nimes. — Débris d'un fronton monumental trouvés près de la Fontaine en 1739. — Au musée.

Deo Nemauso Et *DiaNAe sanctae* RESPVBLICA NEMAVSESIV*m nymphaeum cum columnis m*ARMO*reis signis c*ETE*ris*QVE *Orname*N*tis suis exst*-RV*ctum munificentia* IMPERATORIS CAESARIS *divi filii Augu*STI *cos. X* DES *XI Additus pOrticu et Aede dedicavit.*

Durand et Allmer, *Hist. de Languedoc* XV, *Nimes*, 228 (voir 166). — Hirschfeld, *C.* XII, 3152.— Aurès, *Nouvel essai de restitution de l'inscr. antique de la fontaine de Nîmes*, 1885, avec facsimilé.

« Au dieu Nemausus et à Diane Sainte, la *respublica* de Nimes a dédié ce « nymphée construit avec ses colonnes de marbre, ses statues et ses orne- « ments par la magnificence de l'empereur César Auguste, fils du dieu Jules, « consul pour la dixième fois, désigné pour un onzième consulat ; de plus, un « portique et ce temple ajoutés par elle ».

Le dieu Nemausus est la belle et célèbre fontaine de Nimes analogue à celle de Tourne au Bourg-Saint-Andéol, à celle du Grosel à Malaucène, à celle de Vaucluse. Auguste s'est plu à l'embellir : un nymphaeum construit par lui avec magnificence, réparé par Hadrien, était probablement dédié *deo Nemauso et Dianae*. Sur la pente de la colline, au pied de laquelle la source jaillit du fond de son mystérieux abîme, s'élevait un temple d'Isis et se célébraient des jeux grecs remis en honneur par Hadrien. Un surveillant « des travaux de marbre « et de pierre d'une basilique », qui était vraisemblablement celle de Plotine, associe Nemausus à Jupiter dans une action de grâces qu'il leur rend pour l'achèvement de cette œuvre confiée à son contrôle. Un adorateur donne une horloge et des chandeliers (?) d'argent; un autre un chapiteau de marbre taillé en vasque. Nemausus a pour autres associés Minerve, Silvain, Liber Pater, les fontaines divinisées d'Urnia et d'Avicantus, les Lares Augustes, des *Matres* dites « Namausiques ». Un oriental de Beryte l'associe à son dieu d'Heliopolis : *Iovi optimo maximo Heliopolitano.*

Bien que non associé à Apollon, il paraît avoir été, au moins quelquefois, un dieu guérisseur; il reçoit des remerciements pour la conservation d'un père, et pour le rétablissement d'une fille si désespérément malade que son père offre sa propre vie pour sauver la sienne.

Sa célébrité n'avait pas attendu l'arrivée des Romains. Déjà une bourgade celtique, à laquelle il avait donné naissance, s'appelait de son nom *Nemausus*, et lorsque, dans l'organisation de la Narbonnaise par Auguste, les Arécomiques reçurent le droit latin, c'est ce nom de Nemausus qui devint celui de la cité, embrassant encore la majeure partie de leur territoire. (*A suivre*).

BIBLIOGRAPHIE

MOMMSEN et HIRSCHFELD, Rapport sur le recueil des inscriptions latines (*Corpus inscriptionum latinarum*).

Après avoir rappelé les services que les cartes de Heinrich Kiepert ont rendus au recueil général des inscriptions latines et consacré quelques lignes émues à la mémoire de ce savant récemment décédé, MM. Mommsen et Hirschfeld s'expriment ainsi :

« Les inscriptions de la ville de Rome (*tome VI*) sont poussées, par M. HULSEN, jusqu'à la 431e feuille. La fin de ce tome, dont l'étendue sera de 450 feuilles environ, paraîtra peut-être cette année.

« Les inscriptions sur poteries d'Arezzo (*tome VI*) sont terminées par M. IHM. L'auteur espère qu'il lui sera possible de faire imprimer prochainement les quelques petits chapitres, encore attendus, relatifs à l'instrumentum de l'Italie centrale. M. BORMANN, dans un voyage en Italie, a complété les matériaux de ces chapitres par l'utilisation des collections manuscrites et des gemmes de la collection Médicis. La fin du volume contiendra les additions, qui sont terminées en manuscrit, et les tables que l'on prépare en ce moment.

« La première partie du *tome XIII*, rédigée par M. HIRSCHFELD et contenant les inscriptions de l'Aquitaine et de la Lyonnaise, a paru au commencement de l'année dernière. L'impression des inscriptions de la Belgique commencera cette année. Dans la seconde partie de ce tome, M. ZANGEMEISTER a déjà fait imprimer les inscriptions de la rive droite du Rhin, au sud du Main et du *limes* inférieur, depuis le bas Neckar jusqu'à l'Odenwald et au Main. Le manuscrit des inscriptions situées au-delà du *limes*, au sud du Main, est achevé. M. de DOMASZEWSKI, qui a été choisi comme collaborateur, l'année dernière, sur la proposition de M. Zangemeister, a rédigé ce qui est relatif aux inscriptions de Mayence et du reste de la Germanie supérieure. Le travail consacré aux inscriptions de la Belgique, situées en territoire allemand et de la Germanie inférieure, commencera cette année. La troisième partie du tome se rapportera à l'*instrumentum* de la Gaule et de la Germanie; elle est imprimée par les soins de M. BOHN, jusqu'à la 21e feuille.

« La seconde partie du *tome XV*, rédigée par M. DRESSEL et relative à l'*instrumentum* de Rome, a paru dans les premiers jours de l'année dernière. On doit commencer, dans le courant de cette année, l'impression de la dernière partie.

« La rédaction du volume supplémentaire consacré aux tables du *tome III* a été confiée à M. REGLING. Elle est presque terminée; mais les additions se sont accrues par le long retard apporté dans la publication de ce tome et elles sont aujourd'hui tellement considérables, que l'achèvement définitif du travail demandera un certain temps.

« Le volume supplémentaire du *tome IV* est imprimé, par les soins de M. ZANGEMEISTER et de MAU, jusqu'à la 71e feuille. Les inscriptions pariétaires sont achevées, celles de l'*instrumentum* sont très avancées. Les auteurs espèrent qu'il leur sera possible de terminer ce volume dans le courant de cette année.

« Le volume supplémentaire du *tome VIII*, consacré aux inscriptions d'Afrique, est imprimé, par les soins de MM. CAGNAT et DESSAU, jusqu'à la fin des bornes milliaires. L'impression de l'*instrumentum* commencera prochainement. On doit se préoccuper cette année de la rédaction des tables ».

MM. Mommsen et Hirschfeld ajoutent que la bibliothèque royale, où sont déposées les archives épigraphiques mises sous caution, tous les mardis, de 11 heures à 1 heure, à la disposition des travailleurs, sont redevables au docteur Kern, de Rostock, d'un accroissement du nombre des inscriptions thessaliennes.

— MOMMSEN, Rapports sur la *Prosopographia imperii Romani* et sur l'*Index rei militaris*.

M. KLEBS a dû se borner, dans ces dernières années, à quelques petits travaux pour les *addenda* de la *Prosopographie*. M. DESSAU a presque terminé la liste des fonctionnaires provinciaux destinée au 4e volume; il espère que l'impression de cette liste pourra commencer dans le courant de l'année.

La préparation de l'*Index rei militaris* a été interrompue à plusieurs reprises, l'année dernière, par les occupations de M. RITTERLING, de Wiesbaden, à qui elle a été confiée. On a pu utiliser cependant les renseignements que fournissent les inscriptions, les auteurs et les papyrus. Pour les corps de troupes en particulier et les auxiliaires provinciaux, le travail est commencé. Quelques articles sont, à l'heure actuelle, terminés complètement.

— LES VILLES DE LA NARBONNAISE: MARSEILLE, par M. Georges Maurin, membre de l'Académie de Nimes. Nimes, 1899, in-8, 44 pages. Le travail de M. Maurin, basé sur les textes et les monuments épigraphiques ou artistiques, est remarquablement écrit et ne manque pas d'idées neuves. Il sera consulté utilement par tous ceux qui s'intéressent à l'histoire de Marseille.

— CATALOGUE OF THE ROMAN INSCRIBED AND SCULPTURED STONES IN THE GROSVENOR MUSEUM, CHESTER, by Fr. Haverfield. Chester, 1900, in-8, 128 pages, 30 planches en simili-gravure et figures dans le texte. M. Haverfield est trop connu et ses travaux sont trop appréciés pour que nous puissions nous permettre de faire son éloge. Nous dirons simplement que le catalogue qu'il vient de publier est un des meilleurs que nous connaissions.

— Bobeau. *Fouilles dans un cimetière antérieur au Xe siècle, à Langeais (Indre-et-Loire).* Paris, impr. nat., 1900, in-8°. 20 pages, gravures. (Extrait du *Bulletin archéologique*, 1899). Ce travail de M. Bobeau est fait avec soin; son intérêt est incontestable. On y trouve une bonne reproduction en phototypie de l'épitaphe d'Aigulfus que nous avons rapportée plus haut, tome IV, p. 6, n° 1271.

CHRONIQUE

— Il est question, croyons-nous, de créer un musée épigraphique, à la Bibliothèque nationale, dans l'un des deux pavillons qui restent à construire sur les terrains vagues de la rue Vivienne.

— Une pierre tombale découverte à Kistanje, et publiée dans le n° 1-2, janvier, février 1900, du *Bullettino di archeologia e storia dalmata* de Mgr Fr. Bulic, est relative à un soldat originaire d'*Augustonemetum* (Clermont-Ferrand). Une autre pierre tombale, provenant également de Kistanje, se rapporte à un *signifer* de la XIe légion. On y trouve une représentation de la peau de bête, dont les *signiferi* se couvraient la tête et les épaules.

— Les inscriptions de St-Canadet, de Cadenet et de Marseille, que nous publions dans ce numéro, viennent de paraître, par les soins de M. Héron de Villefosse, dans l'extrait des procès-verbaux pour le mois de février 1900, de la Section d'archéologie du Comité des travaux historiques. (Communication de M. Michel Clerc).

— Dans les *Mémoires* de l'Académie des sciences, belles-lettres et arts de Lyon, pour l'année 1899, M. Henry Morin-Pons à fait l'éloge d'Auguste Allmer (séance du 5 décembre). — La livraison d'avril 1900 de la *Revue du Lyonnais* contient également une remarquable étude de M. Joseph Buche, professeur agrégé au Lycée de Lyon, sur *Auguste Allmer, sa vie, son œuvre.* Il en existe un tirage à part. (Lyon, impr. P. Mougin-Rusand, Waltener et Cie, successeurs, 1900, in-8, 36 pages, un portrait).

NÉCROLOGIE

— M. Deloche (Jules-Edouard-*Maximin*), membre de l'Académie des Inscriptions et Belles-Lettres, commandeur de la Légion d'honneur, est mort à Paris, le 12 février dernier, dans sa 83e année. Il appartenait à une vieille famille limousine et joignait à ses qualités de savant tous les plus aimables dons du cœur et de l'esprit. Sa bonté était proverbiale. M. Deloche a beaucoup écrit sur la géographie historique de la Gaule, notamment sur celle du Limousin. On lui doit aussi de nombreuses études sur des sujets de l'antiquité gallo-romaine et de l'époque barbare. Ses deux derniers livres: *Pagi et vicairies du Limousin aux IXe, Xe et XIe siècles* (1899), et *Etude sur les anneaux des premiers siècles du moyen âge* (1900), témoignent de son érudition profonde sous les deux formes qui lui étaient plus particulièrement familières.

— Le 2 mai dernier est mort à Paris, où il était venu passer quelques jours auprès de son fils, Jean-François Bladé, d'Agen, correspondant de l'Académie des Inscriptions et Belles-Lettres. Né à Lectoure en 1827, il avait appartenu pendant quelque temps à la magistrature. On le considérait, à bon droit, depuis de longues années, comme l'historien de la Gascogne. Doué d'une mémoire prodigieuse, Bladé fut un inimitable conteur d'anecdotes et de bons mots. Le folklore avait ses préférences et le plus grand nombre de ses ouvrages se rapportent aux traditions et aux poésies populaires de la région pyrénéenne. On lui doit cependant le premier recueil complet que l'on ait publié des inscriptions antiques du sud-ouest de la France. Il était aimable et serviable à l'excès; sa perte ne laissera que des regrets dans le cœur de tous ceux qui l'ont connu.

Corrections

Numéro 96, p. 67, l. 39, dernier mot: Au lieu de *sa*, il faut lire *la*. — Même numéro, p. 81, l. 1, second mot: Au lieu de *comme*, il faut lire *connue*.

ESPÉRANDIEU

Vienne, imp. Savigné — Ogeret et Martin, succrs. — Le Gérant: J. Ogeret.

REVUE

ÉPIGRAPHIQUE

N° 98. — Juillet, Août, Septembre 1900

Daïr-el-Gamar (Liban); — Thérouanne; — Nîmes; — Grézan (Gard); — Arles; — Marseille; — Vannes; — Grenoble; — Lectoure.
Chronique. — Correction.

1351

Lettre d'un haut fonctionnaire, probablement d'un préfet de l'annone, aux naviculaires maritimes d'Arles

Photographie faite par le R. P. Ronzevalle, et communiquée par M. R. Cagnat, membre de l'Institut. Renseignements empruntés à une lettre du R. P. Ronzevalle, professeur à l'Université St-Joseph, de Beyrouth. (*Comptes-rendus des séances de l'Académie des Inscriptions et Belles-Lettres*, 1899, p. 353; — *Année épigraphique*, 1899, n° 161; — voir ci-dessus, p. 64).

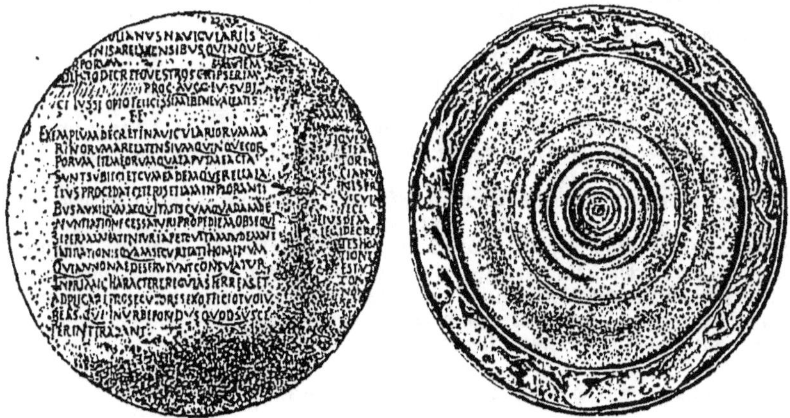

Daïr-el-Gamar. — Plateau de bronze de 0m18 de rayon et environ 0m0035 d'épaisseur, trouvé par un paysan des environs de Daïr-el-Gamar (près Beït-ed-Din, résidence et sérail du gouverneur du Liban), en bêchant dans sa terre. Soupçonnant l'importance de sa trouvaille, ce paysan l'apporta à Beyrouth pour tenter de la vendre à quelque amateur. Le R. P. Ronzevalle réussit à la photographier, mais il lui fut impossible, malgré tous ses efforts, d'obtenir des renseignements plus détaillés ou plus précis sur la découverte de ce plateau, que son propriétaire a repris. « Les deux faces, surtout celle qui est anépigraphe, sont recouvertes, dit le R. P. Ronzevalle, d'une patine noirâtre, qui se laisse assez facilement entamer à la pointe du couteau et offre un aspect charbonneux. La plaque a donc été très probablement soumise à l'action du feu; au reste, la face anépigraphe a été travaillée au tour, comme le démontre un trou qui se remarque au centre. Il est impossible de dire quelles pouvaient être les dimensions de la surface entière. Il semble bien que cette plaque ne devait pas se prolonger beaucoup au-dessus de la grande inscription..... ». Dans la partie martelée de la cinquième ligne, « laquelle ne dépassait certainement pas l'alignement vertical du corps de l'inscription », le R. P. Ronzevalle a cru lire, « d'abord sous le D de la quatrième ligne, le commencement d'un M ou d'un A ; la sixième lettre, à n'en pas douter, aurait été un S ; la huitième et la neuvième présentent les traces suivantes : VI ; enfin la dernière a pu être un S ou, moins probablement, un O ». En communiquant à l'Académie la lettre du R. P. Ronzevalle et la photographie qui l'accompagnait, M. Cagnat a déjà fait observer que la face *anépigraphe* est ornée, au centre, de plusieurs cercles concentriques, et au bord, d'une bande circulaire représentant des animaux qui se poursuivent : levrier, gazelle, lionne, lièvre, ours, sanglier, lion ; d'autres traits confus se rapportent à un animal dont le dessin n'a pas été achevé.

.....IVLIANVS NAVICVLARIIS
*ma*RINIS ARELA*t*ENSIBVS QVINQVE
CORPORVM SALVTEM
quid LECTO DECRETO VESTRO SCRIPSERIM
!!!!!!!!!!!!!!!!PROC·AVGG·E·V·SVBI
CI IVSSI OPTO FELICISSIMI BENE VALEATIS
E·E
EXEMPLVM DECRETI NAVICVLARIORVM MA
RINORVM ARELATENSIVM QVINQVE COR
PORVM ITEM EORVM QVAE APVT ME ACTA
SVNT SVBIECI ET CVM EADEM QVERELLA LA
TIVS PROCEDAT CETERIS ETIAM INPLORANTI
BVS AVXILIVM AEQVITATIS CVM QVADAM DE
NVNTIATIONE CESSATVRI PROPEDIEM OBSEQVI
SI PERMANEAT INIVRIA PETO VT IAM INDEMNI
TATI RATIONIS QVAM SECVRITATI HOMINVM
QVI ANNONAE DESERVIVNT CONSVLATVR
INPRIMI CHARACTERE REGVLAS FERREAS ET
ADPLICARI PROSECVTORES EX OFFICIO TVO IV
BEAS QVI IN VRBE PONDVS QVOD SVSCE
PERINT TRADANT

....
....
MAXIM..
VTI QVES *tus*..................................
ET EA........................... ? *prosecu*
TOREM...
CIANVS..
NES PR.................................... *na*
VICVLAR*i*......................................
FECI
EIVSDEM *epistula ad navicularios*
LEGI DECRET*um vestrum et*..................
TES HOM*in*....................................
TIONES..
EST VT..
CONI..
NON...
SES..
STI..
RV...

.....*I]ulianus naviculariis [ma]rinis Arela[t]ensibus quinque corporum, salutem.*

[Qui]d lecto decreto vestro scripserim [.................], proc(uratori) Aug(ustorum), e(gregio) v(iro), subici iussi. Opto felicissimi bene valeatis.

E(xemplum) e(pistulae):

Exemplum decreti naviculariorum marinorum Arelatensium quinque corporum, item eorum, quae aput me acta sunt, subjeci; et, cum eadem querella latius procedat, ceteris etiam inplorantibus auxilium aequitatis, cum quadam denuntiatione cessaturi propediem obsequi(i), si permaneat injuria, peto, ut tam indemnitati rationis quam securitati hominum qui annonae deserviunt, consulatur; imprimi charactere regulas ferreas et adplicari prosecutores ex officio tuo jubeas, qui in Urbe pondus quod susceperint, tradant.

«....Julianus aux naviculaires maritimes arlésiens des cinq corporations, salut !

« Après avoir pris connaissance de votre délibération, j'ai écrit à ...., procurateur des empereurs, personnage d'ordre équestre la lettre suivante, dont je vous fais transmettre la copie. Je vous souhaite bonheur et santé.

« Copie de la lettre :

« Je t'adresse une copie de la délibération des naviculaires maritimes arlésiens des cinq corporations, avec le procès-verbal de l'action à laquelle l'affaire a donné lieu devant moi. Et comme la même plainte a une étendue plus large ; comme les autres invoquent aussi l'appui de mon équité, en annonçant presque qu'ils cesseront leur service, si l'on continue à leur faire tort, je demande qu'il soit pris des mesures de nature à assurer le règlement équitable des comptes et la sécurité des hommes qui sont attachés au service de l'annone. Ordonne qu'on se serve de règles de fer poinçonnées et fais escorter les convois par des *prosecutores* que tu nommeras, et qui seront tenus de livrer à Rome tout le poids (de blé) qu'ils auront reçu ».

Sous la République comme sous l'Empire, l'annone était une sorte de prestation en nature que payaient les provinciaux pour l'alimentation de Rome. A l'origine, la provision de blé amassée par l'Etat n'avait pour but que de parer aux conséquences d'une mauvaise récolte. Caius Gracchus en l'an de Rome 631 (123 avant notre ère) voulut faire profiter des terres conquises les citoyens romains que l'infériorité de leur condition écartait des fonctions publiques. Il fit voter une loi qui fixait le prix du blé à la moitié de sa valeur, et son exemple, suivi par d'autres, eut bientôt pour conséquence des distributions gratuites à toute la population libre de Rome, à l'exception probable des sénateurs et des chevaliers. L'annone devint ainsi une institution politique disposant d'un personnel nombreux, à la tête duquel se trouvait placé, depuis la fin du règne d'Auguste et avec le titre de *praefectus annonae*, un des plus grands personnages de l'ordre equestre.

Les *navicularii marini* au service de l'Etat faisaient partie de ce personnel et convoyaient à Rome, sur des navires qui leur appartenaient, les différentes denrées fournies par les provinces. Ils jouissaient de privilèges enviés, mais par contre ils étaient soumis à des obligations rigoureuses. Le code théodosien nous apprend que sous le bas-Empire, et sans doute en était-il de même longtemps avant, les naviculaires maritimes pouvaient trafiquer pour leur compte ; on les dispensait alors des droits de douane. Mais lorsqu'ils avaient à transporter des marchandises de l'annone, on leur interdisait, sous les peines les plus sévères, de s'attarder sans aucun motif dans un port. Quand ils arrivaient à Rome, le préfet de l'annone faisait vérifier le chargement de leurs navires. S'il ne manquait rien, et si les denrées n'étaient pas gâtées, on leur délivrait une quittance ; dans le cas contraire, ils avaient à payer les dommages. Le vol était puni de mort (*cod. Théod.*, XIII, 5). Pour éviter toute contestation, il arrivait parfois que la cargaison était placée sous la garde d'un *prosecutor*, ou homme d'escorte, qui avait pour mission de la livrer à Rome, à l'autorité compétente (*cod. Theod.*, XIII, 5, l. 4, citée par Gebhardt, *Studien über das Verpflegungswesen von Rom und Constantinopel in der Spaeteren Kaiserzeit*, Dorpat, 1881, in-8, p. 74, note 1). Il est question, précisément, de fonctionnaires de cette nature dans l'inscription que nous venons de rapporter. Nous ne saurions toutefois rien affirmer sur le sens véritable de cette inscription. Par cela même qu'elle s'applique à des faits que nous ne connaissons pas, son interprétation est difficile. Il faut comprendre, croyons-nous, que les mariniers d'Arles étaient fraudés, de différentes manières peut-être, et surtout d'une façon bien connue, encore pratiquée de nos jours, qui consiste à niveler les boisseaux de grains avec des règles faussées. Nous ne savons rien des individus qui commettaient la fraude. Il est possible, tout au plus, de trouver quelques indications dans une inscription de Rome où il est question de mesureurs incriminés par les bateliers du Tibre, avec lesquels ils eurent à soutenir un long procès (*Corp. inscrip. lat.*, VI, n° 1759). Quoiqu'il en soit, ces mariniers qui n'étaient pas les seuls dont les intérêts se trouvaient lésés, décidèrent, à ce qu'il semble, d'aller se plaindre à un puissant personnage, appelé *Julianus*. Des députés, nommés à cet effet, lui exposèrent ce qui se passait (*apud me acta sunt*) et implorèrent sa justice. Julianus écrivit alors au procurateur dont le nom a été martelé dans l'inscription, et lui demanda certaines mesures répressives. Une première concernait les règles de fer ; en les faisant poinçonner officiellement, ou en n'autorisant que des règles poinçonnées, on évitait toute récrimination basée sur l'emploi de règles faussées. Une seconde mesure se rapportait aux poids ; mais on ne voit pas très clairement de quelle manière on doit l'entendre. Faut-il comprendre que Julianus demandait de contrôler les poids d'après l'étalon de Rome ? On aurait lieu de s'étonner qu'il se soit servi, pour cela, des mots *pondus tradant quod susceperint in Urbe*. Faut-il croire que des *prosecutores* devaient mettre à la disposition des naviculaires et des hommes qui manipulaient les grains, des poids reçus à Rome ? C'est assez peu probable, parce qu'il n'était pas nécessaire, pour réprimer un abus, de transporter des poids d'aussi loin. L'hypothèse que nous avons admise est d'autant mieux fondée, qu'un texte de loi parle précisément, comme nous venons de le voir, de *prosecutores* placés à bord des navires pour la surveillance de la cargaison.

L'inscription ne nous fait pas connaître la qualité de Julianus, mais le choix reste limité entre le proconsul de la Narbonnaise et le préfet de l'annone. Nous pensons, pour notre part, qu'il s'agit du second, sous les ordres duquel, en même temps que les naviculaires, se trouvait aussi le procurateur, à peu près sûrement de l'annone, à qui la lettre est adressée. Le proconsul de la Narbonnaise ne serait sans doute pas intervenu directement dans une contestation qui n'était pas du ressort de son autorité. Il nous semble plus naturel de croire que les mariniers d'Arles s'étaient adressés à leur chef du rang le plus élevé, doublement indiqué pour recevoir leurs doléances, puisqu'il avait le droit d'exiger d'eux la livraison intégrale des denrées dont ils paraissaient responsables. L'emploi du verbe *peto* peut paraître surprenant, nous en convenons, de la part de quelqu'un qui n'avait qu'à donner des ordres. Il est probable que cette forme de langage est toute de politesse, au même titre que celle *si vobis videbitur*, dont se servaient les consuls vis-à-vis de leurs subordonnés. La forme impérative, d'ailleurs, n'est pas absolument proscrite de la lettre; elle apparait dans le mot *jubeas*.

Ce premier point acquis, il ne serait peut-être pas impossible de trouver le nom du destinataire de cette lettre et d'identifier le préfet de l'annone, dont on ne possèderait que le surnom *Julianus*. Il existe au musée d'Arles, une inscription qui est ainsi conçue : ...*Cominio, Claud(ia tribu), Bo[e]t[ho ?] Agricola[e Aur]elio Apro, praef(ecto) cohor[t(is)] tert(iae) Bracar(um) Augustano(rum), tribun(o) leg(ionis) [I] Adjut(ricis), procur(atori) Augustorum ad annonam provinciae Narbonensis et Liguriae, praef(ecto) a[lae] miliariae in Mauretania Caesariensi; navic(ularii) marini Arel(atenses) corp(orum) quinq(ue) patron(o) optimo et innocentissimo* (*Corp. inscript. latin.*, XII, n° 672).

Il s'agit, comme on le voit, d'un procurateur *ad annonam* de la Narbonnaise et de la Ligurie, qui exerça ses fonctions sous deux empereurs régnant ensemble, et à qui les naviculaires maritimes d'Arles, après l'avoir choisi comme patron, accordèrent les honneurs d'une statue. Par sa paléographie, cette inscription parait appartenir à la fin du second siècle. On l'a datée, pour cette raison, du temps de Marc-Aurèle, mais rien ne s'oppose à ce qu'elle soit attribuée à une époque plus basse de quelques années, et au règne simultané de Septime Sevère et de Caracalla. Pour ce qui regarde la statue elle-même, il se peut que des relations commerciales, que des rapports créés par les besoins de leur profession, en aient seuls fait naître la pensée dans l'esprit des naviculaires. Il se peut aussi qu'elle ait eu pour cause la gratitude inspirée par un service, et nous ne serions pas éloigné de croire que celui-ci était précisément de leur avoir fait rendre justice dans l'affaire des fausses mesures, portée devant le préfet de l'annone. Non seulement il s'agit aussi, dans l'inscription du Liban, d'un procurateur *ad annonam* sous deux empereurs régnant ensemble, mais de plus, les amorces de lettres subsistantes, relatives aux noms disparus, ne contredisent pas notre hypothèse. La dernière lettre serait, d'après le R. P. Ronzevalle, « peut être un S ou moins probablement un O ». S'il faut lire *proc(uratori)*, comme cela nous parait certain, cette dernière lettre ne peut être qu'un O, et sans doute en est il de même de la sixième, elle aussi considérée comme un S. On pourrait alors proposer cette restitution :... *Co]m[ini]o [A]ur(elio) [Apr]o*.

En raison du peu de place dont on dispose sur la plaque, le gentilice de Julianus n'a pu être que très court. Or, en 201, précisément sous les empereurs Septime Sevère et Caracalla, c'est-à-dire à une date qui peut parfaitement convenir aussi bien pour l'inscription du Liban que pour celle du musée d'Arles, la préfecture de l'annone était occupée par un personnage appelé *Claudius Julianus*, dont le nom, dans les deux inscriptions qui le mentionnent, est abrégé par ses deux premières lettres (*Corp. inscript. lat.* VI, n. 1603; *Corp. inscript. graec.* n. 5973; *cod. Just.*, VII, 33, 1; cf. Borghesi, *Œuv.*, 3, p. 128; *Prosopographia imperii Romani*, 1, p. 382, n. 723). Il est vrai qu'à partir de Septime Sevère les pouvoirs du préfet de l'annone furent restreints à la capitale (voy. Hirschfeld, *Untersuchungen auf dem Gebiete der roem. Verwaltungsgeschichte*, Berlin, 1896, in-8, tome I, p. 137). Des préfets de l'annone spéciaux furent alors nommés pour l'Afrique et pour l'Espagne, et les naviculaires des autres pays passèrent sous le contrôle du préfet du prétoire. Mais ce changement a pu ne se produire que vers la fin du règne, en tout cas ne semble pas avoir existé en l'année 201.

L'inscription du Liban confirme le témoignage de celle d'Arles et nous montre que les naviculaires maritimes de cette ville formaient cinq corporations, ce qui permet de supposer que leur nombre était considérable. Il était, du reste, en rapport avec l'importance commerciale de la cité. A l'époque où eurent lieu, en 49, avant J.-C., les évènements qui firent subir à la merveilleuse et toujours croissante prospérité de Marseille une ruine aussi subite que complète, la ville grecque possédait, soit de ses propres conquêtes, soit de ce qu'elle tenait de la générosité romaine, un domaine immense : Des Alpes à Agde, de la mer aux Cévennes et jusqu'au delà de la Durance, tout ce qui avait formé les territoires des Oxybiens, des Salluviens, des Cavares, des Arécomiques et des Helves lui appartenait. De cette vaste Grèce phocéenne, propagée par elle dans le sud de la Gaule, rien ne lui resta qu'une étroite bande de littoral, à peine plus large qu'un territoire suburbain et, pour dédommagement, le vain nom de cité libre et fédérée. Nîmes, érigée en cité latine avec tout le pays arécomique, Aps avec tout le pays des Helves, lui enlevèrent ce qu'elle avait sur la rive droite du Rhône ; les colonies romaines d'Arles et de Fréjus, les cités latines d'Antibes, d'Aix, d'Avignon, de Cavaillon, de Saint-Rémy lui firent perdre ce qu'elle possédait entre le fleuve et les Alpes. Dans ce partage de ses dépouilles, Arles, destinée en conséquence de la conquête entière des Gaules, à la supplanter comme port de commerce, fut de beaucoup la plus favorisée. A l'ouest, son territoire allait jusqu'au Petit Rhône et comprenait ainsi toute la Camargue ; au nord, il s'étendait jusqu'à la chaîne des Alpines, qu'il dépassait peut être, et jusqu'à la moyenne Durance ; à l'est, il rejoignait le territoire de Fréjus et, par la station routière de Matavonium (la Cabasse) atteignait la mer au fond de la rade des Bormes, en face de l'extrémité orientale des îles d'Hyères (v. Camille Jullian, *Bullet. épigr.*, 5, p. 168). Fondée pour la protection de Marseille et liée à sa fortune, Aix partagea le sort de sa métropole. Elle n'eut aussi qu'un territoire très exigu auquel les bornes, retrouvées en partie sur place, n'assignent que huit lieues dans sa plus grande longueur et pas même quatre lieues dans l'autre sens. Plus tard cependant, Aix et Marseille obtinrent des conditions moins dures. En diminution du territoire d'Arles, le territoire d'Aix s'étendit au nord jusqu'à la Durance et fut rejoint, au sud, par celui de Marseille ; Toulon, *vicus* d'Arles, fut érigée en cité ; mais ces changements, dont on ne retrouve les traces que dans les limites des anciens diocèses, sont de basse époque, et peut être même postérieurs au temps de la domination romaine. C'est par Arles que se faisait encore, au début du troisième siècle, presque tout le trafic avec la Gaule ; c'est à Arles que venaient apporter leurs marchandises les nombreuses corporations de bateliers qui sillonnaient le Rhône et ses divers affluents. On n'a pas à se montrer surpris, par conséquent, d'y trouver ce chiffre de cinq compagnies maritimes, qui pourrait au premier abord, être considéré comme excessif. De quelle manière étaient groupés les naviculaires de ces compagnies, nous l'ignorons. Arles faisait surtout un grand commerce avec Rome et l'Italie. Elle exportait beaucoup de céréales qui provenaient, pour une partie, du rendement des impôts, et pour l'autre d'achats directs, destinés à remplir les greniers de l'Etat ou les magasins des commerçants. Mais il n'en résulte pas nécessairement que tous les naviculaires avaient pour seule destination les côtes italiques, et encore bien moins qu'ils étaient uniquement employés au transport des grains pour le service de l'annone. Au cinquième siècle, sans que l'on puisse en conclure toutefois qu'il en était exactement de même aux temps antérieurs, chaque marinier n'était taxé, pour ce service, qu'à un seul voyage tous les deux ans (*cod. Theod.*, XIII, 5, l. 6). Mais outre qu'ils pouvaient avoir à souffrir, à tour de rôle, d'une fraude peut-être courante, les naviculaires maritimes d'Arles, à cause même de leur groupement en corporations, ne pouvaient que se solidariser, ainsi qu'ils l'ont fait, vis-à-vis du personnage qualifié pour leur faire rendre justice.

« Et comme *les autres*, dit l'inscription, invoquent aussi l'appui de mon équité »; de quels *autres* s'agit-il? Nous l'ignorons encore. On les reconnait toutefois dans les *homines qui annonae deserviunt*, dont il est question quelques lignes plus bas, et l'on sait, d'un autre côté, que cette désignation pouvait s'appliquer aux naviculaires. « *Negotiatores*, est-il dit dans le *Digeste*, *qui annonam Urbis adjuvant, item navicularii qui annonae Urbis serviunt, immunitatem a muneribus publicis consequuntur, quamdiu in ejusmodi acti sunt* » (*Dig.* L, VI, 6, § 3). M. Hirschfeld, que nous avons consulté, croit volontiers que par *ceteris* on doit entendre les collèges de naviculaires qui existaient sur d'autres points de l'Empire romain. Nous aurions pensé de préférence pour notre compte, que ces « employés de l'annone » étaient, soit des *tabellarii* ou comptables, soit des *horrearii* ou gardiens de greniers. Les uns et les autres, lorsqu'il ne s'agissait pas de denrées provenant des impôts, recevaient le blé des *susceptores* ou entrepreneurs; si ceux-ci les fraudaient avec la connivence des *mensores* ou mesureurs, on conçoit qu'ils devaient essayer, à leur tour, pour ne rien perdre, de frauder les *navicularii*. De là, à nos yeux, cette suite de réclamations qui ressort de la lettre du préfet de l'annone Julianus. De là aussi, cette menace de renoncer à leur service, faite par des gens qui avaient à satisfaire les *navicularii*, alors qu'eux-mêmes ne recevaient pas des *susceptores* tout le blé qui leur revenait. Nous renonçons très volontiers à cette hypothèse, qui nous avait paru séduisante ; mais qu'elle soit ou non fondée, et qu'il s'agisse de naviculaires ou d'autres personnes, la plaque de bronze que l'on a découverte dans le Liban n'en reste pas moins précieuse à ce point de vue qu'elle met en évidence les relations de l'Etat avec certains collèges d'employés de l'annone. Bien qu'ils fussent liés par des engagements contractuels, les membres de ces collèges conservaient encore, au début du troisième siècle, une indépendance relative, puisqu'ils avaient le droit de cesser leur service, et de renoncer comme conséquence, aux avantages qui leur étaient faits. Cette indépendance, plus tard, disparut d'une manière complète. Tous les collèges de métiers, alors accablés de charges, perdirent le droit de s'administrer. Au quatrième siècle, chaque artisan, chaque marchand, quiconque travaillait, n'était déjà plus qu'un fonctionnaire, dont le pouvoir disposait à son gré.

La lettre de Julianus finissait avec le mot *tradant*. Le reste de l'inscription, c'est-à-dire la seconde colonne, dont on ne possède que le commencement des lignes, devait concerner le procurateur. On y trouvait, à ce qu'il semble, la reproduction de deux documents : la réponse que ce procurateur avait faite au préfet de l'annone, pour lui rendre compte des mesures prises par ses soins, et la lettre qu'il avait envoyée aux naviculaires pour les informer de ces mesures (*ejusdem epistula ad navicularios*). Comme on le voit par le nombre des lignes, chaque document était très court. Le premier commençait sans doute par les mots *uti ques[tus]* et le second par ceux *legi decret[um vestrum]*, mais il est impossible de proposer d'autres restitutions, ou du moins celles que l'on pourrait proposer n'auraient aucune certitude.

Le service de l'annone, dont il nous suffit d'indiquer sommairement le but, a déjà fait l'objet de nombreuses recherches. Marquardt, dans son *Organisation financière chez les Romains*, (traduct. franç., p. 138 à 170), M. Hirschfeld, dans le *Philologus* (tome XXIX, 1870), M. Waltzing, dans son mémoire sur les *Corporations professionnelles chez les Romains, depuis les origines jusqu'à la chute de l'empire d'Occident* (Louvain, 1895-1899, in-8°, pp. 19 à 100) doivent être consultés de préférence pour une étude plus complète de cette question.

Nous voudrions, en terminant, pouvoir expliquer comment une inscription, qui intéresse si directement la Narbonnaise, qui certainement se trouvait à Arles, a pu être expatriée jusque dans le Liban. Bien des suppositions peuvent être faites, mais aucune n'est assez sûre pour mériter d'être citée. Soit à Arles, soit en Asie, où il se peut qu'on l'ait transportée complète, la plaque de bronze fut jetée au rebut, pour une cause quelconque, et servit à faire un plateau. On ne peut en dire davantage, et d'ailleurs, ce qui dans cette plaque a surtout de l'intérêt, n'est pas le déplacement qu'elle a subi, mais le texte qui la recouvre. On ne peut que regretter, à ce dernier point de vue, que la mutilation, qui nous vaut sans doute de la connaître, lui ait aussi fait perdre une notable partie des renseignements qu'elle contenait.

1352

Dédicace au nom de Gordien III

Photographie et renseignements de M. ENLART, sous-bibliothécaire à l'Ecole des Beaux-Arts, à Paris.

Thérouanne. — Fragment de base découvert, en 1899, dans les substructions de la cathédrale de Thérouanne (Pas-de-Calais) et transporté chez M. de Bayenghem, au château d'Upen. Les musées d'Arras, de Boulogne, de Saint-Omer et de Saint-Germain-en-Laye en possèdent un fac-similé fait avec du plâtre. — Hauteur, 0m40 ; largeur, 0m62. Hauteur des lettres, 0m045. (Voir la planche V).

imp· *caes*· M ·
*anto*NIO · GO*rd*
*ia*NO·PIO·FEL·AVG·
*p*ONT·MAX·TR·P·III
COS·II·P·P·
*civi*TAS·MORINOR

Les lettres A et V à la 3e ligne, N et T à la 4e, O et R à la fin de la 6e forment des monogrammes.

[*Imp*(*eratori*) *Caes*(*ari*) *M*(*arco*) *Anto*]*nio Go*[*rdia*]*no pio fel*(*ici*) *Aug*(*usto*), [*p*]*ont*(*ifici*) *max*(*imo*), *tr*(*ibunicia*) *p*(*otestate*) III, *co*(*n*)*s*(*uli*) II, *p*(*atri*) *p*(*atriae*) ; [*civi*]*tas Morinor*(*um*).

« A l'empereur César Marc Antoine Gordien pieux heureux Auguste, souverain pontife, revêtu pour la troisième fois de la puissance tribunicienne, consul pour la seconde fois, père de la patrie ; la cité des Morins ».

Les *Morini*, dont le nom, ainsi qu'il l'a fait observer M. Héron de Villefosse (*Bullet. des Antiquaires de France*, 1899, p. 383) n'apparaît que très rarement dans l'épigraphie latine, étaient un peuple de la Gaule Belgique. Leur territoire s'étendait le long de la mer, depuis l'embouchure de la Canche jusqu'à celle de l'Yser. Un diplôme militaire, aujourd'hui conservé au musée britannique, nous apprend qu'une cohorte de Morins, portant le numéro I, servait en Bretagne en l'an 103 (*Corp. inscript. lat.*, VII, n° 1193). Une autre inscription, dont on ne possède plus qu'une copie injustement condamnée, à ce qu'il semble, par Brambach (*Inscript. Rhenan.*, p. 360, n° 9), se rapportait à un duumvir de la cité.

L'inscription de Thérouanne n'est pas exempte de difficulté. Il s'agit incontestablement de Gordien III, mais le chiffre de sa puissance tribunicienne et celui de son consulat ne s'accordent pas pour la dater. En 240, au cours de sa troisième puissance tribunicienne, Gordien III n'avait encore exercé le consulat qu'une seule fois, l'année précédente. Son deuxième consulat ne commença qu'en 241 pendant sa quatrième puissance tribunicienne. Pour expliquer cette anomalie, dont les inscriptions du troisième siècle nous offrent d'ailleurs de fréquents exemples, on peut admettre que l'inscription est postérieure à la désignation de Gordien III pour son second consulat, c'est-à-dire doit être datée des derniers mois de l'année 240. On sait que ce jeune prince, élevé à l'empire à moins de quatorze ans, dans le courant de juin 238, se maria, en 241, avec Furia Sabinia Tranquillina, fille du célèbre Timesithée, ancien procurateur de la province d'Aquitaine, et fut assassiné, par ordre de Philippe l'aîné en 244, vers la fin de février ou au commencement de mars, tandis qu'il combattait contre les Parthes.

1353 à 1357

Estampages et renseignements de M. Carrière, conservateur du Musée de Nîmes.

1353

Autel à Mercure Depulsorius

Nîmes. — Autel, avec base et couronnement, découvert en 1899, à Nîmes, Grande-rue, chez M. Martin. Donné au musée. Hauteur, 0m32; largeur, 0m42; épaisseur, 0m15. Hauteur des lettres, 0m03.

MERCVRIO
DEPVLSORIO
vAL·LVCRETIA
V · S · L · M

Caractères réguliers, probablement des premières années du second siècle.

Mercurio Depulsorio, [*V*]*al*(*eria*) *Lucretia, v*(*otum*) *s*(*olvit*) *l*(*ibens*) *m*(*erito*).

« A Mercure tutélaire. Valeria Lucretia, avec reconnaissance en accom-« plissement de son vœu ».

Depulsorius, dans la Narbonnaise, *Depulsor* partout ailleurs, et notamment dans la Pannonie et le Norique (Carter, *De deorum romanorum cognominibus,* Leipzig, 1898, p. 41) sont des surnoms que l'on attribuait à Jupiter, quand on lui demandait de protéger les collectivités ou les individus contre des malheurs ou des embûches. Mais on ne possédait encore aucun exemple de ces surnoms donnés à Mercure, et l'inscription de Nîmes, qui précède, est intéressante à ce point de vue. Quoique tutélaires l'un et l'autre, il est probable cependant que Mercure et Jupiter n'étaient pas invoqués d'une manière identique. Souverain maître des dieux et des hommes, Jupiter pouvait agir efficacement dans tous les cas, et parmi les plus redoutés on doit comprendre nécessairement la guerre, la peste et la famine. Mercure, plus modeste, malgré la faveur dont il jouissait auprès des Gallo-Romains, ne sortait guère de son rôle habituel de protecteur actif des voyageurs et du commerce. L'acte de dévotion accompli par Valeria Lucretia peut donc s'expliquer, non pas par la crainte qu'avait inspirée une calamité publique, mais simplement par l'heureuse issue d'un voyage ou la réalisation inespérée d'un profit.

1354

Epitaphe d'un curateur de corporations, decurion ornamentarius *de Nîmes*

Nîmes. — Pierre tombale incomplète à droite et en haut, découverte en 1899, à Nîmes, Grande-rue, chez M. Martin. Donnée au Musée. Hauteur 0m30 ; largeur 0m43 ; épaisseur 0m15. Hauteur des lettres, 0m015.

· · · · · · *seviro aug. col. Copia*
CLAVDIA LVGDVNO *item col.*
NEM · ITEM · DECVRIO *ni orna*
MENTARIO · COL · EIVS*d. cura*
TORI · NEGOTIATOR*um vina*
RIORVM · ET · SEVIRO*rum Lug*
DVNO · CONSISTEN*tium*
vIvvs ⌀ POSVI*t*

Caractères très soignés du début du second siècle. A la première ligne, la cassure a fait disparaître la partie supérieure des lettres du second mot. Aux autres lignes, toutes les lettres finales sont endommagées. A la seconde ligne, les lettres T et E forment un monogramme.

..... *seviro Aug(ustali) col(onia) Copia] Claudia Lugduno, [item col(onia)] Nem(ausi), item decurio[ni orna]mentario col(oniae) eius[d(em), cura]tori negotiator[um vina]riorum et seviro[rum Lug]duno consisten[tium]. Vivus posui[t].*

« A...... sévir augustal de la colonie *Copia Claudia* de Lyon, également sévir augustal de la colonie de Nîmes, et aussi décurion *ornamentarius* de cette même colonie, curateur des négociants en vins et des sévirs demeurant à Lyon. Tombeau qu'il a fait construire de son vivant ».

Les sévirs augustaux de la colonie de Lyon formaient une corporation qui prenait rang après l'ordre équestre (*Corp. inscript. latin.*, XIII, n. 1921). On n'en trouve que fort peu avec la qualité de citoyen romain; le plus grand nombre n'étaient que des affranchis enrichis par le négoce. Ils avaient à leur tête des curateurs pris parmi eux, ce qui justifie la restitution que nous avons proposée, et des patrons qui pouvaient être choisis soit aussi dans la corporation, soit au dehors. Quelques-uns étaient sévirs dans plusieurs villes. Un maître de navire, notamment, était sévir de Lyon et de Pouzzoles (*Corp. inscript. lat.*, XIII, n° 1942), et l'on sait qu'il y avait entre ces deux villes des relations de commerce très étendues, dont témoignent encore des plombs de douane trouvés dans le Rhône. Une égale notoriété résultant de causes commerciales et de déplacements fréquents de l'une à l'autre ville, a de même pu provoquer le double sévirat que rappelle notre fragment. Le personnage qui en était pourvu pouvait être de Nîmes. On s'expliquerait par là, d'abord le soin qu'il a pris de se préparer un tombeau dans cette ville, ensuite l'attribution qui lui fut faite, au même lieu, du décurionat ornementaire, à défaut d'une charge effective que lui interdisait probablement sa qualité d'affranchi. Quant à sa profession, nous ne pouvons que la conjecturer; mais ce fait que des négociants en vins l'ont choisi pour curateur laisse présumer qu'il exerçait ou avait pratiqué le même genre de commerce. « Lyon, a dit Allmer, était le grand entrepôt des vins de la Narbonnaise et de la vallée du Rhône, ainsi que des vins fournis par l'Italie en quantité considérable... Les négociants qui faisaient ce lucratif commerce, *negotiatores vinarii*, y formaient une corporation en étroites relations avec celle des bateliers du Rhône et de la Saône, et avec celle des fabricants d'outres, mais au-dessus d'elles et de toutes les autres corporations marchandes » (*Musée de Lyon*, t. 2, p. 451). C'est sur les bords de la Saône, à son confluent avec le Rhône, en un lieu appelé *Kanabae*, qui répond de nos jours au quartier d'Ainay, que se trouvaient les entrepôts des négociants en vins et le siège de leur corporation (*Corp. inscript. latin.*, XIII, n. 1954).

Les sévirs augustaux de la colonie de Lyon avaient peut-être des places réservées dans l'amphithéâtre des Trois Gaules (*Ibid.*, n° 1667, 1723 et 1724). Il est probable que ceux de Nîmes n'étaient pas autrement traités, et qu'ils possédaient aussi leur entrée gratuite dans l'amphithéâtre local, où déjà les bateliers du Rhône et de la Saône, de l'Ardèche et de l'Ouvèze, avaient des places marquées (*Corp. inscript. latin.*, XII, n° 3316 et 3317). A leur nomination, et pour exprimer leur gratitude, les sévirs étaient d'ailleurs tenus de verser une certaine somme dans la caisse de la corporation, et d'en consacrer une autre à des libéralités telles que des jeux, un repas public ou une distribution d'argent.

Les décurions *ornamentarii* n'avaient que le privilège de prendre place parmi les décurions, au théâtre et dans les repas publics, avec le costume et les insignes de la dignité. Ils ne faisaient pas partie du Conseil et n'avaient pas le droit d'entrer à la Curie. Mais il est infiniment probable, indépendamment de la marquante libéralité par laquelle ils s'étaient déjà signalés, ou de l'important service qu'ils avaient rendu, que les décurions *ornamentarii* participaient néanmoins aux diverses dépenses qui faisaient du décurionat effectif une magistrature extrêmement onéreuse.

1355

Epitaphe

Nîmes. — Stèle à sommet cintré découverte à Nîmes, en 1899, à la jonction de la route de Beaucaire et de la rue Nicot. Donnée au Musée. Hauteur, 0m57; largeur, 0m38; épaisseur, 0m15. Hauteur des lettres, 0m047 à la première ligne, 0m030 aux deux autres. (Voir la planche VI).

C·CAESIVS
RVFVS
IVENTIA·P·F·PIPIA

Caractères un peu grêles, mais fort réguliers, probablement du premier siècle.

C(aius) Caesius Rufus ; Juventia, P(ublii) f(ilia), Pipia.

« Caius Caesius Rufus; Juventia Pipia, fille de Publius. (Leur tombeau) ».

Suivant un usage ancien, rappelé par Quintilien (*Institut. orat.*, I, 7, 14) et encore observé sous les premiers empereurs, lorsque deux V se rencontraient dans un mot, à la suite l'un de l'autre, on pouvait en supprimer un ou le remplacer par un O. Il était donc conforme à l'orthographe admise d'écrire *Iventia* pour *Iuventia*. (V. Léon Renier, *Mélanges d'épigr.*, pp. 66 et 69, notes; Allmer, *Inscrip. de Vienne*, 1, p. 88).

1356

Epitaphe de deux affranchis

Nîmes. – Stèle à sommet triangulaire découverte à Nîmes en 1899, route de Beaucaire, sur la propriété de M. Laurès. Donnée au Musée. Hauteur, 1m89; largeur, 0m40; épaisseur, 0m145. Hauteur des lettres, 0m037 à la première ligne, 0m028 à toutes les autres. (Voir la planche VI).

D M
VALERIAE·HELLADIS
C·VALERIVS
COSMVS
MATRI·PIISSIMAE

Caractères parfaitement gravés des premières années du premier siècle. A la seconde ligne, les lettres H et E du second mot forment un monogramme

D(iis) M(anibus) Valeriae Helladis; C(aius) Valerius Cosmus matri piissimae.

« Aux dieux Mânes de Valeria Hellas; Caius Valerius Cosmus à sa mère bien aimée ».

Les deux personnes que mentionne cette épitaphe étaient déjà connues par une inscription de Nîmes, trouvée, en 1780, près de Sainte-Perpétue, et conçue de la manière suivante (*Corp. inscript. latin.*, XII, n. 3628):

« *Dis M(anibus) L(ucii) Iulii Apollonii, Valeria Hellas, Vitrici Juliani liberta, et Cosmus f(ilius), Juliani verna* ».

Rien ne prouve expressément, dans cette inscription, qu'il y avait un lien de parenté, pourtant probable, entre L. Julius Apollonius d'une part, et de l'autre Hellas et son fils. Mais on voit qu'à la mort de cet Apollonius, Cosmus était encore l'esclave d'un Vitricius Julianus, dont sa mère était l'affranchie. On peut, du reste, se demander si le mot *Vitrici*, tel qu'il existe sur la pierre, ne résulte pas de quelque faute de gravure, et si, effectivement, *Vitricius* était bien le nom que portait Julianus? On ne s'expliquerait guère, dans ce cas, que ses deux affranchis se soient appelés différemment, et n'aient pas pris pour nom, suivant la règle, le gentilice de leur patron, en conservant, comme surnom, leur nom servile.

1357

Epitaphe

Grèzan. – Fragment de pierre tombale découvert en 1899, à Grèzan, près de Nîmes, dans la propriété de M. Bureau. Donné au Musée de Nîmes.

Hauteur, 0 m. 52; largeur, 0 m. 42; épaisseur, 0 m. 15. Hauteur des lettres: 0 m. 05 aux deux premières lignes; 0 m. 04 aux deux suivantes. Le D de la seconde ligne n'a que 0 m. 035; l'V et le premier A de la troisième ligne sont encore plus petits et contenus dans la lettre qui les précède.

POMPEIAE
CANTHARIDI
SECVNDA·POMPEIA
DONAT

Caractères larges, de très belle forme et d'apparence ancienne, probablement du commencement du premier siècle. A la première ligne, le second E est réduit à sa partie inférieure. A la seconde ligne le T et l'H forment un monogramme; le D est plus petit que les autres lettres. A la troisième ligne, le second jambage du dernier A, a disparu en partie; à cette même ligne, l'M et le second P forment un monogramme.

Pompeiae Cantharidi; Secunda Pompeia donat.

« A Pompeia Cantharis; Pompeia Secunda offre (ce tombeau) ».

Le gentilice de la seconde personne, le même que celui de la défunte, est placé après le cognomen. L'épigraphie de Nimes a déjà fourni d'autres exemples de cette particularité. L'inscription laisse ignorer le lien de parenté qui rattachait les deux personnes. On peut croire qu'il s'agit, soit de deux sœurs, soit d'une mère et de sa fille. Le surnom *Cantharis* est à noter.

1358

Epitaphe

Estampage et renseignements de M. Férigoule, statuaire, conservateur des musées d'Arles.

Arles. — Plaque de marbre blanc découverte en 1899, à Trinquetaille, faubourg d'Arles (Bouches-du-Rhône), « au cours de fouilles qui ont laissé à découvert un grand nombre de sépultures ». Hauteur, 0m305; largeur, 0m28; épaisseur, 0m02. Hauteur des lettres, 0m025 aux cinq premières lignes, 0m02 à la dernière. (Voir la planche VI).

D M
IVLIVS NATA
LIS HERMIONENI
LIB
ET IVLIA·IVLIANE
NVTRICI DVLCISSIME

Lettres liées: 3e ligne, H et E, N et I; 5e ligne, L et I (deux fois), N et E; 6e ligne, R et I, I et D, I et M. Caractères de la fin du troisième siècle.

D(iis) M(anibus). Iulius Natalis Hermioneni lib(ertae); et Iulia Iuliane nutrici dulcissim(a)e.

« Aux dieux Mânes. Julius Natalis à (Iulia) Hermione, son affranchie; et Julia Juliane, à sa très chère nourrice ».

Des deux surnoms *Hermione* et *Juliane*, le premier, porté par la fille d'Hélène et de Ménélas, est d'origine grecque; le second, dérivé de *Juliana*, n'a été que grécisé. Tous deux sont assez rares: *Hermione* est nouveau dans la Narbonnaise, et *Juliane* n'y est connu que par une inscription de Châteauneuf-du-Rhône, aujourd'hui à Montélimar, dans la collection de M. Ludovic Vallentin (*Corp. inscrip. lat*, XII, n° 1741). Julia Juliane était apparemment la fille de Julius Natalis. Hermione l'avait nourrie et devait sans doute sa liberté à cette circonstance.

1359

Epitaphe grecque

Notre copie.

Marseille, au musée. — Stèle sépulcrale, de provenance inconnue, sans doute orientale, décorée d'un fronton triangulaire et d'acrotères. L'inscription est au-dessous d'un bas-relief qui représente deux personnes : un homme et une femme à demi couchés sur la cliné. Une partie rétrécie, à la base de la stèle, servait à la fixer dans le sol. Hauteur, 0 m. 67 ; largeur, 0 m. 33 ; épaisseur, 0 m. 08. Hauteur des lettres, 0 m. 015. Les E sont de forme lunaire.

ΔΗΜΟΝΙΚΗ		ΔΗΜΗΤΡΙΕ
ΔΗΜΗΤΙΟΥ	ΑΛΥΠΟΙ	ΧΑΙΡΕΤΕ

Δημόνικη Δημητρίε Δημητ[ρ]ίου ἄλυποι χαίρετε !

« Demonicos, Demetria, fils et fille de Demetrios (maintenant) sans chagrin, adieu ! »

1360

Graffite avec nom gaulois

Renseignements et copie dessinée de M. Aveneau de la Grancière, membre de la Société polymathique du Morbihan, à Vannes.

Vannes. — Bol en terre grise, découvert à Vannes, à l'est de la ville, parmi d'innombrables fragments de poteries en terre plus ou moins grossière. « On n'a trouvé, jusqu'ici, aucune trace de constructions, mais plusieurs puits, admirablement conservés, fournissent le témoignage qu'il y avait, en cet endroit, une agglomération très importante ». L'inscription suivante (voir planche III), a été tracée à la pointe, après la cuisson, à la partie supérieure de ce vase :

ATIISMIIRTISRL

Le sens des trois dernières lettres nous échappe, mais on reconnaît facilement, dans celles qui les précèdent, le nom celtique *Alesmertus*, employé au génitif, et se rapportant selon toute apparence, au propriétaire du vase. Une inscription découverte à Vineuil, près de Blois, vers 1875, et perdue depuis, avait déjà fourni ce nom celtique (*Corp. inscrip. lat.*, XIII, n° 3080). Notons aussi qu'il est employé, comme surnom de Mercure, sous les formes peu différentes *Adsmerius* et *Atesmerius*, dans deux inscriptions votives provenant, la première de Poitiers (*Corp. inscrip. lat.*, XIII, n° 1125), la seconde de Meaux (*Ibid.*, n° 3023). Le thème *Smer*, qui entre également dans la composition d'autres noms gaulois tels que *Smerius*, *Smertulus*, *Smertulitanus*, etc., a été considéré par quelques savants comme la primitive appellation d'un dieu *Lug*, dont il a été question précédemment sous le n° 1295. (Cf. Paul Monceaux, *Revue historique*, janvier-février 1888, p. 5).

1361

Marques sur briques

Estampages et renseignements de M. Muller, bibliothécaire et conservateur du matériel de l'école de médecine et de pharmacie de Grenoble, membre de la Société dauphinoise d'ethnologie et d'anthropologie.

1. — Brique, de provenance inconnue, acquise par M. Muller et conservée dans sa collection. Estampille circulaire : au centre, un nautonier (voir la planche IV, où cette marque et la suivante sont reproduites en vraie grandeur).

OPVS DOLIARE EX PREDIS DN

Opus doliare ex pr(a)edi(i)s D(omini) n(ostri).

« Ouvrage doliaire des domaines de notre Maître ».

A l'exception de Domitien, qui l'exigea impérieusement dans la conversation et les écrits, mais non pas sur les monuments publics (Suét. *Domit.*, 13), les premiers empereurs manifestèrent, à l'exemple d'Auguste, une antipathie feinte ou réelle pour le titre de *dominus noster* (Suét., *Aug.* 53; *Tib.*, 27 et 29; Tacit. *Ann.*, II, 87; — Lampride, *Alex. Sev.*, 4). Ce titre n'apparait dans les inscriptions qu'à partir de Sévère Alexandre (*Corp. inscrip. lat.*, II, n 3413; III, 536, etc.), et il faut même descendre jusqu'à Aurélien pour le trouver sur les monnaies romaines des empereurs et des césars. Mais cette appellation devint commune après l'abdication de Dioclétien et de Maximien, et elle fut alors abrégée par la première lettre de chaque mot. Rejetée par Flavius Sévère, Maximin Daza et Maxence, elle fut reprise par Constantin et substituée au titre d'*imperator*, tellement délaissé sous Justinien, d'après le témoignage de Procope, que son emploi était considéré comme une injure. (*Hist. arcan.*, 134).

Il n'y a pas de doute que la marque qui précède doive se rapporter à Domitien. La forme des caractères ne permet pas de les attribuer à une époque plus basse. D'ailleurs, il existe de très nombreuses marques de tuileries impériales sur lesquelles Domitien est appelé *Dominus noster*. Quelques-unes ne diffèrent même que par le motif central ou diagramme, de la marque que possède M. Muller (cf. Marini, *Iscrizioni antiche doliari*, p. 90 et 91).

2. — Fragment de brique, de provenance inconnue, acquis par M. Muller et conservé dans sa collection.

···CIANI·ING···

Aucun complément certain ne nous paraît possible.

1362

Marques diverses

Copies dessinées et renseignements de M. Eugène Camoreyt, conservateur du musée de Lectoure (Voir la planche VII).

Lectoure. — Nous avons reçu trop tard pour le dernier numéro de la *Revue*, les marques suivantes que M. Camoreyt a découvertes à Lectoure, dans la plaine de *Pradoulin* (cf. ci-dessus, n° 1344). Au musée de Lectoure.

1. — « Anse d'amphore. Caractères nettement lisibles, de 0m01 ».

HOEPIORF

Hoepior(um) f(iglina). — « Poterie des *Hoepii* ».

Le gentilice *Hoepius* paraît nouveau.

2. — « Fragment d'une anse d'amphore ».

CORI

Cori(nthi). — « Poterie de Corinthus ».

Même marque à Lyon, sur une poterie fine à couverte rouge lustrée (Allmer et Dissard, *Musée de Lyon*, 4, p. 328).

3. — « Moitié d'un grand fond creux de vase à couverte rouge lustrée, mais de fabrication assez grossière. La marque est dans un cartel rectangulaire dont les petits côtés sont arrondis ».

IVLLVS

Voyez ci-dessus, n° 1344, 41.

4. — « Petit fond creux, très élégant. La marque est dans une figure ayant la forme d'un trapèze ».

SCAP

Scap(ulae). — « Poterie de Scapula ».

Un autre exemplaire de cette marque porte un point final (Camoreyt, *Objets antiques*, n° 348).

CHRONIQUE

— Un manuscrit inédit de Peiresc, conservé à la bibliothèque de Carpentras (Lambert, *Catal.*, t. 3, pp. 148 à 157), a été décrit, par M. Seymour de Ricci, dans le numéro de mai-juin 1900 de la *Revue archéologique* (pp. 425 à 440). Parmi des documents historiques de toute nature, on trouve dans ce manuscrit intitulé : « *Mémoires pour l'histoire de Provence, tome 3* » (in-4° de 274 feuillets), 42 inscriptions antiques qui existent encore pour la plupart, ou dont on possède de meilleures copies. Les suivantes seules n'étaient pas connues et présentent quelque intérêt.

1. — A Aix, en Provence, « vers la grange de M. Casanova ». Restitution de M. de Ricci :

a. —	*imp·caes·t·ael·* *hadrianus an* TONINV*s aug·pius* *po*NT·*Max·trib·* POT·II·*cos· i*I P *p* RESTIT*uit* ·····III	*b.* —	*imp*·CAE*s·t·ael·* *ha* D R *i* A *nus* *anton* I N *us aug* *pius*············ ················ ················ ········ ·······

Il s'agit, ainsi qu'on le voit, de deux bornes milliaires relatives à Antonin-le-Pieux et placées vraisemblablement sur la route d'Aix à Arles (voie Aurélienne).

2. — A Arles « sur un marbre rompu » aperçu en 1639, dans le lit du Rhône, par Luce Balthezar Valleriole :

« *Cornelia Faebianes quae vixit ann. xxxxvii, men. vi....* ».

« Le reste, dit le manuscrit, ne se peut lire pour son ancienneté ». La division des lignes n'est pas indiquée. Les deux premiers mots sont lus, par M. de Ricci, *Cornelia*[*e*] *Fabianes*; nous supposerions, de préférence : *Corneliae Albianes*.

3. — A Vence, « *subtus chorum ecclesiae* » :

C·FLAVI·SE·········N··
IIVIRALI·INHONO······DO
TI·EREPTI DOLORIS SVI SOL
ACIVM·C·FLA·SECVNDVS CLE
MENTIS FIL·PAP·IIVIRALIS
ET SACERDOT · II DOMITIA
IVCI·FIL·RATEPNA FILIO CA
RISSIMO ET SIBI VIVI FECE
RVNT·

[*D*(*iis*) *M*(*anibus*)] *C*(*aii*) *Flavi*(*i*) *Se*[*cundi*]*n*[*i?*], *duumvirali*[*b*(*us*) *or*]*n*(*amentis*) *hono*[*rati, sacer*]*dot*(*alis*), *erepti doloris sui solacium* ; *C*(*aius*) *Fla*(*vius*) *Secundus, Clementis fil*(*ius*), *Pap*(*iria tribu*), *duumviralis et sacerdot*(*alis*), [*et*] *Domitia,* [*L*]*uci*(*i*) *fil*(*ia*), [*P*]*ate*[*r*]*na filio carissim*[*o*] *et sibi vivi fecerunt.*

On apprend, par ce texte, que les citoyens romains de Vence étaient inscrits dans la tribu *Papiria*.

4. — A Aix, « *in aede S. Virginis* » :

L ANTONIO
RVFINO
M VITELLIVS
CELSVS

— L'inscription n° 3223 du *Corpus inscriptionum latinarum*, tome XII, publiée d'après une copie de Vincens et Baumes, qui l'avaient vue « près de Nimes », en 1782, a été retrouvée dernièrement au chemin de Beaucaire et transportée au musée de Nimes. Un estampage très net, obligeamment communiqué par M. Carrière, nous permet d'en donner la meilleure copie que voici :

D M
T GEMINII T FIL
VOL · TITIANI
PRAEF · VIGIL · ET
ARMOR · ACVTIA
EPITEVXIS · MARITO · OPT
ET · SIBI · P ·

Hauteur des lettres : 0m037 à la première ligne, 0m031 aux deux suivantes, 0m028 aux trois autres, et 0m025 à la dernière.

(Sur cette inscription, et la préfecture des vigiles et des armes, ou commandement d'une milice municipale chargée de la police nocturne de la ville, de l'extinction des incendies et même, le cas échéant, de repousser à main armée les attaques de brigandage, voyez Allmer, *Histoire de Languedoc*, tome XV, p. 687 et 688).

— M. A. Sagnier a publié, dans les *Mémoires de l'Académie de Vaucluse* (année 1900, 2e livraison, pp. 167 à 177) une *Notice sur un sarcophage épigraphique inédit* de sa collection. Il s'agit d'une urne funéraire provenant peut-être d'Arles, et dont la face principale, assez élégamment décorée, porte une inscription qui est ainsi conçue :

D · M
M · DOMITIVS
ZOSIMAS · FECIT
M · DOMITIO · VRBICO
PATRONO · B · M · F

D(iis) M(anibus). M(arcus) Domitius Zosimas fecit M(arco) Domitio Urbico, patrono b(ene) m(erenti) f(ecit).

« Aux dieux Mânes, Marcus Domitius Zosimas a fait (construire ce tombeau) à Marcus Domitius Urbicus, son patron bien méritant ».

On peut noter la répétition fautive du mot *fecit*.

La notice de M. Sagnier, très intéressante par elle-même, est accompagnée d'une bonne photogravure du monument.

— Les fascicules 63 et 64, récemment parus, du *Dizionario epigrafico di antichita romane* publié sous la direction de M. E. de Ruggiero (Rome, L. Pasqualucci, éditeur), sont l'un et l'autre consacrés au mot *consul*.

— Une inscription découverte à Rome et récemment publiée par M. l'abbé Thédenat (*Bull. des Antiq. de France*, 1899, p. 381), est dédiée à la déesse *Vienna*, éponyme de la colonie de Vienne, dans la Gaule Narbonnaise. Cette inscription est ainsi conçue :

Numini deae | Viennae, | ex d(ecreto) d(ecurionum), | M(arcus) Nigidius Paternus, | (duum)viralis, pon(i) cur(avit).

« A la divinité de Vienne, en conformité d'un décret rendu par les décurions, Marcus Nigidius Paternus a fait cette dédicace ».

On peut la rapprocher d'une plaque de bronze, également trouvée à Rome, et portant une dédicace au dieu *Arausio* de la colonie d'Orange (Héron de Villefosse, *Bull. arch.*, 1891, p. 408).

— M. Seymour de Ricci, attaché au musée Guimet, a publié dans la *Revue celtique* (fascicule de janvier-mars 1900, p. 10 à 27), un second article, sur le *calendrier celtique de Coligny*, dont il a été question, à différentes reprises, dans la *Revue épigraphique* (1897, t. III, p. 193; 1898, t. III, p. 541 et 557; 1899, t. IV, p. 13 et 22). Après avoir analysé succinctement les nombreux articles que l'on a déjà consacrés à ce calendrier aussi célèbre que mystérieux, M. de Ricci résume avec méthode les résultats auxquels on est arrivé pour l'établissement du texte et la restitution astronomique. L'auteur est d'avis que le calendrier de Coligny est de la « deuxième moitié du premier siècle après notre ère, vers l'an 80 par exemple ». Il lui paraît à peu près certain que ce calendrier était lunaire, dans l'esprit de ceux qui s'en servaient, et que la langue dans laquelle il est écrit n'est ni le celtique, ni le grec, ni le latin, mais une langue particulière, ligure ou séquane.

— Les archives du musée de St-Germain-en-Laye viennent de s'enrichir de deux collections de manuscrits épigraphiques: ceux d'Ernest Desjardins, décrits par M. Seymour de Ricci, dans le numéro de mars-avril 1900 de la *Revue archéologique*, et ceux de Théophile Habert, l'auteur érudit de la *Poterie antique parlante*. Ces derniers contiennent la copie d'un millier de marques de potiers qui n'ont pas été encore publiées. Le musée de St-Germain possédait déjà des manuscrits épigraphiques du général Creuly, de Charles Robert, de Gabriel de Mortillet, d'Olivier Rayet. Nous rappellerons, à ce propos, que les papiers d'Edmond le Blant et de Saulcy sont à la bibliothèque de l'Institut; ceux de Théodore Vacquer, à la bibliothèque municipale; ceux de Waddington, au cabinet des médailles; ceux de Léon Renier, à la Mazarine, pour le plus grand nombre, et pour le surplus à la Sorbonne, où se trouvent également des papiers de Philippe Lebas et de Noël des Vergers. Parmi les manuscrits épigraphiques qui existent dans les collections particulières, on peut citer : les papiers de Denis chez M. Maxe-Werly ; de Chabouillet, entre les mains de ses héritiers; de Brunet de Presles, chez M. le marquis de Queux de St-Hilaire; d'Egger, chez Mme Egger; du Dr Plicque, chez M. le Dr de Bourgade, à Paris.

M. de Ricci, qui veut bien nous communiquer ces renseignements utiles, serait heureux de savoir ce que sont devenus les papiers de Letronne.

— Continuant sa précieuse série de *notes d'onomastique romaine*, M. le commandant Mowat a établi dans le deuxième fascicule de 1900 de la *Revue numismatique*, pp. 186 à 193, les véritables noms des deux empereurs Valérien et Régalien. Les légendes monétaires où le premier est appelé *C(aius) P(ublius) Licinius Valerianus* s'expliquent par l'ignorance des Grecs de Nicée, qui lui ont conservé le prénom civique *Caius* antérieur à son adoption par Licinius. On ne peut pas s'en autoriser pour donner à Régalien la titulature *Imp(erator) C(aius) P(ublius) C? Regalianus* que Cohen lui attribue et que l'on retrouve dans les ouvrages de seconde main. Cet empereur s'est appelé en réalité : *Imp(erator) C(aesar) P(ublius) C(ornelius) Regalianus*.

CORRECTION

Numéro 97, p. 103, l. 5. On doit lire: *[C(aii) Ati]l(ii) Vest(alis)*.— « Fabrique de Caius Atilius Vestalis ». Cette marque est commune à Rome (*Corp. inscript. latin.*, XV, 6319).

ESPÉRANDIEU

Vienne, imp. Savigné — Ogeret et Martin, succrs. — Le Gérant: J. OGERET.

REVUE

ÉPIGRAPHIQUE

N° 99. — Octobre, Novembre, Décembre 1900

Gardanne ; — Narbonne ; — Gréasque ; — Vaucluse ; — Autun ; — Saint-Romain-en-Gall (Rhône) ; — Lectoure ; — Leuvy (Aisne) ; — Soissons ; — Monlceau le-Neuf (Aisne).

ALLMER. — Les dieux de la Gaule Celtique (suite).

Bibliographie. — Chronique. — Additions et Corrections.

1363

Autel à Liber Pater

Renseignements empruntés à une communication de M. DE GÉRIN-RICARD, à la section d'archéologie du Comité des travaux historiques. (*Extrait des procès-verbaux*, juillet 1900, p. V à VII). Photographie par M. de Gérin-Ricard.

Gardanne. — Autel en grès servant de socle à un bénitier à Gardanne (Bouches-du-Rhône), « dans l'ancienne chapelle des Pénitents de la Trinité dédiée à St-Valentin et construite, en 1619, sur l'emplacement d'une chapelle romane du même nom ». Cet autel, qui est en bon état, « présente à sa partie supérieure un trou à libation de forme circulaire ». Hauteur, 1 mètre ; largeur, 0m50 ; épaisseur, 0m30. Hauteur des lettres, 0m05.

LIBERO PATRI
SEX · IVL
SERENI · LIB
BACCYLVS

A la première ligne, les lettres A et T forment un monogramme.

Libero Patri ; Sex(tus) Iul(ius), Sereni li(bertus), Baccylus.

« A *Liber Pater* ; Sextus Julius Bacchylus, affranchi de Serenus ».

Dans l'esprit des anciens, Bacchus ou *Liber Pater* faisait partie du groupe des dieux certains qui présidentau développementde l'homme, depuis sa conception jusqu'à sa naissance. « *Liberum a liberamento appellatum volunt*, a dit St-Augustin, *quod mares in coeundo per ejus beneficium emissis seminibus liberentur* » (*Cité de Dieu*, 6, 9). A Rome, son culte public était confié à des prêtres spéciaux (*Corp. inscript. latin.*, VI, 8.796). Le 17 mars, les parents des jeunes gens qui recevaient la toge virile lui sacrifiaient un bouc dans son temple. Le culte de Bacchus servait de prétexte aux Bacchanales, dont un senatus-consulte de l'an de Rome 568 (= 186 avant notre ère), essaya de refréner l'immoralité, en mettant ceux qui voulaient prendre part à ces fêtes dans l'obligation de se pourvoir d'une autorisation du Sénat (*Corp. inscript. latin.*, I, p. 196).

Liber Pater a été mis au rang des divinités panthées, dont faisaient partie Jupiter, Serapis, Silvain, d'autres encore (*Corp. inscript. latin.*, II, 2.008 ; III, 1.139 ; VII, 1.038, etc). La 30e épigramme d'Ausone, dédiée *Liberi patris signo marmoreo in villa nostra omnium deorum argumenta habentis* est justement célèbre à ce point de vue. Ces divinités, qui concentraient en elles les attributs et les pouvoirs de tous les dieux, sont intéressantes à constater, parce qu'elles marquent l'évolution lente de la religion païenne vers le monothéisme chrétien. (Sur les dieux panthées, v. Henri Graillot, *Revue archéol.*, 1900, p. 220 à 237).

M. Camille Jullian a déjà fait observer que le mot *Baccylus* est pour *Bacchylus*, surnom d'origine grecque assez commun. « L'omission de l'*h* dans les noms propres de provenance hellénique est, dit-il, un fait des plus courants en Gaule comme ailleurs ». Le dévôt qui a consacré l'autel de Gardanne était déjà connu par un autel à Jupiter trouvé non loin d'Aix, à Puyricard, dans une chapelle abandonnée (*Corp. inscript. latin.*, XII, n° 499).

1364

Epitaphes de deux gladiateurs

Copie dessinée et renseignements de M. Frédéric-Paul THIERS, conservateur du Musée archéologique de Narbonne.

Narbonne. — Table rectangulaire en calcaire coquillier assez grossier, découverte à Narbonne, au mois de septembre dernier, « dans les démolitions de la vicomté ». Hauteur, 0m56; largeur, 0m35; épaisseur, 0m15. Hauteur des lettres, de 0m05 à 0m06. Celles de la dernière ligne, dont il ne reste plus que la partie supérieure, étaient un peu plus grandes.

SEX·KARIVS
M·F·RVFVS
ṚETIARIVS
VIV
SEX·KARIVS
SEX·L·FELIX
RETIARIVS
P·Q·XV

« Caractères mauvais, mais de forme ancienne ».

Sex(tus) Karius, M(arci) f(ilius), Rufus, [r]etiarius. — Viv(us). Sex(tus) Karius, Sex(ti) l(ibertus), Felix, retiarius. P(edes) q(uoquoversus) XV.

« Sextus Karius Rufus, fils de Marcus, rétiaire. — Vivant. Sextus Karius Félix, affranchi de Sextus, rétiaire. Quinze pieds en tous sens ».

Il s'agit, ainsi qu'on le voit, de la tombe construite par un gladiateur rétiaire, pour lui-même et pour son patron, gladiateur rétiaire également, sans nul doute prématurément décédé à la suite de quelque accident inhérent à sa profession dangereuse. Les rétiaires tiraient leur nom d'un grand filet, qui était leur arme principale, et dont ils se servaient pour tâcher d'envelopper leurs adversaires. Ils disposaient, en outre, d'un trident à long manche et d'un poignard. Les gladiateurs de cette sorte avaient le corps simplement ceint d'une pièce d'étoffe que retenait une large ceinture de cuir. Ils ne possédaient pas de coiffure; leur bras gauche était seul protégé d'abord, au poignet, par un ceste, ensuite, à partir du coude, par un brassard qui débordait au-dessus de l'épaule et leur garantissait le visage. L'adversaire habituel du rétiaire était le myrmillon, dont l'armement comportait un casque à visière surmonté de l'image d'un poisson, ce qui avait pu donner lieu à cette provocation bien connue que l'on met dans la bouche des rétiaires: « *Non te peto, piscem peto; quid me fugis, Galle?* » (cf. Friedlander, *Handbuch*, 6. p. 540). Pour si méprisable qu'elle fut, la profession de gladiateur n'était pas exclusivement exercée par des esclaves ou des affranchis. Des citoyens romains y participaient, et il semble même résulter de l'inscription qui précède et se rapporte à l'un d'eux, que des gladiateurs de condition libre pouvaient se faire seconder par leurs propres esclaves. Il est, en effet, probable que le rétiaire Félix avait d'abord combattu en qualité d'esclave avant de recevoir sa liberté du gladiateur qu'il avait pour patron. On peut noter que ni l'âge du défunt, ni le nombre de ses combats, ne sont indiqués dans son épitaphe. Cette réserve, contraire à l'usage, est assez surprenante.

Le pied romain valant environ 0m296, l'emplacement réservé aux deux gladiateurs avait ainsi près de 4m50 en tous sens. Cet espace, relativement considérable et sans doute clôturé, permet de supposer qu'un petit jardin décorait la tombe.

1365

Autel à Belenus

Renseignements de M. l'abbé CHAILLAN, curé de Beaurecueil (Bouches-du-Rhône) ; renseignements et estampage de M. l'abbé BONIFAY, curé de la paroisse Saint-François-d'Assise, à Marseille.

Gréasque. — Petit autel de grès découvert, il y a une vingtaine d'années, près de Gréasque (Bouches-du-Rhône), par M. l'abbé Chaillan alors vicaire de Fuveau, à l'ouest de la chapelle rurale dite de Notre-Dame-des-Mines, dans un champ appelé le Sapeux, quartier du Prado. Appartient à M. l'abbé Bonifay. Hauteur, 0m35 ; largeur, 0m22 ; épaisseur, 0m19. Hauteur des lettres, 0m02.

Q////////N V//
BELINO
*p*RO SE ET
SVOS (sic)

« La lettre Q est très visible à la première ligne, le N également, mais le V est réduit à sa partie inférieure ». Caractères rustiques, d'assez basse époque.

...*Belino* [*p*]*ro se et suos.*

« ...A Belenus, pour lui-même et pour les siens ».

La lecture du mot *Belino* ne fait pas de doute. Il parait bien, par conséquent que la dédicace qui précède se rapporte à *Belenus*, dont le nom est de même orthographié *Belinus* dans plusieurs inscriptions (*Corp. inscript. lat.*, III, n° 4774 ; V, n° 1829, 2144). Nous avons ainsi le premier exemple assuré pour la Gaule, d'un autel se rapportant à ce dieu. (V. Allmer, *Revue épigraphique*, tome 3, pp. 360 à 365 et 372 à 375). Les noms du dévôt ne sont pas restituables.

Un autel « à peu près pareil » a été découvert tout récemment, par M. l'abbé Chaillan, près du village de Rousset (Bouches-du-Rhône), « sur la fontaine du château de Défends ». Il ne reste plus aucune trace de l'inscription que cet autel a peut-être portée. (Sur la locution *pro se et suos*, v. ci-dessus, p. 6).

Une copie moins exacte de la dédicace qui précède a été publiée par M. de Gérin-Ricard, dans les *Mémoires de l'Académie de Vaucluse* (t. XIX, année 1900, p. 32).

1366

Epitaphe

Copie dessinée et renseignements de M. l'abbé GIRAUDON, curé de Vaucluse.

Vaucluse. — Plaque de marbre blanc, retaillée du côté droit, découverte, au mois de juillet 1899, dans une absidiole de l'église de Vaucluse, « en démolissant un vieil autel en bois consacré à Saint-Véran ». Cette plaque avait été placée, l'inscription en dessous, pour former la table de l'autel. Hauteur, 1m20 ; largeur, 0m63 ; épaisseur, 0m15. Hauteur des lettres, 0m08.

D E *f*
SEX AEMI*lius*
L ♡ FIL VO*lt*
NIGRIN*us*
PATRON*us*

Lettres de bonne forme, probablement du premier siècle.

De[f(unctus)]. Sex(tus) Aemi[lius], L(ucii) fil(ius), Vo[lt(inia tribu)], Nigrin[us], patron[us].

« Mort. Sextus Aemilius Nigrinus, fils de Lucius, de la tribu Voltinia, son patron ».

Cette inscription est embarrassante. On ne s'explique pas, tout d'abord, la présence d'un E après le D de la première ligne : on s'attendrait plutôt à y trouver un M, ce qui conduirait à la formule habituelle : *D(ii)s M(anibus)*. M. l'abbé Giraudon, que nous avons consulté sur ce point spécial, nous assure que cet E « existe tel quel profondément et nettement gravé ». Comme il est difficile d'admettre, en présence de cette affirmation, que l'on a pris pour un E les restes d'un M ou d'une *hedera*, nous ne voyons pas d'autre explication possible que la lecture *def(unctus)*. Il s'agirait ainsi d'une inscription détachée d'un tombeau aux proportions monumentales qu'un affranchi aurait fait construire certainement pour lui-même, ensuite pour son patron, déjà décédé, et sans doute aussi pour d'autres membres de sa famille. La formule de consécration aux dieux Mânes, située à la partie supérieure des différentes épitaphes, se serait alors développée sur toute l'étendue de l'architrave du tombeau.

La localité actuelle de Vaucluse parait s'être trouvée sur le territoire des *Cavares* (Avignon), mais à peu de distance des *Vulgientes* (Apt) et des *Memini* (Carpentras). La tribu *Voltinia*, dans laquelle était inscrit le défunt, était celle de toutes les villes de la Narbonnaise, sauf les colonies militaires de Narbonne, de Béziers, d'Arles, d'Orange et de Fréjus, que l'on reconnaît à leurs noms de forme légionnaire.

1367 à 1368

Autels au dieu Anvallus

Extrait des *Mémoires de la Société éduenne*, nouvelle série, 1900, tome XXVIII. Renseignements et estampages de M. J.-G. Bulliot, président de la Société éduenne.

1367

Autun. — Bloc minuscule de marbre blanc ayant la forme d'un parallélipipède tronqué à son extrémité postérieure, surmonté d'une petite corniche formant une saillie de 0 m. 005, brisée du côté gauche. Ce bloc, donné au musée de la Société éduenne par M. René Gadant, receveur de l'enregistrement, a été découvert au cours des travaux de terrassement exécutés pour l'établissement de la gare du chemin de fer d'Autun à Château-Chinon. Hauteur, 0 m. 067 ; largeur, 0 m. 055. Hauteur des lettres, 0 m. 005. (Voir la planche X).

AVG · SACR
L
DEO · ANVALo
C · SECVND · VI
TALIS · APPA
GVTVATER D
S · P · EX VOTO

Caractères d'assez bonne forme de la fin du premier siècle ou des premières années du second.

Aug(usto) sacr(um); deo Anvallo ; C(aius) Secund(ius) Vitalis Appa, gutuater, d(e) s(uo) p(osuit) ex voto.

« Consacré à Auguste ; au dieu Anvallus. Caius Secundius Vitalis Appa, *gutuater*, a élevé cet autel à ses frais en accomplissement de son vœu ».

Le dieu Anvallus est seulement connu par cet autel et celui qui suit, mais son nom se retrouve, sous la forme dérivée *Anvalonnacu*, dans une inscription celtique du musée d'Autun (*Corp. inscript. latin.*, XIII, n° 2773).

Le mot *gutuater*, d'origine sans doute celtique (cf. Holder, *Sprachschatz*, I, col. 2041), désignait une prêtrise, qui fut peut-être primitivement la plus élevée de la cité. Lorsque les Carnutes, en l'an 52 avant J.-C., se concertèrent avec les Arvernes pour provoquer un soulèvement général de toute la Gaule, ce fut, d'après le témoignage de César, à l'instigation de deux chefs, Cotuatus et Conconnetodubnus (*B. G.*, VII, 3), dont le premier est ensuite appelé *Gutuatrum* par Hirtius, confondant manifestement, dans son récit, le titre sacerdotal de *gutuater* avec le nom du personnage. (*B. G.*, VIII, 38). Ce même titre religieux se retrouve encore, chez les Eduens, accolé au nom de Mars dans une inscription du musée de Mâcon (*Corp. inscript. latin.*, XIII, n° 2585), et chez les Vellaves, où il est porté, au premier siècle, par un fonctionnaire, ancien préfet de sa colonie, dirigeant, à ce qu'il semble, une exploitation de mines de fer (*Rev. épigr.*, 2, p. 456 ; *Corp.*, XIII, n° 1577).

Nous ne croyons pas, contrairement à ce qu'a supposé M. Bulliot, que le mot *Appa* soit une abréviation, du reste anormale, d'*apparator*. Nous y reconnaissons plus volontiers un second surnom, peut être gaulois, dont on a des exemples (*Corp.* II, 2950 ; XII, n° 202 et 5686, 455 ; *Revue épigr.*, 2 p. 153).

(Le second L du mot *Anvallo* n'apparaît pas nettement sur l'estampage que nous avons reçu et notre dessin ne l'indique pas. Il nous semble bien cependant, en y regardant de plus près, qu'il existe, dans la partie mutilée que donne ce dessin, au-dessus de l'L et de l'O).

1368

Autun. — Autel avec base et couronnement découvert dans les mêmes circonstances que le précédent, mais à une date antérieure, et donné au musée de la Société éduenne par M Parey, ingénieur du chemin de fer. Hauteur, 0 m. 21 ; largeur, 0 m. 15. Hauteur des lettres, 0 m. 018 aux six premières lignes, 0 m. 001 à la dernière. (Voir la planche IX).

A V G S A c

D E O A N
V A L LoNoR
B A N E I V S
T H A L L V S

G V T V A T E R
V S L M

Caractères d'assez bonne forme, des premières années du second siècle.

Aug(usto) s(acrum) ; deo Anvallo ; Norbaneius Thallus, gutuater, v(otum) s(olvit) l(ibens) m(erito).

« Consacré à Auguste ; au dieu Anvallus. Norbaneius Thallus, *gutuater*, avec reconnaissance en accomplissement de son vœu ».

Norbaneius, est un gentilice peu commun ; nous n'en connaissons, pour notre part, aucun autre exemple.

Comme le vergobret, magistrat suprême chez les Eduens (*B. G.*, I, 16 ; VII, 32, 33), que l'on retrouve aussi chez les Santons à une époque assez avancée du premier siècle (*Corp. inscript. latin.*, XIII, n° 1048), le gutuater témoigne de la persistance, au temps romain, des institutions de la Gaule indépendante. Pour ce qui regarde le gutuater d'Anvallus, et d'une manière générale tous les prêtres des divinités celtiques, il est fort possible, suivant une opinion déjà émise par M. Hirschfeld (voy. ci-dessus, p. 60), que leur sacerdoce ait seulement été permis dans les cités libres ou fédérées. Mais alors il faudrait admettre que le *foedus* de Rome avec les Eduens, encore existant en l'an 48, malgré la révolte de Sacrovir (Tacite, *Ann.*, XI, 25), a duré plus longtemps qu'on ne l'a supposé et s'est maintenu tout au moins jusqu'à l'époque où parait remonter la plus récente des deux inscriptions qui précèdent, c'est-à-dire jusqu'au commencement du second siècle. Nous irions même plus loin, et nous croirions assez volontiers qu'il n'a cessé qu'au déclin de l'Empire gaulois, vers la fin du troisième siècle, après avoir perdu, peut-être d'assez bonne heure, toutes ses prérogatives, pour ne plus constituer qu'un simple titre sans portée. Ce qui est bien certain, c'est que même pour les cités libres ou fédérées, les dieux nationaux, plus ou moins tolérés au début de l'Empire, s'effacèrent promptement devant l'Empereur-dieu, ainsi qu'en témoignent les deux autels, que nous venons de décrire. Avec ces dieux tombèrent dans l'oubli ou se transformèrent nécessairement les prêtres qui leur étaient propres. Le dieu Anvallus, déchu de son rang, ne devint sans doute qu'un Mars local. Son gutuater n'eut plus dès lors qu'une importance, très secondaire, toute différente de celle qu'il avait possédée du temps de Cotuatus. Si la prêtrise dont il était revêtu ne disparut pas tout à fait, il est présumable qu'elle finit par se confondre, sans aucun nom spécial rappelant le passé, dans la liste nombreuse des petits sacerdoces municipaux.

(Sur la ville d'Autun, fondée par Auguste pour remplacer l'ancienne capitale celtique de Bibracte établie au mont Beuvray et détruite par ordre, en raison des dangers qu'elle aurait pu faire courir à l'occupation romaine, voy. Hirschfeld, *Les Eduens et les Arvernes sous la domination des Romains*, ci-dessus, p. 13, 30 et 44).

1369

Marque de fabrique

Copie communiquée par MM. Ogeret et Martin, imprimeurs à Vienne.

Saint-Romain-en-Gall. — Fond de vase en terre rouge découvert au mois de juillet dernier à Saint-Romain-en-Gall (Rhône). L'empreinte est dans un cartouche aux petits côtés arrondis.

OF PRIMI

Of(ficina) Primi. — « Fabrique de Primus ».

Le potier Primus est un de ceux dont les marques sont les plus communes. On ne sait rien de l'endroit précis où se trouvaient ses ateliers. On peut supposer tout au plus, par la nature de ses produits, qu'il travaillait en Toscane.

1370

Poids antique

Copie dessinée de M. Camoreyt, conservateur du musée de Lectoure.

Lectoure. — « Poids en pierre blanche de Lectoure. Arêtes en biseau, sauf celle du devant de la base. La taille a été faite à grands coups ; le chiffre seul a été très soigné ». Largeur de la base, 0 m. 12 ; épaisseur, 0 m. 09. Hauteur du poids 0 m. 10. (Voir la planche VII).

Cette pierre, taillée de la sorte, pèse exactement 1.846 grammes. Un petit éclat, dans l'angle inférieur gauche, a pu faire disparaître 3 ou 4 grammes. Si le chiffre V se rapportait à des livres, ce qui est possible, la valeur de chacune d'elles serait ainsi de 370 grammes. Un poids en pierre, marqué V, existe au musée de St-Germain sous le n° 14.249. Il pèse 1.590 grammes (renseignement fourni par M. Salomon Reinach) et se rapproche ainsi, beaucoup plus que le poids trouvé à Lectoure, du système pondéral, généralement admis, qui donne à la livre romaine une valeur de 327 grammes 5.

1371 à 1375

Renseignements et dessins de M. J. Pilloy, correspondant du Ministère de l'Instruction publique, à St-Quentin (Aisne). (Voir la planche VII).

1371

Cuillère votive

Leuvy. — Cuillère de bronze découverte à Leuvy, canton de Soissons, « dans une sépulture du IVe siècle » relative à une jeune fille. Le mobilier funéraire de cette tombe se composait, en outre, d'une bague en argent avec fausse calcédoine, d'un collier en verroterie, d'une épingle à cheveux en argent et d'un vase en terre cuite, à couverte noire, décoré, sur la panse, d'ornements en barbotine blanche avec l'inscription MISCE « Donne à boire ». Deux chrismes, de forme différente, sont gravés au pointillé sur le manche de cette cuillère. L'inscription est sur la coquille. Collection Pilloy.

T

VOFECIOV

Vot(um) fec(it) Iov(inus). — « Iovinus a fait ce vœu ».

Cette interprétation a déjà été proposée par M. Héron de Villefosse (*Journal officiel*, 6 juin 1900, p. 3514). Une autre cuillère, trouvée dans le cimetière de Vermand et conservée au musée de St-Germain sous le numéro 31439 (Pilloy, *Etudes sur d'anciens lieux de sépulture dans l'Aisne*, p. 210), porte également sur sa coquille l'inscription :

T

VOFECITLETVS

La ressemblance entre ces deux objets est tellement frappante « qu'on est autorisé à penser, nous écrit M. Pilloy, qu'ils sortent d'un même atelier ». D'après M. Pilloy, également, les deux chrismes seraient « certainement postérieurs à l'inscription votive ». Ils auraient eu pour but de faire perdre à l'objet son caractère païen. Une troisième cuillère votive peu différente, et provenant aussi de Vermand, a été décrite par M. Froehner (*Catalogue de la collection Hoffmann*, p. 149).

1372

Vase de terre à inscription bachique

Soissons. — Vase de terre rouge découvert dans une sépulture du cimetière gallo-romain des Longues-voies, près de la porte St-Christophe, à Soissons. L'inscription, à la barbotine blanche, est sur la panse de ce vase. Collection Pilloy. (Voir la planche VIII).

REPLE

Reple! — « Remplis! »

M. Maxe-Werly, qui a étudié les vases à inscriptions bachiques, a déjà fait observer qu'on les rencontre fréquemment dans les collections et les musées du nord-est de la Gaule, et surtout dans les contrées rhénanes. Ces inscriptions sont presque toujours tracées au pinceau, ou par l'emploi de la barbotine, sur des récipients en terre décorés d'un feuillage de vigne avec vrilles et raisins plus ou moins bien représentés. La formule « *Reple!* » est celle « *Misce!* », dont il vient d'être question sous le n° 1371, sont assez communes, (cf. Maxe-Werly, *Mém. des Antiq. de France*, 1888, p. 364, 365, 368 et 369). D'une manière générale d'ailleurs, indépendamment des paroles qui s'adressent au liquide lui-même, les inscriptions bachiques peuvent se diviser en deux catégories : d'une part celles qui ordonnent au cabaretier de remplir la coupe ; de l'autre, celles qui invitent le buveur à la vider. Il arrive même quelquefois que ces inscriptions constituent de véritables dialogues ; l'un des plus connus, parmi ceux-ci, se lit sur une gourde en terre cuite du musée Carnavalet : *Copo, conditum habes? — Est. — Reple, da!* « Cabaretier, as-tu du conditum? — Il y en a. — Remplis et donne! » (cf. abbé Thédenat, *Comptes-rendus des séances de l'Acad. des Inscrip. et B.-L.*, 1899, p. 236).

1373

Coupe de verre à inscription bachique

Montceau-le-Neuf. — « Coupe de verre blanc » découverte à Montceau-le-Neuf, canton de Sains (Aisne), dans une sépulture du IVe siècle renfermant un mobilier extrêmement curieux et riche ». L'inscription est gravée au burin, sur le bord de la coupe, et ne se distingue surtout que par transparence. ollection Boulanger, à Péronne. (Voir la planche VIII).

TOLLITE VIT*reum*

Tollite vit[reum?] — « Levez la coupe de verre! »

Cette formule, dont l'interprétation n'est du reste pas certaine, serait inédite. Il faudrait encore la rattacher à la nombreuse série des invitations à boire que l'on connait. (Cf. Maxe-Werly, *Mémoires des Antiquaires de France*, 1888, p. 336 à 370). D'autres coupes de verre à inscriptions bachiques existent dans quelques collections, notamment aux musées de Lyon, de Munich et de Worms (renseignement fourni par M. Bohn).

1374

Vase de terre avec inscription

Montceau-le-Neuf. — « Poculum en terre cuite, à couverte noire, découvert à Montceau-le-Neuf, dans une sépulture du IVe siècle ». L'inscription est gravée sur la panse en traits profonds. Collection Boulanger, à Péronne. (Voir la planche VIII).

ΗΡΑΚΛΗC

Ἡρακλῆς. — « Héraclès ».

1375

Bague avec un heureux souhait

Erlon. — « Bague en bronze, à châton circulaire, recueillie dans une sépulture de femme du cimetière franc d'Erlon, canton de Marle (Aisne). L'inscription est gravée sur le châton. Collection Pilloy. (Voir la planche VII).

PAX

Pax! — « Paix! »

La première lettre a été barrée horizontalement, peut-être avec l'intention de figurer le monogramme du Christ.

DIEUX DE LA GAULE

par Auguste Allmer

I. — LES DIEUX DE LA GAULE CELTIQUE (suite).

1376

Matres NEMETIALES

1. — Prov Narbonnaise (civitas des Allobroges, puis des *Viennenses*; colonia Julia Vienna, Vienne).

Autel trouvé à Grenoble, dép. de l'Isère, l'ancien vicus *Cularo*, dans le cimetière de l'église St-Jean, place St-André. — Grenoble, au Musée.

Matris Nemetiali[bus] Lucretia Q. lib. [F]ilum[ena ?]

Allmer, *Inscr. de Vienne*, III, p. 127, en facsimilé *Atl.*, 269 : Lettres de mauvaise forme. — Hirschfeld *C.* XII, 2,221 ; « contuli ». — Fl. Vallentin. *Dieux des Allobroges*, p. 31. — Friederichs, *Matron.*, n° 187. — Ci-dessus, II, p. 318.

« Aux Mères *Nemetiales*, Lucretia Filumena, affranchie de Quintus...».

Nemetum, « un bois sacré », est un mot celtique. Les Mères *Nemetiales*, ici honorées d'action de grâce, étaient les déesses, non pas des bois sacrés en général, mais beaucoup plus probablement d'un bois situé à l'endroit même où se voyait l'autel.

1377

Deus NERIUS

Gaule celtique. Province d'Aquitaine prolongée (civitas des Bituriges Cubes; Avaricum, Bourges).

1. — Néris, dép. de l'Allier, l'ancien vicus Neriomagus.
A l'établissement thermal.

·····B AVG ET NERIO DEO VSIBVS Q.R·P·B·····
·····ESTER II VIR II FLAM·ROM ET·AVG ITEMQUE FLAMEN·PI·····
·····II IVLII EQVESTRIS FILII CIMBER ET EQVESTER FLAMIN·····
·····ABERNAS PORTICVS QVIBVS FONTES NERI· THERMAE P···
·····M OMNIBVS SVIS ORNAMENTIS OB HONO/// FLAM/NI C·····

Hirschfeld, *C.* XIII, 1376 ; litteris saeculi secundi.

·····MINIB·AVg ET NERI·····
·····IS· FIL·EQVEStER·II VIR·II·····
······LVCII·IVLII·EQuESTRIS·FILII·····
·····AS·PORTICVS·QVIBVS·FONTES·····
··· ·I OMNIBVS·SVIS·ORNAMENTIS·····

Hirschfeld, *C.* XIII, 1377, litteris saeculi secundi.
Numinibus Augusti et Nerio deo usibusque rei publicae Biturigum [*Cuborum et vicanorum Neriomagensium, L. Iulius Equestr*]*is fil. Equester duumvir II. flamen Romae et Augusti itemque flamen p*[*rovinciae Aquitanicae? et Luc*]*ii Iulii Equestris filii Cimber et Equester, flamines Romae et Augusti, diribitoria, tabernas, porticus quibus fontes Nerii et thermae p*[*ublicae cinguntur cu*]*m omnibus suis ornementis ob honorem flamonii c*[*onsummaverunt*] ou *o*[*btulerunt*].

2. — Néris. Fragment, à l'établissement thermal.

L IVL IVLI·EQ*uestris fil. Equester?*················
EX DECRETO *vican. Neriomag.(??)*···········*diri*
BITORIA TAB*ernas porticus*················ ····

Hirschfeld, *C.* XIII, 1378 ; litteris secundi fere saeculi.

3. — Néris. Fragment. — A l'Etablissement thermal.

L. Iulius,····· *Iulii*··· VNVIS FILIVS *Equester*····
cum omnibus suis orna MENTIS FAL *eribus*·········

Notre copie dessinée. — Ci dessus III, p. 141. — *C.* XIII, 1381, litteris magnis.
« Lucius Julius Equester, fils de ...Julius ...unuis, (a donné ce....) avec tous les ornements, les bordures (des bassins?).....».
Ces bordures peut être en marbre ; voir dans la note ci-après la remarque de l'abbé Greppo.

4. — Néris.

CASSIA NEMIE F· NERIO VSV II·

Hirschfeld, *C.* XIII. 1371 : fragmenta quattuor ejusdem tituli, litteris bonis.
Cassia, Nemi... f(ilia), Nerio v. s. (libens merito).

5. — Néris. Fragments trouvés à Néris et employés depuis dans la maçonnerie d'un aqueduc.

NENNERIO — OVH — VISSV

Greppo, *Eaux thermales*, p. 50. — *C.* XIII, 1372.
Il est facile de reconnaître dans le premier de ces fragments une dédicace *Nerio (deo)*.

Nerius est le nom antique, aujourd'hui à peine déformé, du dieu qui personnifiait les Eaux de Néris, appelées dans la Table de Peutinger *Aquae Neri*, et simplement *Neri* dans l'Itinéraire Antonin, c'est-à-dire Eaux de *Nerius*. Une bourgade à laquelle elles avaient donné naissance s'appelait *Neriomagus* et avait rang de vicus ainsi qu'on l'apprend sûrement d'après une inscription encore existante *Numinibus et Junonibus, vicani Neriomagienses*. Dès le premier siècle

ou les premières années du second, s'y voyaient des thermes décorés avec magnificence, à en juger par des chapiteaux de colonnes dont les feuillages sont d'un style admirable de vigueur et d'élégance. Ces bains, qu'accompagnaient de nombreux et importants accessoires, des aménagements, des portiques, un temple richement décoré, étaient dûs à la libéralité d'un noble biturige, parvenu au duumvirat et au flaminat provincial, associé à ses deux fils.
Greppo (*Eaux therm.*, p. 45 et s.), parle de revêtements en dalles de marbre blanc, de bains de vapeur, d'une vaste piscine.

1378

NERT...

Gaule celtique. — Province de Belgique prolongée, puis de Germanie supérieure (civitas des Helvètes; colonia Flavia Aventicum, Avenches).
Autel trouvé à Brugy, canton d'Argovie, en Suisse.

Aram Nert... M. Mas. . Tertius mil(es) leg(ionis) XI C(laudiae) p(iae) f(idelis) centuriae Crispi, libes posuit.

Bull. épigr. 1886, p. 49, d'après l'*Indicateur des Antiq. Suisses*, octobre 1882, p. 329. *Korresp. bl.* de Trèves 1883, p. 1.
« A Nert....., Marcus Mas......, Tertius, soldat de la légion XIe *Claudia* « *pia fidelis*, de la centurie de Crispus, a déposé cet autel avec reconnais- « sance ».
Le dieu ou la déesse *Nert*.... d'autant plus inconnus que le nom n'est pas même complet.
La légion XIe surnommée *Claudia*, cantonnée à *Vindonissa* (Windisch), au confluent de la Reuss et de l'Aar, et alors tout près de Brugy. Mise là en garnison par Vespasien, elle quitta la Germanie Supérieure pour aller en Mésie sous Marc Aurèle, et y resta. L'inscription non postérieure à Marc Aurèle.

1379

NICARINUS

Voir *Luxovius*.

1380

NYMPHAE

Les Nymphes d'Aix en Provence

Prov. Narbonnaise (Colonia Iulia Augusta Aquae Sextiae, Aix, sur le territoire anciennement des Ligures).
Le Puy-Sainte-Reparade, canton de Peyrolles, dép. des Bouches-du-Rhône. — Perdue.

Nymphis v. s. l. m. C. P(..) Satur(ninus).

Hirschfeld, *C.* XII, 5772.
« Aux Nymphes, C. P..... Saturninus avec reconnaissance en accom- « plissement de son vœu ».
(Voyez ci-dessus l'inscription n. 1335).

Les Nymphes de Goult

Prov. Narbonnaise (Civitas des Vulgientes, colonie Iulia Apta, Apt).
Trouvée au village de Goult, canton de Gordes, dép. de Vaucluse, à 2 lieues d' pt.

N[y]mphis v. s. l. m. C. Iuventius Honor[at]us M. N.....

Hirschfeld, *C.* XII, 1092: M·N·, peut-être *m(onitu) N(ympharum)*.
« Aux Nymphes, avec reconnaissance en accomplissement de son vœu, « Caius Juventius Honoratus, d'après un avertissement reçu d'elles ».
L'autel a été trouvé « dans une grotte où il y avait autrefois une fontaine,

« accompagnée d'une construction dont subsistent encore des restes ». Au pied de la colline de Goult, sur la rive droite de la rivière du Caulon, se voit une chapelle de N.-Dame, qui est un lieu de pèlerinage très fréquenté.

Les Nymphes d'Apt

1. — Apt. — Trouvée à Apt, dans les ruines d'un aqueduc voisin de la fontaine qui est près de l'église St-Michel.

NYMPHIS
V·S·L·M
....

Hirschfeld, *C*. XII, 1093.

« Aux Nymphes, ... avec reconnaissance en accomplissement de son « vœu ».

2. — Apt. — Au musée d'Avignon.

Nymphis, Attis v. s. l. m.

Hirschfeld, *C*. XII, 1091.

« Aux Nymphes, Attis avec reconnaissance en accomplissement de son « vœu ».

Creuly, *Noms gaulois*, « ATTAE, surnom des Nymphes d'Apt », en faisant du mot *Attis* le nom des Nymphes et en supposant anonyme la dédicace.

Les Nymphes de Carpentras

Prov. Narbonnaise (civitas des Memines, Carpentras).

Carpentras. — Portée à Nimes.

N[y]mpis v. s. l. m. Maxsumi[n]a, Maxsumi fil(ia).

Hirschfeld, *C*. XII, 1177.

« Aux Nymphes, Maxsumina, fille de Maxsumus, avec reconnaissance « en accomplissement de son vœu ».

Les Nymphes du Rasteau

Prov. Narbonnaise (civitas des Voconces).

Trouvée près le Rasteau, lieu dit la Guérarde, canton de Vaison, dép. de Vaucluse. — Au musée d'Avignon.

NYMPH(*is*)

Hirschfeld, *C*. XII, 1325.

« Aux Nymphes ».

On a trouvé en même temps « une plaque de plomb percée d'un grand nombre de trous, une espèce de grille et deux forts crampons de bronze, probablement appartenant à une fontaine » (Catalogue).

Les Nymphes de Vercoiran

Vercoiran, canton du Buis, dép. de la Drôme. — Portée à Montélimar, dans la collection de M. Vallentin.

Nymphis, L. Carenius Carus v. s. l. m.

Hirschfeld, *C*. XII, 1326. — Fl. Vallentin, *Div. indigètes*, p. 56.

« Aux Nymphes, Lucius Carenius Carus avec reconnaissance en accom- « plissement de son vœu ».

Les Nymphes de Crest

Crest, dép. de la Drôme. — Portée à Vaison et perdue.

Nymphis aug(ustis), T. Gingetius Dionysius ex voto.

Hirschfeld, *C*. XII, 1329. — Fl. Vallentin, *Divinités indig.*, p. 56.

« Aux Nymphes augustes, Titus Gingetius Dionysius en accomplissement « de son vœu ».

Gingetius, à lire peut-être *Cingetius*, et alors nom celtique.

Les NYMPHES de la source de l'Eure

Uzès. — Au château.

se X · POMPEIVS · D. COGNOMINE · PANDVS ·
QVOIVS · ET · HOC · AB · AVIS · CONTIGI TESSESOLVM
ae DICVLAM · HANC · NYMPHIS · POSVIT · QVIA · SAEPIVS · VSSVS ·
HOC · SVM · FONTE · SENEX · TAN BENE · QVAM · IVENIS

Notre copie dessinée. — Ci-dessus I, p. 361. — Durand et Allmer, *Hist. de Lang.* XV, *Nîmes*, 1621. — Hirschfeld, *C.* XII, 2926 : « Litteris perbonis saeculi primi incipientis ».

Sextus Pompeius dictus cognomine Pandus,
Quoius et hoc ab avis contegi tesse solum,
Aedicu!am hanc Numphis posuit quia saepius ussus
Hoc sum fonte senex tan bene quam juvenis.

« (Moi) Sextus Pompeius surnommé Pandus, possesseur de ce fonds par « héritage de mes ancêtres, j'ai élevé ce petit temple aux Nymphes de cette « fontaine, dont j'ai bien souvent fait, tant vieux que jeune, un salutaire « usage ».

La source dont les Nymphes ont été honorées d'un petit temple par la reconnaissante dévotion de Sextus Pompeius Pandus n'est autre que la fontaine d'Eure, *Ura fons*, qui naît à Uzès et que les Romains conduisirent de là à Nimes, pour suppléer à l'insuffisance de celle qui sort du gouffre mystérieux appelé à cette époque le dieu Nemausus. Elle y était amenée par un aqueduc de 52 kilomètres de longueur. Le Pont du Gard à trois rangs d'arcs superposés est un reste de ce considérable et magnifique ouvrage.

Pandus était un lettré. Les distiques inscrits par lui sur le modeste Nymphaeum offert aux divinités de la source qui prenait naissance sur son domaine patrimonial ne sont pas dépourvus de grâce. Il les a intentionnellement parsemés d'archaïsmes qu'on affectionnait dans les inscriptions consacrées aux divinités champêtres et particulièrement aux Nymphes, et qui étaient censés rappeler l'innocente rudesse du vieil âge d'or. (*à suivre*).

CHRONIQUE

Il existe au musée de Nantes une intéressante série de bornes milliaires que l'on a décrites bien des fois. Nous devons à l'obligeance de M. Seymour de Ricci, qui les a visitées au mois d'août 1893, de pouvoir modifier sur certains points les lectures déjà publiées des inscriptions qu'elles contiennent. (Voir les planches XI et XII).

1. — Hauteur 1m05 ; diamètre 0m45.

IMPCAES
MPIAVO
NIO VIC
TORINO
AVG · CN
. . . .

Imp(eratori) Caes(ari) M(arco) Piavonio Victorino Aug(usto). C(ivitate). N(amnetum) [l(eugae)....].

2. — Hauteur 1m16 ; diamètre 0m57.

CAIO
PIO
ESVVIO
TETRICO
E. NOBILIS
SIMO
. . . .

Caio Pio Esuvio Tetrico, nobilissimo [Caesari....

3. — Hauteur $1^{m}05$; diamètre $0^{m}63$.

CLEMENTIS
SIMOiMPERA
TORICAESMCLA
TACITOPIOFEL
INVICTO AVGV
PONTIFICI MA*xi*
MOTRIBVNICIAE
POTESTATISPPCOS

Clementissimo [*i*]*mperatori Caes(ari) M(arco) Cla(udio) Tacito pio fel(ici) invicto Augu(sto), pontifici ma*[*xi*]*mo, tribuniciae potestatis, p(atri) p(atriae) co(n)s(uli).*

4. — Hauteur $1^{m}12$; diamètre $0^{m}59$.

CLEMEN
TISSIMVS
IMPCAES
MCLTACI
TOPIOFEL
....

Clementissimus (sic) *imp(eratori) Caes(ari) M(arco) Cl(audio) Tacito pio fel(ici)....*

5. — Hauteur du fût, $0^{m}68$; largeur, $0^{m}54$. — Hauteur du dé, $0^{m}53$; diamètre, $0^{m}57$.

....

CIVD

....*Civ(itate) D(ariorito)* [*l(eugae)*....

Le nom de Tacite, déchiffré pour la première fois sur le quatrième des milliaires qui précèdent, a été reconnu également, par M. Seymour de Ricci, sur un milliaire d'Allichamps, dont on ne possède qu'une copie prise par Caylus (*Recueil d'antiquités*, t. III, p. 374 et pl. CII, n° 2; cf. Greppo, *Eaux thermales*, p. 46, note 2).

Copie de Caylus :	*Restitution de M. de Ricci :*
APCES	iMPCES
ACLTA	MCLTA
CIIOPIINV	CITOPFINV
VC	*a* VC
AVRLXIII	AV*a*RLXIII

[*I*]*mp(eratori) C(a)es(ari) M(arco) Cl(audio) Tacito p(io) f(elici) inv(icto)* [*A*]*ug(usto). Av*[*a*]*r(icum) l(eugae) XIII.*

On sait qu'il existe à Allichamps un autre milliaire dont on a suspecté l'authenticité. (Cf. *Bulletin des Antiq. de F.*, 1878, pp. 234 à 239).

— Le *Musée Belge* (4e année, n° 1, 15 janvier 1900), contient une réponse de M. Waltzing à M. Tandel, à propos de l'inscription du dieu *Entarabus*.

— Comme complément à une note que nous avons publiée dans le dernier numéro de la *Revue*, M. Gaidoz veut bien nous informer que les papiers laissés par Edouard Flouest, « parmi lesquels se trouvaient de nombreux dossiers de beaux dessins » furent donnés par ses enfants au musée de Saint-Germain, où il est possible de les consulter.

— Le dernier numéro (octobre 1900) de la *Revue celtique* contient une seconde édition de la planche que nous avons consacrée, il y a deux ans, (*Revue épigraphique*, n° 90) au calendrier de Coligny.

Bibliographie

Auguste Allmer, geboren in Paris den 8 juli 1815, gestorben in Lyon den 27 november 1899. (Tiré à part). — Dans le *Jahresbericht uber die Fortschritte der classischen Altertumswissenschaft*, 1900 fasc. 6. (Rapport annuel sur les progrès de la science des antiquités classiques), M. le professeur Otto Hirschfeld a consacré, sous le titre qu'on vient de lire, une Notice émue au regretté fondateur de la *Revue Epigraphique*.

« Un an est passé, dit-il, depuis que nous est parvenue de Lyon la triste nouvelle de la mort de l'éminent épigraphiste Auguste Allmer. Depuis plus d'un quart de siècle, nous étions unis par une étroite amitié et par des études communes, et jamais, pendant ce long temps, aucune ombre ne s'est produite dans nos relations. J'aurais tenu volontiers à dire tout de suite quelle place cet homme cher avait occupée dans ma vie; mais une longue maladie me permet seulement aujourd'hui de lui consacrer quelques lignes de souvenir.

Allmer n'a été connu en Allemagne que du cercle restreint des personnes qui s'intéressent à l'antiquité romaine et à ses inscriptions, mais en France, et surtout dans le Midi, sa renommée était très répandue et la considération dont il jouissait était très grande. Ce n'était pas un savant de métier et cependant il a rendu quand même à la science de grands et de durables services... ».

M. Hirschfeld fait ensuite l'éloge des *Inscriptions de Vienne* et rappelle l'accueil qu'il reçut, en 1875, d'Auguste Allmer, lorsque l'Académie de Berlin le désigna pour préparer le *Corpus* des inscriptions latines de la Gaule.

« Sans aucune jalousie nationale, écrit-il, Allmer me déclara qu'il s'emploierait de tous ses moyens pour faire aboutir le *Corpus inscriptionum*, et cette promesse, il l'a fidèlement tenue jusqu'à sa mort. A une époque où il fallait en France un certain courage pour parler des Allemands et de la science allemande, Allmer reconnut toujours ouvertement ce qu'il considérait comme un devoir scientifique. Il a mis à ma disposition tout ce qu'il possédait de documents; il m'a tenu au courant de toutes les nouvelles découvertes, et il a répondu à chacune de mes questions. Si j'ai pu effectuer, dans les circonstances où elle se produisait, l'œuvre que j'avais entreprise, je le dois en grande partie au soutien jamais las de ce protecteur fidèle du travail international. Lorsque j'apprenais à le connaître, Allmer était étranger à la langue allemande. Avec la puissante énergie et la ténacité qui lui étaient propres, il se familiarisa, à soixante ans, avec cette langue si difficile pour des Français, afin surtout, me disait-il, de pouvoir lire dans l'original les travaux de Mommsen, et il arriva à publier, dans sa *Revue*, des articles allemands qu'il avait personnellement traduits. Cette *Revue*, qu'il appellait *notre fille* — et je le dis avec joie — dans les lettres qu'il m'adressait, parce que je l'avais fortement encouragé à la fonder, a d'abord paru, depuis 1878, sous le nom de *Revue épigraphique du Midi de la France*; elle est aujourd'hui continuée, sous celui plus écourté de *Revue épigraphique*, par un ami d'Allmer, le capitaine Emile Espérandieu, qui lui a conservé le même caractère. Jusqu'à son dernier souffle, Allmer a été actif pour elle et s'est réjoui de sa prospérité. Elle forme, en effet, le centre des études épigraphiques dans le Midi de la France, et elle a accru, dans des mesures inattendues, l'intérêt de ces études. Allmer n'a jamais redouté, pour sa *Revue*, ni les peines, ni la dépense, et en particulier celle résultant de la volumineuse correspondance nécessaire pour grouper des collaborateurs et recevoir des nouvelles sûres. Il n'est jamais entré dans sa pensée d'en tirer quelque profit, parce que le prix d'abonnement, fixé par lui, est si bas, qu'il suffit à peine à couvrir les frais d'impression. Et vraiment, il ne lui était pas facile de faire des sacrifices, car sa situation de fortune était plus que modeste ; mais aucun sacrifice ne lui pesait, lorsqu'il s'agissait de la science, parce que la science était sa vie... »

M. Hirschfeld passe rapidement sur l'œuvre d'Allmer et renvoie, pour cet objet, à la bibliographie que nous avons donnée dans la *Revue épigraphique*. Sa notice se termine ainsi :

« Mais les livres seuls ne font pas la science et n'en marquent pas uniquement les progrès. Pour si étendue que soit la production littéraire d'Allmer, quelque preuve éloquente qu'elle puisse donner de son zèle de fer, de la pénétration de ses vues, de sa perspicacité brillante, de son aspiration énergique à former l'histoire, malgré toutes les difficultés de la mise en œuvre des matériaux épigraphiques, elle ne donne pas quand même une image complète de l'homme et de son activité. Ceux qui ont vécu dans l'intimité de cet homme modeste, fuyant le monde et ses bruits, ont seuls appris à estimer en lui le protecteur désintéressé de la science et de ceux qui la servent, sans cesse disposé à faire des sacrifices, et que n'arrêtaient jamais ni d'autres nationalités, ni d'autres croyances, ni d'autres positions. Et ceux-là seuls qui ont reconnu sa haute valeur morale et son esprit de vérité incorruptible peuvent juger entièrement de ce qu'Allmer a été pour la science et pour ses amis et de ce qu'ils ont perdu avec lui ».

Dr Guelliot, *Deux nouveaux oculistes gallo-romains, C. Sempronius Doctus et M. Jucundus*, Reims, s. d. (1900) in-8, 11 pages, 2 gravures (Extrait, à 60 exemplaires, du tome CVI des *Travaux de l'Académie de Reims*). Il s'agit d'un cachet d'oculiste inédit (le treizième trouvé à Reims) et d'un batonnet de collyre déjà publié par M. Héron de Villefosse (*Bulletin des Antiquaires de France*, 1897, p. 350).

— Camille Jullian. *Notes gallo-romaines, V, La plaque de plomb d'Eyguières (Bouches-du-Rhône)*, (extr. des *Annales de la Faculté des lettres de Bordeaux*, 22e année). « Cette plaque de plomb est couverte d'une inscription cursive, où les lettres grecques sont en majorité ; quelques caractères font songer à d'autres alphabets, tels que les alphabets étrusques, et surtout nord-étrusques. Le texte d'Eyguières formerait donc la transition entre les inscriptions (celtiques ou non) à lettres grecques, trouvées en Narbonnaise, et les inscriptions (celtiques ou non) à lettres étrusques, trouvées en Transpadane ». (Héron de Villefosse, *Comptes-rendus des séances de l'Acad. des I. et B.-L.*, 1900, p. 149).

— Jules Nicole et Charles Morel, *Archives militaires du Ier siècle ; texte inédit du papyrus latin de Genève n° 1*. Genève 1900, in-folio. Ce travail, qui vient de paraître sous les auspices de la Société académique de Genève, est du plus haut intérêt pour l'étude de l'armée romaine. Il s'agit de deux feuillets de papyrus de rebut rapprochés et collés pour constituer une pancarte, sur laquelle on avait ouvert un tableau destiné à enregistrer les tours de garde et de corvée de 36 soldats, dont on possède les noms et les services accomplis pendant une période de dix jours, du 1er au 10 octobre. L'un de ces feuillets avait déjà été utilisé pour le décompte, en drachmes égyptiennes, de la masse individuelle de deux soldats ; l'autre feuillet provenant d'une *matricule*, fait connaître les mutations qui ont été accomplies, pendant huit ans, par quatre soldats. Une note de cinq lignes se rapporte enfin, ainsi que M. Héron de Villefosse l'a reconnu (cf. *Comptes-rendus des séances de l'Acad. des I. et B.-L*, 1900, pp. 270 à 275), aussi à quatre soldats qui ont reçu l'*honesta missio* en l'an 90, et dont un sous-officier avait inscrit les noms, comme memento personnel, dans un coin encore blanc du papyrus. Une analyse de cette publication a été faite par M. Cagnat, dans le *Journal des Savants*, juin 1900, pp. 375 à 382 et dans la *Revue critique*, 13 août 1900, pp. 124-125 ; par M. Mommsen, dans l'*Hermès*, 1900, et par nous, dans les *Comptes-rendus des séances de l'Académie des Inscriptions et Belles-Lettres*, 1900, bull. de septembre-octobre, pp. 442 à 458.

— Ermanno Ferrero. *Nuove iscrizioni ed osservazioni intorno all'ordinamento delle armate dell'Impero romano ed indici generali delle iscrizioni classiarie*. Torino, 1899, in-4°. Par ses travaux antérieurs, M. Ermanno Ferrero était déjà considéré comme l'historien incontesté des flottes romaines. Son nouveau volume, extrait des *Mémoires* de l'Académie royale des sciences de Turin, épuise le sujet. Les tables détaillées qui le terminent sont précieuses.

Additions et Corrections aux N°s 97 et 98

M. le professeur Oscar Bohn, chargé de la préparation de la partie du tome XIII du *Corpus* relative à l'*instrumentum* de la Gaule Celtique, nous a proposé d'apporter les corrections qui vont suivre aux lectures que nous avons données, des marques de potiers découvertes à Lectoure (ci-dessus n° 1344). Nous remercions vivement notre correspondant de son obligeante communication.

Page 95 et Planche I, n° 2. — Cette marque est connue par une douzaine d'exemplaires (*Corp.* XIII, n° 10,002, 160; XV, 2,775). Elle a été lue, par M. Dressel : *duo Camili Melissi.* Il existe, du reste, trente-huit exemplaires d'une marque qui est ainsi conçue (*Corp.* XIII, 10.002, 297 ; XV, 2967) :

II IVN'MELISSI
ET' MELISSE

(*Duorum*) *Iun*(*iorum*) *Melissi et Meliss*(*a*)*e.*

Page 96 et Planche I, n° 4. — Marque nouvelle. M. Bohn voit dans chaque lettre l'initiale d'un mot et propose de lire : *C. M*(...) *N*(....) *C*(....).

Page 100 et Planche II, n° 55. — On doit lire de préférence : [*S*]*ucessi.* Cette marque est connue (cf. Allmer et Dissard, *Musée de Lyon*, n° 497, 1231).

Page 125 et Planche VII. — M. Bohn ne rejette pas complètement notre lecture, mais lui préfère celle-ci : *II*(....) *C*(....) *Dior*(*atus*) *f*(*ecit*). On connaît d'ailleurs les marques DIORATI, DIORATIM et DIORF (*Corp.* XIII, n° 10.010, 782) et les signes II et O apparaissent, de leur côté, sur d'autres estampilles (*Corp.* XII, n° 5683, 124 ; XIII, n° 10002, 147 ; XV, 2749).

Page 114, texte de l'inscription, ligne 15, au lieu de : iam, il faut lire : tam.

Page 115, ligne 29, au lieu de : *placés*, il faut lire : *placée.*

Une lettre pleine d'intérêt que nous avons reçue de M. G. Maruéjol, corrige et complète sur quelques points de détail les copies que nous avons publiées des inscriptions de Nîmes ci-après :

N° 1353, ligne 5, on doit lire LAIS LVCRETIA. « Les trois premières lettres de LAIS, nous écrit M. Maruéjol, subsistent à peu près complètes; il ne reste de l'S que quelques fragments, mais ils sont caractéristiques ». L'inscription est gravée sur une pierre rectangulaire bordée d'une moulure. Comme dans l'inscription n° 1357, on a donc un exemple du gentilice placé après le surnom.

N° 1356, ligne 1, il existe un point séparatif entre le D et l'M; ligne 5, l'A de MATRI est surmonté d'un accent. D'après l'opinion d'Allmer, que nous avons suivie (*Hist. de Languedoc*, XV, n° 868), le mot *Vitrici* serait un gentilice. Il n'est pas douteux qu'il s'agisse du nom commun *vitricus*, et cette interprétation, déjà admise par M. Hirschfeld (voy. *Corp. inscript. latin*, XII, p. 963, 2e col.), nous est aussi proposée par M. Maruéjol. Le tympan triangulaire de la stèle de Valeria Hellas porte gravé, en bas relief, un motif d'ornementation dont M. Montégut, peintre à Nîmes, a bien voulu nous fournir un excellent dessin. M. Maruéjol y reconnait un gros bout de quenouille entouré d'un anneau et accosté de deux rosettes.

N° 1357, ligne 2, le T du monogramme TH est surelevé; ligne 3, l'N et le D forment un monogramme. D'après M. Maruéjol, il existerait une 5e ligne composée du seul mot VIVA, dont la lecture serait certaine « bien qu'il n'en subsiste rien autre que de légères amorces supérieures des deux V et de l'A ». On devrait alors compléter : *v*[*i*]*va* [*sibi et matri* (ou *sorori*)].

Page 127, ligne 8, le T initial, l'avant-dernier I de GEMINII et celui de FIL sont surelevés; ligne 11, l'O et le V sont accentués ; ligne 12, l'I de MARITO est surelevé; ligne 13, le P est précédé d'un V encore suffisamment reconnaissable, bien qu'il n'apparaisse plus qu'en partie. Les mots des deux premières lignes sont séparés par des points.

ESPÉRANDIEU

Vienne, imp. Savigné — Ogeret et Martin, succrs. — *Le Gérant :* J. Ogeret.

REVUE

ÉPIGRAPHIQUE

Nº 100. — Janvier, Février, Mars 1901

Reims; — Aps (Ardèche); — Saint-Martory (Haute-Garonne); — Saintes; — Trets (Bouches-du-Rhône); — Arles (Bouches-du-Rhône); — Mougins (Alpes-Maritimes).

HÉRON DE VILLEFOSSE. — Remarques épigraphiques: 1. — Inscriptions de Puimoisson (Basses-Alpes). 2. — Inscription de Hausen (Bavière).

ALLMER. — Les dieux de la Gaule Celtique (suite).

Bibliographie. — Chronique. — Additions et Corrections.

1381 à 1384

Estampages et renseignements de M. L. Demaison, archiviste de la ville de Reims; renseignements de M. H. Jadart, bibliothécaire de la ville de Reims.

1381

Epitaphe

Reims. — Stèle à sommet cintré découverte à Reims, au mois de septembre 1899, à l'occasion de terrassements exécutés au faubourg de Laon, près la rue Cormicy, par M. Parmentier, entrepreneur. Elle a été acquise par la ville et transportée au musée lapidaire établi à l'Hôtel-Dieu. Hauteur 0m85; largeur, 0m49; épaisseur 0m20. Hauteur des lettres, 0m05 à la première ligne, 0m045 aux lignes suivantes:

D M ET M
BERGVSSE
VERNACELLI
CATIANI ET
PEDESEQVI

Caractères larges, d'assez bonne époque, probablement du second siècle. Les lettres E et T sont liées à la première ligne et à la quatrième. A la fin de la cinquième ligne est une *ascia*.

D(iis) M(anibus) et m(emoriae) Berguss(a)e, verna(e) Celli(i) Catiani et pedesequi.

« Aux dieux Mânes et à la mémoire de Bergussa, esclave de la suite de « Gellius Catianus ».

La rédaction de cette épitaphe est assez barbare. *Verna*, au lieu de *vernae*, est une faute, à moins d'admettre, ce qui est encore fort possible, qu'on doive lire, en un seul mot, *vernacelli*, comme le croit M. Demaison, et trouver dans ce mot l'équivalent de *vernaculus*, lui-même à peu près synonyme de *verna*, avec le sens plus particulier cependant d'esclave né dans la maison. Du Cange donne effectivement le mot *vernacellus*; quant à *vernaculus*, ou mieux à sa forme contracte *vernaclus*, les exemples tirés des inscriptions n'en sont pas rares (voy. Forcellini, *Lexic.*, s. v.). Mais alors le gentilice de Catianus ferait défaut, ce qui serait surprenant.

Malgré sa forme féminine, *Bergussa* est un surnom, sans doute porté par un homme. « Rien de plus fréquent, a dit Allmer, que des surnoms de forme féminine portés par des hommes. *Aquila*, *Bestia*, *Flamma*, *Galba*, *Nasica*, *Sura*, etc., en sont des exemples bien connus entre quantité d'autres » (*Rev. épigr.*, 1, p. 56). On doit noter toutefois, ainsi que l'a fait Allmer également, que cette sorte de surnoms a été surtout propre aux temps de la République et du haut Empire, ce qui s'accorde parfaitement avec la date que l'on peut assigner, d'après la forme de ses lettres, à l'épitaphe de Bergussa. Cette interprétation admise, *pedesequi* n'est plus une faute de genre, mais on trouve néanmoins, dans ce mot, l'influence de la prononciation populaire, qui mettait un E ouvert à la place de l'I (Varron, *de re rust.*, 1, 2; Quintilien, 1, 4) et faisait dire à Cicéron, en parlant d'Aurelius Cotta, que son éloquence s'inspirait, non pas de celle des orateurs anciens, mais de l'éloquence des moissonneurs (*Orat.*, 3, 12).

Les *pedisequi* et les *pedisequae* constituaient des esclaves de choix, dont les maîtres et les maîtresses se faisaient escorter quand ils sortaient à pied ou en litière. Ils sont mentionnés, non seulement par les auteurs anciens (voy. Forcellini, s. v.), mais encore dans un certain nombre d'inscriptions (*Corp.* VI, nos 4002 et suiv., 5821, 6332 et suiv., etc.).

Cellius, mis pour *Gellius*, par suite de la permutation fréquente du C et du G dans les inscriptions, serait un gentilice bien connu, qui figure précisément par deux fois, avec l'orthographe que nous lui trouverions ici, dans une inscription de Provence (*Corp.*, XII, n° 978). Mais ainsi que nous venons de le dire, sa lecture est incertaine.

La présence d'une *ascia* sur cette stèle et sur celle que nous allons décrire est à noter (voy. notre *Musée Calvet*, p. 95).

1382

Reims. — Stèle à sommet rectangulaire découverte à Reims, au mois de juin 1900, « dans des fouilles faites à gauche de la route de Bétheny pour la construction d'une crèche ». On trouva en même temps, au-dessous de cette stèle, « un énorme cercueil en plomb, contenant les ossements d'une femme et d'un ou deux enfants, avec divers objets, notamment des fioles en verre, des bracelets en jais, une éponge, un jouet d'enfant, consistant en un petit panier tressé en jonc, des sandales en cuir doublées d'écorce d'arbre, des cheveux nattés, encore conservés, etc. ». Tous ces objets sont au musée de Reims; le cercueil et la stèle ont été transportés au musée lapidaire établi à l'Hôtel-Dieu. Hauteur de la stèle, 1m10; largeur, 0m70; épaisseur, 0m17. La hauteur des lettres varie de 0m04 à 0m06.

D M
PRIMVLO
SATVRNiNA
MATer P
(*ascia*)

Caractères larges, partiellement effacés, d'assez bonne époque.

D(iis) M(anibus). Primulo; Saturn[i]na, mat[er], p(aravit).

« Aux dieux Mânes. A Primulus; Saturnina, sa mère, a préparé (ce tom-« beau) ».

Les restes contenus dans le cercueil en plomb sont ceux, évidemment, de Primulus et de sa mère. Cette découverte est intéressante, parce qu'elle fournit un exemple de sépulture double par inhumation remontant, selon toute apparence, au second siècle de notre ère. Alors même qu'il ne s'agissait que d'ossements calcinés, les sépultures doubles demeurèrent peu communes sous le haut Empire. On sait bien par Suétone (*Domit.* 17), que les cendres de Domitien furent placées dans l'urne qui contenait déjà celles de Julia, fille de Titus, mais on ne compte guère que deux ou trois inscriptions, dont une trouvée à Naix (Maxe-Werly, *Mon. épigr. du Barrois*, p. 29), rappelant des *ossa conjecta* ou *commixta*. A l'époque franque, au contraire, les sépultures doubles devinrent plus nombreuses. Le concile de Mâcon, en 585, fut même obligé d'intervenir, pour ne les tolérer que dans le seul cas où la destruction des chairs du premier occupant serait déjà complète (Voy. Ch. Jarrin, *Essai sur l'histoire de Bourg*, dans le *Cartulaire de Bourg*, 1882, p. VII).

L'abbé Cochet a émis l'opinion, dans sa *Normandie souterraine* (2e édit., pp. 45, 59 et 349) que l'usage des cercueils en plomb n'est pas antérieur au quatrième siècle de notre ère (cf. Egger, *Bull. des Antiquaires de France*, 1867, p. 110). La découverte que l'on a faite à Reims vient à l'appui d'autres témoignages, notamment de ceux fournis par les fouilles de Trion (Allmer, *Trion*, p. 62), pour démontrer que cet usage est d'une bien plus haute antiquité. (Castan, *Rev. archéol.*, XV, 1890, p. 41).

Ni Primulus, ni sa mère n'étaient citoyens romains.

1383

Epitaphe

Reims. — Fragment de stèle découvert à Reims, au mois d'octobre 1900, dans un cimetière romain, au lieu dit le Chemin-vert, et transporté dans un dépôt provisoire établi au cimetière de l'Est. Hauteur (incomplète), 0m50 ; largeur, 0m48 ; épaisseur, 0m17. Hauteur des lettres 0m045.

Caractères nettement gravés de la fin du premier siècle.

D(iis) M(anibus) et m(emoriae). Eloppo, Togeneti (filio); co(n)ius Duteria par(avit).

« Aux dieux Mânes. A Eloppus, fils de Togenetus; Duteria, son épouse, a préparé (ce tombeau) ».

L'intérêt de cette épitaphe est dans les nouveaux noms celtiques qu'elle contient. Les préfixes *tog* et *dut* sont connus par d'autres exemples (Thédenat, *Noms gaulois*, p. 87 ; Holder, *Alt-celt. Sprachshatz*, 1, col. 1388). *Elo* apparaît aussi, mais comme suffixe, dans un certain nombre d'appellations (Holder, *loc. cit.*, col. 1416). La faute d'orthographe que l'on a commise à la quatrième ligne, en même temps qu'elle témoigne de la barbarie des rédacteurs de l'inscription, prouve aussi peut être que l'x avait le son de l's dans le mot *conjux*.

La filiation du défunt est exprimée, à la manière gauloise, par le nom du père mis au génitif avec sous-entente du mot *filius*.

1384

Epitaphe

Reims. — Stèle de pierre commune découverte à Reims, le 28 octobre 1886, « dans un cimetière romain, au faubourg Cerès, à gauche de la route de de Réthel ». Elle a été acquise au mois d'août dernier, par le musée de Reims, d'un collectionneur rémois, M. Petitjean. Hauteur, 0^m37 ; largeur, 0^m17 ; épaisseur, 0^m11. Hauteur des lettres, 0^m0 .

D M
INPIITRA
TOADIII
CTVS PAT

Caractères mauvais, mais d'assez bonne époque, présentant des traces de peinture rouge.

D(iis) M(anibus). Inpetrato; Adiectus, pat(er).

« Aux dieux Mânes. A Impetratus; Adjectus, son père ».

Le surnom *Impetratus* n'est pas rare (Wilmanns, 1370, 1501). L'E exprimé par II n'est pas un signe absolu d'archaïsme; c'est une forme qui se rencontre assez communément jusqu'à une époque très avancée de la période impériale.

1385

Inscription relative à des travaux de route

Extrait du *Bulletin de la Société départementale d'archéologie et de statistique de la Drôme*, juillet 1900, pp. 193 à 197. Article de M. Ludovic VALLENTIN ayant pour titre : *Borne indiquant la distance d'Alba à Nemausus*, (tiré à part).

Aps. — Table rectangulaire, en mollasse compacte trouvée à Aps (Ardèche), au quartier du Palais, au fond d'une cour, où elle servait de jambage à une porte-fenêtre, et transportée à Montélimar, chez M. Ludovic Vallentin. Les mutilations qu'on lui a fait subir ne permettent pas d'en préciser la forme et les dimensions primitives, mais la face portant l'inscription a été respectée. Hauteur, 0^m59 ; largeur, 0^m28. « Le côté droit lisse dans toute sa longueur sur une largeur de 0^m07, le reste étant à peine dégrossi, paraît avoir conservé son ancien état. On peut en induire que cette (table) était bâtie dans un mur, et que la face de l'inscription faisait une petite saillie ». Hauteur des lettres, 0^m05 à la première ligne, 0^m04 aux deux autres. Le cliché du dessin ci-contre nous a été prêté obligeamment par M. Ludovic Vallentin.

(Opus) pag(i) Arecomicorum ?), p(edum) MLXXV.

« Travail fait par le *pagus* des Arécomiques, 1075 pieds ».

Contrairement à l'opinion émise par M Ludovic Vallentin, nous ne croyons pas qu'il s'agisse d'une borne milliaire indiquant la distance d'*Alba* à *Nemausus*. L'inscription d'Aps peut être comparée à une inscription d'Orange (*Corp. inscript.* XII, n° 1243), dans laquelle M. Hirschfeld a reconnu l'indication de travaux de route accomplis, sur une longueur de 660 pieds, par les habitants d'un *pagus* appelé *Minervius*. Elle n'est pas exempte, toutefois, de difficultés multiples. On ne connait pas au juste le tracé de la frontière entre les Helves et les Arécomiques, mais le choix reste probablement circonscrit entre le cours inférieur de l'Ardèche et celui de la Cèze. Il en résulte que la capitale des Helves, *Alba Helvorum*, d'où provient la pierre, était, de toute façon, à une distance notable de la limite présumée des deux peuplades. Doit-on admettre que cette borne, après avoir été érigée sur le territoire des Arécomiques, a subi un lointain déplacement? Faut-il supposer que des Arécomiques furent employés, à un moment donné, à des travaux de route dans le pays des Helves, à proximité de la ville d'*Alba*? La réponse reste fort douteuse, et ce n'est pas là le moindre argument que l'on puisse invoquer contre notre opinion. Peut être même est-il permis de se demander si le complément *Arec(omicorum)* est bien celui qui convient, et s'il ne s'agit pas d'un *pagus* des Helves abréviativement désigné par les lettres AREC? La coïncidence, il est vrai, serait singulière, mais l'hypothèse en soi n'a rien de rigoureusement impossible.

L'inscription d'Aps, si notre première interprétation était admise, serait la seule où figureraient les Arécomiques (voy. cependant *Corp.*, XII, n° 1028). Elle remonterait à la courte période durant laquelle cette peuplade fit partie, avec celle des Helves, du domaine marseillais, et qui se termina si brusquement, en l'an 49, par la ruine complète de la puissance phocéenne (voy. ci-dessus, p. 117). Vers l'an 46, en effet, alors que cette ruine était déjà consommée, les Arécomiques et les Helves recouvrèrent de César leurs constitutions propres ; mais ils perdirent aussi leurs anciennes dénominations, ainsi que l'a rappelé fort à propos M. Ludovic Vallentin. Leurs territoires devinrent des cités de droit latin et les Arécomiques ne furent plus connus que sous le nom de *Nemausenses*.

Ne sachant rien du point où l'inscription fut primitivement placée, nous ne saurions dire sur quelle route se firent les réparations. Aps était le point de départ de quatre voies; toutefois, si l'on excepte, comme trop éloignées des Arécomiques, les deux voies qui se dirigeaient, l'une vers le nord par la vallée du Rhône, l'autre vers le nord-ouest pour atteindre l'Aquitaine, on n'a plus que le choix entre la route d'Aps à Nîmes par Bourg-Saint-Andéol, et celle plus à l'ouest, conduisant au même lieu par Barjac.

1386

Epitaphe

Estampage et renseignements de M. l'abbé SAINT-LAURENT, curé-doyen de Saint-Martory, transmis par M. A. COUGET, ancien magistrat, vice-président de la Société des Etudes du Comminges, à Saint-Gaudens.

Saint-Martory. — Stèle de marbre à sommet cintré, découverte, au mois de novembre dernier, à Saint-Martory (Haute-Garonne) en démolissant un mur « très moderne ». L'inscription est complète, et gravée dans un rectangle creusé lui-même, dans le marbre, à un centimètre de profondeur. — Hauteur, 0m75; largeur, 0m50; épaisseur, 0m09. Hauteur des lettres, 0m03.

Caractères nettement gravés du commencement du premier siècle.

Coerana, Erani filia, annor(um) nat(a) II. H(ic) s(ita) e(st).

« Coerana, fille d'Eranus, morte à l'âge de deux ans. Elle repose en ce lieu ».

Coerana, Eranus, d'origine grecque, ne sont pas des formes nouvelles de surnoms. *Coeranus* (cf. Marini, *Arv.* p. 777) se trouve dans Tacite (*Ann.* 14,

59) et dans Dion (76, 5) et aussi dans une inscription d'Auch (*Corpus*, XIII, n° 784) ; *Eranus* figure dans une marque de potier provenant de la Sarthe et publiée à diverses reprises, notamment par M. Mowat (*Notice épigr. de diverses antiquités gallo-romaines*, (p. 68).

La façon dont on a exprimé l'âge de la défunte est assez curieuse ; on en connaît cependant quelques exemples (*Corpus*, II, n°s 1229, 2139, 2815 ; V. n°s 4530, 7539 ; XIII, n. 3095, etc.).

La formule *hic situs* (ou *sita*) *est*, très fréquente, et pour ainsi dire de règle en Afrique et en Espagne, est très rare dans toute la Gaule. Sa présence, dans l'épitaphe de Coerana, aussi bien que sur d'autres stèles trouvées à Gaud, non loin de Bagnères-de-Luchon (*Corpus*, XIII, n°s 53 à 55), est peut être une preuve, après beaucoup d'autres, que les habitants de l'Aquitaine au sud de la Garonne avaient certaines coutumes ibères et formaient une race que l'on soupçonne d'origine ligure. Le témoignage précis de Strabon (*Géog.*, p. 190) ne laisse pas beaucoup de doute à ce sujet, malgré tous les efforts que l'on a tentés, en s'inspirant d'un patriotisme d'ailleurs fort louable, pour donner aux Aquitains une descendance purement celtique.

1387

Cachet d'oculiste

Extrait du *Recueil de la Commission des Arts et Monuments historiques de la Charente-Inférieure et Société d'archéologie de Saintes*. 5e série, tome I, 1899, p. 55. Empreintes communiquées par M. Ch. Dangibeaud, conservateur du Musée de peinture et de numismatique, à Saintes.

Saintes. — Petite tablette en stéatite verdâtre trouvée, en 1898, par le concierge du cimetière Saint-Vivien, à Saintes, « dans un terrain situé en face de l'angle ouest de ce cimetière et limitrophe du jardin Mollard, qui a déjà fourni des objets curieux ». Acquise par le Musée de Saintes. Longueur, 0m038 ; largeur, 0m027 ; épaisseur, 0m009. Hauteur des lettres, 0m0025.

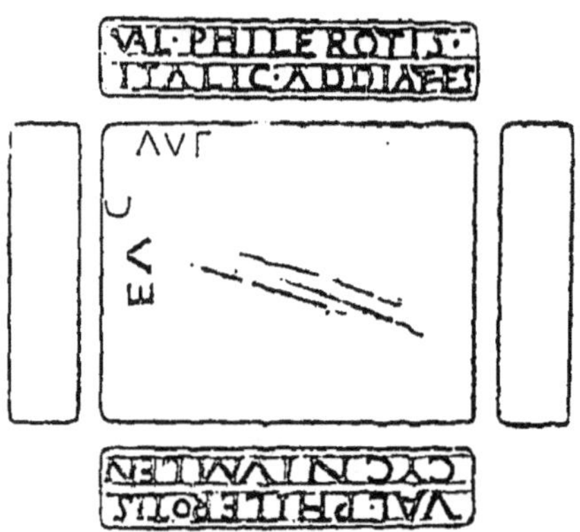

Caractères nettement tracés, d'assez bonne forme. Les deux lettres E V, profondément gravées sur le plat que nous reproduisons, ont une signification qui nous échappe. Les lettres C VAL, à peine distinctes sur ce même plat, sont à lire, pensons nous, *C(aius) Val(erius)*. Un second C, tracé sur l'autre plat, tout près du bord d'une tranche anépigraphe, nous fait supposer que le prénom *Caius* était celui du possesseur de la tablette.

1. — *Val(erii) Philerotis cycnium len(e)*.
2. — *Val(erii) Philerotis italic(um) ad diathes(es)*.

1. — « Collyre *cycnium* adoucissant de Valerius Phileros ».
2. — « Collyre italique de Valerius Phileros contre les diathèses ».

Les médecins-oculistes de l'antiquité n'indiquaient pas, sur leurs cachets, leur condition sociale. Mais les surnoms grecs qu'on leur trouve fréquemment, aussi bien que les indications tirées des pierres tombales (*Corpus*, V, 3156, 3940, 8320; VI, 9605; XI, 6124; etc.), démontrent qu'ils appartenaient, pour le plus grand nombre, à la classe des affranchis.

Le premier des deux noms de collyre fournis par le cachet de Valerius Phileros s'est déjà rencontré, avec l'orthographe *cycnion*, sur une tablette, aujourd'hui perdue, que l'on a découverte au XVIIIe siècle, à Perpèzac-le-Noir, dans la Corrèze (notre *Recueil des cachets d'oculistes romains*, nº 133). Le même nom se retrouve encore sur un cachet d'Amiens (nº 7), où il est abrégé CYCNI, et peut-être faut-il le reconnaître également sur un cachet de Mandeure (nº 98) relatif à un collyre indiqué par les lettres CY. L'adjectif *lenis* accompagne sur d'autres cachets les noms de certains collyres. Ce n'était, selon toute apparence, qu'un qualificatif, qui n'entraînait aucune modification dans la formule habituelle du médicament. Le *cycnium* a pu devoir son nom à sa coloration particulière. Il est probable que ce collyre ne différait pas du *cycnarium*, connu par deux cachets, l'un de Bonn, l'autre de Nimègue (nos 61 et 117), et compris par Galien (*de compos medicam.*, IV, 1; édit. Kuhn, XII, p. 708) dans la série des collyres blancs à base de céruse appelés *cygnes* (κύκνοι).

L'*italicum* non décrit par les auteurs anciens, figure sur un autre cachet (nº 54) trouvé à Contines (Mowat, *Bull. épigr.*, 1883, p. 102). Les diathèses ont été expliquées, d'abord par Sichel (*Nouv. recueil*, p. 57 et 58), ensuite par MM. Héron de Villefosse et Thédenat (*Cachets d'oculistes romains*, I, p. 162 à 164). Elles constituaient, à ce qu'il semble, une affection d'un caractère assez général, et non pas exclusivement, comme on l'a supposé, une tumeur trachomateuse des paupières (v. Ernest Desjardins, *Mon. épigr. de Bavai*, p. 101). L'*italicum*, qui est appliqué aux diathèses d'après le cachet de Valerius Phileros, est indiqué *ad cicatrices* sur le cachet découvert à Contines. Cet exemple, et quelques autres que nous pourrions citer, viennent à l'appui de ce qui précède, mais ne sauraient constituer des preuves certaines.

Le cachet provenant de Saintes, et publié par M. Dangibeaud, est le 215e que nous connaissions.

1388

Autel pour la conservation d'un empereur du premier siècle

Copie et renseignements de M. l'abbé Chaillan, curé de Beaurecueil (Bouches-du-Rhône).

Trets. — Dé d'autel, sans ornements, servant de margelle, « depuis un demi-siècle », au puits situé devant la ferme de Cadenet, commune de Trets (Bouches-du-Rhône). « Auparavant, cette pierre se trouvait sur la fontaine du bassin qui est à peu de distance de la ferme. En puisant de l'eau on abime les lettres; peu à peu elles disparaîtront tout-à-fait ».

pro
SALVTE *i* M *p*
P / E I N E / / / /
. . . .

« Forts beaux caractères. Entre l'E et l'M de la première ligne, il existe un petit espace; après le P et avant l'E de la seconde ligne, il y a aussi la place d'une lettre ».

[*Pro*] *salute* [*i*]*m*[*p*(*eratoris*)].....

« Pour la conservation de l'empereur..... ».

L'état de la pierre, et l'erreur de copie qui a pu se produire, à cause de l'usure des lettres, dans la lecture de la seconde ligne, ne nous permettent pas de trouver, d'une manière certaine, le nom de l'empereur que rappelle ce fragment. Par la beauté des caractères, on peut supposer qu'il s'agit d'un vœu pour la conservation d'un empereur du premier siècle, à l'exclusion de Tibère, de Caligula et de Claude, qui ne portèrent pas le prénom *Imperator*, reconnaissable à la première ligne du fragment, et sont à éliminer pour cette cause. (Voy. Mommsen, *Droit public*, 2, p. 743).

M. l'abbé Chaillan nous fait remarquer que la ferme de Cadenet est sur le tracé de la voie Aurélienne. Un autel relatif à un vœu pour la conservation de Caligula a été découvert sur cette voie, à la Cabasse (*Corpus*, XII, n° 342).

1389

Lampe en terre avec marque grecque

Renseignements et moulage de M. Férigoule, statuaire, conservateur des Musées d'Arles.

Arles. — Lampe circulaire, en terre rouge, découverte à Trinquetaille, près d'Arles (Bouches-du-Rhône), dans la fosse que désignait la plaque de marbre précédemment décrite sous le numéro 1358. Le disque de cette lampe est décoré d'un sujet obscène : un homme et une femme nus, celle-ci accroupie, tiennent chacun, de la main gauche, l'extrémité d'une draperie placée derrière eux. Autour du disque est une couronne de laurier. La marque, en creux, occupe toute la largeur du fond de la lampe; sa hauteur est de 0m007 pour les trois premières lettres, la sixième et la huitième; de 0m005 pour les cinq lettres restantes.

ΑΓΑΘΟΠΟ
ΔΟΣ

'Ἀγαθόποδος. — « (Poterie) d'Agathopus ».

Cette lampe, dont la présence dans la tombe d'une femme est au moins singulière, n'est intéressante que par l'estampille qu'elle porte et qui nous paraît fort rare. Le seul exemple que nous en connaissions se lit sur une lampe découverte près de Sardes (Asie mineure), représentant Serapis entre deux serpents égyptiens, et le dieu Horus (Wieseler, *Gœtt. Nachr.*, 1874, p. 8). On possède, il est vrai, les marques AGATHOPI, AGATOPHI et AGATOP relevées à Rome (*Corp.* XV, n° 6279), et celle BIC AGAT fournie par une lampe d'Arles (*Corp.* XII, n° 5682, 13), mais il ne nous semble pas qu'elles puissent concerner le potier 'Ἀγαθόπους.

1390

Sceau en bronze

Renseignements et empreinte de M. Fournier, instituteur à Paris, communiqués par M. Héron de Villefosse, membre de l'Institut.

Mougins. — Sceau en bronze trouvé à Mougins, près d'Antibes (Alpes-Maritimes). Longueur, 0m052; largeur, 0m024. Les lettres sont en relief et ont 0m007 de hauteur. « Le contre-sceau porte un caducée ».

Q❦STATI
HERMETIS

Q(uinti) Stati(i) Hermetis.

« (Sceau) de Quintus Statius Hermes ».

REMARQUES ÉPIGRAPHIQUES

par M. Ant. Héron de Villefosse

1. — *Inscriptions de Puimoisson (Basses-Alpes)*

Le volume XII du *Corpus* latin, sous le numéro 369, ne signale à Puimoisson, près de Riez, qu'une seule inscription brisée et incomplète; elle provient d'une petite vallée dite le Pas-de-Laval. Dans un livre récemment paru et intitulé

Histoire de la commune de Puimoisson (arrondissement de Digne, canton de Riez) *et de la commanderie des chevaliers de Malte*..... etc. (Paris, 1897, in-8), M. Maurel, membre de l'Académie d'Aix, en indique une seconde qui aurait été découverte également dans la vallée du Pas-de-Laval, au quartier de Mauroue et dans la propriété de M. de Gaudemar; elle est gravée sur une large dalle. M. Maurel en donne (p. 20) la copie suivante qui ne doit pas être absolument exacte. Le texte est sans doute difficile à lire :

(*Copie de M. Maurel*)

D M
VVERONI
CIVIBNATO
MEMORIAME
TETERNALEM
VIVS SIBI FE
CIT

L'inscription est connue depuis un certain nombre d'années, car M. Maillet, ancien maire de Riez, écrivait à l'Académie des Inscriptions, à la date du 10 juin 1855, pour lui en communiquer une copie qui diffère un peu de la précédente.

(*Copie de M. Maillet*)

D M
N E R O N I
CIVIBNEARO (E et A liés)
MEMORIAME
TE//HRNA/EM (H et R liés)
MVS SIBI O
CIT

Ces deux copies me paraissent aussi incertaines l'une que l'autre, particulièrement en ce qui concerne les noms propres inscrits aux lignes 2 et 3. *Civi* est inadmissible; le mot qui suit n'est pas un nom géographique, car je ne crois pas qu'il soit possible de retrouver, dans la copie de M. Maillet, le nom de ville *Benearnum* de l'Itinéraire d'Antonin. Je serais plutôt porté à proposer le redressement suivant, sous toutes réserves, bien entendu. Si la dalle existe encore, je souhaite qu'elle soit examinée par un épigraphiste; mais j'ai la crainte que les lettres n'aient été détériorées, à l'aide d'une pointe, par un barbare.

(*Redressement proposé*)

D M
M · F R O N T
CINTuGNATO
MEMORIAME
T E R N A L E M
VIVS SIBI FE
CIT

D(iis) M(anibus). M. Front(onio) Cint[u]gnato. Memoriam eternalem vi(v)us sibi fecit.

Ligne 2: Dans une inscription d'Aix (*Corp. inscript. latin.*, XII, 552), c'est-à-dire de la même région, on possède un exemple du gentilice *Front(onius)* ainsi abrégé: L· FRONT ‖ TRVFONI.

Ligne 3: Il faut un cognomen; *Cintugnatus* me paraît le seul probable. Il se retrouve en Narbonnaise (*Ibid.*, 2665).

Ligne 5: Sans doute il y a une répétition fautive des lettres TE. Le mot *memoria* désigne le tombeau. Il n'y a qu'un seul autre exemple, en Narbonnaise, de la formule *memoriam aeternam facere* (*Ibid.*, 1194).

La lettre de M. Maillet est conservée à la Bibliothèque Mazarine dans les papiers de Léon Renier. J'en dois la connaissance à M. Seymour de Ricci. Dans la même lettre se trouve un second texte provenant de la même contrée:

I V M B I
D E A N T
O L N L M o
R E N O N I G o

Je ne saisis pas bien le sens de ce fragment, mais il me paraît utile de le signaler. Je ne puis en garantir l'antiquité.

2. — *Inscription de Hausen* (*Bavière*)

Il y a deux ans à peine, sous le n° 1251 de cette revue, Aug. Allmer consacrait une intéressante notice à Apollon *Grannus*. Entre autres textes, il rappelait les inscriptions en l'honneur de ce dieu, retrouvées en Rétie, à Lavingen, sur le Danube, ou dans les environs immédiats de cette localité (*Corp. inscr. lat.*, III, p. 721-723).

Tous les archéologues savent qu'il y avait à Lavingen un sanctuaire d'Apollon Grannus. Les ex-voto de ce sanctuaire ont été découverts dans la région, disséminés sur différents points. Un fragment encastré dans le clocher de Hausen, entre Dillingen et Lavingen, me paraît devoir être réuni aux inscriptions du temple de Grannus. Il a été ainsi publié (*Ibid.*, III, n° 11903) :

D
A E · S A N C T A E · S I
· I T E M · V A L V A S · C
E T R · V I C T O R I ·
- S V A · F V N C T V
T ·

Les compléments proposés pour les lignes 1, 5 et 6, sont excellents, mais pour la ligne 2 je crois qu'on peut en proposer d'autres. Hirschfeld pense à [*de*]*ae sanctae Si*[*lvanae*], Mommsen à [*Fortun*]*ae sanctae si*[*gnum*]. On ne doit pas perdre de vue que l'inscription a été découverte près de Lavingen.

Une inscription trouvée dans le lit du Danube, à Faimingen, localité voisine, débute par ces mots (*Ibid.*, n° 5873) :

A P O L L I N I · G R A N N O · E T · S A N C T A E · H Y G I A E

A Bamberg, sur la limite du Norique et de la Rétie, un autel est orné de reliefs représentant *Grannus* et *Sirona*; les noms de ces deux divinités y sont inscrits et associés (*Ibid.*, n° 5588).

A P O L L I N I
G R A N N O *et*
si R O N A E

A Rome, on a trouvé un autel aujourd'hui perdu, portant les noms de *Grannus* et de *Sirona*. La déesse y est qualifiée *sancta* comme Hygie à Faimingen. (*Corp. inscr. lat*, VI, n° 36. Cf. l'inscription de Walschbronn citée par Ch. Robert, *Epigraphie gallo-romaine de la Moselle*, p. 12, et celle de Graux (Vosges) dans le *Bulletin des Antiquaires de France*, 1880, p. 254, au sujet de l'association de Grannus et de Sirona. V. aussi Ch. Robert, *Revue celtique*, IV.)

A P O L L I N I
G R A N N O E T
S A N C T A E
S I R O N A E
S A C R V M

Ces textes pourront peut-être servir à identifier *Sirona* avec Hygie, mais on peut aussi les utiliser pour compléter la ligne 2 du fragment de Hausen. Le nom de *Sirona*, compagne de *Grannus*, y figurait et le texte débutait vraisemblablement de cette façon :

i · h · d · D

deo · sancto · apollini · granno · et · de AE SANCTAE · SI*ronae*

. . . . ITEM · VALVAS · *Cum*. .

. . . . *p* ETR · VICTORI ·

. . . *omnibus · honoribus in civita*T · SVA · FVNCTV*s*

La formule de la ligne 1 est certaine. Comme les lettres abréviatives de cette formule sont toujours symétriquement disposées, à l'aide du D final et du point qui le précède, on calcule facilement la longueur des lignes. Je crois que le fragment de Hausen doit être classé avec les autres textes votifs du sanctuaire de *Grannus* à Lavingen. Là, comme ailleurs, *Grannus* et *Sirona* étaient unis dans une même vénération. (Sur *Sirona*, cf. C. Jullian, *Inscriptions romaines de Bordeaux*, I, p. 58. Sur *Grannus*, voir Allmer, *Rev. épigr. du Midi de la France*, III, n° 1251).

DIEUX DE LA GAULE

par Auguste Allmer

I. — LES DIEUX DE LA GAULE CELTIQUE (suite).

Les Nymphes de la fontaine de Nimes.

1. — Prov. Narbonnaise (civitas des Arécomiques; Nîmes).
Nimes. — Trouvée près de la Fontaine. — Au musée d'Avignon.

NYMP

Durand et Allmer, *Hist. de Lang.* XV, *Nîmes* 496. — Hirschfeld, *C.* XII, 3103.
« Aux Nymphes ».

2. — Trouvée à Nimes, dans le bassin de la Fontaine. — Au musée de Nîmes.

NYMPHIS

Durand et Allmer, *Hist. de Languedoc*, XV, *Nîmes*, 495. — Hirschfeld, *C.* XII, 3104.
« Aux Nymphes ».

3. Nimes. — Perdue.

NYMPHIS · SACRVM

Durand et Allmer, *Hist. de Lang.*, XV, *Nîmes*, 497. — Hirschfeld, *C.* XII, 3105.
« Autel aux Nymphes ».
Au dessous du texte, un bas-relief représentant trois femmes debout : « Celle de droite et celle de gauche semblent regarder celle qui est au milieu « et a devant elle une sorte de table posée sur un pied ». On voit sur l'autel des *cultores Urae fontis* une table du même genre. (Voy. *Ura*).

4. — Nimes. — Transportée à Vézenobres, au château du comte de Calvière, où elle est conservée.

Nymphis, T. Claudius Rufus v. s. l. m.

Hirschfeld, *C.* XII, 3106. — Durand et Allmer, 1707.
« Aux Nymphes, Titus Claudius Rufus avec reconnaissance en accomplis- « sement de son vœu ».
Un vase en relief sur un des côtés de l'autel.
Sur la plinthe de la base, les lettres modernes : L · XV — R D F.

Inscription attribuée faussement à Luchon, dans la Haute-Garonne.

5. — Nîmes. — Perdue.

Nimpis, Lucanus et Protis v. s. l. m.

Durand et Allmer, *Hist. de Lang.*, XV, *Nîmes*, 2097. — Hirschfeld, *C.* XII, 3107.

« Aux Nymphes, Lucanus et Protis avec reconnaissance en accomplisse-« ment de leur vœu ».

6. — Nîmes. — Trouvée dans des fouilles au bord de la Fontaine. — Au musée de Nimes.

Nymphis Augustis sacrum, Tertius Buebi f(ilius), L. Decumius Decumanus, L. Pomptienus Martialis, L. Annius Allobrox de suo.

Durand et Allmer, *Hist. de Lang.*, XV, Nîmes, 499. — Hirschfeld, *C.* XII, 3109.

« Aux Nymphes Augustes, Tertius, fils de Baebius, Lucius Decumius « Decumanus, Lucius Pomptienus Martialis, Lucius Annius Allobrox, ont, « de leurs deniers, donné (cet autel ?) ».

Les quatre dévots, peut-être les *magistri* d'une confrérie.

Le premier, dénommé à la manière barbare, paraît n'avoir pas été citoyen romain.

7. — Nîmes. — Trouvée dans les canaux de la Fontaine. — Au musée de Nîmes.

Nymphis Aug(ustis) sac[rum], Ae[....]en[...] Severin[a] v. s. l. m.

Durand et Allmer, *Hist. de Lang.*, XV, *Nîmes* 498. — Hirschfeld, *C.* XII, 3108.

« Aux Nymphes Augustes, Ae..... Severina, avec reconnaissance en « accomplissement de son vœu ».

A cause du manque de prénom, l'auteur de l'acte de dévotion, une femme plutôt qu'un homme.

La Fontaine de Nîmes est trop connue pour qu'il y ait lieu d'en faire une description. C'est, comme on sait, une source comparable à celle de Vaucluse: elle sort d'un abîme profond, situé au pied de la colline que couronne la Tour Magne. Agrippa, Auguste, Hadrien, lui ont prodigué les embellissements. Un temple très élégant, encore en partie debout, a le nom de Temple de Diane, mais il semble plutôt avoir été dédié aux Nymphes ou au dieu Nemausus, qui n'était autre que la source elle-même.

Voir *Nemausus*. *(à suivre).*

Bibliographie

F. Haug und G. Sixt. *Die rœmischen Inschriften und Bildwerke Württenbergs.* Stuttgart, W. Kohlhammer, 1898-1900, in-8°; XIX et 419 pages, 227 figures dans le texte et une carte topographique. — Nous sommes heureux d'annoncer l'achèvement de cette importante monographie régionale publiée sous le patronage de la Société wurtembergeoise d'histoire et d'archéologie. On en est redevable à la collaboration de M. Ferdinand Haug, directeur du Gymnasium de Mannheim, bien connu par de nombreux et savants travaux sur l'épigraphie romaine, entr'autres, *Die Wochensteine* (*Westd. Zeitschr. f. Gesch. u. Kunst*, IX) : *Die Viergœttersteine* (*ibid.*, X); *Die rœmischen Denksteine des gross herzoglichen Antiquariums in Mannheim*, 1877 (*Progr.*, n° 483, *Gymn. Mannheim*); *Bericht über rœmische Epigraphik* (*Jahrb. üb. d. Forschr. der class. Altert.* 1880, 1884, 1888, 1893), et de M. le Dr G. Sixt, directeur du Musée lapidaire royal, de Stuttgart, auteur d'un estimable *Guide* de cet établissement.

— L. Jacobi, *Das Roemerkastell Saalburg bei Homburg vor der Hoche.* Homburg, 1897, in-8. avec 110 figures dans le texte, reproduisant une quantité considérable d'objets et un atlas de 80 planches. Cette publication de luxe, dédiée à

S. M. l'Impératrice Frédéric, se rapporte aux fouilles du *Limes*. Elle mérite d'être comprise parmi les ouvrages qui font le plus d'honneur à l'érudition allemande. Les inscriptions qu'elle contient ne sont qu'en petit nombre et proviennent, pour la plupart, de la cohorte *II Raetorum*. Mais de nombreuses marques sur briques rappellent cette cohorte, la cohorte *IIII Vindelicorum*, la légion *VIII Augusta* et la légion *XXII Primigenia*, qui tinrent garnison dans la Germanie Supérieure. Il y a là une utile contribution pour l'histoire de ces corps de troupes.

— A. Vachez. *Etudes historiques sur l'ancien pays de Jarez. Chagnon, son inscription antique et ses anciens seigneurs*. Lyon, 1900, grand in-8, 42 pages, une gravure dans le texte et 3 planches hors texte en héliogravure. — La première partie de ce travail est consacrée à la *borne de Chagnon*, c'est-à-dire à l'inscription bien connue, portant interdiction de labourer, semer ou planter sur une bande de terrain affectée à la protection de l'aqueduc romain qui conduisait à Lyon les eaux du Mont Pilat (*Revue épigr.*, 2, p. 283; *Corpus*, XIII, n° 1623). Dans une dissertation très serrée, l'auteur met en relief, remarquablement, l'importance de cette inscription pour l'histoire des aqueducs lyonnais et fait justice de la théorie singulière, d'après laquelle celui du Mont Pilat n'aurait jamais servi. M. Vachez indique que la borne a été trouvée à « 300 mètres au nord-ouest du village de Chagnon »; M. Hirschfeld, d'après M. Félix Thiollier, réduit cette distance à 200 mètres. En réalité, et pour recourir à un repère fixe, le point précis d'où provient cette borne est à 110 mètres de l'angle ouest du cimetière de Chagnon, sur le bord gauche du chemin d'intérêt commun, n° 59, de Saint-Julien-en-Jarez à la Madeleine, ou, ce qui revient au même, à 12 mètres en contre-bas de l'ancien tracé de ce chemin. La pierre était renversée et placée parallèlement à la déclivité du sol. Nous extrayons ce renseignement d'un document officiel rédigé, sur les lieux, au moment de la découverte, et nous l'insérons ici, parce qu'il nous paraît qu'il n'est peut-être pas sans importance pour la détermination du tracé de l'aqueduc. La seconde partie du travail de M. Vachez est relative aux seigneurs de Chagnon. C'est l'histoire de cette localité écrite, d'une plume alerte, d'après les documents trop peu nombreux des archives publiques. Nous devons à l'obligeance du distingué secrétaire général de l'Académie de Lyon, et à celle de M. le Président de la Société des sciences, lettres et arts de Rive-de-Gier, de pouvoir donner, dans ce numéro, une héliogravure de la borne dont il vient d'être question.

— Héron de Villefosse. *Archéologie. Inscription latine en l'honneur de la déesse* Vienna *découverte à Rome*. Vienne, 1900, in-8, 7 pages. (Extrait du *Journal de Vienne*). Commentaire très instructif de l'inscription rapportée ci-dessus, page 127.

— Camille Jullian. *Notes gallo-romaines. VI. Inscription de Carpentras*. (Extrait des *Annales de la Faculté des Lettres de Bordeaux*, 22e année). Il s'agit d'une plaque de plomb, provenant d'un sarcophage, et portant 24 lettres dont le sens n'a pas été pénétré. « Ce qui fait l'intérêt de ce texte, dit M. Jullian, ce sont les analogies qu'il présente avec les alphabets italiotes et surtout ibériques ». — *VII. Dieux topiques dans la vallée de Trets*. (Extrait de la *Revue des Etudes anciennes*, 1900, p. 233 à 236). La montagne du Ceugle, qui limite au nord la plaine de Trets, aurait eu pour divinité éponyme le dieu *Celleus* (ou *Celeus*). C'est, en effet, par *Cell[eo* (ou (*Cele[o]*) *d]eo* que M. Camille Jullian complète la première ligne de l'inscription publiée dans la *Revue épigraphique*, sous le numéro 831 (tom. 2, p. 56).

— E. W. B. Nicholson. *The language of the continental Picts*, Halle a. S. 1900, in-8, 28 pages. (Extrait de la *Zeitschrift für celtische Philologie*, III). Etude linguistique basée sur l'inscription du Vieux-Poitiers (*Corpus*, XIII, n° 1171), la tablette de plomb découverte à Rom par M. Blumereau et le calendrier de Coligny.

— Seymour DE RICCI. *Répertoire épigraphique des départements de l'Aisne et de l'Oise.* Paris, 1899, in-8, 23 pages. (Extrait de la *Revue archéologique*, 1899, II, p. 103 et suiv.). M. Seymour de Ricci s'est fait une spécialité des *Répertoires épigraphiques*. On ne peut que lui en savoir gré, d'autant qu'il apporte, à leur rédaction, beaucoup de compétence et de méthode. Nul mieux que lui ne sait tirer parti des renseignements, souvent instructifs, que fournissent les manuscrits. M. de Ricci démontre, dans son nouveau recueil, que la dédicace gravée dans le fronton triangulaire du bas-relief du musée de Beauvais représentant Mercure debout, de face, est une inscription fausse.

— A. SAGNIER. *Note complémentaire sur un sarcophage épigraphique.* Avignon, 1901, in-8, 8 pages. (Extr. des *Mémoires* de l'Académie de Vaucluse). M. Sagnier indique, dans cette note, que le petit sarcophage de *Domitius Urbicus*, précédemment décrit par lui (ci-dessus p. 127), provient de Rome et se trouvait, au dix-septième siècle, chez le peintre Pietro Berretini, dit Pierre de Cortone (Voy. *C. I. L.*, VI, n° 16981). Les relations de ce grand artiste avec la ville d'Avignon, son vice-légat et les maisons religieuses du voisinage sont rappelées par M. Sagnier. L'antique dont il s'agit fut donnée, selon toute apparence, aux Chartreux de Villeneuve, pour les remercier de leur hospitalité. La Révolution la fit passer en d'autres mains.

— Charles MARTEAUX et Marc LE ROUX. *Voie romaine de Boutae à Aquae, section des Fins d'Annecy à Cusy, avec carte, figures et descriptions des trouvailles conservées au musée de la ville d'Annecy.* Annecy, 1901, in-8, 47 pages. (Extr. de la *Revue savoisienne*, année 1900). Cette brochure est annoncée comme le premier fascicule d'une série de travaux qui seront publiés, « si les circonstances le permettent », sur les voies romaines de l'arrondissement d'Annecy. L'intérêt considérable qu'elle présente fait souhaiter la réalisation prochaine du projet formé par ses auteurs.

— Ermano FERRERO. *L'Arc d'Auguste à Suse.* Turin, 1901, in-folio, 39 pages, 19 planches d'après les photographies de Secondo Pia et 17 figures dans le texte. Tous les archéologues connaissent l'arc de Suse, placé sur l'ancienne voie d'Italie en Gaule par le mont Genèvre, et construit en l'honneur d'Auguste par le préfet Cottius, ancien roi de la province qui, de son nom, fut appelée plus tard *Alpes Cottiennes*. Malgré les dégradations que le temps et la barbarie des hommes lui ont fait subir, ce monument est resté remarquable par son élégance et peut encore être cité parmi les meilleures productions de l'art romain. Jusqu'à nos jours cependant, l'arc de Suse n'avait pas été décrit d'une manière satisfaisante. Ariodante Fabretti avait bien formé le projet d'une monographie basée sur les moulages en plâtre de tous les bas-reliefs et de l'inscription gravée de part et d'autre du dé de l'attique, mais la mort était venue le surprendre avant la mise en œuvre des documents qu'il avait réunis. L'enthousiasme de Fabretti pour l'arc de Suse était partagé heureusement par la Société d'archéologie et des beaux arts pour la province de Turin, dont il fut l'âme pendant vingt ans. Son idée vient d'être reprise par M. Ermanno Ferrero, sous les auspices de cette société, et l'ouvrage que nous annonçons, et qui la réalise, ne peut qu'ajouter à la réputation de haute science dont jouit, dans le monde savant, l'historien distingué des flottes romaines. « Dans notre texte, dit M. Ferrero, nous nous sommes proposé le but de retracer une esquisse des observations et des études sur l'arc, et des publications antérieures de ce monument, ainsi que des vicissitudes qu'il a subies ; puis de donner une description de l'ensemble et des détails. L'histoire de Cottius, la géographie de son Etat, la situation des peuples énumérés dans l'inscription sortent de notre cadre : nous renvoyons, pour ces sujets, aux auteurs récents qui les ont étudiés » (Préface, p. 6). La construction d'un échafaudage pour la photographie directe des bas-reliefs a permis de contrôler la copie de l'inscription publiée par M. Mommsen, d'après Napione, dans le tome V du *Corpus* (n° 7231). A part la substitution d'un G au C du mot ECDINIORVM, et d'un R au D du mot QVADIATIVM par lequel finit la nomenclature des peuples qui ont contribué à l'érection de l'arc (cf. *Corp.* XII,

n. 80), il résulte de cette vérification que la copie du *Corpus* est entièrement exacte. *L'Arc d'Auguste à Suse* est luxueusement édité; les figures dans le texte et les planches photographiques qui le terminent sont bien venues. Constatons de plus que cet ouvrage est écrit en français, dans un style absolument irréprochable. Tous ceux de nos compatriotes qui le liront, remercieront comme nous M. Ferrero de l'hommage discret qu'il vient de rendre à la langue de notre pays.

— Héron de Villefosse (Ant.). *Petites notes d'archéologie, I, N°s 1 à 8.* (Extr. du *Bulletin* de la Société nationale des Antiquaires de France). M. Héron de Villefosse démontre, dans une de ces notes, que l'inscription de Gallien, considérée comme provenant de Vaison et conservée à la bibliothèque de Carpentras (*Corpus* XII, n. 1352) n'est pas authentique. « Cette inscription, dit M. Héron de Villefosse, permettait de croire que les empereurs gaulois ne s'étaient pas établis sur la rive gauche du Rhône, et que toute la partie orientale de la Narbonnaise était restée fidèle à Gallien. Maintenant que ce texte ne peut plus être invoqué, la question mérite d'être examinée de nouveau ». M. Héron de Villefosse est d'avis que les empereurs gaulois étendirent leur domination jusqu'au pied des Alpes pendant le règne de Gallien, mais qu'ils ne purent jamais se rendre maîtres des passages qui conduisaient en Italie. « Autrement les Gaulois auraient retrouvé facilement le chemin du Capitole ». — Dans une autre note, M. Héron de Villefosse étudie l'inscription des thermes de Néris (*Corpus* XIII, n° 1376-1379). Elle mentionne un *flamen Pietatis* et il est probable que l'établissement thermal était placé lui-même sous le vocable de la déesse *Pietas*. — Une troisième note se rapporte à une plaque de marbre conservée à la bibliothèque de Carpentras, portant d'un côté une inscription déjà connue (*Corpus*, XII, n° 1191) et de l'autre cette épitaphe qui n'avait pas encore été signalée :

D M S
CECINIA EVPORIA
QVE VISIT ANNIS XXXVI·
MENSIBVS·I·I·I· DIEBVS
XXI·I·I GALLIVS MARCEL
LINVS · COIVGI P· F N C

Cette plaque a fait partie de la collection de Mazaugues; M. Hirschfeld est d'avis qu'elle provient de Rome. La formule *D(iis) M(anibus) s(acrum)*, assez commune en Italie, sans exemple dans la Narbonnaise à partir du règne d'Auguste, paraît de nature à confirmer cette opinion.

Chronique

— Une inscription celtique trouvée à Meaux a été publiée, par M. Georges Gassies, dans la *Revue des Etudes anciennes* (Annales de la Faculté des Lettres de Bordeaux), tome II, n° 2, avril-juin 1900, p. 142 à 144. Elle est ainsi conçue et profondément tracée à la pointe sur un fragment de moule en argile blanche :

ATIIANO
SACRILLOS AVOT
ANAILOS

D'après M. Oscar Bohn (lettre du 27 décembre 1900), il faut peut-être lire, à la première ligne, *Ateano*, » forme gauloise du nom latin *Atianus* = *Attianus* (*Corpus*, XIII, n° 10010, 202) ». M. Bohn observe également, contrairement à l'assertion de M. Gassies, qu'*Atitiani* a été relevé, par Tudot, non pas sur des moules d'argile, mais sur des poteries en terre samienne (*Ibid.* n° 10010, 194 *d* 1, 2). Un moule d'argile donné par Tudot au musée de Saint-Germain, porte la marque ATIIANO.

— M. Héron de Villefosse a communiqué à la section d'archéologie du Comité des Travaux historiques (*Extrait des procès-verbaux*, novembre 1900, p. VII, IX et X), les inscriptions de Narbonne et d'Autun que nous avons insérées dans le dernier numéro de la *Revue* (ci-dessus, p. 130 et 132 à 134).

— MM. Proust et Dangibeaud ont fait imprimer à La Rochelle une publication de grand luxe ayant pour titre : *La ville de Saintes à la fin du XIXe siècle* (6 volumes, in-4°, jésus, de 16 à 44 pages, accompagnés de 350 photographies et d'un album de 256 planches). « Les érudits gallo-romains, dit M. Jullian (*Revue des Etudes anciennes*, 1900,), trouveront dans cet ouvrage..... d'excellentes photographies des bas-reliefs et inscriptions du Musée. Saintes méritait depuis longtemps d'avoir le monument qui vient de lui être consacré ». Nous applaudissons de même à cette œuvre, mais non pas sans regretter qu'on ait limité son tirage à 24 exemplaires pour le texte et à 5 exemplaires pour les planches. Deux exemplaires seulement pourront être consultés par tout le monde : l'un est à la bibliothèque municipale de la Rochelle ; l'autre sera donné prochainement à la Bibliothèque nationale.

— Dans la séance du 25 janvier 1901, M. H. de la Tour, conservateur-adjoint au département des médailles de la Bibliothèque Nationale, a présenté à l'Académie des Inscriptions et Belles-Lettres la reproduction d'une monnaie de bronze découverte à *Gergovia* et récemment acquise par M. Bizot, conservateur du Musée de Vienne (Isère). Cette monnaie, unique jusqu'ici, est la première que l'on ait frappée dans la colonie de Lyon (*Lugudunum*), fondée par L. Munatius Plancus, sur la colline actuelle de Fourvière, près du confluent de la Saône et du Rhône. Elle prouve que cette colonie a d'abord porté les surnoms de *Copia Felix Munatia*, dont le dernier rappelle le gentilice de son fondateur, et qu'elle conserva peut-être jusqu'au moment où ceux de *Copia Claudia Augusta* lui furent attribués par Claude. On savait déjà que la fondation de la colonie de Lyon avait eu lieu dans le courant de l'an 43 avant notre ère. La monnaie que possède M. Bizot permet de préciser davantage et de dater cet événement de la période comprise entre les mois d'avril et de septembre.

Additions et Corrections

Numéro 94, p. 37, inscription n° 1308. — M. Blumereau a retrouvé le commencement de l'inscription tronquée décrite par M. Camille Jullian, dans les *Mémoires des Antiquaires de France*, tome 58, p. 144. Ce que l'on possède de ce texte est aujourd'hui ainsi conçu :

MERC.............VMVS SCAMNVM

Le « tabouret de pierre » avait donc été fait pour supporter les pieds d'une statue de Mercure. (V. Camille Jullian *Revue des Etudes anciennes* (Annales de la Faculté des Lettres de Bordeaux), tome 2, n° 4, octobre-décembre 1900, p. 363).

Page 134, inscription 1371, au lieu de *Leuvy*, il faut lire : *Leury*.
Page 137, ligne 16, au lieu de Ἡρακλῆς il faut lire : Ἡρακλῆς.
Page 140, 3e avant-dernière ligne, la lettre E est à remplacer par le chiffre 5.

ESPÉRANDIEU

Vienne, imp. Savigné — Ogeret et Martin, succ^{rs}. — Le Gérant : J. Ogeret.

REVUE

ÉPIGRAPHIQUE

N° 101. — Avril, Mai, Juin 1901

Paradou (*Bouches-du-Rhône*) ; — *Saint-Béat* (*Haute-Garonne*) ; — *Lectoure* ; — *Mathay* (*Doubs*) ; — *Saint-Marcel-lès-Chalon* (*Saône-et-Loire*) ; — *Grand* (*Vosges*) ; — *Néris* (*Allier*) ; — *Sainte-Colombe-lès-Vienne* (*Rhône*) ; — *Poitiers*.
ALLMER. — *Les dieux de la Gaule Celtique* (suite).
Bibliographie. — *Chronique*. — *Nécrologie*.

1391

Milliaire d'Auguste de la voie Aurélienne

Photographie, copie et renseignements de M. DESTANDAU, pasteur à Mouriés (Bouches-du-Rhône).

Paradou. — Fragment de borne cylindrique découvert au commencement du mois de novembre 1900, par M. Destandau, « sur le bord d'un chemin restauré depuis vingt ans, au quartier de l'Anguillon, à 500 mètres à l'est du village de Paradou, par 2°, 27' 26" de longitude Est et par 43° 43' de latitude Nord ». Hauteur, 1m23 ; diamètre, 0m60 environ. Hauteur des lettres, 0m07, à l'exception du chiffre X, qui a 0m12.

..O..........
IMPXIIII........
X

Caractères de bonne forme. La pierre est fortement usée.

Dans une communication au Comité des travaux historiques, M. l'abbé Thédenat a déjà fait remarquer que ce fragment de borne n'était pas inédit (*Procès-verbaux des séances de la section d'archéologie*, janvier 1901, p. VII). On ne savait, il est vrai, ce qu'il était devenu, mais on le connaissait par un manuscrit de Peiresc (*Bibl. nat.*, fonds latin, n° 8958, f. 17), où l'inscription est rapportée de la manière suivante (*Corpus*, XII, n° 5,487).

IMP.XIIII.TRIBVNI
X

M. l'abbé Thédenat est d'avis que l'inscription retrouvée par M. Destandau forme le complément de celle que nous avons précédemment décrite sous le numéro 1266 (*Revue*, t. IV, p. 1 ; voy. aussi p. 88). On lirait alors:

Pater pat[*riae*], *Imp*(*erator*) *Caesar*, [*Di*]*vi f*[*ilius*), *Augustus*, *po*[*nt*]*if*[*ex*] *maximus*, *co*(*n*)*s*(*ul*) [*xii*, *co*(*n*)*s*(*ul*) *designatus xiii*], *imp*(*erator*) *xiiii*, *tribuni*[*cia potestate xxi*]. (*Milia passuum*) *X*.

« L'empereur César Auguste, fils du dieu (Jules), souverain pontife, consul douze fois, consul désigné pour la treizième fois, *imperator* quatorze fois, revêtu de la puissance tribunice pour la vingt-et-unième fois, père de la patrie, (a fait réparer la route). Dix mille pas depuis Arles ».

La route désignée communément sous le nom de voie Aurélienne, que lui donne l'Itinéraire d'Antonin, venait d'Italie et conduisait à Arles par le pied des Alpes-Maritimes. Elle fut sinon construite, du moins réparée, et sans doute considérablement élargie par ordre d'Auguste, en l'an de Rome 751, trois ans avant l'ère chrétienne. (Voy. ci-dessus, p. 1). Des vestiges de cette voie retrouvés dans la Crau au seizième siècle, et encore de nos jours reconnaissables sur quelques points, ont permis de constater qu'elle avait près de six mètres de large et de deux à trois mètres d'élévation moyenne au dessus du sol. Elle était entièrement recouverte d'une couche de sable fluvial qui la rendait également praticable par tous les temps. (Voy. Raymond de Solier, *Ms. de la Bibliothèque Méjane*. nº 797, fº 99, cité par M. Camille Jullian, dans le *Bull. épigr. de la Gaule*, 1885, p. 23). Il paraît bien que faute de réparations ou pour d'autres causes, cette route finit par être délaissée dans sa traversée de la Crau. A l'époque où fut rédigée la table de Peutinger, on suivait déjà, pour se rendre d'Arles à Aix, la voie d'Agrippa, c'est-à-dire la route de Lyon jusqu'à Saint-Gabriel, puis la voie des Alpes Cottiennes jusqu'à Saint-Remy, d'où l'on rejoignait enfin, par une traverse, la station de *Terciae* (Aureilles ou Saint-Martin?) sur la voie Aurélienne proprement dite.

1392

Autel

Renseignements de M. l'abbé BLANCHART, curé-doyen de Saint-Béat, et de M. DESTREM, professeur à la Faculté des sciences, conservateur du musée du collège Saint-Raymond, à Toulouse; estampage de M. E. CARTAILHAC, correspondant de l'Institut, à Toulouse.

Saint-Béat. — Petit autel de marbre, brisé à la partie inférieure, découvert à Saint-Béat (Haute-Garonne), « en remuant le sol d'une très ancienne carrière de marbre blanc, pour l'établissement d'un chemin de fer funiculaire ». Cet autel a été donné à la Société archéologique du Midi de la France, à Toulouse, par la Société anonyme qui exploite la carrière. Hauteur, 0m15 (la base manque); largeur et épaisseur, 0m075. Hauteur des lettres, 0m025.

Caractères du troisième siècle, nettement gravés. Points triangulaires. L'inscription est complète.

V·S·L·M

V(otum) s(olvit) l(ibens) m(erito).

« Avec reconnaissance en accomplissement de son vœu ».

Le dieu plus particulièrement adoré dans les vallées de la Pique, de l'Arboust et de la Garonne supérieure était connu sous le nom d'*Abellio*. Son souvenir s'est conservé à Saint-Béat par trois autels (*Corpus*, XIII, nos 30, 39 et 40) et nous croyons être dans le vrai en lui attribuant l'ex-voto qui précède. Il est fort doûteux, contrairement à l'opinion de M. Luchaire admise par Sacaze (*Inscript. des Pyrénées*, p. 339) que ce dieu soit celtique. Assurément, son nom ne possède pas, d'une manière bien tranchée, la physionomie ibéro-pyrénéenne d'autres noms de divinités locales, mais il n'a rien non plus qui puisse le rattacher à la langue gauloise. Le nom lui-même n'a pas une orthographe invariable; il s'écrit tantôt par deux *l*, tantôt par une seule, et redouble l'*n* quelquefois aux cas obliques. Sa déclinaison n'est pas davantage assurée: on lit sur certains autels *Abelliono*, sur d'autres *Abellioni*. Les savants versés dans l'étude de la langue basque voient dans *Abellio* un mot ibéro-aquitain qu'ils traduisent par *troupeau*. Le dieu *Abellio* serait ainsi le *dieu des troupeaux*. Il est vrai que par le mot *abeyé* on désigne dans le Gard, et aussi, nous dit-on, dans la région pyrénéenne, les grands troupeaux de race ovine, que les propriétaires des pays de plaine envoient dans la montagne pendant l'été; mais la traduction que l'on a proposée n'en reste pas moins fort peu certaine. Elle nous paraît cependant plus près de la vérité que l'opinion de Grimm (*Deutsche Mythol.*, p. 379) concluant à l'existence d'un dieu *Beal*, qui aurait été le Soleil des Celtes, ou que les légendes recueillies par Sacaze dans la vallée de l'Arboust, d'après lesquelles « il existerait une grande similitude entre une divinité locale, nommée *Illon*, et Apollon, dieu solaire et dieu musical » (*Inscript. ant. des Pyrénées*, p. 339).

L'identification d'*Abellio* avec *Apollo* ne repose que sur une vague et fortuite ressemblance de noms. Il est plus probable qu'il s'agit d'une particularité locale divinisée : *Abellio* serait la vallée d'Oueil, de même qu'*Aherbelst* paraît être la vallée de l'Arboust, *Baeesert* la riche plaine de Bazert, *Ilixo* la source thermale de Luchon, etc.

1393

Epitaphe

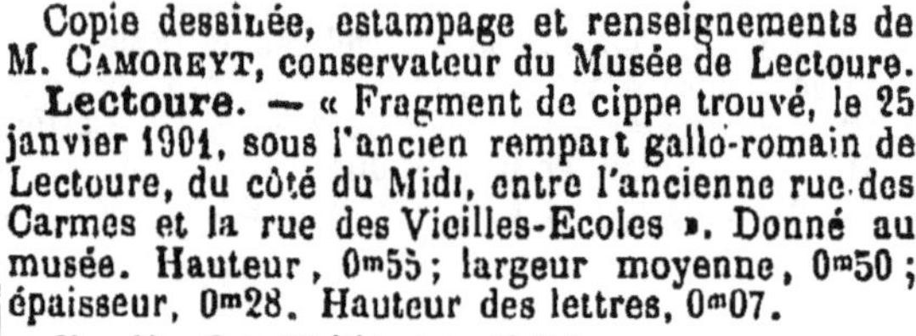

Copie dessinée, estampage et renseignements de M. CAMOREYT, conservateur du Musée de Lectoure.

Lectoure. — « Fragment de cippe trouvé, le 25 janvier 1901, sous l'ancien rempart gallo-romain de Lectoure, du côté du Midi, entre l'ancienne rue des Carmes et la rue des Vieilles-Ecoles ». Donné au musée. Hauteur, 0m55 ; largeur moyenne, 0m50 ; épaisseur, 0m28. Hauteur des lettres, 0m07.

Claudio, Catulli lib(erto), Phileto.

« A Claudius Philetus, affranchi de (Claudius) Catullus ».

Catullus et *Philetus* sont des surnoms connus. L'inscription est intéressante par la forme de ses lettres.

1394 et 1395

Renseignements extraits des *Mémoires de la Société d'émulation du Doubs*, 7e série, 4e volume, 1899, Besançon, 1900, p. 389 et suivantes. Note de M. Jules GAUTHIER, président annuel de la Société. Lettres de M. L. MEUNIER, conservateur du musée de Montbéliard et de M. l'abbé ROUGEOT, curé de Mathay.

1394

Milliaire de Trajan de la voie de Langres à Kembs

Mathay.— Borne cylindrique à base quadrangulaire, découverte au mois de décembre 1894, à deux mètres de profondeur, par un cultivateur, sur le territoire de la commune de Mathay (Doubs), au nord du village, section B, à gauche de l'ancienne route de Montbéliard à Saint-Hippolyte ; acquise, l'année suivante, par le musée de Besançon. Haut. totale, environ 1m30. Hauteur des lettres, de 0m06 à 0m07. Le dessin que nous reproduisons est dû au talent de M. Vaissier, président de la Société d'émulation du Doubs. (Sur la carte d'autre part, le point précis d'où provient la borne est au-dessous et à 2 millimètres de la dernière lettre du mot *Théâtre*).

imp · NERV*ae*
*t*RAIANO
*c*AES·AVG·GE*rm*
*d*IVI NERVA*e f.*
*p.*M·TR P·P·P·COS I *i*
VESONT·M·PXXX*x*...

[*Imp(eratori) Nerv[ae T]raiano [C]aes(ari) Aug(usto) Ge[r(manico), d]ivi Nerva[e f(ilio), p(ontifici)] m(aximo) tr(ibunicia) p(otestate), p(atri) p(atriae), co(n)s(uli) I[i]. Vesont(io) m(ilia) p(assuum) XXXxv..*

« A l'empereur Nerva Trajan César Auguste Germanique, fils du dieu Nerva, souverain pontife, revêtu de la puissance tribunice pour la première fois, père de la patrie, consul deux fois. Depuis Besançon, quarante..... mille pas ».

Trajan fut adopté par Nerva dans le courant de l'automne 97, peut-être le 27 octobre (Camille de la Berge, *Etude sur Trajan*. p. 20, note 4) et reçut à cette occasion la puissance tribunice et tous les attributs du pouvoir (Pline, *Paneg*. 8). Alors aussi lui fut accordé, en partage avec son père adoptif, le surnom de *Germanicus*, rappelant les victoires qu'il venait de remporter sur les Suèves (Mommsen, *Hermes*, 3, p. 131). Trajan avait exercé le consulat, pour la première fois, en 91, sous Domitien; le Sénat le nomma consul, pour la seconde fois le 1er janvier 98 et le donna pour collègue à Nerva. A la mort de celui-ci, vers la fin de janvier de cette même année, il prit les titres d'Auguste et de *pater patriae* et resta seul maître de l'Empire. L'inscription de Mathay, qui lui donne tous ces titres, et dans laquelle Nerva est qualifié

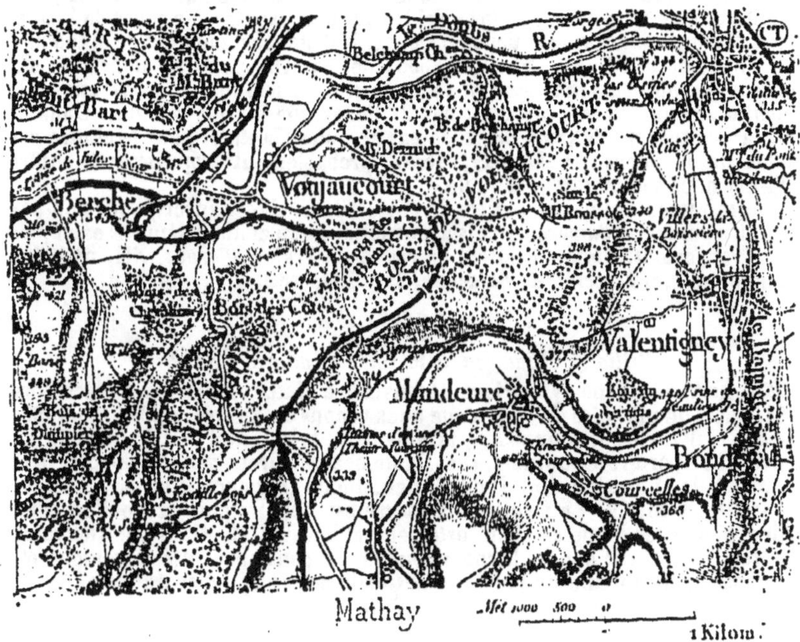

Extrait de la carte de l'Etat major au 80.000e

de *divus*, a été gravée après le mois de janvier 98. Elle est, d'un autre côté, antérieure au renouvellement de la puissance tribunice de Trajan, survenu par suite, à ce qu'il semble, non pas le 10 décembre 97, ni à son avènement définitif par la mort de Nerva, comme l'ont conjecturé quelques auteurs, mais plus probablement le 18 septembre 98 ainsi que l'a supposé M. Mommsen (*Droit public*, 5, p. 64, note 1; cf. Cagnat, *Cours d'épigraphie latine*, 3e édit., p. 161). On sait d'ailleurs que Trajan commença, le 10 décembre 98, sa troisième annuité de puissance tribunice, et que lui-même et ses successeurs, jusqu'à Gallien, choisirent toujours cette date comme point de départ pour la supputation de leurs années de règne.

La route sur laquelle se trouvait le milliaire de Mathay est décrite par la Table de Peutinger et l'Itinéraire d'Antonin. Elle partait de Langres (*Andematunnum*) et se dirigeait d'abord vers le sud-est pour atteindre le Doubs, à Besançon (*Vesontio*). Elle remontait ensuite par Baume-les-Dames (*Loposagium*), la vallée de cette rivière, où son tracé apparaît encore sur quelques points, notamment le long du canal du Rhône au Rhin, entre St-Maurice et Voujaucourt (levée de Jules César), et arrivait à Mandeure (*Epamanduodurum*). De là, elle rejoignait à Kembs (*Cambate*), en passant par Vaudoncourt, Fèche l'Eglise (*Gramatum?*) et Largitzen (*Larga*), la grande voie de Milan à Mayence par les Alpes Pennines, Martigny, Avenches, Soleure, Augst et la rive gauche du Rhin (voy. Desjardins, *Table de Peutinger*, pp. 8 et 33; Renier, *Itin. rom.*, pp. 16 et 33). Un autre milliaire de cette route et de la même série, portant l'indication de distance XXXXIIX, fut découvert, en 1718, au-dessous de l'écluse du moulin de Mandeure dont on réparait le canal. (Schœpflin, *Alsat. illust.*, 1, p. 549). D'abord recueilli par le duc Frédéric de Wurtemberg, qui le donna à Schœpflin, ce milliaire entra plus tard à la bibliothèque de Strasbourg, où il a été détruit par l'incendie durant la guerre franco-allemande. Il n'est pas possible de compléter d'une manière certaine le chiffre des milles que fournit la borne de Mathay. L'Itinéraire d'Antonin et la Table de Peutinger ne s'accordent pas sur la distance de Mandeure à Besançon. Tandis que l'Itinéraire accuse un parcours de 50 milles, c'est-à-dire de 74 kilomètres, la Table ne donne que 31 lieues, soit environ 69 kilomètres. Il parait probable toutefois, surtout si le milliaire de Mandeure fut retrouvé non loin de sa place primitive, que les indications de la Table sont plus exactes que celles de l'Itinéraire. Mesurée sur la rive gauche du Doubs, la distance du moulin de Mandeure aux ruines de la cité est d'environ 1500 mètres. On pourrait admettre, par conséquent, qu'*Epamanduodurum* se trouvait à un peu moins de 47 milles de *Vesontio*, ce qui se rapprocherait des 31 lieues que fournit la Table. Dans ce cas, la restitution XXX*xvii*, proposée par M. Jules Gauthier pour le chiffre des milles de la borne de Mathay, serait probablement trop forte; le chiffre XXX*xvi* nous semblerait préférable.

Contrairement à l'usage, le titre de *Caesar* figure dans l'inscription, non pas avant les noms de l'empereur, mais à leur suite. On en connait d'autres exemples qui se rapportent, comme celui-ci, au règne de Trajan (*Corpus*, XII, n° 1855; Camille Jullian, *Inscript. de Bordeaux*, 2, p. 230, etc.).

1395

Milliaire d'Hadrien de la voie de Langres à Kembs

Mathay. — Borne cylindrique découverte à Mathay, au mois de décembre 1894, à côté du milliaire de Trajan que nous venons de décrire. « Elle fut dérobée par des malfaiteurs inconnus qui, brutalement, brisèrent l'inscription afin de pouvoir l'emporter, la mutilèrent, et finalement la firent vendre par des tiers au musée de Montbéliard ». Hauteur actuelle du fragment, 0 m. 55. Hauteur des lettres, 0 m. 09. La forme de la pierre est aujourd'hui « celle d'un demi cylindre dont les bords seraient fortement abimés ». M. Gauthier (lettre de M. Meunier) estime que la borne « pouvait se continuer inférieurement et, par conséquent, qu'une ou plusieurs autres lignes ont pu disparaître ».

iM P'CAE*s*
*trai*A N O H A D*ri*
*a*N O'A V G'P*m*
*tr.p*O T'C O S I I
vesont. m.p.xxxx...

[*I*]*mp(eratori) Cae*[*s(ari) Trai*]*ano Had*[*ria*]*no Aug(usto), p(ontifici* [*m(aximo), tr(ibunicia) p*]*ot*[*estate) (II), co(n)s(uli) II.* [*Vesont(io) m(ilia) p(assuum) xxxx...?*].

« A l'empereur César Trajan Hadrien Auguste, souverain pontife, revêtu de la puissance tribunice (pour la seconde fois), consul deux fois. Depuis Besançon, quarante... mille pas ».

Nommé empereur le 11 août 117, et alors pourvu de sa première annuité de puissance tribunice, Hadrien renouvela celle-ci, conformément à l'usage, le 10 décembre de la même année. N'ayant commencé son second consulat que le 1er janvier de l'année suivante, on voit qu'il existe, un manque de concordance dans les données chronologiques de l'inscription. Celle-ci, toutefois, n'en reste pas moins facile à dater, le troisième consulat d'Hadrien étant de l'an 119.

Les réparations que rappelle ce milliaire furent encore faites, comme nous venons de le dire pour la borne qui précède, sur la voie de Langres à Kembs.

1396

Dédicace à la déesse Temusio

Estampage de M. LAURENT-COULON, rentier à Châlon ; renseignements de M. LEX, archiviste de Saône-et-Loire, transmis par M. Ant. HÉRON DE VILLEFOSSE, membre de l'Institut.

St-Marcel-lès-Châlon — Socle octogonal en bronze, découvert au mois de janvier dernier, à St-Marcel-lès-Châlon (Saône-et-Loire), par un propriétaire, à 0 m. 60 de profondeur, « dans une terre qu'il défonçait pour en faire un jardin » ; acquis par M. Laurent-Coulon, ancien commerçant à Châlon. Ce socle était destiné à supporter une statuette qui n'a pas été retrouvée. Hauteur, 0 m. 18 ; largeur, 0 m. 09. Hauteur des lettres, 0 m. 011.

AVG·SACR
DEAE TEM
VSIONI
IANVAR
IS
VERI·FIL
EX·VOTO
V·S·L·M·

Caractères nettement gravés de la fin du second siècle.

Aug(usto) sacr(um); deae Temusioni. Januaris, Veri fil(ius), ex voto v(otum) s(olvit) l(ibens) m(erito).

« Consacré à Auguste ; à la déesse *Temusio*. Januaris, fils de Verus, d'après son vœu ; avec reconnaissance en accomplissement de son vœu ».

Il est probable que la déesse *Temusio*, dont le nom est sans autre exemple, personnifiait une source ou quelque autre particularité locale. L'étrange rédaction des deux dernières lignes de cette dédicace est à noter.

Au sujet de la formule *Augusto sacrum*, voyez ci-dessus, p. 131.

M. Héron de Villefosse a communiqué cette inscription à l'Académie des Inscriptions et Belles-Lettres dans la séance du 1er février 1901 (*Journal Officiel*, 5 février 1901, p. 925 ; *Procès-verbaux des séances*, 1901, p. 107).

1397 et 1398

Empreintes communiquées par M. l'abbé THÉDENAT, membre de l'Institut. Renseignements de M. COIRNOT, propriétaire à Grand, transmis par M. l'abbé DAUBIÉ, curé de Grand, et de feu Emile PIERRE, correspondant de la Société Nationale des Antiquaires de France, aux Moulins de Houdelaincourt (Meuse).

1397

Cachet d'oculiste

Grand. — Petite tablette en stéatite de couleur verte trouvée, en 1897, à Grand (Vosges), par M. Coirnot, propriétaire, en pratiquant des fouilles sur l'emplacement d'une ancienne habitation, au lieu dit le Champ de la Charité, non loin des remparts, à environ 150 mètres d'une fontaine appelée le Puisard. « Après avoir vidé une cave, écrit M. Coirnot, j'entrai dans une sorte de chambre où je trouvai une lampe en terre cuite, un hameçon, un rasoir en bronze, des monnaies aux effigies d'Hadrien, de Marc-Aurèle, de Faustine et de Septime-Sévère, une grande quantité de vaisselle gallo-romaine, des épingles et des aiguilles en os et en ivoire, etc. C'est près d'un foyer formant le fond de cette chambre que je ramassai le plus grand des deux cachets d'oculistes... ». Cédé par M. Coirnot à feu Emile Pierre, des Moulins de Houdelaincourt, ce cachet appartient aujourd'hui à M. l'abbé Thédenat, qui l'a décrit dans une communication, à l'Académie des Inscriptions et Belles-Lettres (*Procès-verbaux* *des séances*, 1901, p. 140). Longueur et largeur, 0m052 ; épaisseur mesurée sur les tranches, 0m01. Hauteur des lettres, 0m002.

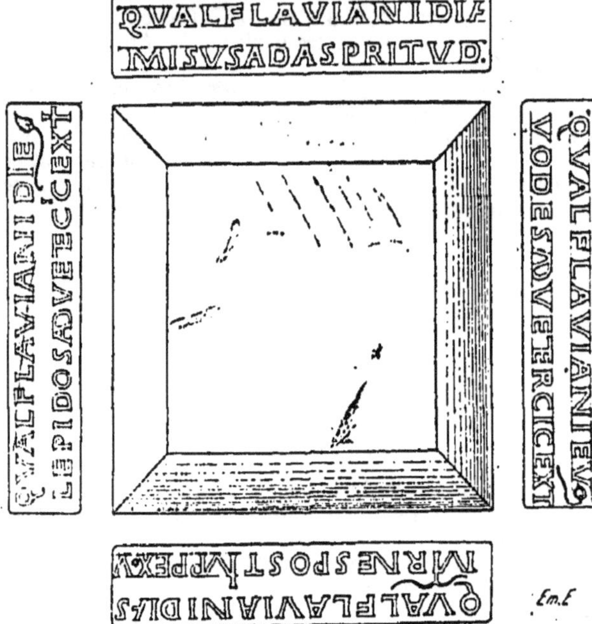

1. — *Q(uinti) Val(erii) Flaviani diamisus ad aspritud(ines).*
2. — *Q(uinti) Val(erii) Flaviani euvodes ad veter(es) cic(atrices) ex t(ilia).*
3. — *Q(uinti) Val(erii) Flaviani diasmyrnes post imp(etum) p(ituitae) ex ov(o).*
4. — *Q(uinti) Val(erii) Flaviani dielepidos ad vete(res) cic(atrices) ex ti(lia).*

1. — « Collyre au misy de Quintus Valerius Flavianus contre les granulations ».
2. — « Collyre parfumé de Quintus Valerius Flavianus, à appliquer dans une décoction de tilleul contre les cicatrices chroniques.
3. — « Collyre à la myrrhe de Quintus Valerius Flavianus, à appliquer dans du blanc d'œuf après la sécrétion muqueuse de l'ophtalmie.
4. — « Collyre à l'oxyde de cuivre de Quintus Valerius Flavianus, à appliquer dans une décoction de tilleul contre les cicatrices chroniques.

Les noms de collyres gravés sur ce cachet sont tous connus par de nombreux exemples. Les remèdes eux-mêmes, aussi bien que les maladies contre lesquelles ils servaient, ont déjà été expliqués, d'abord par Sichel (*Cinq cachets inédits*, pp. 9 et 20; *Nouveau recueil*, pp. 12, 14, 21, 25, 29, etc.), ensuite par MM. Héron de Villefosse et Thédenat (*Cachets d'oculistes romains*, pp. 55, 76, 159, 165 à 173). Indiqué sur deux cachets, *ad cicatrices*, le collyre *euvodes* n'avait pas encore été signalé *ad veteres cicatrices*. Les seuls collyres que l'on connaissait jusqu'ici contre cette maladie étaient le *crocodes* ou collyre au safran, le *dialepidos*, le *diamisus*, le *diasmyrnes* et le *dioxsus* ou collyre au vinaigre. (Voy. notre *Recueil des cachets d'oculistes romains*, p. 143). C'est aussi pour la première fois que le tilleul est préconisé pour atténuer l'action trop mordante d'un collyre. L'excipient que l'on employait d'habitude était le blanc d'œuf. Mais en proposant la lecture *ex tilia*, qui ne fait pas de doute, M. l'abbé Thédenat a montré, par des citations de Pline, que le tilleul a pu servir parfois contre les ophtalmies. Au point de vue médicinal, Pline le compare à l'olivier sauvage : « *Arbor tilia leniter tusa, ad eadem fere utilis est atque oleaster ; folia autem tantum in usu* ». (*Hist. nat.*, XXIV, 8). Et il dit ailleurs de l'olivier sauvage, d'abord : « *sedat inflammationes oculorum* » (XXIII, 4) ; ensuite, en parlant de la décoction de ses feuilles : « *miscentur oculorum medicamentis et decoctum foliorum et succus oleastri* » (XXIII, 4). Le tilleul a, de plus, été réputé de tout temps pour la douceur de son suc : « *Mirum in hac arbore*, dit encore le célèbre naturaliste, *fructum a nullo animalium attingi* : *foliorum corticisque succum esse dulcem* » (XVI, 14). Il faut observer toutefois que cet arbre n'est plus employé, de nos jours, d'aucune sorte pour le traitement des maladies d'yeux. Sa fleur seule, d'après le *Codex*, est un médicament anti-névralgique.

1398

Cachet d'oculiste

Grand. — Petite tablette en stéatite de couleur verte trouvée à Grand (Vosges), à un mètre de la précédente, sur un des côtés de la chambre explorée par M. Coirnot. Cédée de même à feu Emile Pierre, elle fait actuellement partie de la collection laissée à sa veuve par ce savant. M. l'abbé Thédenat l'a décrite dans une communication à l'Académie des Inscriptions et Belles-Lettres (*Procès-verbaux des séances*, janvier-février 1901, p. 147). Sur un des plats, les lettres TIB CL, à interpréter certainement : *Tib(erius) Cl(audius)*, un C au-dessous de l'I et, plus bas un B retourné. Sur l'autre plat, d'autres graffites, dont le sens est plus difficile à pénétrer. Longueur, 0m031 ; largeur, 0m028 ; épaisseur, 0m007. Hauteur des lettres, 0m002.

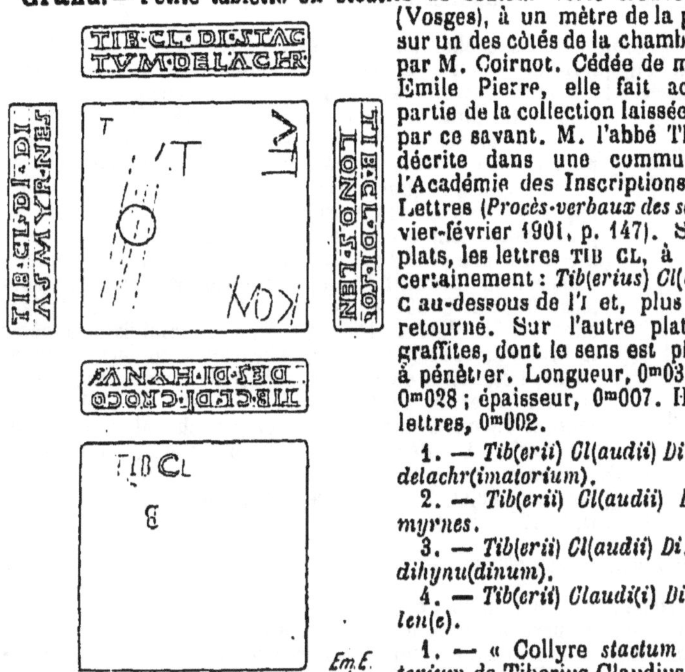

1. — *Tib(erii) Cl(audii) Di... stactum delachr(imatorium)*.
2. — *Tib(erii) Cl(audii) Di... diasmyrnes*.
3. — *Tib(erii) Cl(audii) Di... crocodes dihynu(dinum)*.
4. — *Tib(erii) Claudi(i) Di... solonos len(e)*.

1. — « Collyre *stactum delacrimatorium* de Tiberius Claudius Di... ».
2. — « Collyre à la myrrhe de Tiberius Claudius Di... ».
3. — « Collyre calmant, au safran, de Tiberius Claudius Di... ».
4. — « Collyre doux, de Solon, de Tiberius Claudius Di... ».

Le collyre *stactum*, dont le nom ne présente aucune signification précise, contenait peut-être de la myrrhe (στακτή). MM. Héron de Villefosse et Thédenat l'ont étudié avec beaucoup de soin (*Bull. mon.*, 1882, pp. 670 à 686). On ne sait pas au juste si les collyres *delacrimatoria* servaient à provoquer les larmes ou à combattre le larmoiement.

Suivant l'opinion de Klein (*Stempel roemischer Augenaerzte*, p. 29) adoptée par MM. Héron de Villefosse et Thédenat (*Bull. mon.*, 1883, pp. 324 à 336), il aurait existé deux sortes de collyres, qualifiés de la même façon à cause de leur rapport avec les larmes, mais diamétralement contraires par leurs résultats.

Le mot *crocodes*, qui désignait un collyre au safran (κρόκος), a été relevé de nombreuses fois sur des cachets, soit seul, soit réuni à d'autres noms de remèdes, tels que *dialepidos*, *diamisus*, *diaopobalsamum*, etc. (Voy. notre *Recueil*, p. 119). Il n'avait pas encore été signalé en composition avec *anodynum*, mais un collyre de ce dernier nom, du reste mentionné par les auteurs anciens, figure sur trois cachets. (*Id.*, nos 1, 103 et 112).

Le collyre *solonos*, dont la composition n'est pas connue, tirait probablement son nom de celui de quelque médecin célèbre. Il est nouveau sur les cachets et ne figure pas davantage dans les auteurs. On sait seulement par Galien, qu'un médecin du nom de Solon avait inventé un remède pour les maladies des oreilles. (*De compos. medic.*, édit. Kühn, t. XII, p. 630).

1399

Cachet d'oculiste

Renseignements extraits d'une note de M. Héron de Villefosse, membre de l'Institut, parue dans le *Bulletin des Antiquaires de France*, 1900, p. 281 ; cachet communiqué par M. Chénesseau, directeur de l'établissement thermal de Néris.

Néris. — Fragment de cachet en stéatite verdâtre découvert à Néris (Allier), par un jardinier nommé Barret, sur l'emplacement de la ville romaine, derrière les arènes, entre le faubourg du Péchin et celui de la Croix-Coq. « On dirait un morceau de réglette taillée en sifflet, avec une extrémité plus mince que l'autre. Le fragment affecte à peu près la forme d'un claveau d'arcade. On ne lit plus que quelques lettres appartenant à deux tranches opposées, dont les restes subsistent sur les deux côtés les plus petits. Entre ces deux tranches inscrites, la pierre mesure à peu près 0 m. 025; c'est la largeur de la tablette dans son état primitif. L'autre dimension varie actuellement entre 0m01 et 0m007 ». Ce fragment de cachet appartient encore à M. Barret. En 1893, on a recueilli dans le même terrain d'autres objets, tels que bracelets, colliers et bagues en or, fragments de poterie, débris de bronze, monnaies, clés en fer, et un petit bas-relief, de 0m20 de côté, représentant Epona assise de face sur un cheval, aux formes massives, marchant à droite. La déesse tient un objet indéterminé, lance, quenouille ou *forfex*, de la main droite, et s'appuie, de l'autre main, sur l'encolure du cheval. (Voir à ce sujet, Salomon Reinach, *Encore Epona*, dans la *Rev. arch.*, 1898, t. II, p. 188 ; tirage à part, p. 2).

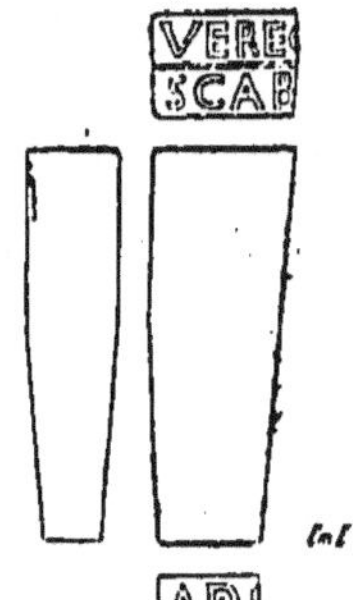

Verec[undi stactum ad] scab[ras genas...

« Collyre *stactum* de Verecundus, contre les granulations palpébrales... ».

M. de Villefosse propose la lecture peu différente et non moins possible: *Verec[undi ad]scab[ritics omnes]*. « Pour les compléments, dit-il en parlant des inscriptions gravées sur les deux tranches de ce fragment de cachet, on peut hésiter entre *ad scabras genas* ou *ad scabrities*, entre *ad suppurationes* ou *ad suffusiones* ». On connaît effectivement: *ad scabras genas et caligines* (n° 6 de notre *Recueil*), *ad scabrities* (n° 32), *ad scabritiem sanaturum* (n° 29), *ad scabritiem et claritatem* (nos 106 et 113), *ad suffusionem* (n° 135, et Thédenat, *Bull. Ant. F.*, 1895, p. 274), *ad suppurationes* (nos 8, 96, 99, 112, 177 et 179), *ad suppurationes oculorum* et *ad suppurationes et veteres cicatrices* (n° 45) ; mais on a aussi un exemple de l'emploi d'un collyre *ad sedationes* (n° 183).

Les *scabrae genae* (*scabritiae genarum*, *scabrities*), étaient probablement des trachomes ou granulations palpébrales. (Voy. Héron de Villefosse et Thédenat, *Bull. mon.*, 1882, p. 686). La *suppuratio* serait, d'après Sichel, une infiltration purulente accompagnée d'ulcérations de la cornée (*Nouv. recueil*, p. 54). Par *suffusio*, on entendait parler de la cataracte; quant aux *sedationes*, nous ne saurions dire au juste en quoi elles consistaient.

Le collyre que l'on employait de préférence contre les *scabrae genae* semble avoir été le *stactum*. Sur cinq exemples, du moins, trois se rapportent à ce médicament (nos 6, 29 et 106), un au collyre *diapsoricum* (n° 32) et le dernier au collyre *isochryson opobasalmatum* (n° 113). Notre restitution, d'ailleurs incertaine, du mot *stactum* ne repose que sur cette remarque.

1400

Marque de plombier

Estampage et renseignements de M. CORNILLON, de l'imprimerie Ogeret et Martin, à Vienne.

Ste-Colombe-lès-Vienne.— Tuyau de plomb trouvé au mois de septembre 1900, à Ste-Colombe-lès-Vienne (Rhône), et acquis par M. Bossy, agent commercial des chemins de fer économiques du Nord, à Vienne. L'estampille est en relief des deux côtés, dans un cartouche limité par un cadre cordé. Epaisseur du métal, 0 m. 005; circonférence extérieure du tuyau, 0 m. 20. Hauteur des lettres, 0 m. 015.

L.R.MARTIALIS.VF

Les deux dernières lettres forment un monogramme.

L(ucii) R(...) Martialis. V(iennae) f(ecit).
« (Fabrique de) Lucius R... Martialis. Fait à Vienne ».

1401

Marque de bronzier

Renseignements du R. P. Camille DE LA CROIX, membre non résidant du Comité des travaux historiques. Notre copie.

Poitiers. — Manche de strigile provenant de l'ancienne collection Bonsergent acquise, en 1877, par la Société des Antiquaires de l'Ouest, et formée d'objets antiques trouvés à Poitiers. Le métal est très fortement oxydé, mais l'estampille, quoique peu nette, nous a paru certaine. Hauteur des lettres, 0 m. 0015.

IVSTIANVS

Justianus. — « (Fait par) Justianus ».
(Sur les marques de bronziers, voy. Mowat, *Bull. épigr.*, III, 1883, p. 261 et suiv.).

DIEUX DE LA GAULE

par Auguste ALLMER

I. — LES DIEUX DE LA GAULE CELTIQUE (suite).

Les NYMPHES des Fumades

1. — Allègre, canton de Saint-Ambroix, dép. du Gard. Trouvée au village des Fumades. — A l'Etablissement thermal :

NYMPHIS
CASVNIA·QVINT*ina v. s. l. m.*

Charvet, *Les Fumades*, p. 55 et pl. — Durand et Allmer, *Hist. de Lang.* XV, *Nîmes*, 1742. — Hirschfeld, *C.* XII, 2845.

« Aux Nymphes, Casunia Quintina avec reconnaissance en accomplissement « de son vœu ».

Au dessus de l'inscription, gravée sur la base de l'autel, un bas relief représentant les déesses au nombre de trois, debout, demi-nues et tenant chacune à deux mains au devant d'elle une vasque en forme de coquille cannelée. Leurs chevelures se déroulent sur leurs épaules et retombent en boucles au-dessus des seins; leurs bras sont ornés de bracelets.

2. — Allègre, au village des Fumades. — A l'établissement thermal.

NYMP·QVINTINA·MAXIMI·F·V·S·L·M·

Charvet, *Les Fumades*, p. 53 et pl. — Durand et Allmer, *Hist. de Lang.* XV, *Nîmes*, 1743 — Hirschfeld, *C.* XII, 2849.

« Aux Nymphes, Quintina fille de Maximus, avec reconnaissance en accom- « plissement de son vœu ».

Au dessous de l'inscription gravée sur le bandeau de la corniche, un grand bas-relief dans lequel se voit, sous un arc surmonté des bustes nus de trois Nymphes, la Déesse de la source. Elle est représentée « sous la figure d'une femme à « demi-nue et à demi couchée, accoudée du bras gauche sur une urne « fluente. Les cheveux, séparés en deux bandeaux réguliers, retombent sur « les épaules et sur le devant de la poitrine, et forment au sommet de la tête « un chignon disposé en corymbe ».

3. — Allègre, au village des Fumades. — A l'établissement thermal :

NYMP · L · IVL · ASCANIVS
V S L M

Charvet, *Les Fumades*, p. 58 et pl. — Durand et Allmer, *Hist. de Lang.* XV, *Nîmes*, 1744. — Hirschfeld, *C.*, XII, 2846.

« Aux Nymphes, Lucius Julius Ascanius, avec reconnaissance en accom- « plissement de son vœu ».

Au dessous de l'inscription gravée sur le bandeau et sur la doucine de la corniche, un bas-relief représentant un homme debout, vu de face, la tête, les jambes et le haut du corps nus sauf l'épaule gauche couverte d'une draperie, qui en retombant s'enroule autour des reins. De la main droite, il tient quelque chose qui parait être un vase, de la gauche une palme.

4. — Allègre, au village des Fumades. — A l'établissement thermal.

Nymphis, Lucia, G(aii) fil(ia), Aquilina v. s. l. m.

Charvet, *Les Fumades*, p. 59. — Durand et Allmer, *Hist. de Lang.*, XV, *Nîmes*, 1745. — Hirschfeld, *C.* XII, 2847.

« Aux Nymphes, Lucia Aquilina, fille de Gaius, avec reconnaissance en « accomplissement de son vœu ».

5. — Allègre, au village des Fumades. — A l'établissement thermal.

Nymfis, L. Lucretius Euprepes v. s. l. m.

Charvet, *Les Fumades*, p. 18 et pl. — Durand et Allmer, *Hist. de Lang.* XV, *Nîmes*, 1746. — Hirschfeld, *C.* XII, 2848.

« Aux Nymphes, Lucius Lucretius Euprepes avec reconnaissance en accom- « plissement de son vœu ».

6. — Allègre, au village des Fumades. — A l'établissement thermal.

Q. Min[u]c[ius] Apicla v. s. l. m.

Charvet, *Les Fumades*, p. 60 et pl. — Durand et Allmer, *Hist. de Lang.* XV, *Nîmes*, 1747. — Hirschfeld, *C.* XII, 2851.

« Quintus Minucius Apicla avec reconnaissance en accomplissement de son « vœu ».

7. — Allègre, au village des Fumades. — A l'établissement thermal.

NYMPHIS AVGVSTIS
..........RVM..

Charvet, *Les Fumades*, p. 64. — Durand et Allmer, *Hist. de Lang.* XV, *Nîmes*, 1748. — Hirschfeld, *C.* XII, 2850.

« Aux Nymphes Augustes ... ».

Malgré leur nombre, les inscriptions nous laissent ignorer le nom antique de ces eaux qui paraissent avoir été très fréquentées à l'époque romaine. Charvet dit que leur nom véritable est Fonts-Belles; le nom usité est celui de Fumades à cause sans doute des vapeurs qu'elles exhalent au-dessus du sol ; une des sources s'appelle « Font Pudento ».

Ce sont des eaux sulfureuses froides. Les fouilles pratiquées pour les utiliser ont fait retrouver un bassin romain avec des restes d'architecture en pierre et en marbre, des autels anépigraphes nombreux, une monnaie gauloise au nom d'Epadnactus, des monnaies romaines allant de la moitié du premier siècle aux premières années du troisième, ce qui s'accorde avec la bonne facture des autels sculptés et ornés de bas-reliefs ramenés au jour. On y a aussi trouvé un seau de bois resté en parfait état de conservation. *(à suivre).*

Chronique

— Le *Bulletin de la Commission archéologique de Narbonne* (année 1901, 1er semestre, p. XLVIII, procès-verbaux des séances du 2e semestre 1900), contient l'inscription que nous avons publiée précédemment sous le numéro 1364.

— Un vol important a été commis dans la soirée du 14 février dernier, au musée du Palais des Beaux-Arts, à Lyon. Plusieurs vitrines de la salle des antiquités ont été brisées par des malfaiteurs, restés inconnus, qui ont fait main basse sur un certain nombre de bijoux et de médailles, d'une valeur artistique inestimable. La perte la plus regrettable est celle d'une parure féminine complète, découverte à Lyon, montée Saint-Barthélemy, dans l'ancien clos des Lazaristes en 1841. Une bague en or portant l'inscription: *Veneri et Tutel(a)e votum* (Allmer et Dissard, *Musée de Lyon*, t. IV, p. 507), faisait partie de cette parure.

— Dans la séance du 27 février dernier de la Société nationale des Antiquaires de France, M. Toutain a fait la critique des textes sur lesquels on s'appuie d'ordinaire pour établir l'existence des Druidesses dans la Gaule romaine. Dans celle du 20 mars, M. de L'Espinasse a présenté plusieurs fragments de poteries estampillées provenant des fouilles de Champvert (Nièvre). Dans celle enfin du 3 mai, l'exhibition d'une pièce, jusqu'ici unique, s'est produite. Il s'agit d'une enseigne romaine (*signum*) formée de trois couronnes d'inégal diamètre dont la plus basse, qui est aussi la plus grande, est ornée d'un portrait de Néron. Cette enseigne, présentée par M. Selbman, a été trouvée en Angleterre.

— Le *Musée belge* du 15 janvier 1901, pp. 46 à 61, contient un article de M. Hubert van de Weerd, ayant pour titre : *Contribution à l'histoire des légions romaines*. Deux questions sont étudiées dans cet article : 1° La date de l'arrivée de la légion XI *Claudia*, en Mésie Inférieure, (vers l'an 117); 2° La participation de cette légion à la guerre d'Antonin-le-Pieux contre les Maures d'Afrique (années 145 à 149).

— L'inscription suivante, restituée par M. Héron de Villefosse, a été commentée par M. Emm. Lemaire, dans le *Guetteur de St-Quentin* (n° du 13 juillet 1900), et dans la *Revue archéologique* (n° de janvier-février 1901, pp. 137 à 142).

n V M · A V G · D*eo vol*
KANO · CIVIT · VI*romand*
C · S V I C C I V S · L*.Atinus*
SAC · ROM · ET · AV*g.p.p.*
PRÆF · L · VIII · CV*rator*
CIVITATIS · SVESS · *in*
Q V I S I T O R · G A*ll.le*
G A T V S . . . .

[*N*]*um*(*ini*) *Au*(*g*(*usti*), *d*[*eo Vol*]*kano civi*(*tatis*) *Vi*[*romand*(*uorum*)], *C*(*aius*) *Suiccius La*[*tinus*], *sac*(*erdos*) *Rom*(*ae*) *et Au*[*g*(*usti*), *p*(*rimus*) *p*(*ilus*)], *praef*(*ectus*) *l*(*egionis*) *octavae*, *cu*[*rator*] *civitatis Sue*[*ss*(*ionum*), *in*]*quisitor Ga*[*ll*(*iarum*), *le*]*gatus*...

Elle a été trouvée, au mois de juillet 1870, dans le sous-sol du chœur de la basilique de St-Quentin et elle est aujourd'hui conservée « en bonne place » dans cet édifice.

— Dans les séances des 3 et 17 mai dernier, MM. E. Joret, doyen honoraire de la Faculté des lettres d'Aix, et J. Lair, ont été nommés membres libres de l'Institut, en remplacement de MM. Le Moyne de la Borderie et Celestin Port, décédés.

— Dans son numéro du 1er mars dernier, la *Liberté* de Fribourg annonce la découverte que l'on a faite à Conthey (Valais), d'un monument funéraire romain contenant les restes de deux personnes ensevelies chacune dans un cercueil en plomb. Parmi les matériaux dont on s'est servi pour construire ce tombeau, figurent deux plaques de marbre jurassique portant des inscriptions que M. le chanoine Bourban a transcrites de la sorte:

SABELIVS SABINII
ANNOR.V M XXV
HIC SITVS
T F I

ATTICVS
AVITOX////O////////
///////SNATIO//////
A.XXV.HIC
SITVS EST

Sabelius, Sabini [*f*(*ilius*)], *annorum XXV, hic situs*; *t*(*estamento*) *f*(*ieri*) *i*(*ussit*).
La seconde ligne de la seconde inscription aurait besoin d'être revue.

— Le cachet de l'oculiste Tryfon (n° 50 de notre *Recueil*), publié par M. Mowat, en 1881, dans les *Mémoires* de l'Académie de Clermont, a été vendu aux

enchères publiques, à Paris, le 12 mars dernier, et adjugé à MM. Rollin et Feuardent, antiquaires. Il fait aujourd'hui partie de la collection de M. l'intendant général Courtot, à Chalons. Nous reproduisons les inscriptions de ce cachet d'après l'original que nous avons vu, et des empreintes que nous devons à l'obligeance de M. Florange, expert en monnaies et médailles, 21, quai Malaquais, à Paris. La réglette est incomplète du côté gauche. Sur la troisième tranche, il faut, pensons-nous, lire [*diox*]*sus*. La lacune, probablement, n'est que de quatre lettres comme pour les autres noms de collyre *melinum* et *dialepidos*.

Bibliographie

— Recueil des Inscriptions latines. Rapport de MM. Th. Mommsen et O. Hirschfeld (*Procès-verbaux des séances de l'Académie de Prusse*, 24 janvier 1901, pp. 67 à 69). — « Les suppléments aux inscriptions de Rome, plus nombreuses qu'on ne s'y attendait (*vol. VI*), ont été imprimés l'année dernière, par les soins de M. Huelsen, depuis la feuille 432 jusqu'à la feuille 441. Leur achèvement est prévu pour la fin de cette année. La préparation des *Indices* est commencée à Berlin sous la direction de M. Dessau; M. Buecklein a été chargé de la liste des noms.

« M. BORMANN a préparé pour l'impression les suppléments aux inscriptions de l'Italie centrale (*vol. XI*) et terminé l'*Index auctorum* avec le concours de M. KEUNE, de Metz, qui a aussi commencé la rédaction des *Indices* restants. M. IHM a presque achevé ce qui se rapporte aux inscriptions sur poteries et à la fin de l'*instrumentum* de cette même région.

« M. ZANGEMEISTER a fait imprimer jusqu'à la feuille 44, les inscriptions de la Germanie (*vol. XIII*, 2); son manuscrit des inscriptions de la Germanie supérieure est en voie d'achèvement. Les travaux préparatoires de rédaction sont dus en partie à M. DE DOMASZEWSKI, aussi bien pour cette région que pour celle de la Belgique dont s'occupe M. Zangemeister. M. HIRSCHFELD a été empêché par la maladie de faire entreprendre l'impression des inscriptions de la partie française de la Belgique; mais son manuscrit est prêt et cette impression pourra commencer sous peu de mois. Pour la troisième partie du volume, M. BOHN a conduit jusqu'à la 40e feuille le chapitre étendu des inscriptions sur poteries de la Gaule et de la Germanie.

« M. DRESSEL se propose de commencer, dans le courant de février, l'impression de la troisième partie du *volume XV*. Le manuscrit relatif aux inscriptions des cachets et des gemmes est terminé.

« Des *tomes supplémentaires*, celui du volume III, rédigé par MM. MOMMSEN, HIRSCHFELD et DE DOMASZEWSKI, s'est accru, pendant ces derniers temps, d'une manière considérable. Il a paru nécessaire de compléter le supplément de ses *Indices*, et M. REGLING y travaille. M. Richard KIEPERT a entrepris, avec un empressement digne de reconnaissance, l'achèvement des cartes que son père n'avait pas eu le bonheur de finir. On peut espérer que ce tome supplémentaire, qui embrasse une très grande étendue de l'empire romain, et dont la rédaction a rencontré, pour cette cause, des difficultés particulières, sera publié dans le courant de l'été prochain.

« Le tome supplémentaire du volume IV, relatif à Pompéï, n'a pu être conduit que jusqu'au bout des inscriptions murales. M. MAU espère qu'il lui sera possible de terminer, avant la fin de l'année, les inscriptions sur amphores qui restent à publier.

« La préparation de l'*instrumentum* de l'Afrique (*vol. VIII*, tome supplémentaire), a été retardée, d'abord par le grand accroissement provenant des découvertes qui ont eu lieu pendant les deux dernières périodes décennales, ensuite par la difficulté de se procurer des copies exactes. M. DESSAU en prévoit cependant l'achèvement à brève échéance. La préparation des *Indices*, dont M. REGLING s'est chargé, est commencée ».

— SCHUERMANS (H.). *Mithra adoré à Tongres. Un sénateur tongrois au IIIe siècle.* (Tongres, imprimerie de M. Collée, s. d., in-8°, 34 pp., une gravure). Dans la première partie de cette brochure, M. le Premier Président Schuermans décrit et complète ainsi qu'il suit une inscription découverte à Tongres, au commencement de l'année dernière :

*s*OLI M*ithrae*
QVISROM*us ??* ɔ
CIN*e*
et V*a*L*e*NTIN*us pp*
*N*GESATORV*m*
*b*ASEM *p c c*

« *Soli Mithrae Quisromus centurio cohortis I Nerviorum et Valentinus praepositus numero Gaesatorum basem poni curaverunt* ».

Nous devons à l'obligeance de M. Waltzing, professeur de l'Université à Liège, une photographie et des renseignements qui nous conduisent de préférence à la lecture que voici :

[S]oli A[ug(usto). [Ci]ves rom[ani] cent(uriae) [Va]lentin[i] G(a)esatoru[m b]asem [p(osuerunt)].

Il ne reste que le premier jambage, fortement incliné, et par suite plutôt attribuable à un A qu'à un M, de la lettre qui suit l'I, à la première ligne de l'inscription. Une ligne horizontale, dont on distingue la trace à mi-hauteur de ce jambage, vient du reste à l'appui de cette hypothèse. La lecture *Aeterno* n'est pas possible, faute de place. Cette dédicace est mal conçue, mais la formule dont il a été fait usage se retrouve. (Voy. notamment *Corpus*. VI, n° 2821). Il nous paraît probable qu'il s'agit d'Elagabale et non pas de Mithras. (Voy. *Corpus*, III, n° 4300 ; VI, n°s 708, 2269) ; Dessau, *Inscript. lat. selectae*, 1, p. 115).

La seconde partie du travail de M. Schuermans est consacrée à une inscription de Bulgarie mentionnant un *buleuta* de la cité de Tongres (Cagnat, *Année épigr.*, 1900, n° 155).

— DUNANT (Emile). *Guide illustré du musée d'Avenches*. Genève, 1900, in-8°, 138 pages, 10 planches hors texte et gravures dans le texte. Ce livre, qui peut à bon droit passer pour un modèle, est publié sous les auspices de l'*Association Pro Aventico*. A peine fondée depuis quinze ans, sous le patronage de la *Société d'histoire de la Suisse romande*, dans le but d'organiser des fouilles systématiques à Avenches et d'en déposer gratuitement le produit au musée de cette ville, l'*Association Pro Aventico* a fait preuve, jusqu'ici, d'une activité peu commune. Elle s'est attachée à populariser tout ce qui touche aux antiquités d'Avenches et le *Guide illustré* de M Dunant, venant après le *Catalogue du médaillier*, publié par M. Martin, y contribue pour une bonne part. Les 84 premières pages du volume sont consacrées à la description des *collections archéologiques*; les *monuments épigraphiques* au nombre de 52, occupent les pages restantes. Toutes les inscriptions sont suivies d'une lecture, d'une traduction et, lorsqu'il y a lieu, d'un court commentaire, la plupart sont reproduites en fac-similés dessinés par l'auteur, à l'échelle du huitième, au moyen de photographies ou d'estampages.

ESPÉRANDIEU. *Observations sur le papyrus latin de Genève n° 1*. (Extrait des *Comptes-rendus des Séances de l'Académie des Inscriptions et Belles-Lettres*, 1900, pp. 442 à 458). — A titre d'exemple, nous avons publié, dans ce travail, le fragment ci-après du compte de masse de l'un des soldats dont il est question dans le papyrus. (Voy. ci-dessus, p. 143) :

.....eT ASINIO COS
Q IVLIVS PROCVLVS OMT (?)

[*Accepit*] stip I an III do	dr ccxlviii
Ex cis	
[*faen*]aria	dr x
in [*vic*]tum	dr lxxx
calig[*a*]s fascias	dr xii
[*saturna*]licium k	dr xx
[*in vesti*]torium	dr lx
[*Expen*]sas	dr clxxxii
[*reliqua*]s deposuit	dr lxvi
et ha[*b*]uit ex prio[*re*]	dr cxxxv
fit [*summa omnis*]	dr ccii
Accepit stip II anni eiusd	[*dr cc*]xlviii
etc.	

M. Charles Morel nous a écrit à ce sujet l'intéressante lettre que voici :

« ...Vous dites en note, à la page 3 de votre *Étude*: « M. Morel donne aux lettres *dr* la signification du mot denier ; il s'agit certainement de drachmes ». M. Mommsen m'a prêté la même confusion en disant que j'avais interprété *dr* par *denarios*, ce qui m'aurait fait manquer la véritable explication des comptes. En réalité, je n'ai pas fait cette erreur. Je trouvais dans les manuels qui ont traité de la numismatique égyptienne une drachme-denier, qui n'était autre que le denior, et M. Mommsen, dans un article spécial, paru dans le numéro de septembre des *Archives* de Wilken, dit encore : « Dans les innombrables comptes de l'administration égyptienne, le denier ne figure pas sous ce nom ; s'il a été employé, on ne peut le reconnaître que sous la dénomination très fréquente ἀργυρίου δραχμή, drachme d'argent ». On trouve une phrase analogue dans l'article de l'*Hermès* sur notre papyrus, article de M. Mommsen également, p. 450, dans une note. Or, si le denier était appelé drachme-argent en Egypte, on pouvait bien dire, comme je l'ai fait, qu'au point de vue de la *valeur* il s'agissait de deniers dans les comptes de nos deux soldats...

« Toute la question de ces comptes était, du reste, fort compliquée... Il fallait d'abord savoir quelle était la drachme employée. Or, on ne connaissait, jusqu'ici, que la drachme-argent ou drachme-denier, et la drachme-alliage d'argent et cuivre, de quatre au denier. Puis venait cette autre question : Devait-on admettre que la paie quadrimestrielle était de 75 deniers ou s'élevait au contraire à 100 deniers, chiffre auquel on savait que Domitien l'avait portée ? Dans le premier cas, 75 deniers auraient représenté 300 drachmes; dans le second, 400 drachmes. Et pourtant, le soldat ne touchait que 248 drachmes, soit 52 drachmes de moins que son dû, si l'on admettait que la solde était antérieure à l'augmentation, et 152 drachmes de moins, en supposant qu'elle lui était postérieure. Je me suis donc cru obligé de conclure qu'il ne pouvait être question de drachmes d'un quart de denier et que, si le soldat touchait davantage, c'est que, suivant l'opinion courante, son entretien était payé à part...

« L'explication qui a été proposée par M. Mommsen, paraît trancher la question. Elle est fort ingénieuse. Au lieu de supposer une drachme d'une valeur arbitraire, pouvant s'adapter à nos comptes, il montre, à l'aide de renseignements tout récemment fournis par les papyrus, et signalés dans la publication de M. Wilken (*Ostraka*), qu'il existait une drachme de cuivre, de six oboles, au lieu de sept et quart, et que c'est cette drachme, d'une valeur *inférieure* à celle de quatre au denier, qui servait de base pour le règlement de la solde. Au premier abord, cela peut paraître étrange, car alors, pour représenter 75 deniers = 300 drachmes-alliage, il aurait fallu, non pas 248 drachmes-cuivre, mais bien 360. Ce n'est pas de cette façon que le fisc romain, très intelligent, et très madré comme tous les fiscs, comprenait la chose. Il renversait les termes du problème et entendait bénéficier du change. Le soldat avait droit à 75 deniers, soit 300 drachmes-alliage de sept oboles un quart : on lui payait bien 300 drachmes, mais en drachmes de cuivre de six oboles chacune, et les comptables de l'armée, établissant leurs comptes en drachmes-alliage, comptaient consciencieusement au fisc la valeur réellement payée, c'est-à-dire 248 drachmes-alliage. Dans la pratique, le trésor militaire réalisait donc sur chaque soldat de l'armée d'Egypte une économie de 13 deniers par quadrimestre, soit de 39 deniers par an. Dès lors, tout s'explique, et l'on voit que, contrairement à l'opinion courante, les troupes légionnaires ne touchaient point leur entretien à part... ».

Nécrologie

— M. Huebner (Emile), professeur de philologie à l'Université de Berlin, collaborateur du *Corpus inscriptionum latinarum* pour les volumes II et VII consacrés, le premier aux inscriptions de l'Espagne, le second à celles de l'Angleterre, est mort à Berlin, le 21 février dernier, à l'âge de 66 ans. Cette fin, que rien ne faisait prévoir si prochaine, est un véritable deuil pour la science.

— D'unanimes regrets accompagneront de même dans la tombe M. Le Moyne de la Borderie (Louis-Arthur) et M. Port (François-Célestin), membres libres de l'Institut (Académie des Inscriptions et Belles-Lettres).

M. de la Borderie est mort à Vitré, le 17 février, à l'âge de 73 ans. Ses écrits se rapportent principalement à la Bretagne. Il laisse inachevée une *Histoire* de cette province, qui devait être le couronnement de sa carrière de savant, et dont trois volumes seulement ont paru.

M. Célestin Port, archiviste du département de Maine-et-Loire, est mort à Angers, le 4 mars, à l'âge de 72 ans. Son *Dictionnaire historique et biographique de Maine-et-Loire* (1869-1878, 3 vol. in-8°) et sa *Vendée Angevine* (1888, 2 vol. in-8°), pleine de faits ignorés et d'idées neuves l'ont rendu célèbre.

ESPÉRANDIEU

Vienne imp. Savigné — Ogeret et Martin, succrs. — Le Gérant: J. Ogeret.

REVUE

ÉPIGRAPHIQUE

N° 102. — Juillet, Août, Septembre 1901

Duin (Haute-Savoie) ; — Vendres (Hérault) ; — Saintes ; — Reims.
R. CAGNAT. — Une inscription d'Ancyre relative à un fonctionnaire des Gaules.
ALLMER. — Les dieux de la Gaule Celtique (suite).
Bibliographie. — Chronique. — Nécrologie.

1402

Autel à Castor

Copie et renseignements de M. Charles MARTEAUX, professeur au Lycée d'Annecy.

Duin. — Bloc rectangulaire en calcaire du pays, récemment découvert à Duin (Haute-Savoie). « La pierre était enfouie dans la maçonnerie de l'église, aujourd'hui démolie, mais elle provenait, avant la construction de celle-ci, il y a près de quatre-vingts ans, de la vieille chapelle du château du même nom situé non loin de là. L'extrémité inférieure du bloc est creusée d'une mortaise ; le haut est creusé de même de deux autres trous rectangulaires et de cinq trous plus petits, dont quatre sont parallèles à la face qui porte l'inscription. On peut supposer, avec beaucoup de vraisemblance, que ce bloc supportait une statue protégée par les barreaux d'une grille ». Hauteur, 0 m. 91 ; largeur, 0 m. 39 ; épaisseur, 0 m. 31. Hauteur des lettres, 0 m. 045 aux quatre premières lignes, 0 m. 03 à la cinquième, 0 m. 025 à la sixième, 0 m. 02 à la septième et 0 m. 04 à la dernière. A la 1re ligne, le C initial a 0 m. 06 ; à la 2e, l'A a 0 m. 025 ; à la 7e, l'O de COS « est absolument minuscule ».

CASTORI AVG
C·CAPRILIVS
SPARVS
EX ❦ STIPE
*a*NNI MANI ACI
*li gl*ABRIONIS M
VLPI TRAIANI CoS
*q*VO SACERDOS
FVIT

Caractères « de facture moyenne ». Par suite d'une cassure, des lettres manquent au début des lignes 5, 6, 7 et 8.

Castori Aug(usto) : C(aius) Caprilius Sparus, ex stipe [a]nni Mani(i) Aci[li(i) Gl]abrionis, M(arci) Ulpi(i) Traiani co(n)s(ulum), [q]uo sacerdos fuit.

« A Castor Auguste ; Caius Caprilius Sparus, du produit des collectes de l'année, sous le consulat, pendant lequel il a été prêtre, de Manius Acilius Glabrio et de Marcus Ulpius Trajan ».

Cette inscription est une des plus intéressantes que la Gaule ait fournies depuis quelques années. D'une manière générale, les dédicaces aux Dioscures sont en petit nombre ; de plus, il est bien rare, mais non pas sans exemple toutefois, que les dieux soient invoqués séparément. (Voy. Orelli, *Inscript. lat. select.*, nos 1568 et 1569 ; Brambach, *C. I. Rh.*, n° 381, *Rev. arch.*, 1862, p. 265; *C. I. L.*, II, n° 2122). On les trouve d'habitude réunis sur les autels, soit sous leurs noms de *Castor* et de *Pollux*, soit sous les appellations collectives de *Castores* ou de Πολύδευκες. Le culte des Dioscures passa très anciennement de la Grèce en Sicile et de là en Italie et dans la partie occidentale de l'Empire. On ne peut rien dire de précis sur sa diffusion. Jusqu'à présent, les seuls textes datés que l'on possédait se rapportaient, pour deux d'entre eux, aux dernières années de la République (*C. I. L.*, I, nos 567 et 569 = *C. I. L.*, X, nos 3779 et 3781) et pour deux autres aux années 198 (*C. I. L.*, VI, n° 85) et 216 (*C. I. L.*, XIV, n° 1). L'inscription nouvellement découverte à Duin forme donc, pour ainsi dire, le chaînon qui manquait entre la fin de l'époque républicaine et le milieu de l'époque antonine. M'. Acilius Glabrio et M. Ulpius Trajan exercèrent en effet le consulat l'un et l'autre pour la première fois, en 91. On sait que ces deux personnages eurent des destinées toutes différentes. Le premier, qui était chrétien, fut condamné à mort pour cette cause par Domitien et périt en 95 (Dion, LXVII, 12, 14; Suetone, *Domit.*, 10; voy. de Rossi, *Bull. di arch. crit.*, 1888-1889, pp. 15 et suiv.; Klebs, *Prosopogr. imp. rom.*, 1, p. 7, n° 54); le second fut adopté par Nerva, en 97, et devint l'empereur Trajan.

Le mot *stips* est ainsi expliqué par Forcellini : « *Fere dicitur de pecunia quae a pluribus parva quantitate confertur, vel in opus aliquod publice faciendum, vel in honorem deorum, vel pauperibus alendis* ». A notre avis, la signification du mot *anni* est ici celle d'*annua* ; il s'agit du produit des collectes annuelles que l'on employait au mieux des intérêts du culte et dont on se servait assez fréquemment, à ce qu'il semble, pour l'érection de nouveaux autels. Une inscription, aujourd'hui perdue, d'Aoste (*C. I. L.*, XII, n° 2388) fait connaître le montant, 35 deniers, environ 28 francs de notre monnaie, de l'une de ces collectes.

1403 à 1405

Copies dessinées, estampages et renseignements de M. Louis Noguier, président de la Société archéologique, scientifique et littéraire de Béziers.

1403

Fragment d'épitaphe

Vendres. — Fragment de tablette découvert « sur le domaine de Clapiès, commune de Vendres, près de Béziers », à une date déjà lointaine. Donné par l'ancien propriétaire de ce domaine, M. le baron de Montfort, au musée lapidaire de la Société archéologique, scientifique et littéraire de Béziers. Hauteur 0 m. 30; largeur 0 m. 20; épaisseur 0 m. 04. Hauteur des lettres, 0 m. 026 aux deux premières lignes, 0 m. 020 aux suivantes. A la fin de la 3e ligne, le monogramme des deux lettres T et I est anormal et ne peut s'expliquer que par une erreur de gravure. A cette même ligne, les points séparatifs de part et d'autre de l'L rejoignent la haste verticale de la lettre.

[*V(ivo)*....... *l(iberto)*, *Au*]*cto;* [*v(ivo)*....... *f(ilio)*, *Public(iano)*, *et*....*llo*, *L(ucii) Marti(i)*......]*i ser(vo)*, *obito* [*ann*]*orum XI*....

« Vivant, à..... Auctus, affranchi de.....; vivant à..... Publicianus, fils de....., et à.....llus, esclave de Lucius Martius.....us, mort à l'âge de ...ans ».

Autant que nous puissions en juger par suite du mauvais état de l'inscription, il s'agit de la tombe construite pour deux personnes de leur vivant, et pour un esclave déjà mort. Les restitutions que nous venons de proposer ne sont pas et ne peuvent pas être certaines. Mais il est à remarquer que le surnom *Auctus*, connu à Narbonne par une vingtaine d'exemples, n'a été porté presque constamment que par des affranchis. (*C. I. L.*, XII, p. 887).

1404

Epitaphe d'une affranchie

Vendres. — Fragment de tablette de même provenance que le précédent. Donné par M. le baron de Montfort au musée lapidaire de la Société archéologique, scientifique et littéraire de Béziers. Hauteur 0 m. 22, largeur 0 m. 23; épaisseur, 0 m. 04. — Hauteur des lettres, 0 m. 026 à la première ligne, 0 m. 018 aux suivantes.

[D(iis)] M(anibus) Juliae, C(aii) lib(ertae), Zosimes; [ux]ori karissimae.

« Aux dieux Mânes de Julia Zosime affranchie de Caius (Julius); à l'épouse très chère ».

Zosime est un surnom de forme grecque. Faute de place, la restitution *[sor]ori* est moins probable, à la dernière ligne, que celle *[ux]ori*.

1405

Autel à Jupiter

Vendres. — Autel avec base et couronnement de même provenance que les deux tablettes précédentes. Donné par M. le baron de Montfort au musée lapidaire de la Société archéologique, scientifique et littéraire de Béziers. Hauteur, 0 m. 48; largeur, 0 m. 19; épaisseur, 0 m. 12. Hauteur des lettres, 0 m. 03. Sur notre demande, M. Louis Noguier a bien voulu s'assurer que cet autel ne porte, sur les cotés, aucun symbole.

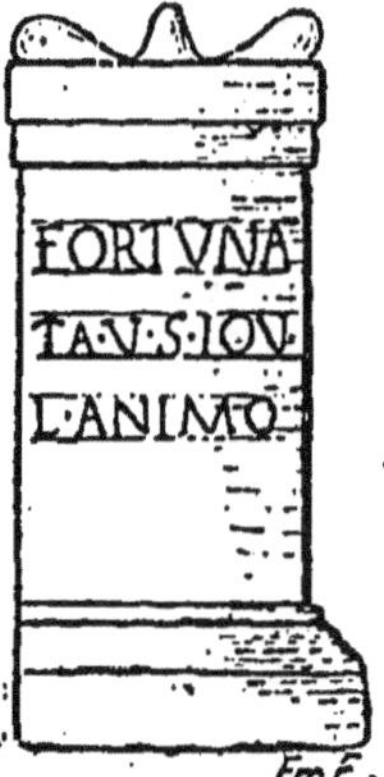

Fortunata v(otum) s(olvit) Jov(i) l(ibente) animo.

« Fortunata à Jupiter, avec reconnaissance en accomplissement de son vœu ».

Les trois inscriptions de Vendres qui précèdent sont les premières que cette ville ait fournies. Il n'y a pas à tenir compte d'une inscription rapportée par Anne de Rulman ne contenant que les deux mots : *fanum Veneris* (Bibl. nat. fonds latin, n° 8640, 5° vol.). Elle ne semble avoir été faite que pour appuyer la tradition d'après laquelle le nom de Vendres serait dérivé de celui de la déesse Vénus, à qui un temple local aurait été consacré. Philologiquement, cette tradition n'a rien, du reste, de rigoureusement impossible. On sait, en effet, que *Portus Veneris* est devenu Port-Vendres, et il se peut parfaitement que le nom de Vénus ait aussi donné naissance à la dénomination de Vendres pour la ville, a celle d'étang de Vendres pour les marécages voisins, bien qu'il paraisse résulter, du petit poème d'Avienus intitulé *Ora maritima*, que ces marécages, dans les temps anciens, ont porté le nom de *palus Helice*. (Voy. de Saulcy, *Rev. Arch.*, 1867, 1, p. 84). « Au bord de l'étang de Vendres, dit d'un autre côté M. Noguier, à une petite distance du village de ce nom, se montre un petit promontoire de forme oblongue. Il mesure 30 mètres environ, sur 17 mètres dans sa plus grande largeur, et son grand axe se dirige du nord au midi. Sa hauteur au dessus des eaux de l'étang est de 5 mètres. Ce promontoire est connu dans le pays sous le nom de *Temple de Vénus*. On n'y voit guère aujourd'hui que des restes de murailles, peut-être antiques, mais informes, du côté méridional, et un petit mur circulaire du côté de l'est. Quand nous visitâmes ces ruines, en 1875, nous pûmes y recueillir des petits cubes de diverses couleurs ayant fait partie d'une mosaïque ». (*La colonie romaine de Béziers*, Béziers, 1883, in-8, p. 107).

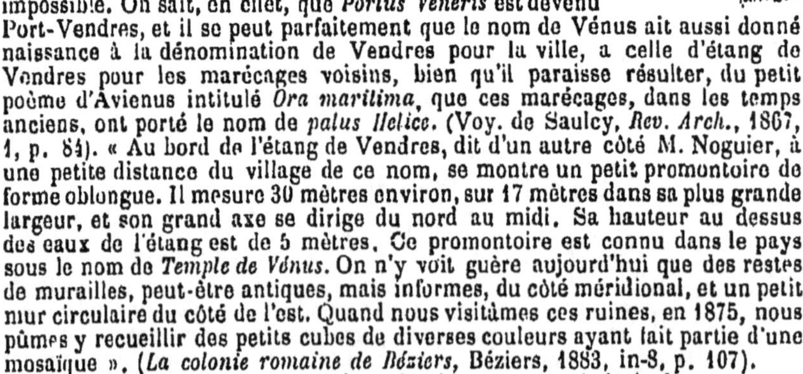

Anne de Rulman a laissé, parmi ses dessins, une vue générale des « masures du temple de Vénus » à Vendres (5° vol., f. 22). Il en résulterait, si elle était exacte, que les ruines qui existent encore sur le promontoire avaient, au dix-septième siècle, une plus grande importance que de nos jours.

1406

Autel à Maia

Estampage, copie dessinée et renseignements de M. Ch. DANGIBEAUD, conservateur du Musée de numismatique à Saintes.

Saintes. — Petit autel, « très probablement en pierre de Saint-Savinien », trouvé en 1892, dans le cimetière Saint-Vivien, en creusant une tombe. Donné au musée. Cet autel, fort primitif, a subi quelques mutilations. Il est décoré, sur le coté droit, par des ornements en forme d'X, et sur la face postérieure, par une figure peu définissable, peut-être, mais non pas sûrement, la représentation grossière d'un animal. Hauteur, 0 m. 095 ; largeur, 0 m. 01. Hauteur des lettres, environ 0 m. 01.

Mai(a)e ; *Hel(e)nu(s)*. *A(uli) Lycii* [ou *Alycii*] *s(ervus)*.

« A Maia ; Helenus, esclave d'Aulus Lycius [*ou* « d'Alycius] ».

Cette lecture, fort peu certaine, a été proposée par M. Camille Jullian (*Annales de la Faculté des lettres de Bordeaux*, 1901, p. 99).

Le nom de Maia, assez rare partout ailleurs, figure dans un certain nombre d'inscriptions de la Gaule méridionale (*C. I. L.*, XII, n°s 2194, 2557, 2570, 5867, 5870) et de la Germanie romaine (Robert, *Epigr. de la Moselle*, p. 74). Il se peut, suivant l'opinion de M. Jullian, qu'il ait désigné dans ces textes, non pas la déesse classique, mais une divinité gauloise ou germanique identifiée avec elle.

1407 à 1433

Renseignements extraits du *Catalogue du musée archéologique, fondé par M. Théophile Habert*, (Troyes, 1901, in-8, pp. 221 à 224). Copies communiquées par M. Seymour DE RICCI. Nos estampages et copies dessinées pris les 2 août et 22 septembre 1901. Des copies et des renseignements sont aussi contenus dans un dossier manuscrit d'Habert déposé au musée de St-Germain.

1407

Epitaphe

Reims. — Stèle découverte à Reims, au lieu dit la Maladrerie, le 15 février 1899. Déposée au cimetière de l'Est, à côté du logement du gardien, dans une petite baraque en planches. Hauteur, 0 m. 88 ; largeur, 0 m. 47 ; épaisseur, 0 m. 19. Hauteur des lettres, 0 m. 03.

D(iis) M(anibus). Amator.

« Aux dieux Mânes. (Sépulture d')Amator ».

Amator est un surnom romain. L'objet de nature indécise, que le personnage représenté tient de la main gauche, nous paraît être un étui de bois rempli de couteaux dont on n'aperçoit que les manches. De pareils étuis sont encore, de nos jours, assez communs dans les campagnes où ils servent surtout aux tueurs de porcs. L'autre objet, de forme rectangulaire, est une *capsella*. Les récipients de cette sorte ne sont pas rares sur les monuments funéraires. Quand ils accompagnent l'image d'une femme, on y reconnait sans peine des écrins, mais il est plus difficile de se prononcer lorsqu'ils sont tenus par un homme. Dans ce cas, l'opinion courante y voit des coffrets faits pour contenir des livres, des instruments ou de l'argent.

1408

Epitaphe

Reims. — Fragment de stèle trouvé à Reims, au lieu dit le Chemin Vert, quartier de la Croix-Saint-Marc, à 200 mètres au sud des casernes de l'Est, au mois de septembre 1897. Déposé au cimetière de l'Est. Hauteur 0 m. 16 ; largeur, 0 m. 30 ; épaisseur, 0 m. 35. Hauteur des lettres, 0 m. 055.

D(iis) [M(anibus)]. Astimo.

« Aux dieux Mânes. A Astimus ».

Astimus est un surnom romain.

1409

Epitaphe

Reims. — Fragment de stèle découvert à Reims, au lieu dit la Maladrerie, le 15 février 1899. Déposé au cimetière de l'Est. Hauteur, 0 m. 26 ; largeur, 0 m. 28 ; épaisseur, 0 m. 17. Hauteur des lettres, 0 m. 035.

[D(iis)] M(anibus)]. Aven[ti]no, P[e]culiar[is (filio)....

« Aux dieux Mânes. A Aventinus, fils de Peculiaris... ».

Aventinus, Peculiaris sont des surnoms romains.

1410

Epitaphe d'un marchand de vêtements

Reims. — Fragment de stèle découvert à Reims, au lieu dit la Maladrerie, en juillet 1894. Déposé au cimetière de l'Est. Hauteur, 1 m. 05 ; largeur, 0 m. 35 ; épaisseur, 0 m. 08. Hauteur des lettres, 0 m. 06 aux deux premières lignes ; 0 m. 045 à la suivante, 0 m. 04 à la dernière.

[D(iis) M(anibus)] Augusti vestiari(i).

« Aux dieux Mânes d'Auguste, marchand de vêtements ».

L'épitaphe, contenue dans un cartouche, paraît complète ; il est probable que la dédicace aux dieux Mânes a seule disparu. L'hypothèse d'un domestique impérial n'est pas soutenable. *Augustus* est un surnom romain dont on connaît d'ailleurs quelques exemples.

M. Héron de Villefosse a publié cette inscription, dans le *Bulletin des Antiquaires de France*, 1895, p. 120, d'après une copie de Théophile Habert.

1411

Epitaphe

Reims. — Stèle découverte à Reims, au lieu dit le Chemin Vert, en 1875. Déposée au cimetière de l'Est. Hauteur, 0 m. 35 ; largeur, 0 m. 18 ; épaisseur, 0 m. 17. Hauteur des lettres, 0 m. 07.

Ann.... — « (Sépulture d')Ann.... ».

De même que l'inscription de *Giamillus*, dont il sera question plus loin (n° 1418), cette épitaphe est grossièrement tracée à la pointe. Elle est, de plus, abrégée de telle sorte, que la lecture du nom dont elle se compose n'est pas possible.

1412

Epitaphe

Reims. — Stèle à sommet triangulaire découverte à Reims, au lieu dit la Maladrerie, le 5 août 1896. Déposée au cimetière de l'Est. Hauteur, 0 m. 83; largeur, 0 m. 55; épaisseur, 0 m. 17. Hauteur des lettres, 0 m. 06.

D(iis) Manibus) et memo(riae) Belatoni, Cintonis (filii).

« Aux dieux Mânes et à la mémoire de Belatonus, fils de Cinto ».

Belatonus, Cinto sont des noms gaulois. Le premier nous paraît nouveau, mais on connaît d'autres appellations qui sont formées, comme lui, sur le thème *Belatu.* (Thédenat, *Noms gaulois*, p. 18, note 1). Le second n'est pas très rare; il figure notamment dans trois inscriptions du musée de Bordeaux (*C. I. L.*, XIII, nos 653, 689 et 702).

1413

Epitaphe

Reims. — Stèle découverte à Reims, au lieu dit le Chemin Vert, le 21 décembre 1894. Déposée au cimetière de l'Est. Hauteur, 0 m. 70; largeur, 0 m. 45; épaisseur, 0 m. 13. Hauteur des lettres, 0 m. 05.

D(iis) M(anibus). Biatucco.

« Aux dieux Mânes. (Sépulture de) Biatucco ».

Biatucco ou *Biatuccus*, suivant que le mot est au nominatif ou au datif, est un nom celtique dont la forme nous paraît nouvelle. On sait d'ailleurs que beaucoup de noms celtiques, sous l'influence de la romanisation, eurent leurs désinences transformées. Les terminaisons *us* et *ius*, celle-ci de forme gentilice, tendirent à remplacer les syllabes finales *u*, *o*, *os*, *io*, dans certaines desquelles se manifeste peut-être déjà un commencement d'évolution. (Voy. *C. I. L.*, XIII, 3, p. 119).

1414

Epitaphe

Reims. — Stèle découverte à Reims, au lieu dit la Maladrerie, le 15 février 1899. Déposée au cimetière de l'Est. Hauteur, 0 m. 66; largeur, 0 m. 31; épaisseur, 0 m. 13. Hauteur des lettres, 0 m. 035.

Sur le côté droit de cette stèle est figuré en demi relief un personnage debout, de face, paraissant tenir un cheval qui se dirige vers la droite.

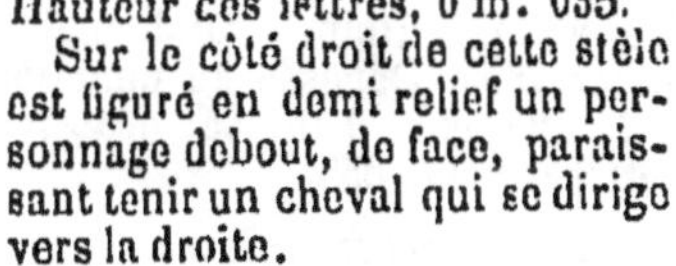

Bocca. Borissa.

« (Sépulture de) Bocca; (Sépulture de) Borissa ».

On connaît les formes *Boccus*, et *Bocco*, du premier de ces deux noms, qui paraissent gaulois. (*C. I. L.*, XIII, nos 78, 79 et 10010, 330). Il est probable que *Bocca* était le nom de la femme, *Borissa* celui du mari.

1415

Epitaphe

Reims. — Stèle découverte à Reims, au lieu dit la Maladrerie, le 23 octobre 1898. Déposée au cimetière de l'Est. Hauteur, 1 m. 72; largeur à la base, 0 m. 65; épaisseur, 0 m. 26. Hauteur des lettres, 0 m. 055.

D(iis) M(anibus) Catti.

« Aux dieux Mânes de Cattus ».

L'appellation celtique *Cattus*, non différente de celle *Cattos*, est connue par des légendes monétaires (Muret-Chabouillet, *Cat. des mon. gaul.*, n° 7159 et suiv.) et par une marque de potier (*C. I. L.*, XIII, n° 10010, 492').

1416

Epitaphe

Reims. — Stèle découverte à Reims, au lieu dit la Maladrerie, en décembre 1898. Déposée au cimetière de l'Est. Hauteur, 0 m. 90; largeur, 0 m. 51; épaisseur, 0 m. 23. Hauteur des lettres, 0 m. 045.

D(iis) M(anibus) Cavvae.

« Aux dieux Mânes de Cavva ».

Deux autres stèles provenant de Reims, et conservées, l'une au musée de l'Hôtel-Dieu de Reims, l'autre au musée de Châlons-sur-Marne, fournissent, comme celle-ci, le nom celtique *Cavva*. Malgré sa désinence, on ne peut pas savoir si ce nom celtique a été ou non porté par une femme. Plus encore peut-être que pour les noms romains, les appellations gauloises masculines qui se terminent par un *a* ne sont pas rares. (Voy. ci-dessus, p. 146).

1417

Epitaphe

Reims. — Stèle découverte à Reims, au lieu dit le Chemin Vert, le 7 janvier 1895. Déposée au cimetière de l'Est. Hauteur, 0 m. 75; largeur, 0 m. 45; épaisseur, 0 m. 16. Hauteur des lettres, 0 m. 055.

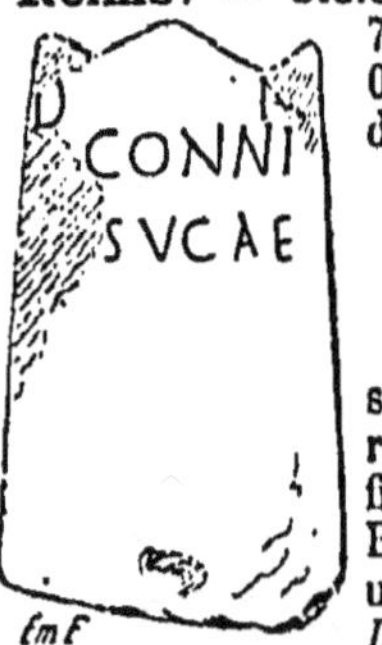

D(iis) M(anibus) Conni Sucae.

« Aux dieux Mânes de Connus, fils de Suca ».

Les appellations *Connus* et *Suca* ne sont pas uniques. La seconde réapparait dans une inscription de Reims que nous rapportons plus loin sous le numéro 1434, et la première figure, selon toute apparence, dans une épitaphe trouvée à Bordeaux. (*C. I. L.*, XIII, n° 575). On connait, en outre, un potier du nom de *Succus*. (Steiner, *Codex inscript. rom. Danubii et Rheni*, 1, n° 114).

1418

Epitaphe

Reims. — Stèle découverte à Reims, au lieu dit le Chemin Vert, le 7 janvier 1895. Déposée au cimetière de l'Est. Hauteur, 0 m. 33; largeur, 0 m. 20; épaisseur, 0 m. 18. Hauteur des lettres, 0 m. 03.

Giamil(li). — « (Sépulture de) Giamillus ».

Un certain nombre d'inscriptions et surtout de marques de potiers des bords du Rhin, de Lyon et de la Narbonnaise ont déjà fait connaître le nom celtique *Giamillus*. On le rencontre aussi sur des monnaies avec l'orthographe *Giamilos* (Muret-Chabouillet, *Cat. des mon. gaul.*, n° 7554).

M. Héron de Villefosse a publié cette inscription dans le *Bulletin des Antiquaires de France*, 1895, p. 121, d'après une copie de Théophile Habert.

1419

Epitaphe

Reims. — Table en deux fragments découverte à Reims, au lieu dit le Chemin Vert, en 1896. Déposée au cimetière de l'Est. Hauteur, 0 m. 53; largeur, 0 m. 70; épaisseur, 0 m. 10. Hauteur des lettres, 0 m. 065. Les lettres surélevées ont 0 m. 08.

D(iis) M(anibus). Juli(a)e, Cerialis fili(a)e, car(issimae et) rari(ssimae), p(ater) p(onendum) c(uravit).

« Aux dieux Mânes. A Julia, fille de Cerialis, très chère et de très rare mérite. Son père lui a fait construire ce tombeau ».

Cette inscription, dont la facture est assez bonne, peut appartenir au second siècle; elle n'en témoigne pas moins, par sa rédaction, de la barbarie provinciale. Le mot *Julia* est employé, non pas comme gentilice, mais comme surnom.

Dans son catalogue (p. 222), Théophile Habert indique, par erreur, que cette pierre a été « entièrement détruite par la gelée ».

1420

Epitaphe

Reims. — Fragment de stèle découvert à Reims, au lieu dit le Chemin Vert, en 1896. Déposé au cimetière de l'Est. Hauteur, 0 m. 53; largeur, 0 m. 40; épaisseur. 0 m. 25. Hauteur des lettres, 0 m. 045.

D(iis) [M(anibus)] Santae, Senni m(aritae) (ou *matris*).

« Aux dieux Mânes de Santa, épouse (ou mère) de Sennus ».

Santa, Sennus, sont des appellations plutôt romaines que celtiques. La première, différente de *Sancta*, nous parait nouvelle. La seconde est comparable aux formes connues *Senus* et *Sennius* (*C. I. L.*, XIII, 3, 10010, 1784 et 1785).

1421

Epitaphe

Reims. — Stèle découverte à Reims, au lieu dit le Chemin Vert, en 1897. Déposée au cimetière de l'Est. Hauteur, 1 m. 14; largeur, 0 m. 37, épaisseur, 0 m. 24. Hauteur des lettres, 0 m. 045.

D(iis) M(anibus). Masclo.

» Aux dieux Mânes. A Masclus ».

Masclus, forme contracte de *Masculus*, est un surnom romain très répandu.

1422

Epitaphe

Reims. — Stèle mutilée découverte à Reims, au lieu dit la Maladrerie, le 18 novembre 1898. Déposée au cimetière de l'Est. Hauteur, 0 m. 50; largeur, 0 m. 47; épaisseur, 0 m. 20. Hauteur des lettres, 0 m. 045.

D(iis) M(anibus). Mercuria.

« Aux dieux Mânes. (Sépulture de) Mercuria.

L'appellation gravée sur cette stèle parait complète. Il se peut toutefois qu'il s'agisse du surnom romain *Mercurialis*, plus commun que celui de *Mercuria*.

1423

Epitaphe

Reims. — Stèle découverte à Reims, au lieu dit le Chemin Vert, le 7 janvier 1895. Déposée au cimetière de l'Est. Hauteur, 0 m. 60; largeur, 0 m. 43; épaisseur, 0 m. 20. Hauteur des lettres, 0 m. 045. Au-dessous de l'inscription apparaissent les traces d'une *ascia*.

D(iis) M(anibus). Notta.

« Aux dieux Mânes. (Sépulture de) Notta ».

L'ascia dont on ne pas connait d'exemples dans le nord de la Gaule, antérieurement au second siècle, est peu commune sur les tombes de Reims.

Nous ne pouvons que répéter, à propos du surnom *Notta* plutôt romain que celtique, ce que nous avons déjà dit de celui de *Cavva*. On ne saurait dire sûrement s'il s'applique à une femme.

1424

Epitaphe

Reims. — Stèle découverte à Reims, au lieu dit la Maladrerie, en 1894. Déposée au cimetière de l'Est. Hauteur, 0 m. 65; largeur, 0 m. 57; épaisseur, 0 m. 12. Hauteur des lettres, 0 m. 35. Un point triangulaire a été omis dans notre dessin, après la lettre D de la dernière ligne.

D(iis) M(anibus) Paterni Pollionis; vixit an(nis) VIII, m(ensibus) IIII, d(iebus) XI.
« Aux dieux Mânes de Paternus, fils de Pollio (*ou* de Paternius Pollio), mort à l'âge de huit ans, quatre mois et onze jours.

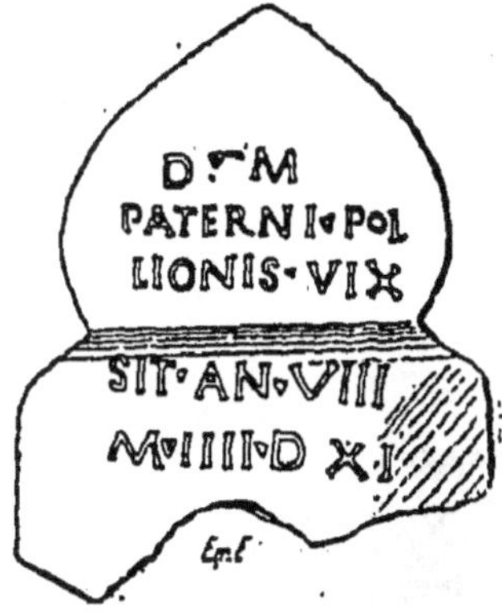

Le gentilice *Paternius* est connu et figure notamment dans une inscription de la Narbonnaise (*C. I. L.*, XII, n° 3 787); mais il n'est pas certain qu'il s'agisse d'un citoyen romain et qu'on doive traduire : « Sépulture de Paternius Pollio ». Il faut observer, en effet, que les citoyens romains n'apparaissent pour ainsi dire pas sur les tombes de Reims, et que, d'autre part, la filiation y est le plus souvent exprimée, à la manière gauloise, par le nom du père mis au génitif, avec sous-entente du mot *filius*.

Le texte de cette inscription a été publié et redressé par M. Héron de Villefosse, dans le *Bullet. des Ant. de France*, 1895, p. 121, d'après une copie fautive de Théophile Habert.

1425

Epitaphe

Reims. — Stèle découverte à Reims, au lieu dit le Chemin Vert, en 1897. Déposée au cimetière de l'Est. Hauteur, 1 m. 45; largeur, 0 m. 45; épaisseur, 0 m. 24. Hauteur des lettres, 0 m. 05 aux deux premières lignes, 0 m. 045 aux deux suivantes, 0 m. 04 aux 5° et 6°, 0 m. 03 aux lignes restantes.

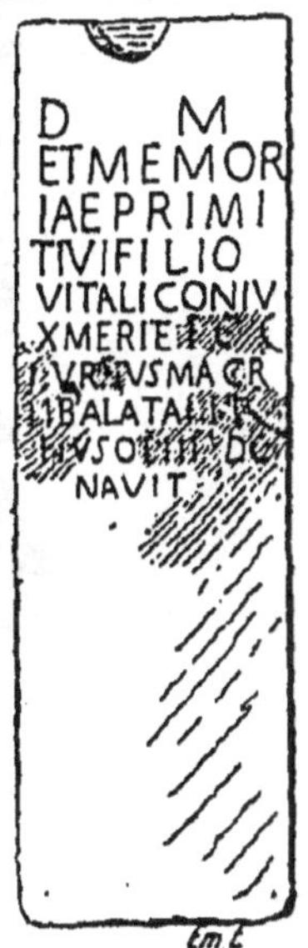

D(iis) M(anibus) et memoriae. Primitivi filio, Vitali, coniux ....

« Aux dieux Mânes et à la mémoire. A Vitalis, fils de Primitivus,...... ».

Nous renonçons à proposer une interprétation quelque peu certaine de cette épitaphe. La pierre est tellement rugueuse et parsemée de trous, que la lecture des 6°, 7°, 8° et 9° lignes est extrêmement difficile, pour ne pas dire impossible. Le groupe, complet ou non, *Balata* ne fait cependant pas de doute, pas plus que le dernier mot : *donavit*.

1426

Fragment d'épitaphe

Reims. — Fragment de stèle découvert à Reims, au lieu dit le Chemin Vert, en 1897. Déposé au cimetière de l'Est. Hauteur, 0 m. 30 ; largeur, 0 m. 39 ; épaisseur, 0 m. 12. Hauteur des lettres, 0 m. 045.

Diis Manibus Sacionis; Malivi... f(aciendum) [c(uravit)].

« Aux dieux Mânes de Sacio ; Malivi... a pris soin de lui faire construire ce tombeau ».

Sacio, Malivi... sont des appellations, probablement celtiques, qui nous paraissent nouvelles.
La barbarie de la gravure des lettres de cette inscription est à noter.

Dédicace a la Déesse TEMUSIO
(Revue Epigraphique, t. 4, p. 182)

1427

Epitaphe

Reims. — Stèle découverte à Reims, au lieu dit le Chemin Vert, en 1895. Déposée au cimetière de l'Est. Hauteur, 0 m. 45; largeur, 0 m. 43; épaisseur, 0 m. 08. Hauteur des lettres, 0 m. 09.

D(iis) M(anibus). Satta.

« Aux dieux Mânes. (Sépulture de) Satta ».

Le nom celtique *Satta* est peut-être nouveau, sous cette forme, mais on connait les appellations voisines *Sato*, *Satos* et *Satto*. (Thédenat, *Noms gaulois*, pp. 75 et 76).

M. Héron de Villefosse a publié cette inscription dans le *Bulletin des Antiquaires de France*, 1895, p. 121, d'après une copie de Théophile Habert.

1428

Fragment d'épitaphe

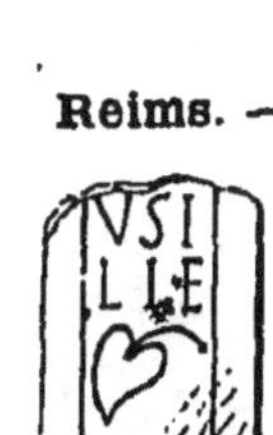

Reims. — Fragment de stèle découvert à Reims, au lieu dit le Chemin Vert, en décembre 1894. Déposé au cimetière de l'Est. Hauteur, 0 m. 29; largeur, 0 m. 22; épaisseur, 0 m. 12. Hauteur des lettres, 0 m. 055.

[*D(iis) M(anibus)*. ...] *usill(a)e*.

« Aux dieux Mânes de ....usilla ».

La restitution [*Dr*]*usilla* est peu probable.

Ce fragment d'inscription a été publié par M. Héron de Villefosse, dans le *Bulletin des Antiquaires de France*, 1895, p. 121, d'après une copie de Théophile Habert.

1429

Fragment d'épitaphe

Reims. — Fragment de stèle découvert à Reims, au lieu dit le Chemin Vert, en janvier 1895. Déposé au cimetière de l'Est. Hauteur, 1 m. 03; largeur, 0 m. 29; épaisseur, 0 m. 27. Hauteur des lettres, environ 0 m. 05.

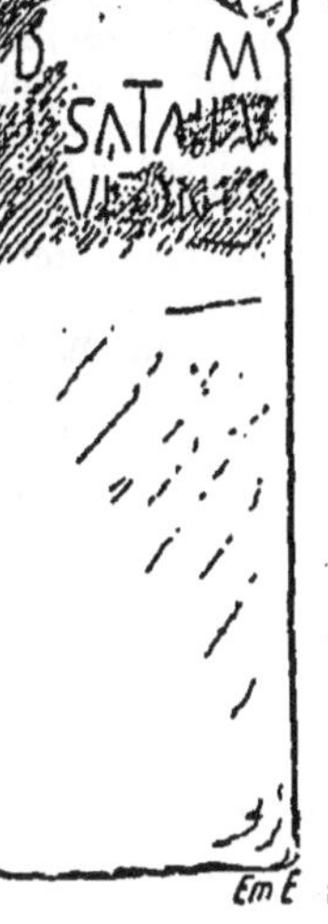

D(iis) M(anibus) [...]*satae*.....

« Aux dieux Mânes de ...sata, fille de..... ».

Le surnom *Jaisata*, quoique fort peu probable, est cependant connu, sous sa forme masculine, par une inscription de Concordia. (*Rev. arch*, 1888, t. XI, p. 280).

1430

Fragment d'épitaphe

Reims. — Fragment de stèle découvert à Reims, au lieu dit la Maladrerie, en 1897. Déposé au cimetière de l'Est. Hauteur, 0 m. 24; largeur, 0 m. 17; épaisseur, 0 m. 18. Hauteur des lettres, 0 m. 055.

[*D(iis)*] *M(anibus)* [*Mart*]*ialis*.

« Aux dieux Mânes de Martialis ».

La restitution du surnom romain *Martialis* n'est que conjecturale.

1431

Epitaphe

Reims. — Stèle découverte à Reims, au quartier de la Haubette, en mai 1901, dans un terrain appartenant à M. Bouton. Donnée à la Ville et déposée dans le cloitre de l'Hôtel-Dieu. Hauteur, 0 m. 50 ; largeur, 0 m. 27 ; épaisseur, 0 m. 18. Hauteur des lettres, 0 m. 05.

D(iis) M(anibus). Suca.

« Aux dieux Mânes. (Sépulture de) Suca ».

Suca est un surnom, peut-être celtique, déjà connu par une autre tombe de Reims. (Voy. ci-dessus, n° 1417).

1432

Epitaphe

Reims. — Stèle découverte à Reims, en même temps et au même lieu que la précédente. Donnée à la Ville par M. Bouton et déposée dans le cloitre de l'Hôtel-Dieu. Hauteur, 0 m. 40 ; largeur, 0 m. 16 ; épaisseur, 0 m. 50. Hauteur des lettres, 0 m. 05.

D(iis) M(anibus). Gabri.....

« Aux dieux Mânes. (Sépulture de) Gabrus...... ».

Gabrus est une appellation celtique assez commune. (Voy. *C. I. L.*, XIII, 3, n° 10010, 933).

Le texte funéraire que fournissent les nécropoles de Reims est des plus simples. Il ne se compose, en général, que des formules *Diis Manibus*, ou, plus rarement *Diis Manibus et memoriae*, et du nom du défunt, tantôt seul, au nominatif, au génitif ou au datif, tantôt accompagné d'un autre nom, celui du père, mis au génitif. Dans quelques cas, le nom du défunt, au datif, est précédé du nom, au nominatif, de la personne qui a fait construire le tombeau. La formule est alors : « un tel à un tel », sans qu'il soit toujours possible de distinguer le lien de parenté qui a pu exister entre les deux personnes. L'âge n'est indiqué que par exception. Lorsque l'épitaphe est moins laconique, le verbe de clôture est *donavit, posuit, paravit* ou *ponendum curavit*. La facture des lettres n'est pas bonne, bien que la plupart des inscriptions soient antérieures, à ce qu'il semble, au gouvernement de Caracalla. La forme presque exclusive des monuments est la stèle à fronton, soit triangulaire, pouvu d'acrotères sommairement indiqués, soit rectangulaire ou cintré. La pierre rugueuse, parsemée de trous et de coquillages, dont sont faites les stèles, est à peine travaillée. Aucune régularité n'existe dans le tracé des arêtes ; il est évident que ces stèles marquaient les tombes de petites gens. Quelque recherche cependant se manifeste dans l'ornementation d'un très petit nombre de monuments. L'épitaphe est alors gravée sur une surface plane, au dessus ou au dessous de laquelle est une niche contenant, en demi-relief, l'image barbare, en buste ou en pied, du défunt. Très peu de Rémois ont dû posséder le droit de cité romaine avant son extension à tous les sujets libres de l'Empire. Ils ne sont désignés que par un seul nom, romain, de forme cognominale ou celtique, et ne peuvent avoir été que de droit latin ou pérégrin.

1433

Epitaphe chrétienne

Copie et renseignements extraits, par M. Seymour de Ricci, d'un manuscrit de Povillon-Pierrard conservé à la bibliothèque municipale de Reims sous le n° 1603. Ce manuscrit est intitulé : *Histoire abrégée du célèbre monastère de St-Nicaise de Rheims*, (in-4°, s. d., 292 ff.). L'inscription est au f. 100.

Reims. — « Pierre » découverte « au commencement de novembre, l'an 1814, en exploitant les ruines de l'Eglise de St-Nicaise ». Longueur, « 2 pieds 3 pouces » (0 m. 73). Perdue.

✝·HICRE.....
CITINPF......
OPR·AEI.....
GERLA I.....
OBIIT........
DAS AV......

La copie de Povillon-Pierrard ne donne que la moitié inférieure de la croix et des lettres de la première ligne. M. de Ricci y a reconnu, le premier, le début de la formule chrétienne *Hic requiescit in pace.*

✝ *Hic re[quies]cit in pa[ce b]o[n]ae m[emoriae] Ger[v]a[s]i[us], obiit [...kalendas Au[gustas...*

« ✝ Ici repose dans la paix Gervasius, de bonne mémoire ; il trépassa le... des calendes d'août... ».

Notre lecture n'est que probable. M. de Ricci nous propose la suivante :

Hic re[quies]cit in pa[ce Od]o ? pr(esbyter)...

Cette inscription chrétienne, la première que l'on ait découverte à Reims, a été mentionnée par Gerusez, *dans sa Description historique et statistique de la ville de Reims.* (Reims, 1817, 2 vol. in-8), t. I, p. 288.

INSCRIPTION D'ANCYRE RELATIVE A UN FONCTIONNAIRE DES GAULES

par M. René Cagnat, membre de l'Institut

Il me semble utile de signaler aux lecteurs de la *Revue* une inscription grecque d'Ancyre, assez peu connue pour qu'elle ait échappé aux auteurs de la *Prosopographia imperii romani.* Elle n'est pourtant pas inédite; elle a été insérée par M. J. Mordtmann dans une thèse inaugurale, publiée à Berlin en 1874 et intitulée *Marmora Ancyrana.* Elle y figure à la page 14. Le texte, assez incorrectement copié d'ailleurs, est le suivant :

Γ ΚΑΦΙΡΜΟΝ
ΤΟΝ ΚΡΑΤΙΣΤΟΝ ΕΠΙΤΡΟ
ΤΟΝ ΣΕΒΑΣΤΟΝΓΑΛΑΤΙ
ΕΙΚΟCΤΗCΚΛΗΡΟΝΟΜΙΟΝ
ΕCΑΝΙΑCΒΑΙΙΙΚΗΛΟΥΕΝ
Α.ΩΛΛΕΝΟΧΗΜΑΤΩΝΕΝ
ΑΙCΛΟΥΙΔΟΥΝ ΛΚΟΥ

Ce que M. Mordtmann a lu :

Γ. Κλ(αύδιον) Φίρμον τὸν κράτιστον ἐπίτρο[πον] τῶν Σεβαστ[ῶ]ν Γαλατί[ας] εἰκοστῆς κληρονομι[ῶ]ν [Ἱ]σ[π]ανίας Βαι[τ]ικῆ[ς] Λου[σιτανίας ἔ]πα[ρχο]ν ὀχημάτων ἐν [Γ]α[λλ]ί[α] Λου[γ]δού[νου...

D'une façon générale, la lecture est bonne; le monument est élevé à un personnage d'ordre équestre (κράτιστος), qui fut procurateur sous plusieurs empereurs régnant simultanément ou se succédant l'un à l'autre. La première charge mentionnée qui est, en réalité, la dernière qu'il ait exercée est la procuratèle de Galatie, la seconde la procuratèle de l'impôt du vingtième des héritages en Bétique et en Lusitanie. La dernière seule intéresse la Gaule. On voit clairement que Cl. Firmus fut préfet de la poste impériale (ἔπαρχος ὀχημάτων); et les lettres ΛΟΥΙΔΟΥΝ, qui ne peuvent guère se rapporter qu'au mot *Lugdunum* ou à un composé, autorisent à croire que cette fonction fut exercée en Lyonnaise. On sait, d'autre part, par une inscription latine de Rome, (*C. I. L.*, VI, 1624), qu'un certain L. Mussius Aemilianus fut, vers le milieu du IIIe siècle, *praef. vehic. trium Galliarum Lugdunensis et Narbonensis et Aquitanicae ad sestertium LX milia (nummum)*, c'est-à-dire que la Lyonnaise, la

Narbonaise et l'Aquitaine formaient un seul district dans toute l'étendue duquel le service de la poste était confié aux soins d'un seul et même directeur. Ces trois provinces sont, d'ailleurs, presque toujours réunies lorsqu'il s'agit de services administratifs impériaux. Que l'on se reporte maintenant au texte d'Ancyre et qu'on veuille bien observer qu'à la suite de ΛΟΥΓΔΟΥΝ il existe encore des lettres dont M. Mordtmann n'a pas vu le complément et qui ne sont autres que le début du mot ΑΚΟΥΙΤΑΝΙΚΗ et l'on se persuadera aisément que cette inscription ne fait que confirmer les renseignements fournis par celle de Rome et doit être complétée en :

Λ; ἔΠΑρχοΝ ΟΧΗΜΑΤΩΝ ΕΝ ΓΑΛ
λίΑΙC ΛΟΥγΔΟΥΝησίᾳ ΑΚΟΥιτανι
κῇ καὶ Ναρϐωνησίᾳ

Nous avons là un nouveau fonctionnaire des Gaules qui appartient, suivant toute vraisemblance, à une époque voisine de celle où vécut son collègue, L. Mussius Aemilianus.

DIEUX DE LA GAULE

par Auguste Allmer

I. — LES DIEUX DE LA GAULE CELTIQUE (suite).

Les Nymphes de Balaruc

1. — Balaruc, canton de Frontignan, dép. de l'Hérault.

NEPTVNO ET *Nymphis*.....

Durand et Allmer, *Hist. de Lang.* XV, *Nîmes*, 1889.

« A Neptune et aux Nymphes... ».

Peut-être une copie partielle de l'inscription suivante.

2. — Balaruc. — Perdue.

......*item trib*(*uni*) *leg*(*ionis*) *II* [......] *Gemelli proc*[*uratoris*.....] *Neptuno et N*[*ymphis*......].

Hirschfeld, *C.* XII, 4186. — Durand et Allmer, *Hist. de Lang.* XV, *Nîmes*, 197. — Greppo, *Therm.*, p. 250.

« Pour la conservation de....... tribun de la légion IIe....... et de......
« Gemellus, procurateur...... à Neptune et aux Nymphes...... ».

Neptune et les Nymphes, personnification des eaux de Balaruc sur le bord de l'étang marin de Thau.

Greppo parle « d'un bassin romain de forme elliptique autour duquel on a « reconnu des sièges à hauteur d'appui faisant partie de gradins destinés aux « baigneurs ».

Les Nymphes de Vienne

Prov. Narbonnaise (civitas des Allobroges, puis des *Viennenses*; colonia Julia Vienna, Vienne).

Portées à Vaison « ex podreto d'Armpers in Allobrogibus » (de provenance corrompue et pas reconnaissable). — Perdue.

Nymphis Augustis, Maternus v. s. l. m.

Hirschfeld, *C.* XII, 1328. — Vallentin, *Div. indig.*, p. 56.

« Aux Nymphes Auguste, Maternus avec reconnaissance en accomplissement de son vœu ».

Voir *C.* 1327, peut être la même inscription indiquée à Vaison et devenue à peu près illisible.

Les Nymphes de Lyon

Prov. Lyonnaise (colonie de Lugdunum établie sur une partie de l'ancien territoire des Segusiaves).

Lyon. Autrefois dans une vigne située sur la colline Saint-Sébastien. — Perdue.

AVG
SACRAR'NYMPHAR
SYLVARIVSFIRMISS

Hirschfeld, C. XIII, 1, n° 1778. — De Boissieu, p. 68, d'après Symeoni, *Ant. de Lyon*, p. 29 ; copie corrompue.

Aug(usto) sacr(um), Nymphis aram (?) *Silvanius Firmus.*

« A Auguste et aux Nymphes, Silvanius Firmus (donne) cet autel ».

Quelqu'une des sources qui naissent des flancs de la colline Saint-Sébastien, de Lyon.

1434

Matrae OBELENSES

Prov. Narbonnaise (civitas des Helves ; Alba Helviorum, Aps).

Villeneuve de-Berg, dép. de l'Ardèche, au hameau de Crossillac, lieu dit Saint-Denis.

Matris Obelisibus [...]*l. Sec*[*u*]*nd*(*us*).

Notre copie. — Ci-dessus, I, p. 59 ; — Hirschfeld *C.* XII, 2672. — Ci-dessus, II, p. 318. — Friederichs, *Matron.*, 199.

« Aux Mères *Obelenses*, Julius (?) Secundus... ».

L'endroit était, il y a peu d'années encore, un lieu de pèlerinage où l'on venait implorer la pluie. Il s'y trouve quelques restes de substructions romaines.

Le dévot ne s'appelait peut-être pas [*Ju*](*lius*) ; il pouvait tout aussi bien se nommer [*Va*]*l*(*erius*) ou [*C*]*l*(*audius*).

1435

OBIO

1. — Prov. Narbonnaise (civitas des Vulgientes).

Autel trouvé à Saint-Saturnin-d'Apt, canton d'Apt, département de Vaucluse. — Avignon, au musée.

Obioni v. s. l. m. L. Bullonius Severus.

Notre copie. — Ci-dessus, II, p. 318. — Hirschfeld, *C.* XII, 1094, « litteris malis ».

« A Obio, Lucius Bullonius Severus, avec reconnaissance en accomplissement de son vœu ».

2. — En Espagne, prov. de Tarraconaise, Conventus de Clunia.

Trouvée au village de Socastillo, environ de Burgos, dans la Vieille-Castille.

Segontius Obiones AN.

Huebner, *C.* II, *Supp.*, 5808, le monogramme final, composé d'un M à cinq jambages, dont les deux premiers sont barrés et forment un A, et les deux derniers forment un V ; c'est-à-dire, croyons-nous, AN'V. — Fita, *Bull. de l'Acad.*, 1883, p. 133.

« Segontius, fils d'Obio, mort à l'âge de cinq ans ».

Le *Corpus* propose, d'après le P. Fita : *Segontius Obion*(*a*)*e s*(*olvit*) *a*(*nimo*) *l*(*ibens*) *m*(*erito*). D'après notre lecture, plus conforme au texte, le monument serait funéraire, et il n'y serait nullement question d'une déesse Obiona.

Au dessus du texte, deux rosaces, ornement convenant mieux à un tombeau qu'à un autel.

1436

Dieu Mars OCELUS

En Angleterre. Fragment trouvé à Carlile, dans le Comté de Cumberland. — Au musée de Carlile.

Deo Marti Ocelo et numini imp. Alexandri Aug. et Jul[iae Mammaeae...

F. Haverfield, dans le *Korresp. bl.* de Trêves, 1894, mars, p. 50. — Les noms de l'empereur et de sa mère sont martelés.

Une station de la route de Turin à Arles par Suse et Briançon, non loin du mont Genèvre, Matrona Mons, dans les Alpes Cottiennes, est indiquée sous la désignation *Ad Martis*, à cause sans doute d'un temple de Mars en réputation comme protecteur de quelque passage dangereux. Le nom actuel est Oulx, dans lequel on a cru pouvoir reconnaître le nom *Occlum* d'une station de la même route, répondant ainsi mieux, si l'identification pouvait être sûrement établie, au dieu Mars *Ocelus*.

L'autel aurait été élevé par quelque officier qui, ayant heureusement franchi, grâce à la protection du dieu, le mont Genèvre et les passes périlleuses d'Oulx, *Ad Martis*, se sera empressé, arrivé au lieu de sa résidence *Suguvallium*, l'actuel Carlile, d'acquitter le vœu par lui contracté pendant le voyage, et comme marque de loyal dévouement, il aura associé au dieu sauveur la divinité de l'empereur régnant.

(*A suivre*).

CHRONIQUE

— Indépendamment des deux cachets d'oculistes que nous avons décrits dans le dernier numéro de la *Revue* (ci-dessus, p. 182), M. l'abbé Thédenat a publié, dans les *Procès-Verbaux* des séances de l'Académie des Inscriptions et Belles-Lettres, (année 1901, p. 150), une petite bague en bronze sur le chaton de laquelle est gravée l'inscription *Merito te amo*. L'intérêt tout particulier de cette bague trouvée à Naix par feu Emile Pierre, provient de ce que le texte qu'elle porte a été *poinçonné* avec des lettres isolées. Le doute sur ce point ne semble guère possible. « Il est facile de constater, dit M. l'abbé Thédenat, que là où le poinçon n'a pas été appliqué bien d'aplomb, il a un peu glissé et marqué inégalement le creux de telle ou telle lettre ». Comme conséquence, il serait alors démontré que les Romains se sont servis de caractères mobiles, contrairement à l'opinion qui prévaut depuis la publication du tome XV du *Corpus* des inscriptions romaines par M. Dressel (1re partie, p. 3).

Notre dessin, de même grandeur que l'original, a été fait d'après un croquis que nous devons à l'obligeance de M. l'abbé Thédenat.

— Il existe à Adam Klissi, en Roumanie, un mausolée qui fut construit sous le règne de Trajan, *in honorem et memoriam fortissimorum virorum qui pugnantes pro republica morte occubuerunt bello Dacico*. L'inscription de ce mausolée, récemment publiée par M. Tocilesco (*Fouilles et recherches archéologiques en Roumanie*, Bucarest, 1900, in-4, p. 63; — Cagnat, *Année épigraphique*, 1901, n° 40), fait connaître les noms suivants de quelques gaulois qui trouvèrent la mort durant la campagne: *Norius Priscus, Cemenelo*; *L. Valerius Sacer, Vienna*; *C. Octavius Secundus, Foro Julio*; *Sex...ius Clemens, Cemenelo*. Cette inscription mentionne encore un bellovaque et un lexovien dont on n'a plus les noms, un viromanduen, *Donico*, et un sennonais, *Crescens*. La Belgique et la Germanie, notamment Tongres et Cologne, comptèrent aussi des pertes.

— M. Eugène Lefèvre-Pontalis a pris la direction du *Bulletin monumental* en remplacement du regretté comte de Marsy. Toutes les nouvelles destinées à la chronique sont centralisées par M. Adrien Blanchet. Le numéro de janvier-février 1901, pp. 30 à 36, contient un extrait de la notice consacrée par M. Bulliot, aux autels du dieu Anvallus, dans les *Mémoires* de la Société éduenne (voy. ci-dessus, pp. 132 à 134).

— Sur l'initiative d'un Comité promoteur présidé par M. Ettore Païs, un Congrès international des Sciences historiques aura lieu à Rome, au printemps de 1902, sous le patronage de S. M. le Roi d'Italie, et le vice-patronage de Mgr le duc des Abruzzes. La longue liste des adhérents qui vient d'être distribuée, contient les noms de Mgr Duchesne et de MM. Ernest Babelon,

Alexandre Bertrand, Gaston Boissier, René Cagnat, Maxime Collignon, Ludovic Halévy, Louis Havet, Antoine Héron de Villefosse, Th. Homolle, Henri Houssaye, Eugène Müntz, Georges Perrot, L. Pottier, Salomon Reinach, Albert Sorel, Gustave Schlumberger et Albert Vandal, membres de l'Institut de France; Emile Bertaux, Vidal de la Blache, Emile Bourgeois, Charles Diehl, Henri de la Tour, Girard, Maurice Holleaux, H. Hubert, H. Léonardon, L. Michon, Alfred Rebellieau, Théodore Reinach, F. Trawinski, etc. Parmi les Revues et Périodiques qui seront représentés, figurent : la *Revue archéologique*, la *Revue de synthèse historique*, la *Revue épigraphique* et la *Revue des études grecques*. Le Congrès comportera seize sections: l'archéologie classique est comprise dans la première; la numismatique forme la seconde. Les savants qui désirent se faire inscrire doivent s'adresser à M. le comte de San-Martino, président du Comité exécutif, ou à M. le professeur Gorrini, 18, via dei Greci, à Rome. Le prix de la cotisation est de 12 francs pour les membres ordinaires, et de 50 francs pour les membres fondateurs. Le versement d'une somme supplémentaire de 3 francs donne droit à un exemplaire d'une médaille qui sera frappée à l'occasion du Congrès.

— L'inscription suivante, autrefois copiée par Louis Couve à Monastir (Bitolia), l'ancienne *Heraclea Lyncestis*, vient d'être publiée par M. Mowat, dans le *Bulletin de correspondance hellénique*, année 1901, pp. 247 à 253.

DM AVRELIVS SAZA CENTENARIVS
PELECEHICIACIO OVI VIXI ANNIS OVI NON
AGINTA ET MILITAVI ANNIS XXX ET SVM
NATVS IN PROVINCIA DACIA ET MILITA
VI INTER ECVITES CATAFRACTARIOS PICTA
VENSIS SVCCVRA ROMANI PROPOSITI AV
RELIA PIACTV CONIVX OVI POSIT TITVLO BE
NEMERENTI CARO MARTO OVO RESTA
VIATOR ET LEGE TITVLON ESTRO DVNCLE
CES ET PERAVSAS ·

Cette inscription est difficile à interpréter, non seulement parce qu'elle semble de latinité barbare, mais encore parce qu'il est évident qu'elle renferme des fautes de gravure ou de transcription. M. Mowat, tout en faisant quelques réserves, en rétablit ainsi le texte.

D(iis) M(anibus). Aurelius Daza (?) centenarius, pe[rf]ec[t(issimus)] (?), hic jac(e)o qui vixi annis « qui » nonaginta et militavi annis triginta et sum natus in provincia Dacia et militavi inter e(q)ui tes catafractarios Pictavens(es), su(b) cura Romani pr(ae)positi. Aurelia Piactu conjux qu(ae) pos(u)it titul(um) bene merenti caro mar(i)to. Quo (loco) resta, viator, et lege titul(um) nostr(um). Dunc (= tunc) leges et per[vad]as (?)

A la 2ᵉ ligne, M. Mowat suppose la répétition fautive du mot *qui*; M. Homolle, directeur de l'Ecole d'Athènes, est plutôt d'avis, et nous pensons de même, que les six dernières lettres de cette ligne se joignent aux six premières de la ligne suivante pour former le mot *quinquaginta*. A cette même seconde ligne, au lieu de la lecture *perfectissimus*, M. Homolle propose celle *pelegrinus*, « quoiqu'on ne voie pas bien quel rapport a pu exister entre Aurelius et les *castra peregrina* ou *peregrinorum* de Rome ». *Pe[r] lege* conviendrait peut-être mieux, mais quoiqu'il en soit de sa lecture exacte, l'inscription de Monastir n'en demeure pas moins importante, à cause de la mention d'un corps de cavalerie auxiliaire, jusqu'ici ignoré, portant le nom de *cataphractarii Pictavenses*. Ce corps de cataphractaires, c'est-à-dire de soldats protégés par une cuirasse, tirait son nom, ainsi que l'a fait observer M. Mowat, de la cité gauloise des *Pictavi* dans laquelle il avait été levé à l'origine. Son existence, à ce qu'il semble, se termina d'assez bonne heure; du moins ne figure-t-il plus, au cinquième siècle, dans la *Notitia dignitatum utriusque imperii*, où l'on ne rencontre *per Thracias*, que trois corps de cataphractaires gaulois, respectivement formés, dans le principe, par des contingents d'*Ambianenses*, de *Bituriges* et d'*Albigenses*. (Voy. *Not. dignit.*, 5, 34 : 6, 36 ; 8, 29). L'inscription de Monastir n'est pas datée, mais on ne peut attribuer la naissance du cataphractaire Daza qu'à la période d'environ cent ans comprise entre le règne de Marc-Aurèle, de qui ce soldat a pu tenir son nom romain, et l'année 274, où la Dacie fut évacuée définitivement par ordre d'Aurélien. — Notre dessin reproduit la copie même de Couve.

— Dans la séance du 13 mai 1901 de la section d'archéologie du Comité des travaux historiques, M. l'abbé Thédenat a donné lecture d'un rapport sur les fouilles exécutées par M. Collard à Preignan (Gers). Ce rapport signale, parmi les objets trouvés : « des briques avec la marque *Cic*[*ero*], très connue dans la Narbonnaise; les marques SALVI, CAINI, si la lecture est exacte ; un V en creux sur une brique ; deux graffites, dont l'un incomplet, peut se lire : *s siicu*..., peut être le nom *Secu*[*ndus*] », et une inscription, sans doute funéraire, mais malheureusement très mutilée, qui se lit ainsi d'après l'estampage :

F I L I A E
S T I C O
I O ////E I I I

(*Extrait des Procès-Verbaux*, avril-mai 1901, p. XI).

— De M. Camille Jullian, dans la *Revue historique* (1901, p. 341, note 2) : « Une inscription d'Aps (*Revue épigraphique*, 1901, p. 148) nous fait connaître un nouveau *pagus* gaulois, *pagus Arec*. On retrouvera le nom de ce pagus, j'en ai la conviction, en recherchant parmi les anciens noms des rivières ou des montagnes du Vivarais ».

— On sait que la plus grande partie de la célèbre collection d'Amilcare Ancona, de Milan, fut dispersée au mois de mai 1892, après la mort de son possesseur. Le 26 juin dernier, on a vendu à Paris, à l'Hôtel Drouot, un certain nombre d'antiquités égyptiennes, grecques et romaines qui restaient de cette collection. Nous extrayons du catalogue de vente, rédigé à cette occasion, avec beaucoup de soin, par M. Henri Leman, expert à Paris, les numéros suivants qui intéressent l'épigraphie. Les numéros entre parenthèses sont ceux que portent les objets dans le catalogue italien de la vente Ancona. L'obligeance de M. Froehner nous permet de donner une lecture plus exacte du 3e sceau du n° 146.

136. — Deux strigiles réunies par un large anneau ; sur les manches, marques de bronziers : l'une d'elles, très lisible : CPOLLI. — Ce numéro, joint aux deux suivants et au n° 138, a été vendu 145 francs.

137. — Deux strigiles en bronze uni ; marque de bronziers sur le manche.

139. — Trois manches de strigiles décorés d'ornements gravés, et sur l'un d'eux, le poinçon grec d'*Apollodore*.

140 (601). — Congé militaire en bronze gravé, donné le 7 janvier 246, par les empereurs Philippe, père et fils. Trouvé en Piémont en 1878. Au revers, une légende en lettres cursives. Publié dans l'*Ephimeris epigraphica*, tome IV, p. 105 [lisez p. 185]. Hauteur, 0 m. 137. Largeur, 0 m. 17. [Voy. *Corpus inscript. latin.*, III, p. 2.000, n° LXXXIX]. — 700 francs.

141. — Plaque en bronze avec l'inscription gravée : DDD | NNN | AVG et deux fragments de plaques de bronze avec inscriptions latines. — 13 francs.

142 (975). — Timbre rectangulaire portant en creux l'inscription C PO(MP)O·NIVS | CELER. Au dos, une poignée en forme de bague avec feuille gravée sur le chaton. — Avec le numéro suivant, 29 francs.

143 (975). — Timbre rectangulaire portant en creux l'inscription : BARBARI | (NE) VIVAS. Au revers, poignée en anneau. Longueur, 0 m. 065. Largeur, 0 m. 042.

144 (978). — Timbre portant en relief les inscriptions : P. VOLC. Au revers,

poignée en forme de bague à large chaton. Longueur, 0 m. 09. — Avec les numéros 145 et 147. 32 francs.

145 (978). — Deux timbres rectangulaires avec légendes en relief: C·VEGI = L· RV· RF.

146 (963 et 969). — Trois timbres en bronze avec légendes en relief· SEX AVIDI | ONESIMI = C· CALJI | LIBICI = VITALIS'ALFICIÆ. Au revers, anneaux en forme de bagues. — 31 francs.

147 (985). — Timbre en forme de cœur portant la légende en relief: PA | CV | MEIAE | VODI.

148. — Timbres de formes variées: (dauphin, croissant, sandales, etc.), portant tous des légendes latines. — 80 francs.

149. — Collection de timbres et cachets avec légendes latines. — 160 francs.

150. — Série de poids de forme sphéroïdale, les pôles aplatis. Les lettres ou chiffres sont incrustés d'argent, 4 pièces. — Avec le numéro suivant, 41 francs.

151. — Poids et fragments de plaques de bronze avec inscriptions latines.

153. — Poids en forme d'amphore en plomb et différentes pièces de même métal, avec inscriptions latines. — 11 francs.

161. — Un lot de tessères avec légendes. — 63 francs.

162. — Quatre tessères antiques, dont deux en formes de réglettes, avec légendes latines. — 69 francs.

172. — Un lot de tessères, bagues et jetons, en terre cuite et en pierre, avec légendes. — Avec deux autres lots d'authenticité douteuse, 38 francs.

174. — Fond de fiole en verre antique, avec la légende: PATRIMONI. Diamètre, 0 m. 05. — 12 francs.

181. — Deux lampes: Victoire tenant un bouclier avec la légende: OB· CIVIS· SER. — Rosace concentrique, au revers, la légende: CELER. — 13 francs.

Bibliographie

— Prosopographie des roemischen Kaiserzeit. Rapport de M. Th. Mommsen. (*Procès-verbaux des Séances de l'Académie de Prusse*, 1901, p. 69). « M. Klebs n'a pas pu avancer, l'année dernière, la partie de la Prosopographie qui reste à publier. M. Dessau s'est trouvé de même dans l'obligation d'ajourner à cette année la préparation, pour l'impression, des listes de magistrats ».

— Index rei militaris imperii Romani. Rapport de M. Mommsen. (*Procès-verbaux des Séances de l'Académie de Prusse*, 1901, p. 79). M. Ritterling a presque terminé le dépouillement des collections de papyrus et des sources littéraires pour tout ce qui concerne les armées de l'époque impériale ; mais il ne lui a pas été possible, pour des raisons de service, notamment par suite de la direction des fouilles opérées sur l'ordre de la Commission impériale du *Limes*, de faire le travail préparatoire relatif aux collections matérielles ».

— A. Bertrand, *Fouilles exécutées dans les officines de potiers gallo-romains de Saint-Bonnet-Iseure* (*Allier*). Moulins, 1901, in-8, 7 pages. — M A. Bertrand, dont le zèle est infatigable, publie, dans cette brochure, le résultat de ses dernières fouilles. Quelques marques viennent s'ajouter à la liste nombreuse de celles qui ont déjà été trouvées dans la région de l'Allier. Ce sont les suivantes : Sur des anses d'amphores, HISP....; — G'STLA; — SINISE (fruste et incertain); — O·D.... — Sur des fonds de vases, AFRICANI; — SOLANI; — ....SIO; — CINTVSMI F. — Dans les reliefs d'un fragment de vase rouge, BVTRIV.

— Docteur Ricochon, *Tablettes et formules magiques à double sens*, Ire série. Vienne, Ogeret et Martin, 1901, in-8, 12 pages, une planche. — M. le docteur Ricochon s'occupe, dans cette brochure, de la plaque d'argent de Poitiers, portant une inscription magique, et d'une formule byzantine tirée des *Anecdota graeco-byzantina* de Vassiliev. Nous ne saurions dire s'il s'agit réellement de formules « à double portée » ou à « syllabes désarticulées », mais il n'est pas douteux que le travail de M. le docteur Ricochon vaut la peine d'être lu pour la hardiesse et la nouveauté de la théorie qui s'y fait jour.

Otto Hirschfeld, *Die Rangtitel der roemischen Kaiserzeit*. Berlin, 1901;

in-4°, 32 pages. (Extrait des Comptes-rendus des séances de l'Académie des Sciences de Berlin, 1901, pp. 579 à 610). Une traduction de cet important travail sera publiée prochainement par nos soins. Les lecteurs de la *Revue* connaissent assez la précision scientifique et la netteté du jugement de M. Hirschfeld, pour que nous puissions nous dispenser de tout éloge.

— H. Schuermans, *Age de la Colonne itinéraire de Tongres*. Tongres, 1901, in-8, 30 pages, 3 photogravures. — Ce travail de M. le premier Président Schuermans est une réponse à la première question du programme du Congrès de la Fédération archéologique et historique de Belgique, tenu à Tongres en 1901. L'auteur combat vivement l'opinion de ses devanciers, celle de Léon Renier notamment (*Annuaire de la Soc. nat. des Antiq. de Fr.*, 1851, p. 228; *Itin. rom. de la Gaule*, p. 46), qui attribue la colonne itinéraire de Tongres au temps de Dioclétien. M. Schuermans est d'avis qu'elle a été érigée sous Septime Sevère et Caracalla.

— Adrien Arselin. *Piédestal votif en bronze trouvé à Saint-Marcel*. — Chalon-sur-Saône, 1901, in-4°, 3 pages, une photogravure. — Il est question dans cette brochure de la dédicace à la déesse Temusio, que nous avons rapportée précédemment sous le numéro 1396. M. Arselin pense comme nous que le culte de cette déesse se rattachait peut-être à quelque fontaine sacrée ou à quelque sanctuaire du voisinage, « mais, dit-il, aucun nom de lieu-dit n'en a conservé le souvenir ». M. Arselin fait connaître incidemment un petit monument, resté inédit, du musée de Chalon-sur Saône, et donne la copie suivante de l'inscription qu'il porte :

D//////////
BELI/////
MARO
L.'IANI
VS
SEDATI
A N V S
SIVECOD
///// IVS

Il ne nous parait pas qu'il s'agisse d'un autel, comme le croit notre distingué confrère. Nous lisons de préférence : « *D(iis)* [*M(anibus)*]; *Bell*[*atu*]*maro. L(ucius) Janius Sedatianus sive Cod*[*icar*]*ius* ». Le nom celtique *Belatumarus* est connu par une inscription de Bavière (Thédenat, *Noms gaulois*, p. 18, note 1); il existe d'ailleurs de nombreux noms formés sur les thèmes *Belatu* et *Bellatu*. (Voy. ci-dessus, p. 198). La restitution du mot *Cod*[*icar*]*ius* « batelier » est possible, maic non pas certaine.

Nous devons à l'obligeance de M. Laurent Coulon, possesseur de l'autel de Saint-Marcel, et de M. Adrien Arselin, de pouvoir donner dans le présent numéro de la *Revue* (planche XIV), une reproduction, en demi-grandeur, de la photogravure qui accompagne le travail dont nous venons de rendre compte.

Nécrologie

M. Ernest de Sarzec, correspondant de l'Institut (Académie des Inscriptions et Belles-Lettres), est mort au mois de juin dernier, à Poitiers, où il était revenu à bout de forces, après avoir terminé sa 11e campagne des fouilles en Chaldée. Avec lui disparait à 64 ans, victime de son dévouement à la science, un orientaliste de la plus haute valeur.

ESPÉRANDIEU

Vienne, imp. Savigné — Ogeret et Martin, succrs. — Le Gérant : J. Ogeret.

REVUE

ÉPIGRAPHIQUE

Nº 103. — Octobre, Novembre, Décembre 1901

Montbazin (*Hérault*). — *Narbonne*. — *Sigean* (*Aude*). — *Nîmes*. — *Rugles* (*Eure*). — *Reims*.
ALLMER. — *Les dieux de la Gaule Celtique* (suite).
Chronique. — *Bibliographie*. — *Additions et Corrections*.

1437

Inscription sur un lieu frappé de la foudre

Copie dessinée de M. René LAFAYE, conseiller à la Cour d'appel de Montpellier. Communication de M. G. LAFAYE à la Société nationale des Antiquaires de France, *Bullet.*, 1901, p. 206.

Montbazin. — Bloc de pierre dure découvert, « il y a une vingtaine d'années », à 500 mètres du village de Montbazin (Hérault), dans une vigne appartenant à Mme Chambers. Donné au Musée de la Société Archéologique de Montpellier. Hauteur, 0 m. 24; largeur, 0 m. 35; épaisseur, 0 m. 11. Hauteur des lettres, 0 m. 004 à la première ligne, 0 m. 003 à la seconde.

Fulgur divom. — « Foudre de Jupiter ».

Fulgur divom, *divum* ou *dium*, c'est la foudre de jour, celle de Jupiter; la foudre de nuit, que l'on attribuait à Summanus, se nommait, pour cette cause, *fulgur Summanum*. Des inscriptions font connaître l'une et l'autre, et si la première est plus fréquente, c'est sans doute parce que le jour se prêtait davantage que la nuit à l'observation des endroits frappés de la foudre. La définition de Festus (*Ep.* édit. de Milan, p. 229), que cite Forcellini (s. vv. *dium* et *fulgur*), et que l'on invoque d'ordinaire pour établir une distinction entre la foudre de jour et celle de nuit, est corroborée par les écrits de Pline (*Hist.nat.*, II, 182), de St-Augustin (*Civ. Dei*, IV, 23) et de Paul Diacre (édit. de Milan, p. 75). (Voy. Marini, *Arv.*, p. 687; Henzen, *Acta frat. Arv.*, p. 146). On sait également, par Festus, que la foudre tombée, soit au point du jour, soit au crépuscule, n'était attribuée ni à Jupiter ni à Summanus et portait le nom particulier de *fulgur proversum*. (*Ep.*, édit. de Milan, p. 229). Le lieu frappé de la foudre devenait sacré. On y construisait un petit édifice du nom de *puteal* ou de *bidental* et on y accomplissait certaines cérémonies bizarres pendant la fête des Lares *Compitales*. (Voy. Allmer, *Rev. épigr.*, t. 2, 1884, p. 12). La petite localité de Montbazin, d'où provient l'inscription, a succédé, à ce qu'il semble, à la station romaine de *Forum Domitii* située sur la voie Domitienne, entre Sextantio et Béziers. (Renier, *Itin. rom. de la Gaule*, p. 92; Desjardins, *Table de Peutinger*, p. 348; Kiepert, dans le *Corp. Inscript. lat.*, t. XII, tab. III, etc.).

1438 à 1439

Estampages et renseignements de M. F.-Paul THIERS, conservateur du Musée archéologique de Narbonne.

1438

Tombeau de famille

Narbonne. — « Bloc calcaire, quadrangulaire, brisé à droite, trouvé à Narbonne, le 15 juillet 1901, dans les fondations de la Vicomté ». Transporté au Musée de Lamourguier. Hauteur, 0 m. 60; largeur, 0 m. 55 environ; épaisseur, 1 m. 30. Haut. des lettres, 0 m. 06 aux deux premières lignes, 0 m. 055 aux suivantes.

V

Q · AVRELIVS · EX S*oratus*

SIBI · ET VERATIAE SE..*ae*

VXORI Θ C AVREL*ius*...

ET L AVRELIVS CVP*itus*

Caractères remarquablement gravés du second siècle.

V(ivunt). Q(uintus) Aurelius Exs[oratus], sibi et Veratiae Se[...ae], uxori; o(bitus) C(aius) Aureliu[s...]; et L(ucius) Aurelius Cup[itus].

« Vivants, Quintus Aurelius Exsoratus, pour lui et pour Veratia Se...a, sa femme; défunt Caius Aurelius...; et Lucius Aurelius Cupitus.

La tombe avait été préparée pour quatre personnes: le mari, la femme et leurs deux fils, dont une seule était morte. Le doute peut exister cependant pour le second des fils, bien que ses noms ne soient pas précédés de la sigle funéraire Θ. M. Mowat a écrit, il y a quelques années (*Bull. épigr.*, t. IV, 1884, p. 133 à 135), un article plein d'intérêt sur cette sigle, dont certains auteurs, à tort pensons-nous, font encore un *theta nigrum* qu'ils traduisent suivant l'occurrence, par θάνων ou θανοῦσα. (Voy. aussi *Rev. épigr.*, t. II, p. 51).

1439

Epitaphe

Narbonne. — « Pierre calcaire, quadrangulaire, trouvée à Narbonne le 15 juillet 1901, dans les fondations de la Vicomté ». Transportée au Musée de Lamourguier. Hauteur, 1 m. 25; largeur, 0 m. 75; épaisseur, 0 m. 59. Hauteur des lettres, 0 m. 09 à la première ligne, 0 m. 07 aux deux lignes suivantes, 0 m. 06 aux deux autres lignes; les T ont de 0 m. 08 à 0 m. 10.

L · OCTAVI · SILVANE

BENE · QVIESCAS

MATER · TVA · ROGAT

TE · VT · SE · ADTE · RECIPIAS

VALE

Caractères remarquablement gravés des premières années du premier siècle. Les lettres N et B à la fin de la première ligne, A et T à la fin de la troisième sont liées.

L(ucii) Octavi(i) Silvane bene quiescas; mater tua rogat te ut se ad te recipias! Vale!

« Dors bien Lucius Octavius Silvanus; ta mère te demande de la recevoir auprès de toi. Adieu! »

Comme cette épitaphe est datée, par sa paléographie, du commencement du premier siècle, la formule qu'elle contient ne peut être que païenne. Une autre inscription de Narbonne, dont M. Tournal avait pu saisir encore quelques traces, était ainsi conçue: « *Lagge·fili bene quiescas; mater tua rogat te ut me ad te recipias! Vale! P(edes) q(uadrati). XV* ».(*C. I. L.*, XII, n° 4938). En se basant sur cette remarque, déjà faite par Orelli (n° 4529), que les dimensions des sépultures ne sont pas indiquées d'ordinaire sur les épitaphes des fidèles, Edmond Le Blant ne l'avait acceptée que sous réserve, contrairement à l'opinion de quelques-uns de ses devanciers, dans son Recueil des *Inscriptions chrétiennes de la Gaule* (tome II, p. 480, n° 621, A). La découverte que l'on vient de faire lève tous les doutes. On ne peut, du reste, s'en étonner, puisque l'idée de l'immortalité de l'âme était admise par les païens.(Voy. O. Rayet, *Etudes d'arch. et d'art.*, p. 320; A. Maury, *Relig. de la Grèce ant.*, t. I, p. 582). Une inscription d'Afrique a fourni la formule peu différente : « *mi fili, mater rogat, ut me ad te recipias* ». (*C. I. L.*, VIII, nº 9691).

1440 à 1443

Photographies et renseignements de M. F.-Paul THIERS, conservateur du Musée archéologique de Narbonne.

1440

Fragment d'épitaphe

Narbonne. — Stèle en calcaire grossier découverte en Narbonne, au mois de juillet 1901, dans les fondations de la Vicomté. Transportée au Musée de Lamourguier. Hauteur 0m84 ; largeur, 0m80 ; épaisseur, 0m59. Hauteur des lettres, 0m08 à la première ligne, 0m065 aux deux lignes suivantes.

...? Dom]itius, M(arci) l(ibertus), Papus...; ...l(ibertus), Chelido de suo refecit.

« (Sépultures de)... Domitius Papus, affranchi de Marcus, (et de)...; ...Chelido, affranchi de..., a refait (ce tombeau) à ses frais ».

Les deux portraits gravés sur cette stèle font supposer que le tombeau, dont le temps ou d'autres causes avaient motivé la reconstruction, était celui de deux personnes : le mari et la femme vraisemblablement. Comme l'inscription paraît ne concerner qu'une seule personne, l'affranchi Papus, on doit admettre, qu'une autre pierre, placée du côté droit, contenait les noms de la défunte. Ainsi, la dédicace complète, probablement encastrée dans le monument funéraire ou son mur d'enceinte, se serait étendue sur trois pierres juxtaposées dont on n'a plus que celle du milieu.

1441

Fragment faisant mention d'un sévir augustal

Narbonne. — Table en calcaire grossier découverte à Narbonne au mois de juillet 1901, dans les fondations de la Vicomté. Transportée au Musée de Lamourguier. « Chaperon à la partie supérieure ; moulures à droite et en haut ». Longueur, 1m18 ; hauteur, 0m59 ; épaisseur, 0m45. Hauteur des lettres, 0m05 à la première ligne; 0m09 aux deux lignes suivantes.

viviT
.....iuS T·L·FELIX·IIIIII·VIR
augusTALIS ET
....

Caractères du premier siècle.

[Vi]vit. [...iu]s, T(iti) l(ibertus), Felix, sevir [augus]talis et... ».

« Vivant. (Sépulture de) ...ius Felix, affranchi de Titus, sévir augustal et... ».

C'est en l'an 11 de notre ère, à la suite de quelque bienfait reçu d'Auguste, que les colons et les habitants de Narbonne se vouèrent pour toujours au culte de l'empereur. A partir de cette date trois chevaliers romains, choisis par le peuple, et trois *libertini* représentants de la plèbe devaient, à divers anniversaires, à ceux notamment de la naissance d'Auguste, de son arrivée à l'empire, et du jour où il adjoignit aux décurions de Narbonne des juges plébéiens, offrir chacun une victime devant l'autel dressé sur le forum de la ville et supporter la dépense du vin et de l'encens dont les colons et les habitants avaient à se servir pour l'accomplissement de leurs supplications à la nouvelle divinité, (*C. I. L.*, XII, nº 4333). On ne saurait dire, d'une manière précise, si la prêtrise ainsi constituée pour le culte de l'*ara Narbonensis* par des chevaliers et des affranchis ou fils d'affranchis (suivant le sens que l'on attribue au mot *libertinus*), est ou non la forme primitive du sévirat augustal dans la Narbonnaise. Les avis sur ce point, sont très partagés. Lebègue, qui s'est occupé de la question après Zumpt, Egger, Marquardt, Henzen, Herzog, Schmidt, Hirschfeld, d'autres encore, a dit à ce sujet: « Nous croyons que le culte de l'*ara Narbonensis*, distinct à l'origine du sévirat augustal, a probablement été étouffé par lui, mais ne s'est pas fondu en lui». (*Inscrip. de Narbonne*, p. 121). Notre opinion est différente. A notre avis, la prêtrise dont témoigne l'inscription de l'*ara Narbonensis* et le sévirat augustal sous sa forme habituelle n'ont pas dû exister conjointement. L'institution du culte augustal ne s'est pas effectuée par les moyens ordinaires; elle n'a pas été proclamée dans la rue par le crieur public. L'influence officielle n'a pas manqué, mais une assez grande latitude, au moins dans le principe, a dû être laissée aux cités sur la meilleure manière de répondre aux intentions secrètes du pouvoir : « On s'est contenté, dit M. Hirschfeld, de donner d'en haut l'impulsion aux municipalités portées de bonne volonté, et de leur tracer des règles générales, mais on a laissé à l'initiative spontanée, et dans certaines limites à la volonté individuelle, un jeu assez large ». (L'*Augustalité* dans la *Zeitschrift für die Oesterr. Gymn.*, 1878). Or, en l'an 11, le culte augustal était encore trop récent pour que sa règlementation fut partout la même. Si l'idée d'un collège de six membres, comparable aux *magistri vicorum*, à la prêtrise municipale révélée par la *lex coloniae Genetivae*, et aussi à d'autres institutions dans Rome et hors de Rome, a dû venir tout naturellement à l'esprit des habitants de Narbonne, il n'en résulte pas nécessairement que ceux-ci lui donnèrent de prime abord sa forme définitive et le composèrent exclusivement d'affranchis ou d'ingénus. Les trois chevaliers romains et les trois *libertini*, qui furent désignés pour le culte de l'*ara Narbonensis*, ne sont pas autre chose, pensons-nous, que la première manifestation, encore hésitante, du sévirat augustal dans le sud de la Gaule. Plus tard, peut-être à bref délai, l'organisation italique, plus ancienne de quelques années et ne comportant pas de chevaliers, probablement parce que le culte augustal tenait surtout à s'affirmer d'origine plébeienne, a dû être adoptée. Le sévirat augustal aura pris alors, à Narbonne comme en tous lieux, la forme bien connue qu'il a conservée jusqu'à la chûte du paganisme.

1442

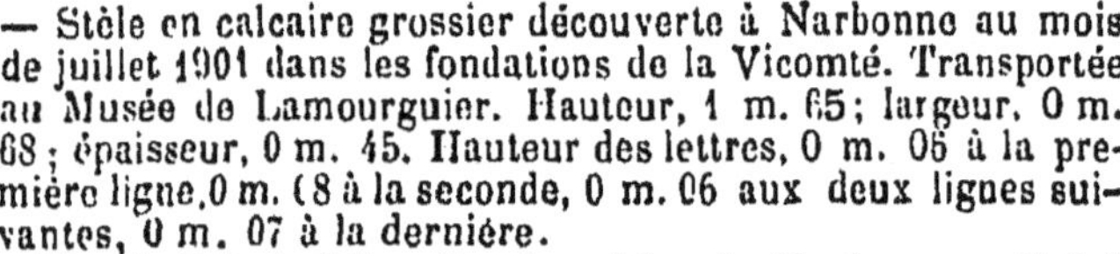

Narbonne. — Stèle en calcaire grossier découverte à Narbonne au mois de juillet 1901 dans les fondations de la Vicomté. Transportée au Musée de Lamourguier. Hauteur, 1 m. 65; largeur, 0 m. 68; épaisseur, 0 m. 45. Hauteur des lettres, 0 m. 06 à la première ligne, 0 m. 08 à la seconde, 0 m. 06 aux deux lignes suivantes, 0 m. 07 à la dernière.

Vivont. T(itus) Attius Quartus, faber lapidarius..... P(edes) q(uadrati) XV.

« Vivants. (Sépulture de) Titius Attius Quartus, ouvrier tailleur de pierres..... Quinze pieds carrés ».

Ainsi que l'indique le pluriel *vivunt*, la tombe avait été préparée pour T. Attius Quartus et pour une autre personne, sa femme certainement, dont les noms ont disparu à la suite d'un profond martelage. M. Thiers, qui a déjà fait cette remarque, nous suggère l'idée d'un divorce; il se peut aussi que la femme ait survécu à son conjoint et se soit remariée.

1443

Marque de fabrique

Sigean. — « Brique peu épaisse, de forme triangulaire, découverte l'été dernier à Sigean, arrondissement de Narbonne, dans la propriété de Mme veuve Patau ». Donnée au Musée archéologique de Narbonne. La marque est en relief en caractères de 0 m. 018.

C(aii) Lu(...ii) Pri(...i). — « (Ateliers) de Caius Lu... Pri... ». Il n'est pas possible de compléter sûrement le gentilice et le surnom que fournit cette brique, jusqu'ici seulement connue par l'exemplaire que nous décrivons et de fabrication peut-être locale.

1444 à 1447

Nos copies dessinées. — Renseignements de M. Carrière, conservateur des Musées archéologiques de Nîmes.

1444

Epitaphe d'un gladiateur

Nîmes. — Cippe de pierre commune taillée en forme d'autel, découvert à Nîmes, « au coin des rues St-Gilles et Charlemagne ». Donné au Musée le 8 juin 1901, par M. P. Fize, négociant. Hauteur, 0 m. 425; largeur, 0 m. 14; Hauteur des lettres, environ 0 m. 025 aux première, deuxième et quatrième lignes; 0 m. 017 aux deux autres lignes.

Mur(millo). Ursio, Lug(dunensis), c(oronarum) XIII. Cascellius sodalis.

« Gladiateur myrmillon. Ursio, lyonnais, couronné treize fois. Cascellius, son camarade ».

Les épitaphes de gladiateurs de toutes sortes: rétiaires, myrmillons, thraces et essedaires, sont assez communes à Nîmes, ce qui s'explique par l'existence d'un amphithéâtre où se donnaient de fréquents combats. Le myrmillon dit aussi, mais par exception, *gallus* à cause de son armement à la gauloise, était d'ordinaire opposé au gladiateur rétiaire. Il combattait à l'abri d'un grand bouclier terminé carrément et d'un casque à visière. Son bras droit, qui tenait le glaive, était protégé par une manche formée d'une série d'anneaux, peut-être de cuir, et une *ocrea* lui garnissait la jambe gauche. (Voy. Salomon Reinach, *Répertoire de la statuaire grecque et romaine*, t. II, 1, p. 194). Le nom des gladiateurs myrmillons leur venait peut-être des Myrmidons qui combattirent sous les ordres d'Achille pendant la guerre de Troie. Peut-être aussi le tenaient ils de celui d'un poisson appelé μόρμυρος, dont l'image décorait leur casque. (Voy. ci-dessus, p. 130).

Une particularité intéressante des épitaphes des gladiateurs est la petite figure en forme de virgule ou de C rétrograde qu'elles contiennent plusieurs fois devant un nombre ou d'autre manière. Il se peut parfaitement, dans le premier cas, que cette figure soit l'abréviation du mot *coronarum*. On trouve d'ailleurs, dans une inscription de Nîmes, et précédant le mot *trium*, l'abréviation con, qui ne laisse pas, à cet égard, beaucoup de doute. (*C. I. L.*, XII, n° 3332). Mais on ne voit pas aussi clairement quelle peut être sa signification lorsqu'elle tient la place d'un point séparatif ou même lorsqu'elle partage en deux groupes comme dans l'épitaphe qui précède, les lettres initiales d'un mot. Nous sommes d'avis qu'il y avait là une façon conventionnelle d'exprimer que le gladiateur s'était parfaitement conduit et avait remporté des victoires. On l'honorait en prodiguant sur sa tombe la sigle des mots *corona* ou *coronatus*. C'est vraisemblablement dans le même ordre d'idées que le nombre XVII exprimant, à ce qu'il semble, sur une tombe de Vienne, celui des victoires d'un gladiateur, est accompagné de deux palmes qui se croisent pour former le chiffre X, et de sept couronnes.

Les spectacles de gladiateurs furent abolis par Honorius en 403. (Tillemont, *Hist. des Emp.*, 5, p. 533).

1445

Epitaphe

Nîmes. — Stèle de pierre commune découverte en même temps et au même lieu que l'inscription précédente. Donnée au Musée de Nîmes, le 8 juin 1901, par M. P. Fize, négociant. Hauteur, 0 m. 33; largeur, 0 m. 35; épaisseur, 0 m. 12. Hauteur des lettres, 0 m. 045.

Teucidia, L(ucii) f(ilia), Sabina, hi(c) sita [*es*]*t*; *v*(*ixit*) *ann*(*is*) *XXV*.

« Teucidia Sabina, fille de Lucius (Teucidius), repose en ce lieu; elle a vécu 25 ans ».

La personne que fait connaître cette inscription ne semble pas d'origine nîmoise. Le gentilice, peu commun, qu'elle porte est nouveau dans la Narbonnaise et nous avons déjà dit (ci-dessus, p. 150) quelle était en Gaule la rareté de la formule *hic situs* (ou *sita*) *est*.

1446

Epitaphe

Nîmes. — Stèle découverte à Nîmes dans le courant de l'année dernière, et donnée au Musée. Hauteur, 1 m. 70; largeur, 0 m. 57; épaisseur, 0 m. 10. Hauteur des lettres, 0 m. 06.

D(iis) M(anibus). Pompeiae Eutychidi, (obitae) ann(orum) VIII; Eutyches et Apollonia parentes.

« Aux dieux Mânes. A Pompeia Eutychis, morte à l'âge de 9 ans. Eutyches et Apollonia, son père et sa mère ».

Dans cette inscription, la sigle du mot *obitae* est une preuve que la figure dont on a voulu faire un *theta nigrum* ne fut, dans le principe, qu'un O barré, abréviation d'*obitus* ou d'*obiit*. (Voy. ci-dessus, p. 214). Il faut aussi noter l'image de deux dauphins dans le fronton triangulaire de la stèle. Autant par sa familiarité que par l'aide qu'on lui attribuait dans différentes circonstances (voy. Pline, *H. N.*, t. IX, ch. 8), et peut-être après la mort pour franchir le Styx, le dauphin jouissait chez les anciens d'une grande faveur. Mais sa représentation est peu fréquente cependant sur les monuments païens de la Gaule.

1447

Epitaphe d'un sévir augustal incorporé

Nîmes. — Stèle rectangulaire découverte à Nimes, au commencement de l'année dernière, et donnée au Musée par M. Célestin Albarès, ferblantier. Haut., 0 m. 37; larg., 0 m. 45; épaiss., 0 m. 18. Haut. des lettres, 0 m. 03.

D ❦ M
C · IVLII
CHRYSIONIS
IIIIIVIR · AVG · CORP
HEREDES

Caractères du premier siècle.

D(iis) M(anibus) C(aii) Julii Chrysionis, sevir(i) Aug(ustalis) corp(orati); heredes.

« Aux dieux Mânes de Caius Julius Chrysio, sevir augustal incorporé; ses héritiers (lui ont élevé ce tombeau) ».

On a découvert à Nimes un grand nombre d'inscriptions se rapportant à des sévirs. Elles les désignent soit par le simple titre de *sevir*, soit, beaucoup plus fréquemment, par ceux de *sevir augustalis* ou, comme ici, de *sevir augustalis corporatus*. Les fonctionnaires de cette catégorie formaient un ordre intermédiaire entre les décurions et le peuple. Ils avaient pour objet le Culte impérial. (Voy. à leur sujet, Beurlier, *Le Culte impérial, son histoire et son organisation*, Paris, 1891, in-8, p. 194 à 237, et ci-dessus, p. 215).

Le surnom servile, d'origine grecque *Chrysio*, témoigne de la condition première de celui qui le portait.

1448

Cachet d'oculiste

Cachet communiqué par M. l'abbé Deshayes, chanoine honoraire, curé-doyen de Rugles. — Renseignements de M. l'abbé Deshayes.

Rugles. — Petite tablette carrée de couleur marron foncé, trouvée à Rugles (Eure), « il y a sept ou huit ans, dans un endroit où l'on découvre beaucoup de tuiles romaines et de débris de poteries grises et samiennes ». Appartient à M. l'intendant général Courtot, directeur du service de l'Intendance de la 6e région à Chalons. Notre dessin reproduit cette tablette en vraie grandeur.

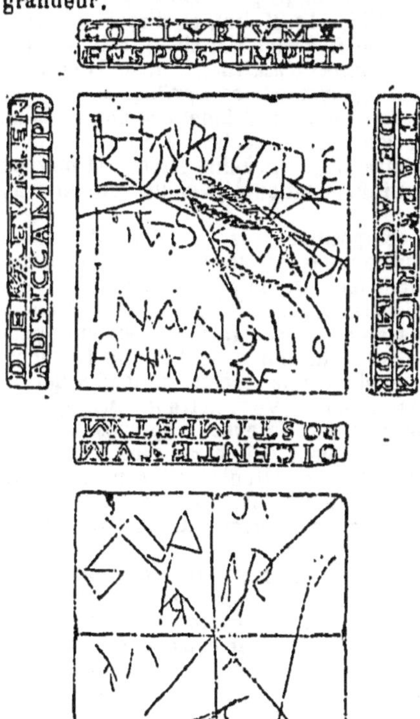

1. — *Collyrium fos post impet(um).*
2. — *Diapsoricum delacrimato-r(ium).*
3. — *Dicentetum post impetum.*
4. — *Dielaeum len(e) ad siccam lipp(itudinem).*

1. — « Collyre lumière (à appliquer) après la période aiguë (de l'ophthalmie) ».
2. — « (Collyre) *diapsoricum delacrimatorium* ».
3. — « (Collyre) *dicentetum* (à appliquer) après la période aiguë (de l'ophthalmie).
4. — « (Collyre) doux, à l'huile, contre l'ophthalmie sèche ».

Le nom de l'oculiste n'est pas donné. Cette particularité, dont on connait d'autres exemples (voy. notre *Recueil*, nos 1, 2, 10, 40, 91, 108 et 136), est surprenante et s'explique difficilement. La modestie ou le peu de notoriété du praticien n'en semblent pas l'unique cause. Il faut peut-être supposer que les graveurs de cachets tenaient en réserve, pour des oculistes de passage ou pressés, des tablettes préparées, indiquant des médicaments de fabrication courante, ou dont ils fournissaient en même temps la formule. Les cachets, d'ailleurs, n'étaient pas des objets nécessairement personnels. Il n'est pas douteux que la plupart ont été gravés, particulièrement lorsqu'il s'agit de pierres, à un seul nom, pour les oculistes qu'ils font connaître. Mais il se peut aussi parfaitement que certains oculistes se soient servis de cachets à d'autres noms que le leur. Ainsi, de nos jours, un très grand nombre de spécialités pharmaceutiques ne sont pas fabriquées par les personnes dont elles portent les noms. Cette hypothèse, si elle était admise, ferait comprendre les cachets sur lesquels figurent plusieurs noms. Il s'agirait alors, peut-être beaucoup moins d'une association de médecins ambulants voyageant ensemble, que d'un seul praticien, connu ou non par une des inscriptions du cachet, ayant le droit légitime ou usurpé, de mettre en vente des médicaments renommés.

Le nom de collyre *fos*, dont la lettre médiane est marquée par un accent indiquant une syllabe longue, n'est pas nouveau. On l'a déjà signalé, avec les orthographes *foos*, *phos* et φῶς, d'abord sur deux cachets découverts l'un à Alluy, l'autre à Poitiers (notre *Recueil*, nos 3 et 136), ensuite sur un petit vase de plomb, de provenance inconnue, conservé au Cabinet des médailles. (Babelon et Blanchet, *Cat. des bronzes ant. de la Bibl. nat.*, p. 673, no 2231). On sait, de plus, par un texte d'Alexandre de Tralles, que le remède portant ce nom était employé contre l'affaiblissement de la vue : « *Pulvis cui nomen est a lumine* φῶς, *ad hebetudinem oculorum efficax* ». (*De re medica*, l. II, ch. V, col. 174 G). Sa formule était la suivante: « *Cadmiae* (oxyde de zinc), *drachmae VIII*; *salis ammoniaci* (sel ammoniac), *dr. IV*; *croci* (safran) *dr. II*; *piperis* (poivre blanc), *dr. III*; *folii* (nard), *auripigmenti* (orpiment), *singulorum dr. I et S*; *valde bonum* ». Un autre collyre, désigné comme lui, sous le nom de « lumière », mais en latin, avait une composition toute différente. (Myrepsus, *De collyriis*, sect. XXIV, ch. LV, col. 663 B). Il en était aussi de même d'un certain *collyrium phosphorus* que cite Galien (Περὶ συνθέσεως φαρμάκων τῶν κατὰ τόπους, l. IV, ch. VIII, p. 747 du t. XII, édit. Kuhn), et, d'après lui, avec de légères modifications, Aetius (*Tetrabiblos II*, sermo III, ch. c, col. 345 B). (Voy. Héron de Villefosse et Thédenat, *Cachets d'oculistes*, t. I, p. 94 et 103). Sur le cachet d'Alluy, le collyre *foos* est recommandé *ad lippitudinem ex ovo*. Le cachet de Poitiers et le petit vase de plomb du Cabinet des médailles ne donnent que le nom du remède. On voit, par le cachet de Rugles, que le collyre « lumière » servait aussi *post impetum*, c'est-à-dire lorsque la marche de l'ophthalmie se ralentissait et que son inflammation, déjà moins douloureuse, commençait à devenir chronique.

Un certain nombre de collyres, de composition très variable, ont porté le nom de *psoricum*. Leurs formules sont connues par des textes d'anciens auteurs (Celse, l. VI, ch. 6, p. 31; Galien, *loc. cit.*, IV, 4 et 8. pp. 717 et 788 du t. XII, édit. Kuhn; Marcellus, *de medic.* ch. VIII, 125, etc.), mais il n'est pas possible de savoir si les mots *psoricum* et *diapsoricum* étaient synonymes. Le remède de ce dernier nom est celui qui revient le plus fréquemment sur les cachets. On en possède vingt-trois exemples, tandis que le *psoricum* n'est rappelé que par deux inscriptions. (Voy. notre *Recueil*, pp. 122 et 128). Quand les noms de collyres sont formés avec la préposition διὰ, celle-ci est toujours suivie du nom de l'ingrédient qui entrait plus particulièrement dans la composition du produit. A ne s'en tenir qu'à cette règle, le collyre *diapsoricum* serait donc un remède à base de *psoricum*. On trouve effectivement chez Celse, Galien et beaucoup d'autres auteurs, l'indication de formules de collyres, dans lesquelles le *psoricum* est énuméré à côté d'autres substances médicamenteuses. Malheureusement, sauf peut-être dans Scribonius Largus (*Compos.* XXXII) et Marcellus Empiricus (*De medicam.*, ch. VIII, 69), où il est question d'un collyre *psoricon* contenant du *psoricum*, les noms que portent ces remèdes ne sont pas faits pour nous renseigner. On connaît, d'autre part, la formule que voici d'un collyre *diapsoricum* d'où le *psoricum* est exclu : « *Piperis albi* (poivre blanc), *denarius I*; *croci Siculi* (safran de Sicile), *den. I*; *myrrae* (myrrhe), *den. II*; *amuli* (amidon), *den. I*; *opii* (opium) *den. S*; *opobalsami* (baume de Judée), *den. S*; *gummis* (gomme adragante), *den. II* ». (Marcel. Emp., *De medic.*, ch. VIII, p. 206).

Sichel est d'avis que, « par une espèce d'abus ou de pléonasme », la particule διὰ a pu perdre quelquefois de sa signification, lorsqu'elle précède des noms de médicaments. (*Cinq cachets*, p. 12). Il rappelle à tort à ce sujet, que

« le mot *diapsoricum*, se trouve, comme synonyme de *psoricum*, non seulement sur plusieurs cachets, mais encore dans les textes d'auteurs ». Dans l'un comme dans l'autre cas, il admet comme démontré ce qui précisément constitue le problème. Le témoignage de Pline (*Hist. nat.* XXXIV, XII, 30), qu'il invoque de préférence, prouve bien qu'un remède appelé *psoricon* devait son nom au *sory* ou couperose cendrée d'Egypte (σῶρυ), qui entrait dans sa composition, mais non pas que le *psoricum* et le *diapsoricum* ne constituaient qu'un seul produit. Une opinion peu différente a été émise par Osann. (*Philologus*, XIV, p. 636). D'après ce savant, les mots *psoricum* et *diapsoricum* seraient dérivés tous deux du mot ψῶρυ, forme secondaire de σῶρυ, nom d'une substance comparable au *misy* (μίσυ) et il cite à ce sujet le passage que voici d'un chimiste grec : Τὴν κινάβαριν λευκὴν ποίει δι' ἐλαίου, ἢ ὄξους, ἢ μέλιτος, ἢ ἅλμης, ἢ στυπτηρίας· εἶτα ξανθὴν διὰ μίσυος, ἢ σώρυος, ἢ χαλκάνθης, ἢ θείου ἀπύρου, ἢ ὡς ἐπινοεῖς. Cette étymologie, d'après ce que nous venons de dire, est vraisemblable pour tous les remèdes qui ont porté le nom de *psoricum*, bien qu'elle ne soit pas acceptée par Grotefend (*Die stempel der roemischen Augenaerzte*, p. 22); il n'y a pas de raison probante qui puisse la faire admettre pour le *diapsoricum*. Que faut-il en conclure ? A défaut de témoignage contraire, ceci, pensons-nous : que le collyre de ce nom était bien désigné suivant la règle ordinaire, et par suite avait pour base le remède appelé *psoricum*, dont le principal ingrédient était l'oxyde de cuivre ou couperose (σῶρυ, ψῶρυ) et que l'on employait séparément, dans quelques cas, contre les ophthalmies. Si le *psoricum*, n'est pas énuméré parmi les ingrédients de la formule donnée par Marcellus, c'est peut être parce que le collyre que préconise cet auteur ne devait sa désignation qu'à son efficacité comparable à celle du *diapsoricum*. En tout cas, l'étymologie la plus improbable est celle qui fait du *diapsoricum* un remède contre les ψῶρα βλεφάρον, les *scabrities oculorum*. (Voy. Grotefend, *loc. cit.*, p. 21). Si cette étymologie était fondée, les inscriptions des cachets d'oculistes devraient la confirmer par l'emploi tout naturel du *diapsoricum* contre les *scabrities*, qui paraissent correspondre à la conjonctivite catarrhale ou à la kératite vasculaire. Or, il n'en est rien : sur seize exemples faisant connaître la maladie que le collyre était appelé à combattre, onze se rapportent à l'éclaircissement de la vue (*claritas*), trois aux troubles de la vision (*caligo*) et deux seulement aux *scabrities*.

Nous avons déjà parlé des collyres *delacrimatoria* en décrivant l'un des cachets de Grand. (Ci-dessus, p. 184). Nous avons dit qu'ils servaient à traiter le larmoiement ou à provoquer les larmes, et peut-être suivant leur nature, à l'un et l'autre de ces usages. Le larmoiement (*epiphora* ou *lacrimatio*) est, en effet, une affection de la vue, que Sichel a définie (*Nouv. rec.*, p. 34) : « une sursécrétion de larmes symptomatiques d'ophthalmie ou d'irritation de la rétine », et que nous comparons à la sclérotite ; d'autre part, on sait, par les textes d'auteurs anciens, que l'écoulement des larmes exerçait une action salutaire sur certaines maladies d'yeux. (Voy. à ce sujet Héron de Villefosse et Thédenat, *Bull. mon.*, 1883, pp. 324 à 336). Dans les douze inscriptions qui les mentionnent, sauf pour une seule (nº 105 de notre *Recueil*) les collyres *delacrimatoria* ne sont accompagnés d'aucun nom de maladie, ainsi que l'ont fait observer MM. Héron de Villefosse et Thédenat. (*Bull. mon.*, 1883, p. 333). Cela se conçoit, car, dans ce cas, le nom même du remède portait l'indication de l'affection qu'il devait guérir ou du but que l'on se proposait d'atteindre.

L'*amethystinum*, le *diaopobalsamum*, le *diasmyrnes*, le *melinum*, le *pixynum*, le *stactum* et le *thalasseros* étaient seuls connus par des cachets, comme collyres *delacrimatoria*. Le *diapsoricum delacrimatorium* n'avait pas encore été signalé.

Le collyre *dicentetum* a été étudié par Sichel. (*Cinq cachets inédits*, p. 17 ; *Nouv. rec.*, p. 33). D'après ce savant oculiste *dicentetum* signifie « collyre doublement piquant, de δίς, *bis*, deux fois ; et κεντέω, je pique ». Il ajoute qu'il doit probablement d'être appelé de la sorte, non pas à l'action mordante de ses ingrédients, le vert de gris, le misy, le suc de pavot et la gomme, indiqués par Aetius (*Tetrab.*, II, III, c. 48, col. 322 E, et 110, col. 359 D) d'après le médecin Démosthène, mais bien à son efficacité, soit contre les ophthalmies, soit comme stimulant dans les amblyopies. A défaut d'explication meilleure, on ne peut que se contenter de celle que donne Sichel, d'ailleurs acceptée par Grotefend (*loc. cit.*, p. 58), et que semble corroborer le nom de collyre *bis punctum* connu par un cachet d'Orange (n° 22 de notre *Recueil*).

Sur la dernière tranche du cachet de Rugles, la lecture *dielaeum* ne fait pas de doute. A la vérité, la lettre L de ce mot est suivie d'une cassure, mais l'excavation qui s'est produite n'a pas la profondeur des lettres, ce qui exclut l'hypothèse d'un D. Le nom de collyre *dielaeum* est du reste conforme à ce que nous savons de la thérapeutique ancienne. Rome, qui avait subi en toutes choses l'influence des Grecs, leur devait son art médical assez avancé, que les empiriques du moyen âge firent déchoir au rang de pratiques absurdes. Le collyre *dielaeum* était donc à base d'huile (ἔλαιον). Les vieilles pharmacopées n'en parlent pas, mais il y est question, à chaque instant, des effets salutaires de tout ce qui provenait de l'olivier : suc, cendres, feuilles, fleurs, fruits, huile et marc d'olives. Les effets astringents des produits de cet arbre étaient surtout utilisés pour le traitement des ulcères et des plaies. Pline dit, en parlant des feuilles de l'olivier : « *Succus eorum carbunculantibus circa oculos hulceribus et pusulis procidentique pupillae efficax : quapropter in collyria additur; nam et veteres lacrymationes sanat, et genarum erosiones* ». (*Hist. nat*, l. XXIII, ch. 3). Il attribue les mêmes propriétés curatives aux fleurs, et il indique, pour les cendres, qu'on les mélangeait avec de la farine d'orge quand on les employait, contre les ophthalmies. L'olivier sauvage n'était pas moins apprécié. Ses feuilles pouvaient remplacer le marc d'olives et on se servait des cendres de son bois pour apaiser les inflammations des yeux. Pline, de qui nous tenons encore ces détails, ajoute que l'huile de l'olivier sauvage, plus âcre que tout ce qui vient de l'arbre, était aussi plus efficace. (*Hist. nat.* l. XXIII, ch. 4; voy. ci-dessus, p. 183). Scribonius Largus a indiqué de nombreuses préparations contenant de l'huile et laissé notamment cette formule d'un collyre *ad suffusiones oculorum, quas Graeci* ὑποχύματα *dicunt* : « *Feniculi succi, pondus denarii* III ; *opobalsami, p. den.* III ; *mellis Attici, p. den.* III; *olei veteris, p. den.* III; *hyennae fellis. p. den.* I; *euphorbi, p. den.* I. *Hoc oleo diluitur et ita commiscetur celeris* ». (*Compos.*, XXXVIII, édit. Helmreich, p. 19 ; voy également, p 83). Marcellus Empiricus la reproduit (*De medic.*, ch. VIII, édit. Helmreich, 17, p. 63), mais en remplaçant l'huile vieille par de l'huile verte (*viridis*). Le même auteur décrit plus loin ce remède parmi d'autres médicaments non moins étranges; « *Stercus gallinaceum album cum oleo vetere tenuissime tritum et adpositum idem oculis remedii praestat* ». (*De medic.*, ch. VIII, édit. Helmreich, 147, p. 84 ; voy. également, 151 et 168, pp. 85 et 86).

On sait par le témoignage de Pline que l'huile désignée sous le nom d'*omphacium*, et que l'on obtenait de deux façons mais surtout en se servant d'olives non parvenues à maturité, était la plus utile et la plus efficace. (*Hist. nat.* l. XII, ch, 27 et l XV, ch. 3). Ce produit, qui ne semble pas avoir différé sensiblement de l'huile vierge (voy. Caton, *De re rust.*, ch. 65; Columelle, l. XII, ch. 50), entrait de préférence dans la composition des remèdes. Galien décrit plusieurs collyres qui contenaient de l'*omphacium*, mais aucun d'eux, à ce qu'il semble n'était solide. (Περὶ συνθέσεως φαρμάκων τῶν κατα τόπους, l. IV, édit. Kuhn, t. XII, pp. 738 et 739).

Il nous serait facile de citer bien d'autres textes démontrant les propriétés thérapeutiques de l'huile d'olives. Ceux qui précèdent nous paraissent suffisant pour justifier notre interprétation du nom de collyre nouveau que fournit le cachet de Rugles. Il nous reste à dire, toutefois, que l'huile d'olive n'etait pas la seule à jouir de propriétés curatives. L'huile d'œnanthe, notamment, fournissait d'après Pline, un remède excellent pour l'éclaircissement de la vue. (*Hist. nat.*, l. IV, ch. 4).

Le *dielaeum* faisait partie d'une catégorie de collyres qui avaient une action douce, c'est-à-dire qui n'occasionnaient au malade aucun surcroit de souffrance. On les employait de préférence dans les cas graves, en dissolution dans du lait de femme ou du blanc d'œuf *quo gravior vero quaeque inflammatio est*, dit Celse, *eo magis leniri medicamento debet adiecto vel albo ovi vel muliebri lacte* ». (*De re medic.*, l. VI, ch. 6, § 8). Les noms de collyres de la catégorie opposée sont accompagnés, sur les cachets de l'adjectif *acre*. On n'en connait d'ailleurs qu'un très petit nombre. (Voy. sur les remèdes mordants et non mordants : Galien *loc. cit.*, l. IV, édit. Kuhn, t. XII pp. 699, 700, 757, 758 et 759 ; Aétius. *Tetrabiblos*, II, III, ch. 15 et 60, etc.).

L'ophthalmie sèche ou *xérophthalmie* (Scrib. Largus. *De compos.*, IV, 32) a été longuement décrite par Sichel, qui renvoie aux textes d'auteurs anciens où il en est question. (*Nouv. rec.*, p. 52). « Dans cette maladie, dit Aétius, l'œil est atteint de sécheresse, de démangeaison et de légère douleur sans dureté des paupières ». (*Tetrab.*, II, III, ch. 75).

Le cachet de Rugles, surtout intéressant par le nouveau nom de collyre qu'il fait connaître, est couvert de curieux graffites. Nous lisons sur l'un des plats, mais sans grande certitude pour les deux premières lignes, la phrase barbare : *reduplicare jussu... in anglio funtane*. Il faut peut être comprendre que l'oculiste devait prescrire une application réitérée, dans le coin de la glande lacrymale désignée par le mot *fontana*, du remède auquel se rapportait l'inscription.

Les graffites de l'autre plat se composent d'une marelle, de différents dessins dont la nature nous échappe et de quelques lettres dont deux R.

1449 et 1450

Nos estampages et copies pris avec l'assistance de M. Jadart, bibliothécaire de la ville de Reims, et de M. Demaison, archiviste municipal. Renseignements de MM. Jadart et Demaison.

1449

Fragment d'épitaphe

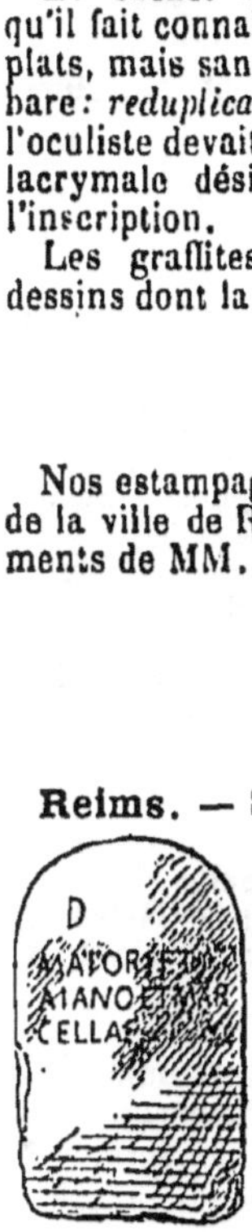

Reims. — Stèle découverte à Reims, au quartier de la Haubette, en mai 1901, dans un terrain appartenant à M. Bouton. Donnée au Musée de la ville et déposée dans le cloître de l'Hôtel-Dieu. Hauteur, 0 m. 80 ; largeur, 0 m. 50, épaisseur, 0 m. 21. Hauteur des lettres, 0 m. 04.

D(iis) [*M(anibus)*]. *Amatori .. aiano et Marcella*[*e...*

« Aux dieux Mânes. A Amator, à... aianus et à Marcella... ».

Notre lecture est incertaine par suite du mauvais état de la pierre.

1450

Fragment d'épitaphe

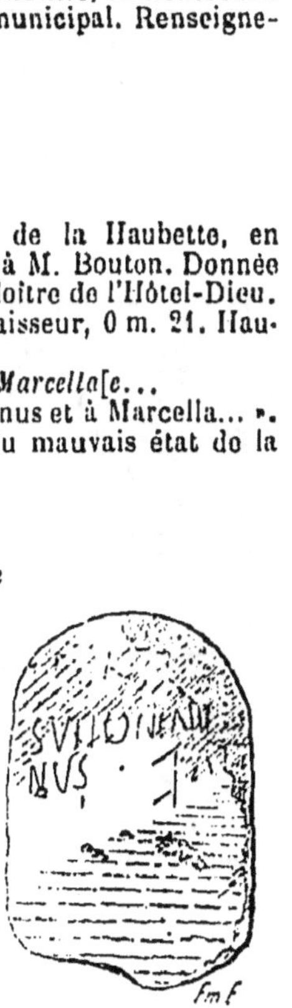

Reims. — Stèle découverte à Reims en même temps et au même lieu que la précédente. Donnée par M. Bouton au Musée de la ville et déposée dans le cloître de l'Hôtel-Dieu. Hauteur, 0 m. 75 ; largeur, 0 m. 47 ; épaisseur, 0 m. 20. Hauteur des lettres, 0 m. 05.

Cette épitaphe, dont la plupart des lettres sont effacées, a pu ne contenir que deux noms, l'un au datif, l'autre au nominatif, en dehors de la formule habituelle de consécration aux dieux Mânes.

1451 à 1465

Renseignements, extraits du *Catalogue du musée archéologique, fondé par M. Théophile Habert*, (Troyes, 1901, in-8), pp. 221 à 224. Copies communiquées par M. Seymour de Ricci. Nos estampages et copies dessinés.

1454

Fragment d'épitaphe

Reims. — Fragment de stèle, découvert à Reims, au lieu dit le Chemin Vert, en 1895. Déposé au cimetière de l'Est. Hauteur, 0 m. 85 ; largeur, 0 m. 60 ; épaisseur, 0 m. 16. Hauteur des lettres, 0 m. 05.

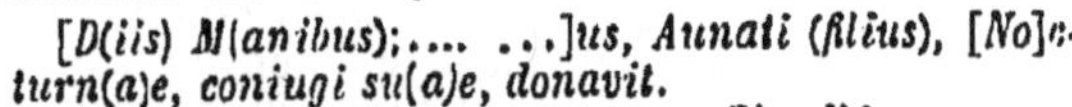

[D(iis) M(anibus);.... ...]us, Aunati (filius), [No]cturn(a)e, coniugi su(a)e, donavit.

« Aux dieux Mânes ; .....us, fils d'Aunatus, a « donné (cette sépulture) à Nocturna, son épouse ».

Aunatus est une appellation, peut-être celtique, qui n'a pas été, que nous sachions, signalée en d'autres lieux. *Nocturna*, est un surnom romain dont les inscriptions de Reims fournissent plusieurs exemples.

1455

Epitaphe

Reims. — Stèle découverte à Reims, au lieu dit le Chemin Vert, déposée à l'Hôtel-de-Ville (musée Habert). Hauteur, 0m55 ; largeur, 0m35 ; épaisseur, 0m17. Hauteur des lettres, 0m06 et 0m05.

D(iis) M(anibus). Bouda

« Aux dieux Mânes. (Sépulture de) Bouda ».

On connaissait déjà plusieurs exemples du nom celtique *Boudus* et des formes dérivées *Boudius* et *Boudillus*. (*C. I. L.*, XII, nos 2665, 3478, 3603 ; Thédenat, *Noms gaulois*, p. 22, note 1). Le dernier de ces noms est contenu notamment dans une inscription de Reims qui est au musée de Chalons-sur-Marne.

1456

Epitaphe

Reims. — Stèle découverte à Reims, au lieu dit la Croix-Saint-Marc, le 12 août 1897, déposée à l'Hôtel-de-Ville (musée Habert). Hauteur, 0m55 ; largeur, 0m26 ; épaisseur, 0m14. Hauteur des lettres, 0m04.

Gabri. — « (Sépulture) de *Gabrus* ».

L'appellation celtique *Gabrus*, du reste assez commune, figure déjà dans une inscription de Reims rapportée précédemment sous le numéro 1435. Une ville du Norique a porté le nom de *Gabromagus*.

1457

Epitaphe

Reims. — Stèle découverte à Reims, au lieu dit le Chemin Vert, en décembre 1894. « Détruite par la gelée ». Il existe deux copies de l'inscription que portait cette stèle. La première, de Théophile Habert, a été publiée dans le *Bulletin des Antiquaires de France*, 1895, p. 121 ; la seconde, de M. Jules Orblin, se trouve dans le manuscrit d'Habert que possède le musée de Saint-Germain-en-Laye. Elles sont ainsi conçues :

1	2
D . M SATVI NIIVAE	DMSATVR NIN(AE)

Il faut lire évidemment :
D(iis) M(anibus) Saturninae. — « Aux dieux Mânes de Saturnina ».
Mais la division des lignes reste douteuse. Si l'inscription n'avait pas disparu complètement (voy. ci-dessus, p. 200, n° 1419) nous croirions assez que cette stèle ne diffère pas de celle précédemment décrite sous le n° 1429.

1460

Epitaphe

Reims. — Fragment de stèle découvert à Reims, au lieu dit la Maladrerie, le 11 septembre 1897. Transporté au musée Habert.

La pierre est incomplète à gauche ; du côté droit est sculptée l'image d'un enfant. Hauteur, 0m37 ; largeur, 0m36 ; épaisseur, 0m13. Hauteur des lettres, 0m04.

D(iis) M(anibus) Jo(v)inchi.

« Aux dieux Mânes de Jovinchus ».

Joinchus n'est qu'une déformation provinciale du surnom romain *Juvencus*.

1461

Fragment d'épitaphe

Reims. — Fragment de stèle découvert à Reims, au lieu dit la Maladrerie, en août 1894. Déposé au cimetière de l'Est. Hauteur, 0m45 ; largeur, 0m20 ; épaisseur, 0m15. Hauteur des lettres, 0m05.

N...
IER
NO

Ce fragment d'inscription, publié par M. Héron de Villefosse dans le *Bulletin des Antiquaires de France*, 1895, p. 121, d'après une copie de Théophile Habert, avait alors un N, qui n'existe plus, au dessus de la lettre T.

1462

Fragment d'épitaphe

Reims. — Fragment de stèle découvert à Reims, au lieu dit la Maladrerie, le 7 août 1895. Détruit par la gelée. Copie de Théophile Habert.

D *m*
BIO//////

D(iis) [M(anibus)]. Bio....
« Aux dieux Mânes. (Sépulture de) Bio.... ».

DIEUX DE LA GAULE

par Auguste Allmer

I. — Les dieux de la Gaule celtique (suite).

1463

Hercule OGMIOS

1. — Ogmios n'est connu que par un récit du satiriste Lucien.
« Les Gaulois, raconte-t-il, donnent dans leur langue à Hercule le nom d'Ogmios. La forme sous laquelle ils le représentent est des plus étranges : c'est un vieillard très avancé en âge, chauve sur le sommet de la tête ; les

rares cheveux qui lui restent sont entièrement blancs; il a la peau ridée et brûlée par le soleil au point d'être noire; on dirait un vieux matelot dont l'existence s'est passée aux durs travaux de la mer; on le prendrait pour Caron, pour Japet, pour quelque habitant du sombre Tartare, bien sûrement pour tout autre qu'Hercule. Cependant, tel qu'il est, il a les attributs d'Hercule : il porte la peau de lion, tient de la main droite la massue et de la gauche un arc tendu; un carquois pend à son épaule: c'est Hercule au complet.....

« Cependant, je n'ai pas encore dit ce que l'image présente de plus singulier. Cet Hercule vieillard attire à lui une multitude d'hommes qu'il tient attachés par les oreilles. Les liens sont de minces chaînes d'or et d'ambre d'un art aussi exquis que celui des plus beaux colliers, et ces captifs ne cherchent pas, malgré la faiblesse de leurs chaînes, à prendre la fuite, quoiqu'ils le pourraient aisément. Loin de faire résistance, de se raidir sur leurs pieds et de se rejeter en arrière, ils suivent avec joie celui qui les conduit et s'empressent vers lui. Ils voudraient même le devancer, et par cette ardeur ils relâchent leurs liens; on dirait qu'ils seraient fâchés de recouvrer leur liberté. Mais ce qu'il y a de plus bizarre dans cette peinture, c'est que l'artiste, ne sachant où attacher le bout des chaînes (la main droite tenant la massue, l'autre l'arc), a imaginé de percer l'extrémité de la langue du dieu, de sorte que c'est par elle qu'il entraîne la foule des gens qui le suivent. Hercule, le visage tourné vers eux, les conduit avec un gracieux sourire.

« Longtemps, je restai à comtempler ce tableau dont la vue me remplissait d'étonnement. Un Gaulois se trouvait près de moi: c'était un homme instruit dans les sciences de la Grèce, s'exprimant avec élégance dans notre langue: peut-être un philosophe du pays. « Etranger, me dit-il, je vais vous expliquer « l'énigme de cette image qui parait vous causer quelque surprise. Nous « autres, Gaulois, nous ne pensons pas, comme vous, que Mercure soit le dieu « de l'éloquence. Nous attribuons ce rôle à Hercule, qui l'emporte sur Mercure « par la supériorité de ses forces. Si nous le représentons sous la figure d'un « vieillard, n'en soyez pas surpris: ce n'est que dans un âge avancé que le « talent de la parole se montre avec le plus d'éclat. Ne soyez pas étonné, non « plus, de voir Hercule, emblème de l'éloquence, entrainer avec sa langue une « multitude enchainée..... Nous croyons que c'est par la force de son « éloquence qu'Hercule a accompli tous ses travaux. C'était un sage qui faisait « violence par le charme persuasif de sa parole, par des discours pénétrants « dont les traits, comme autant de flèches rapides lancées avec adresse, « blessent agréablement les cœurs ».

Aucune inscription connue ne parle d'Hercule Ogmios et, parmi celles, en nombre très considérable qui, dans la Gaule, sont au nom d'Hercule, aucune ne suggère, ni de près, ni de loin, l'idée d'un dieu gaulois de l'éloquence. On ne sait que penser de l'historiette de Lucien, qu'il semble rapporter à des croyances de son temps, c'est-à-dire du milieu au moins du IIe siècle, et dont il se sert comme d'une sorte de préface pour s'excuser d'oser encore, dans un âge avancé, se remettre à écrire pour le public avec l'espérance de plaire. Il faut cependant dire qu'au milieu des altérations de toute sorte apportées tardivement à la conception générale du mythe d'Hercule, héros civilisateur et guerrier, acceptant les plus rudes travaux pour le bien de l'humanité, purgeant les pays des fléaux qui les infestent, combattant les monstres, anéantissant les brigands, assainissant le sol, il y avait dans un quartier de Rome, dès le temps d'Auguste, un temple dédié à Hercule musagète, ou il était représenté tenant la lyre, particularité d'une origine évidemment non gauloise.

Ogmios serait, d'après Lucien, un nom celtique, et ici encore l'assertion du narrateur n'a nulle ombre de vraisemblance.

Hercule Ogmios qui forme dans le cycle mythique du héros un trait isolé et disparate, ne prend place dans la présente liste des dieux gaulois que sur la garantie de Lucien. Il n'y a pas à parler des monnaies gauloises dites « au type d'Ogmios » dans quelques catalogues; elles répondent si peu à la description de Lucien, que leur attribution à Hercule Ogmios parait n'avoir jamais existé que dans l'imagination des auteurs de cette classification.

(*à suivre*).

Chronique

— Le Musée archéologique de Narbonne a fait l'acquisition de l'inscription n° 4695 du tome XII du *Corpus* latin et de celle publiée précédemment sous le n° 1364. (Renseignements communiqués par M. Thiers).

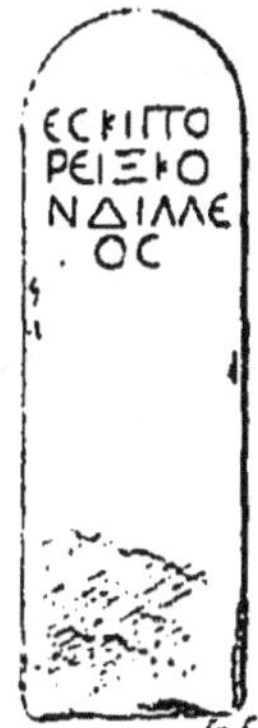

— Le Musée épigraphique de Nimes, admirablement installé dans les bâtiments de l'ancien Lycée, s'enrichit fréquemment de nouvelles inscriptions. Indépendamment de celles que nous avons reproduites plus haut, nous devons citer l'épitaphe celtique Εσκιγγορειξ Κονδιλλεος, connue par les manuscrits de Séguier, mais dont on avait perdu la trace. (*C. I. L.*, XII, p. 383, n° 3). Elle a été retrouvée en 1898, au quartier de Calinier, par M. Bourguet, professeur à Montpellier, et donnée par M. Coulet, le 23 mai 1901. Cette épitaphe est gravée en lettres de 0 m. 04 sur une stèle de 0 m. 90 de haut, 0 m. 26 de large et 0 m. 13 d'épaisseur. (Sur les noms gaulois *Excingorix* et *Condillus*, (voy. d'Arbois de Jubainville, les *Noms gaulois chez César et Hirtius*, p. 46 et 59).

Bibliographie

— D. Mater. *Nouvelles découvertes au cimetière romain de Fin-Renard.* Bourges, Tardy-Pigelet. 1899, in-8, 53 pages, 3 planches. (Extrait du XIIe volume des *Mémoires de la Société des Antiquaires du Centre*). — M. D. Mater, président de la Commission du Musée de la Société des Antiquaires du Centre, à Bourges, a décrit, avec beaucoup de précision, dans ce travail, 164 objets exhumés au Fin-Renard à partir de 1881, c'est-à-dire depuis l'époque où l'ouverture du boulevard de l'Arsenal révéla l'existence, jusque-là à peine soupçonnée, de ce cimetière. Parmi ces objets figurent de nombreuses poteries portant des estampilles et des pierres tombales avec les épitaphes que voici :

« 5. Stèle en pierre, à portique, fronton triangulaire avec une feuille au centre, acrotères; guirlande dans le tableau; sur la frise, l'inscription :

FLORINA... »

Florina. Ce surnom est connu, mais peu commun.

« 7. Stèle en pierre, à portique, fronton triangulaire et acrotères; feuille au centre du fronton; sur la frise, l'inscription :

SVCVELOS »

Sucuelos. Nom gaulois. (Cf. le nom de divinité *Sucellus*).

« 160. Stèle en pierre, de forme rectangulaire à portique, fronton triangulaire avec rosace au milieu, acrotères à volutes de chaque côté et pilastres décorés de volutes superposées; incomplète et fragmentée. Sur la frise, on lit l'inscription :

D. M. AETERN... »

D(iis) M(anibus) Aetern[alis]. — « Aux dieux Mânes d'Aeternalis ».

« 161. Stèle en pierre, à portique, fronton triangulaire et acrotères; mascaron au centre du fronton; dans le tableau, un cartouche à queue d'aronde contenant l'inscription en trois lignes :

DEMI
ONCI
ME

D(iis) Manibus) e(t) m(emoriae) J(uliae) On(e)cim(a)e. — « Aux dieux Mânes et à la mémoire de Julia Onesima ». Cette lecture n'est pas certaine.

« 162. Stèle en pierre à fronton triangulaire et à arcade surbaissée : au centre du fronton, un mascaron; de chaque côté de l'arcade, deux triangles; dans le tableau, l'inscription :

DIS MAN
L GRAECVS »,

Dis Man(ibus) L(...ius) Graecus. « Aux dieux Mânes ; (sépulture de) L...ius Graecus ». La lettre L est l'abréviation d'un gentilice.

— Froehner. *Collection Auguste Dutuit, bronzes antiques, or et argent, ivoires, verres, sculptures en pierres et inscriptions.* Paris, 1897-1901, 2 vol. in-8, 209 pages, 196 planches en phototypie, figures dans le texte. Tiré à 150 exemplaires numérotés non mis dans le commerce. — C'est toujours une bonne fortune que de pouvoir annoncer la publication d'un nouveau catalogue d'antiquités rédigé par M. Froehner. Celui de la collection Auguste Dutuit est remarquable à tous égards, aussi bien par son illustration luxueuse que par les notices savantes qu'il contient. Une foule d'objets intéressent l'épigraphie : poids latins et balances (nos 54 et 163), ustensiles de toilette (nos 67 et 68), colliers d'esclaves (nos 78 et 166), sceaux privés (nos 79 à 81), plateaux et cuillers d'argent (nos 121 à 124), fragments de coupes chrétiennes (nos 131 à 135, 222 et 223), etc. On y trouve quelques dédicaces (nos 77, 119 et 227), une loi (no 164), des épitaphes (nos 233 et 234), et surtout un nombre considérable de tessères (nos 165 et 180 à 220), dont M. Froehner a pris texte pour combattre deux opinions, l'une et l'autre également répandues. Elles se rapportent, la première aux tessères dites théâtrales qui ne sont en réalité que des jetons de jeu ou de comptoir, la seconde aux tessères dites de gladiateurs où il ne faut voir probablement que des objets religieux délivrés à des esclaves ayant passé la nuit, pour une cause quelconque, dans un sanctuaire d'Esculape ou de Serapis.

Additions et Corrections au No 102

Des trois inscriptions rapportées précédemment sous les nos 1403 à 1405, la dernière n'était pas inédite. Elle a été publiée par Tournal d'abord, en 1863, dans le *Bulletin monumental* (p. 835), ensuite l'année suivante, dans son *Catalogue du Musée de Narbonne* (no 236), ce qui a permis à M. Hirschfeld de l'insérer sous le no 5373 dans le tome XII du *Corpus* des inscriptions latines. Elle a été découverte, non pas à Vendres, mais à Montfort, près de l'étang de Bages, au sud de Narbonne. Les renseignements que M. Louis Noguier avait bien voulu nous transmettre et qu'il tenait lui-même de M. le baron de Montfort, n'étaient pas exacts. Nous ne savons rien des pierres concernant les deux premières inscriptions, mais il est fort probable qu'elles proviennent aussi du même lieu.

P. 203, inscription no 1428. En se fondant sur de nombreux exemples (*C. I. L.*, II, 3899 ; III, 632, 2929, 3874, 5227 ; V, 1323, 2221, 3192, 4109, 6591 ; XII, 5925, etc.), M. Mowat, nous propose très judicieusement la restitution : *[P]usill(a)e* du nom de femme incomplet qui fournit la stèle.

Page 209, ligne 5 en remontant, au lieu de : *Pe(r) lege* lire *Pe(r)lege*. Au sujet de l'inscription que cette rectification concerne M. le Conseiller d'Etat Buecheler a bien voulu nous écrire :

« Le mot PELECE, qui commence la seconde ligne, doit se lire sans doute PELEG[R]E. *Pelegre* (*peregre*) *hic jaceo*, « je suis ici en pays étranger ». A l'avant-dernière ligne, le mot OVO est à rattacher au mot qui le précède et peut-être à lire SVO ; on aurait alors : *marito suo*. La correction : *titul(um) nostr(um)* n'est pas douteuse. *Dunc* est employé non pour *tunc*, mais pour *dum*, *perausas* pour *repausas*, avec le sens du mot français « reposer ». *Dunc* pour *dum* s'est déjà rencontré plusieurs fois dans les inscriptions. Il faut comprendre : « et pendant la lecture tu peux te reposer ».

L'inscription redressée, en tenant compte des diverses corrections que nous venons d'indiquer, serait donc la suivante :

D(iis) M(anibus). Aurelius Daza, centenarius, Peleg[r]e hic jac[e]o, qui vixi annis [q]uin[q]uaginta et militavi annis triginta et sum natus in provincia Dacia et militavi inter e[q]uites catafractarios Pictavens[e]s su[b] cura Romani pr[ae]positi. Aurelia Pia CTV conjux, qu[ae] pos(uit) titul[um] bene merenti caro mar(i)to [s]uo. Resta, viator, et lege titul[um] nostr[um], du[m] le[g]es et [r]e[p]ausas.

Page 210, ligne 11, en remontant, au lieu de *Ephimeris*, lire *Ephemeris*.

ESPÉRANDIEU,
Correspondant de l'Institut.

Vienne, imp. Savigné — Ogeret et Martin, succrs — Le Gérant : J. Ogeret.

REVUE
ÉPIGRAPHIQUE

FONDÉE PAR

AUGUSTE ALLMER

VINGT-QUATRIÈME ANNÉE. — NUMÉRO CENT QUATRE

Janvier, Février, Mars 1902

VIENNE
OGERET & MARTIN
IMPRIMEURS
12 et 12 bis, *place du Palais*

PARIS
ERNEST LEROUX
ÉDITEUR
28, *rue Bonaparte*, 28

REVUE ÉPIGRAPHIQUE

Directeur : M. Espérandieu, 59, route de Clamart à Vanves (Seine).

Administrateurs : MM. Ogeret & Martin, imprimeurs, à Vienne (Isère).

Conditions de l'Abonnement :

La *Revue épigraphique*, fondée en 1878 par Auguste Allmer, est trimestrielle. L'abonnement est annuel et commence au 1er janvier.

Prix :

France et Etranger. . . . . 4 fr.
Un numéro . . . . 1 fr. 25

Collections de la *Revue*

Tome i. Années 1878 à 1883; du n° 1 au n° 26. Épuisé.
Tome ii. Années 1884 à 1889; du n° 27 au n° 55. Épuisé.
Tome iii. Années 1890 à 1898; du n° 56 au n° 91. Épuisé.

Les numéros 1 à 9, 12, 13, 17, 18, 23, 28, 31 à 33, 35, 59, 62, 64, 70, 71, 75, 76, 78 à 83 et 93 sont épuisés. La Direction de la *Revue* a l'honneur de faire connaître à ceux de ses Lecteurs qui les possèderaient et ne tiendraient pas à les conserver, qu'elle serait heureuse de les reprendre contre une prolongation d'abonnement de trois mois pour chaque numéro rendu.

Numéros 10, 11, 19, 28, 35, 56, 58, 60, 61, 62, 66, 67, 69, 73, 74, 77, 91, 96, 97 et 98, dont il nous reste deux exemplaires, 2 francs.

Autres numéros, 1 fr. 50.

Les livres ou mémoires dont on enverra un exemplaire au Directeur de la *Revue* seront annoncés ou analysés.

REVUE
ÉPIGRAPHIQUE

PRIX DE L'ABONNEMENT : 4 FRANCS PAR AN

Payable en un mandat-postal à l'adresse ci-après :

MM. OGERET & MARTIN, imprimeurs, 12 et 12 bis, place du Palais

à VIENNE (Isère)

REVUE

ÉPIGRAPHIQUE

FONDÉE PAR

AUGUSTE ALLMER

CONTINUÉE PAR

EMILE ESPÉRANDIEU

Correspondant de l'Institut

TOME QUATRIEME

VIENNE
OGERET & MARTIN
IMPRIMEURS
12 et 12 bis, *place du Palais*

PARIS
ERNEST LEROUX
ÉDITEUR
28, *rue Bonaparte*, 28

1899-1902

REVUE

ÉPIGRAPHIQUE

N° 104. — Janvier, Février, Mars 1902

Narbonne. — Florensac (Hérault). — Nîmes. — Arles. — Les Baux (Bouches-du-Rhône). — Néris (Allier). — Chelles (Oise). — Reims. — Sainte-Colombe-lès-Vienne (Rhône). — Trets (Bouches-du-Rhône).
ALLMER. — Les dieux de la Gaule Celtique (suite).
Bibliographie. — Additions et Corrections.

1464

Epitaphe en vers

Estampage et renseignements de M. F.-Paul THIERS, conservateur du musée archéologique de Narbonne.

Narbonne. — Fragments d'une table de marbre découverts à Narbonne, les 17 et 18 juillet 1901, « dans les substructions d'un mur qui ne doit pas être entièrement démoli, parce qu'il s'étend sous la voie publique ». Au musée de Lamourguier. Haut. 0 m. 45; larg. 0 m. 52; épaiss. 0 m. 15. Hauteur des lettres 0 m. 03.

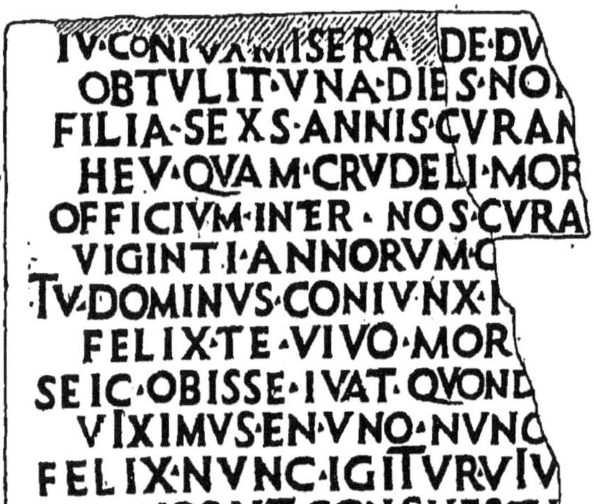

IV·CONIVXMISERA DE·DV
OBTVLIT·VNA·DIES·NO
FILIA·SEXS·ANNIS·CVRAN
HEV·QVAM·CRVDELI·MOR
OFFICIVM·INTER·NOS·CVRA
VIGINTI·ANNORVM·C
TV·DOMINVS·CONIVNX·I
FELIX·TE·VIVO·MOR
SEIC·OBISSE·IVAT·QVOND
VIXIMVS·EN·VNO·NVNC
FELIX·NVNC·IGITVR·VIV
NOS·VT·CONSVEST·I

Em. E.

Nous devons presque entièrement les restitutions qui vont suivre à l'obligeance et au savoir étendu de M. le professeur Buecheler, à qui nous sommes heureux d'exprimer notre gratitude.

Tu, coniux misera[n]de, du[plex quoi funus acerbum]
obtulit una dies, no[n leve volnus alis].
Filia sexs annis curam [omnem experta parentum].
heu ! quam crudeli mor[te perempta iacet].
Officium inter nos cura[m diviserat : ipsa]
viginti annorum, c[um rapiebar, eram].
Tu dominus, coniunx, [fidus mihi semper amicus].
felix te vivo mor[te ego rapta prior].

Seic obi(i)sse iu(v)at : quond[am uno sub lare tecum]
viximus, en uno nunc [sumus in tumulo].
Felix nunc igitur viv[as, dum vita manebit];
nos, ut consuesti, [pro pietate colas].

« Mari infortuné qu'un deuil prématuré a frappé deux fois en un seul jour, la blessure que tu nourris n'est point légère. Une fille âgée de six ans, qui avait connu toute la sollicitude de ses parents, succombe hélas ! frappée par la cruelle mort. Le devoir avait partagé entre nous les soins (que nous lui donnions), et c'est à l'âge de vingt ans que je fus moi-même ravie. Maître, époux, tu fus toujours pour moi un ami fidèle ; je suis heureuse de te laisser vivant et d'avoir été prise la première par la mort. Il me plait d'avoir fini de la sorte : ensemble (ma fille et moi) nous avons vécu naguère à ton foyer et voici maintenant que nous sommes ensemble dans le tombeau. Vis heureux désormais et aussi longtemps que durera ton existence ; gardes nous, selon ton habitude, un culte pieux ».

Cette épitaphe est une des plus anciennes que la Narbonnaise ait fournies. Les archaïsmes nombreux qu'elle contient la datent, en effet, du principat d'Auguste et peut être même d'une époque antérieure.

La mention de deux personnes vivant sous un même toit et mortes le même jour, se retrouve dans une épitaphe versifiée de Rome. (Buecheler, *Anthol. lat.*, p. 536, n° 1159). Le mot *dominus* semble indiquer que la défunte avait d'abord été l'esclave de son mari.

A l'avant dernière ligne, la restitution *dum vita manebit* ou *remansit* peut s'autoriser de différentes inscriptions qui contiennent ce membre de vers. (*C. I. L.*, III, 6175 et 10762 ; V, 610, IX, 344 et 4796 ; XI, 1122 ; Cagnat, *Bull. archéol. du Comité des trav. hist.*, 1891, p. 539 ; = Buecheler, *Anthol. lat.*, n° 437, 610, 1273, 1310, 1321 et 1829). Il y a là, très probablement, une réminiscence de Virgile. (*Aen.*, IV, 657 ; V, 724).

1465

Fragment d'épitaphe

Copie, estampage et renseignements de M. Louis NOGUIER, président de la Société archéologique, scientifique et littéraire de Béziers.

Florensac. — Fragment de table « découvert, pendant l'été de 1901, dans le voisinage de Florensac (Hérault) ; sur le parcours de la voie Domitienne, et transporté au musée de la Société archéologique de Béziers. La surface de la pierre est inégale et très fruste ». Hauteur 0 m. 57 ; larg. 0 m. 45. Hauteur des lettres environ 0 m. 07.

L'estampage, que nous possédons, de ce texte, nous conduit à une transcription quelque peu différente de celle que M. Louis Noguier a bien voulu nous faire parvenir d'après l'original. Mais les lettres, irrégulières et de mauvaise forme, sont si peu nettes sur cet estampage, qu'il nous est impossible de garantir l'exactitude de notre copie. Voici la transcription de M. Louis Noguier :

IS·n AS
OVI·VIINERI
M·TAN·PXXXV

« Lettres liées : à la deuxième ligne, N et E ; à la troisième ligne, A et N ».

Il nous parait probable qu'on doit lire :

[D]is Man(ibus) Ovi(diae) Veneri[ae] ; [v]ixit an(nis) LXXXV.

« Aux dieux Mânes d'Ovidia Veneria morte à l'âge de 85 ans ».

Ni le gentilice *Ovidius*, ni le cognomen *Veneria* ne sont rares, et nous ne croyons pas qu'il s'agisse d'une dédicace *Iovi et Veneri*. Mais on a lieu d'être surpris de trouver, dans la Narbonnaise, une inscription d'une facture aussi barbare.

1466

Fragment rappelant la construction d'un sanctuaire

Notre copie dessinée.

Nimes. — Au Musée. Fragment de table découvert à Nimes, dans le courant de l'année 1900. Hauteur 0 m. 32; larg. 0 m. 30; épaiss. 0 m. 20. Hauteur des lettres, 0 m. 025.

L·VALERIVS
KARVS
SACRVM
....

L(ucius) Valerius Karus sacrum[.....posuit].

« Lucius Valerius Karus a fait bâtir ce sanctuaire à..... ».

Caractères du premier siècle. Les lettres de la troisième ligne sont réduites à leur partie supérieure, mais la lecture du mot *sacrum* nous a paru certaine.

1467

Cachet d'oculiste

Renseignements de M. le Commandant Mowat.

Arles. — M. le Commandant Mowat a découvert, sous le n° 106 *a*, dans un petit carnet de sa collection qui servait au docteur Sichel pour l'enregistrement alphabétique des noms d'oculistes, une fiche autographe de Garrucci, datée du 26 mars 1867, et relative à un cachet d'oculiste, recueilli sur place par les Jésuites d'Arles (Bouches-du-Rhône), qui l'envoyèrent au savant prélat. Ce cachet était « une pierre noirâtre » dont « plus d'un tiers était cassé » ; nous ignorons ce qu'il est devenu. Les papiers de Garrucci et les collections qu'il avait formées sont à Naples, chez les Jésuites, mais le cachet, à ce qu'on nous a écrit, de cette ville, ne s'y trouve pas. La transcription de Garrucci, controlée par Sichel sur des empreintes en feuille d'étain qui ont disparu, est la suivante :

1 L·TETTISABINIA...
AVTHEMADLIPP (*fleur*)

2 L·TETTISABINIA..
DIACYLADCAL

3 ....INIA
............LIPPI

4 ....
.....HOLADDIAS

1. — *L(ucii) Tetti(i) Sabinia[ni] authem(erum) ad lipp(itudinem).*
2. — *L(ucii) Tetti(i) Sabinia[ni] diac(h)yl(um) ad cal(iginem).*
3. — *[L(ucii) Tetti(i) Sab]inia[ni ... ad] lippi(tudinem).*
4. — *[L(ucii) Tetti(i) Sabiniani diac]hol(es) ad dia(theses).......*

1. — « (Collyre) *authemerum* de Lucius Tettius Sabinianus contre l'ophthalmie ».
2. — « (Collyre) aux sucs de plantes de Lucius Tettius Sabinianus contre l'obscurcissement de la vue ».
3. — « (Collyre).... de Lucius Tettius Sabinianus contre l'ophthalmie.
4. — « (Collyre) au fiel de Lucius Tettius Sabinianus contre les diathèses ».

Les collyres *authemera* ou *monohemera*, car les deux mots paraissent synonymes, se divisaient en deux classes, comme il résulte de ce passage d'Alexandre de Tralles : « *Reprimentium collyriorum et quae, ab uno die, monohemera dicuntur Graecis, duplex quaedam differentia existit : ...quae mediocriter reprimunt et ad incipientes lippitudines conveniunt; ...quae plus astringunt et efficacius repellunt* ». (*De arte medica*, II, I, col. 169 D-170). Ainsi que l'ont fait observer MM. Héron de Villefosse et Thédenat (*Cachets d'oculistes*, I, p. 26), cette division est d'ailleurs attestée par un cachet connu depuis longtemps, sur lequel un collyre *authemerum* est indiqué *lene ex ovo, acre ex aqua*. (Notre recueil, n° 88). La caractéristique des collyres *authemera* dont on possède diverses formules, était de guérir en un seul jour. (Voy. Paul d'Egine, *De re med*, III, XXII, col. 432 D; Alex. de Tralles, *loc. cit.*; Aetius, *Tetrab.*, *II sermo, III*, c. IV, col. 301 B et c. CI, col. 345 G ; Marcel l'Empirique, *De medic* 93 b, p. 90 de l'édition Helmreich; tous ces auteurs sont cités par MM. Héron de Villefosse et Thédenat, *Cachets d'oculistes*, I, pp. 24 à 26). Arles, Lyon, Naix, Reims et Thouri (Loir-et-Cher) ont fourni des cachets où il est question de collyres *authemera*. (Notre recueil, n°s 12, 88, 111, 139 et 177). On savait déjà, par eux, que ces médicaments servaient *ad epiphoras et omnem lippitudinem* et aussi *ad impetum*. (Sur la *lippitudo*, voy. *Cach. d'oc.*, p. 51). Le collyre *diachylum*, ainsi que son nom l'indique, était aux sucs de plantes (διὰ χυλῶν). Un seul cachet d'oculiste, de provenance inconnue, conservé au Cabinet des médailles (n° 4707,5) en avait jusqu'ici fourni la mention, avec la même orthographe *diacy(lum)*, sans indication de la maladie contre laquelle il servait. (Notre recueil, n° 128). Ce remède est connu par les écrits d'Aëtius. (*Tetrab. II, Sermo III*, c. C, col. 345).

La *caligo*, longuement décrite par une foule d'auteurs anciens (voy. notre recueil, p. 142, note 3), était une affection de nature amaurotique ou amblyopique. (Sichel, *Nouveau rec.*, p. 10).

Le collyre *diacholes*, déjà mentionné par trois cachets (notre recueil, n°s 45, 52 et 142), était à base de fiel (διὰ χολῆς). MM. Héron de Villefosse et Thédenat l'ont fait connaître avec une précision qui exclut, de notre part, tout commentaire nouveau. (*Cachets d'ocul.*, I, pp 41 à 43).

Le mot *diathesis* signifie primitivement toute disposition morbide; chez les oculistes, il désigne plus spécialement les affections de l'œil. (Voy. Sichel, *Nouv. rec.*, pp. 57 et 58).

Nous ne savons comment interpréter la lettre S qui termine l'inscription de la quatrième tranche. D'après M. Mowat, il faudrait la rattacher au groupe *dia* et comprendre qu'il s'agit peut être de la *diastrophe*, « distorsion ou strabisme ». (*Bull. des Ant. de Fr.*, 1901, p. 299). Nous serions plutôt d'avis que ce que l'on a pris pour un S n'était qu'un ornement ou une *hedera*.

1468

Légende poinçonnée sur une bague

Renseignements de M. Bertrand, conservateur du musée départemental et membre de la Société d'émulation de l'Allier. Notre copie d'après l'original.

Néris. — Bague en cuivre doré, découverte il y a une dizaine d'années, à Néris (Allier), dans un puits antique, avec d'autres objets, parmi lesquels une fibule en or, un peigne en buis, des chaussures cloutées, et surtout un magnifique vase de bronze, à anse historiée, acquis par le musée de Saint-Germain-en-Laye. (S. Reinach, *Descr. rais.*, *Bronzes*, p. 320, n° 406).

Cette bague, dont il a déjà été question sommairement dans la *Revue* (tome 3, p. 134, n° 884), est d'un tiers plus petite que ne l'indique notre gravure ; elle appartient à M. Bertrand, de Moulins.

Dulcis. — « Douce ».

Pas plus que celle publiée naguère par M. l'abbé Thédenat (*Comptes-rendus de l'Acad. des I. et B.-L.*, 1901, p. 150; voy. ci-dessus, p. 208), la bague que nous décrivons n'occupe une place distinguée parmi les bijoux de l'art antique. Mais il n'est pas douteux qu'elle fournit une contribution de valeur à cette question, depuis fort longtemps controversée : « Les anciens se sont-ils servis de caractères mobiles ? » En examinant cette bague, en effet, on se rend compte que le mot *Dulcis*, expression de tendresse de quelque jeune gallo-romain à son amie ou à sa fiancée, n'a été ni coulé, ni gravé, mais poinçonné lettre par lettre. Notre opinion personnelle et celle précédemment émise par M. Bertrand, dans une lettre au regretté Allmer, sont corroborées, sur ce point, par tous les spécialistes que nous avons consultés ; il est, du reste, facile de voir sur notre dessin, d'abord que les lettres ne sont pas alignées, ensuite que l'L et peut-être l'S sont renversées, ce qui serait surprenant s'il ne fallait pas y trouver le résultat d'un poinçonnage défectueux. Ainsi que le disait M. l'abbé Thédenat, on s'est occupé à plusieurs reprises de rechercher si les anciens avaient fait usage de lettres poinçons pour leurs estampilles. Passeri l'a cru sans le prouver (*Lucerne*, I, XII ; III, CXXXVII), Marini s'est contenté de le supposer (*Iscriz. dol.*, p. 92), mais Albert Dumont s'est montré plus affirmatif. Après avoir passé en revue toutes les fautes comparables à celles de nos livres ; lettres renversées, lettres tombées au dessous de la ligne, lettres à rebours dont fourmillent les inscriptions céramiques de Grèce, il a écrit : Nous trouvons sur ces documents une preuve évidente de l'existence, dans l'antiquité, de caractères mobiles semblables à ceux dont on se sert aujourd'hui dans l'imprimerie. ...Les timbres que nous donnons à l'appui de cette opinion sont antérieurs à l'ère chrétienne ; le principe de l'imprimerie était connu dès cette époque ». (*Inscript. céram. de Grèce*, p. 47). Il rappelle ensuite que, non seulement les inscriptions céramiques de Grèce ne laissent pas de doute à cet égard, mais aussi que des briques romaines ont déjà permis de soupçonner le même fait.

L'opinion contraire a été soutenue par Descemet : « Une étude attentive (des inscriptions doliaires) m'a prouvé, dit-il, que ni les Grecs, ni les Romains leurs dignes élèves n'avaient employé pour leur épigraphie céramique d'autres instruments que des moules, ou formes, ou matrices gravées, soit en creux, soit plus rarement en relief ». (*Inscr. dol. lat.*, p. 139). Il explique la singularité des lettres déplacées, retournées ou renversées par des distractions, des erreurs, et même, ce qui est plus difficilement concevable, par des caprices ou des fantaisies de fabricants désireux de distinguer entre leurs divers ateliers. Plus récemment enfin, M. Dressel (*C. I. L.*, XV, p. 3) a étudié la question et conclu dans le même sens que Descemet ; de sorte que, pour ce qui regarde les marques céramiques, des savants d'une grande autorité ont émis des opinions diamétralement contraires. On voit par là toute l'importance de la découverte, qui n'est plus contestable, de l'emploi de lettres poinçons par les anciens. Si elle ne résout pas définitivement le problème, il faut bien reconnaître cependant qu'elle apporte un sérieux argument en faveur de la thèse d'Albert Dumont. Pas plus que Descemet nous n'admettons, pour notre compte, l'usage, par les anciens, de lettres mobiles juxtaposées pour estampiller leurs produits céramiques. Même de nos jours, avec tous les progrès de la typographie, l'emploi d'un composteur serait peu concevable pour des travaux de cette sorte. Mais nous croyons que les anciens, au moins dans certains cas, se sont servis de lettres mobiles, soit pour graver leurs estampilles dans la pâte des moules, soit pour préparer les matrices de leurs cachets. Au surplus, quand bien même ce côté de la question resterait encore douteux, la bague qui a déjà été décrite par M. l'abbé Thédenat, et celle dont il est parlé en ce moment, suffisent pour prouver que l'antiquité est arrivée, sans le franchir, jusqu'au seuil de l'imprimerie. Des causes ignorées qui l'ont arrêtée dans sa marche vers le progrès, quelques-unes se devinent. Ambroise Firmin-Didot a déjà donné les suivantes. Après avoir rappelé que le procédé par voie humide était pratiqué dès le temps d'Agésilas, après avoir cité les textes qui nous font connaître l'usage de patrons découpés pour apprendre à lire aux enfants, après avoir enfin invoqué le témoignage de Pline sur les portraits que Varron avait joints à ses histoires, il ajoute : « Il restait encore à trouver pour fondre les caractères un métal à la fois résistant et tendre ; pour les enduire d'encre, une substance graisseuse de nature spéciale ; pour appliquer les lettres, une autre matière que le papyrus ». (*Essai sur la typographie*, Paris, 1855, in-8). Mais à ces trois causes d'ordre technique, sur l'une desquelles tout au moins quelques réserves sont permises, puisque les premières impressions furent faites, à ce qu'il semble, sur de la toile (de Mély, *Bull.*

arch. du Com. des trav. hist., 1890, p. 383; P. Blanchet, *Notice sur quelques tissus antiques du haut moyen âge*, Paris, 1897, in-4), il faut joindre l'esclavage et, plus tard, la vie monastique. Dans l'un comme dans l'autre cas, la gratuité de main d'œuvre qui en découlait a dû rendre l'imprimerie, sinon sans objet, du moins sans nécessité immédiate.

1469

Fragment de nature indéterminée

Copie de M. Cagnat, membre de l'Institut. Renseignements de M. B. Farnier, des Baux.

Les Baux. — Fragment de provenance locale, conservé au petit musée des Baux (Bouches-du-Rhône). Hauteur 0m15 ; largeur 0m13 ; épaisseur 0m05. Hauteur des lettres 0m05.

. . . EX❦I . . .
. . . A❦MA . . .

La nature du monument dont ce fragment a fait partie ne semble pas déterminable.

1470

Epitaphe

Copie et renseignements de M. Seymour de Ricci.

Chelles. — « Bloc retaillé, découvert en 1863, à l'extrémité ouest du bourg de Chelles (Oise), dans un cimetière gallo-romain de basse époque, exploré par les soins de l'empereur Napoléon III. Au musée de St-Germain-en-Laye, au fond de la galerie du premier étage (n° 28,728 du Catalogue) ».

d M
m a R T *i* N A
. . . NDAE❦FILIA
*viv*A · PRO · ALBO
fil. ET · PRO///////
. . . A · N V R *u* E *t*
pro se fecit

[*D(iis)*] *M(anibus)*. [*Ma*]*rt*[*i*]*na* [*?Secu*]*ndae filia*, [*viv*]*a*, *pro Albo* [*fil(io)*], *et pro* [. . . .]*a*, *nur*[*u*], *e*[*t pro se, fecit*].

« Aux dieux Mânes. Martina, fille de Secunda, a, de son vivant, fait construire (ce tombeau) pour son fils Albus, pour sa belle-fille . . . . .a, et pour elle-même ».

1471 à 1474

Renseignements, extraits du *Catalogue du musée archéologique, fondé par M. Théophile Habert*, (Troyes, 1901, in-8), pp. 221 à 224. Copies communiquées par M. Seymour de Ricci.

1471

Epitaphe

Reims. — Stèle à sommet rectangulaire découverte en 1892 par M. Delangre, dans un cimetière de la route de Neufchâtel, « près de la caserne de cavalerie de la Porte de Mars ». Acquise par la ville.

CARADOVNA
SEROTINO

Le D de la première ligne est barré horizontalement.

Carathouna Serotino. — « Carassouna à Serotinus ».

Le D barré marquait, dans les noms celtiques, une prononciation douce, peut être comparable au *th* anglais. On l'employait, en tout cas, à la place de ce groupe, ainsi que le prouve précisément le nom celtique *Carathounus* déjà connu sous cette forme. (Robert et Cagnat, *Epigr. de la Moselle*, 2e partie, p. 16; 3e partie, p. 56; Thédenat, *Noms gaulois*, p. 28; cf. *C. I. L.*, VII, n° 191; d'Arbois de Jubainville, *Noms gaulois chez César et Hirtius*, pp. 190 et suiv.).

1472

Fragment d'épitaphe

Reims. — Fragment de stèle trouvé à Reims, au lieu dit le Chemin Vert. Déposé au cimetière de l'Est.

d m et m EMORIE

.......NDA*e*

D(iis) M(anibus) et m]emori(a)e [? Secu]nda[e].

« Aux dieux Mânes et à la mémoire de Secunda ».

1473

Epitaphe

Reims. — Stèle à sommet rectangulaire de même provenance que la précédente. Acquise par la ville.

CENS...

TETRICI

Au-dessous de l'inscription est, en demi-relief, le buste d'une femme.

Cens[a] (ou Cens[illa]), Tetrici (filia).

« Censa (ou Censilla), fille de Tetricus ».

Censa, Censilla sont des surnoms romains dont la forme est connue. Leur restitution n'est que probable.

1474

Fragment d'épitaphe

Reims. — Stèle à sommet cintré, de même provenance que les deux précédentes. Acquise par la ville.

D M

ERENIV////

D(iis) M(anibus). Ereniu[s]

« Aux dieux Mânes. (Sépulture de) Herennius ? ».

1475 à 1478

Renseignements extraits du *Catalogue du Musée archéologique fondé par M. Théophile Habert*, pp. 221 à 224. Nos copies dessinées.

1475

Epitaphe

Reims. — Stèle rectangulaire découverte à Reims, au lieu dit Chemin-Vert, en décembre 1894. Déposée au cimetière de l'Est. Hauteur, $0^{m}55$; largeur, $0^{m}58$; épaisseur, $0^{m}25$. Hauteur des lettres, $0^{m}04$.

D(iis) M(anibus). Longino.

« Aux dieux Mânes. A Longinus ».

Cette inscription et la suivante ont été publiées par M. Héron de Villefosse, dans le *Bulletin des Antiquaires de France*, 1895, p. 121.

1476

Epitaphe

Reims. — Fragment de stèle découvert à Reims, au lieu dit le Chemin-Vert en décembre 1894. Déposé au cimetière de l'Est. Hauteur, 0m45; largeur, 0m40 ; épaisseur, 0m17. Hauteur des lettres, 0m045.

D M
IVNIAN
VS PRIM
I FIL

D(iis) M(anibus). Junianus Primi fil(ius).
« Aux dieux Mânes. (Sépulture de) Junianus fils de Primus ».

1477

Fragment d'épitaphe

Reims. — Fragment de stèle découvert à Reims, au lieu dit le Chemin Vert. Déposé au cimetière de l'Est.

Dis Manibus.....
« Aux dieux Mânes... ».

La restitution des 2e, 3e et 4e lignes de cette épitaphe nous échappe complètement.

1478

Fragment d'épitaphe

Reims. — Stèle découverte à Reims, au lieu dit la Maladrerie, le 2 février 1897. Déposée à l'Hôtel-de-Ville (musée Habert). Dans une niche est sculptée en demi-relief une personne debout, vêtue d'une robe courte, ornée d'un dessin verdâtre, entouré de lignes brunes. Elle tient de la main droite sur sa poitrine une poupée au maillot, coloriée en rouge foncé et, de la main gauche, un objet de forme ronde, colorié en jaune, qui paraît être un fruit. Le fond de la niche est peint en rouge pâle. Les angles, tous les contours du sujet, ainsi que la forme des doigts, sont indiqués par des lignes brunes. Hauteur, 0m69 ; largeur, 0m26; épaisseur, 0m16. Hauteur des lettres, 0m035 à la première ligne, 0m015 aux lignes suivantes.

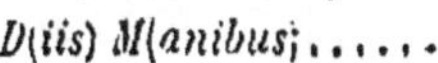

D(iis) M(anibus)......

« Aux dieux Mânes...... ».

Cette stèle n'est intéressante que par sa polychromie. Il s'agit apparemment de la tombe d'une petite fille.

1479

Marques d'amphores

Nos copies prises le 21 janvier 1902 avec l'assistance de M. Martin, imprimeur à Vienne. Renseignements de M. Grange, transmis par M. Cornillon, de Ste-Colombe.

Ste-Colombe-lès-Vienne. — M. Grange, propriétaire à Ste-Colombe-lès-Vienne (Rhône), a découvert au mois de décembre dernier, en recherchant des mosaïques sur un terrain lui appartenant, une quantité considérable d'amphores de 0 m. 70 de hauteur, à panse arrondie (type n° 20 de M. Dressel), d'une contenance moyenne d'environ 40 litres. Elles se trouvaient placées sur un ou plusieurs rangs de hauteur, le goulot tourné vers le bas, « dans des appartements sans issues formant une suite de carrés, de 3 à 4 mètres de côté,

Planche XV

L·A·RVS
ARVS
Q·C·R
MIM
BRO ODV
L·C·SOL
S·I·I·R
BELLIC
PSVSC
CSEMPO
C·STLA
VICANI M

séparés par des murs de 0 m. 40 à 0 m. 45 d'épaisseur. Quelques-uns de ces « appartements » étaient simplement remplis de gravier du Rhône. De ces amphores qui, d'après M. Grange, seraient au nombre de plusieurs centaines, la moitié, à ce qu'il semble porteraient des marques. Il nous a été donné d'en examiner quarante-et-une qui nous ont fourni les seize copies dont il va être question. On a découvert également au même lieu, quelques amphores de forme très allongée (type n° 1 de M. Dressel) dépourvues d'estampilles.

Le dépôt d'un grand nombre d'amphores sur un espace restreint n'est pas nouveau à Ste-Colombe et à Vienne. « On a découvert plusieurs fois (dans ces deux localités) dit Allmer, de considérables accumulations de vases qui ont permis de reconnaître qu'en dehors des usages domestiques, ils étaient employés dans les substructions des édifices comme matière à remblai et, en même temps, comme moyen préservatif contre l'humidité. A cet effet, l'on choisissait de préférence les amphores dont la forme est presque entièrement sphérique, et on les déposait l'ouverture en bas, par lits superposés alternant avec des couches de sable. Il est peu présumable que ces grosses et lourdes amphores, d'un transport incommode et d'une médiocre valeur, vinssent de très loin ». (*Inscript. de Vienne*, IV, p. 187).

Comme d'ordinaire, toutes les marques sont en relief sur une anse. (Voir la planche XV où ces marques sont reproduites en demi grandeur).

1 *a* L·AT·RVS

b ///ATRVS

L(ucii) At(...ii) Rus(tici). — « (Produit) de Lucius At...ius Rusticus ».

La gentilice de ce potier peut avoir été *Attius* ou *Atilius*.

2 BROODV

Cette marque, qui paraît se rapporter à quelque fabricant d'origine gauloise, est connue par d'autres exemples, mais elle est encore inexpliquée. (*C. I. L.*, XIII, 10.002, 12 ; XV, 2736 *a*).

3 Q·C·R

Q(uinti) C(...ii) R(...i). — « (Produit) de Quintus C...ius R...us ».

Marque connue, dont il existe notamment de nombreux exemplaires provenant de Ste-Colombe et de Vienne. (Allmer, *Inscript. de Vienne*, Atlas, n° 220-106 et 107, et t. IV, p. 208; *C. I. L.*, XII, 5683, 56 ; XV, 2763 *a*).

4 L·C·SOL

L(ucii) C(...ii) Sol(....). — « (Produit) de Lucius C...ius Sol... ».

Même marque en d'autres lieux, notamment à Lyon (fouilles de Trion) et à Autun (*C. I. L.*, XIII, 10.002, 155; VII, 1331, 27 ; cf XV, 2765).

5 MIM

M(arci) J(ulii?) M(...). — «(Produit) de Marcus Julius M.... ».

Estampille assez commune dont il existe au musée de Lyon deux exemplaires provenant de Ste-Colombe. Elle a été signalée, pour la Gaule, à Nimes, Orange, Vienne, Les Fins d'Annecy, Vichy, Lyon (fouilles de Trion), Autun, Nyons et Besançon (*C. I. L.*, XII, 5683, 136; XIII, 10.002, 263 ; XV, 2933).

6 S·I·I·R

Cette marque est peut-être nouvelle ; nous n'en connaissons, du moins, pour notre part, aucun autre exemple.

7 NICA
BELLICI

Nica, Bellici (servus). — « Nica, esclave de Bellicus ».

De même que la précédente, cette marque est peut-être nouvelle.

8 PONT/////

Pont[ici]. — « (Produit) de Ponticus ».

Marque connue par d'autres exemplaires provenant de Lezoux, Charbonnières (Puy-de-Dôme), Vichy, Lyon (fouilles de Trion) et Autun. (*C. I. L.*, XIII, 10.002, 401 ; voy. XV, 3093).

9 L.RE Deux exemplaires

L(ucii) R(..ii) E(utychi). — « (Produit) de Lucius R...ius Eutychus ».
Le cognomen de ce potier paraît connu par une marque plus complète provenant des fouilles de Trion. (*C. I. L.*, XIII, 10.002, 419 ; voy. XV, 3118).

10 RVFI ATITAe

Rufi(nii) Atita[e]. — « (Produit) de Rufinius Atita ».
Marque connue par des exemplaires trouvés à Lezoux, Vichy et Lyon (fouilles de Trion). (*C. I. L.*, XIII, 10.002, 432).

11 ATITA///

Atita[e]. — « (Produit) d'Atita ».
L'empreinte est mal venue, mais notre lecture nous paraît certaine. (Voy. *C. I. L.*, XIII, 10.002, 114). Nous ne saurions dire s'il s'agit du potier Rufinius Atita, dont il est question dans la marque précédente, ou d'un autre potier de même cognomen.

12 *a* C SEMPO

b C·SEM/////

C(aii) Sem(pronii) Po(lycliti). — « (Produit) de Caius Sempronius Polyclitus ».
Marque des plus connues. (*C. I. L.*, VII, 1331, 107 ; XII, 5683, 275 ; XIII, 10.002, 464 ; XV, 3176).

13 P· SVSC

P(ublii) Susc(ii). — « (Produit) de Publius Suscius ».
Un autre exemplaire de cette marque est au musée d'Autun. (*C. I. L.*, XIII, 10.002, 485).

14 L VRC/////M

L'empreinte est mal venue et notre lecture n'est pas certaine. L'interprétation qui nous paraît la plus vraisemblable est celle-ci :
L(...), V[i]b[i]o[ru]m (servus). — « L...., esclave des *Vibii* ».
(Voy. *C. I. L.*, XIII, 10.002, 486 et 530).

1480

Estampille sur poterie rouge

Communication de M. l'abbé CHAILLAN, curé de Beaurecueil, près d'Aix-en-Provence.

Trets. — Fragment de vase orné, en poterie dite samienne, découvert à Trets (Bouches-du-Rhône), par M. l'abbé Chaillan. La marque, en relief, est dans une couronne de palmes. Hauteur des lettres, 0m005. (V. planche XV).

GERMAN

German(i officina). — « Fabrique de Germanus ».
Cette marque, sur vases décorés ou non, est extrêmement commune. On en connaît, pour la Gaule seulement, plus de cent exemplaires. (*C. I. L.*, XII, n° 5686, 387 ; XIII, n° 10,010, 963 ; 10,011, 205).

1481

Marques d'amphores

Copies et renseignements de M. A. BERTRAND, membre de la Société d'émulation de l'Allier.

Saint-Bonnet-Iseure. — Anses d'amphores découvertes, en janvier 1902, à Saint-Bonnet-Iseure (Allier), par M. A. Bertrand, de Moulins, qui les possède dans sa collection. Lettres en relief de 0 m. 01 environ. (Voir la planche XV).

1 *a* MIAPOM
b MIA OIMA

M(arci) I(ulii) Apo.....ma(nu). — « De la main de Marcus Iulius Apo... ».

2 VICANI M

Vicani m(anu). — « De la main de Vicanus ».

3 C· STLA

C(aii) St(...ii) La(...i). — « (Produit de) Caius St..ius L...us ».

DIEUX DE LA GAULE

par Auguste ALLMER

I. — LES DIEUX DE LA GAULE CELTIQUE (suite).

1482

Les OLATONAE

1. — Prov. Narbonnaise (civitas des Arécomiques ; colonia Augusta Nemausus).

Fragment trouvé à Nimes, place Belle-Croix. — Au Musée.

...OLATONIS...

Hirschfeld, *C.* XII, 3110 : « *Descripsi, litteris bonis saeculi primi incipientis* ». — Friederichs, *Matron.*, 207.

« Aux *Olatonae* (?)... ».

Si *Olatonis* est un mot au datif, il serait peut être le nom de divinités à assimiler aux *Matrae*; mais c'est très incertain. Le mot pourrait être plutôt un nom d'homme au génitif : « A *tel*, fils d'Olato... ». La grandeur remarquable des lettres se prête mieux à la probabilité d'un monument funéraire qu'à celle d'un autel à des déesses.

1483

Mars OLLOUDIUS

1. — Prov. Narbonnaise (civitas Antipolis, Antibes, colonie marseillaise sur le territoire des Deciates, peuple ligure).

Lamelle de bronze trouvée à Antibes, dép. des Alpes-Maritimes ; portée à Aix. — Perdue.

Vigilia Metia Massae filia Marti Olloudio v. s. l. m.

Hirschfeld, *C.* XII, 166, d'après une copie de Sibon, d'Aix. — Lyon, *Miscell.*, p. 97. — Blanc, *Epigr. des Alpes Mar.*, I, p. 135 ; II, p. 295. — Ci-dessus, II, p. 318.

« Vigilia Metia (?), fille de Massa, à Mars Olloudius avec reconnaissance en accomplissement de son vœu ».

Il est douteux que les noms de la dévote et de son père aient été bien lus. Le père s'appelait peut-être Metiamassa et sa fille simplement *Vigilia*.

2. — Vallauris, canton d'Antibes.

Dans le jardin du Château, près de Vallauris, du côté de l'est.

///ILOVILO/////
SACRVm
VALERI//////////
VNE///V//////
/////VEN///////
//VRI//////////
////////T///////

Hirschfeld, *C.* XII, 167 : « *Fortasse Marti Ol]loudio* ».

3. — En Angleterre.

Autel avec bas-relief trouvé à Custom Scrubs, près de Painswick, environs de Cirencester, l'ancien Durocornovium, dans le Gloucestershire.

MARTI OLLVDIO

Hübner, *C.* VII, 73.

« A Mars Olludius ».

Le Commentaire du *Corpus* note à tort que « le nom du dieu paraît corrompu ».

1484

ONUAVA

1. — Province d'Aquitaine prolongée (civitas des Bituriges Vivisques).

Fragment vu dans les premières années du XVIe siècle à Bordeaux, dans les bâtiments de l'Archevêché, où il gisait comme pierre de rebut : probablement extrait du vieux rempart dont une partie était comprise dans ces bâtiments. — Perdu.

SVM VAGVS ASSIDVE TOTO CIRCV[*mferor orbe*]
[*cultor gentilis*]NVMINIS ONVAVAE
NEC ME DIVERSI COGIT DISTANCIA MVNDI
ALTERIVS TITVLO SVBDERE VOTA R[*e*]VM
VERI CE[*r*]TA FIDES TIBVRNI VEXIT IN ARCE[*m*]
[*spes*]ETIAM ONVAVAE NVMEN O[*pemque g*]ERIT
QVARE O DIVA PARENS [*meritae tibi cum procul absim*]
AVSONIA IN TERRA [*solvere vota decet*].

Jullian, *Inscript. de Bordeaux*, I, p. 53, d'après Apianus, p. 480 ; restitutions de M. E. Bourciez, professeur à la Faculté des lettres de Bordeaux. [Hirschfeld, *C.* XIII, 581 ; restitutions en partie différentes de M. Buecheler].

A la fin du quatrième vers, la copie donne RFVM. La division des lignes est différente, mais paraît inexacte.

« J'erre ; Je ne cesse de courir le monde entier, mais je suis toujours l'adorateur fidèle d'Onuava ; l'éloignement ne peut me décider à placer mes vœux sous l'invocation d'une autre déesse. La confiance en l'oracle m'a conduit sur le rocher escarpé de Tibur, mais Onuava m'a accompagné sans cesse de sa puissance favorable. Aussi, mère divine, sur cette terre lointaine d'Ausonie, je n'oublie ni la reconnaissance due à ta protection, ni l'accomplissement de mon vœu ».

2. — Bordeaux. Cippe « jeté sur le terrain du château Trompette » ; trouvé dans les fondements de la muraille romaine. — Perdu.

C. Julius Florus Onuava[e].

Jullian. *Inscript. de Bordeaux*, I, p. 50, d'après Jouannet, note manuscrite conservée à la Bibliothèque de la Ville [Hirschfeld, *C.* XIII, 580].

« Caius Julius Florus à Onuava..... ».

L'inscription n'est probablement pas entière. Au temps de Scaliger, la liste des dieux celtiques connus n'était pas longue ; il ne cite comme « adorés par les Gaulois », outre Hésus et Taranis mentionnés par Lucain, que Abellio et Onuava ; encore sa remarque est-elle inexacte en ce qu'elle étend à la Gaule entière deux cultes essentiellement locaux : celui d'Abellio, propre au district des Pyrénées, et celui d'Onuava qui paraît avoir été particulier à Bordeaux.

Qu'était cette déesse bordelaise Onuava ? Quelque fontaine rivale de Divona ? Son vagabond, mais fidèle adorateur ne nous le dit pas.

1485

Deus... OREVAIUS

Province des Alpes-Maritimes (civitas des Vediontii, peuple ligure ; Cemenelum-Cimiez).

Autel à Villavecchia, commune de Châteauneuf, dép. des Alpes-Maritimes, dans une chapelle rurale, à droite de la porte ; transporté en 1869 à Paris, en même temps qu'un autre autel auquel il faisait face, de l'autre côté de l'entrée de la même église. — Au musée de Saint-Germain.

P(ro) s(alute) d(omus) d(ivinae), Q. Eniboudius Montanus, leg(ionis) III Italicae, ordinatus ex eq(uite) Rom(ano) ab domino Imp. M. Aurel(io) Antonino Aug. [a]ra[m] posuit deo [...]orevaio l. m.

Mommsen, *C.* v. 7866, d'après un estampage de Waddington.— Henzen, 6772.

« Pour la conservation de la maison divine, Quintus Eniboudius Montanus, centurion dans la légion III° *Italica*, promu de cavalier romain au centurionat par notre maître l'empereur Marc Aurèle Antonin Auguste, a élevé avec reconnaissance cet autel au dieu ...orevaius ».

Rien à dire du dieu ...*orevaius*, dont le nom n'est même pas complet

Voir ci-dessus le dieu *Abinius* (t. III, p. 310).

1486

OSDIAVAE

Province Narbonnaise (civitas des Albiocci Reii Apollinares, Riez).

Trouvée à Saint-Saturnin, canton de Riez, dép. des Basses-Alpes.

Quartus [...]surami f., v. s. l. m. Osdiavis.

Ci-dessus, I, p. 97 ; II, p. 318 ; lettres de bonne forme ; la lacune au commencement de la deuxième ligne, peu certaine. — Hirschfeld, *C.* XII, 362. — Friederichs, *Matron.* n° 150.

« Aux Osdiavae, Quartus, fils de ...suramus, avec reconnaissance, en accomplissement de son vœu ».

Les divinités de cette inscription, dont le nom *Osdiavis* est au datif pluriel, plutôt des déesses que des dieux, ceux-ci étant aussi rarement groupés que le sont souvent les déesses.

Rien à dire du nom ...*suramus*, dont le commencement manque ; sa terminaison *amus* donne l'idée d'un nom plutôt ligure que celtique ou romain.

1487

...OTUTI (au datif)

Province Lyonnaise (civitas des Andicaves ; *Juliomagus*, Angers).

Trouvé à Jublains, dép. de Maine-et-Loire, au lieu dit le Pré des Curés.

[....]otuti [...]avorex [...]iani [...]d

Mowat, *Notice épigr.*, 1887 ; *Inscript. du Maine*, p. 70.

Le mot de la première ligne est incomplet ; rien n'établit clairement que ce soit le nom d'une divinité plutôt que d'une personne, et que l'inscription ne soit pas funéraire. M Mowat pense à la dédicace *Apollini Virotuti* d'une inscription d'Annecy ; mais c'est purement conjectural, et même peu vraisemblable. Par quelle circonstance tout à fait extraordinaire un petit dieu local de la haute Savoie serait-il allé se fourvoyer sur la basse Loire, à l'extrémité opposée de la Gaule ?

...avorix, l'auteur du monument, avait un nom celtique ; son père un nom probablement romain. (*A suivre*).

Bibliographie

— Recueil des Inscriptions latines, Rapport de MM. Th. Mommsen et O. Hirschfeld. (*Procès-verbaux des Séances de l'Académie de Prusse*, 30 janvier 1902, pp. 43 à 45) : « La mort de M. Emile Huebner, éditeur des inscriptions d'Espagne et d'Angleterre, a privé le *Corpus inscriptionum latinarum* de l'un de ses plus anciens collaborateurs. De nombreux estampages ou copies des inscriptions d'Espagne ou d'Angleterre, ainsi qu'un supplément, complètement imprimé, se rapportant aux premières, faisaient partie de sa succession et ont été données à nos collections par son fils. Malheureusement, l'exiguïté de nos locaux ne nous permet pas de les exposer. Ils sont provisoirement conservés, avec d'autres, dans nos Archives épigraphiques.

« Deux fascicules de l'œuvre ont paru dans le courant de l'année dernière : le premier (*vol. XI, t.* 2, *fasc.* 1), contient la continuation des inscriptions de l'Italie centrale et a pour auteur M. Bormann, en collaboration avec M. Ihm ; le deuxième (*vol. XIII, t.* 3, *fasc.* 1), rédigé par M. Bohn, renferme les inscriptions sur poteries de la Gaule et de la Germanie recueillies par MM. Hirschfeld et Zangemeister. La suite de ces deux volumes est à l'impression.

« M. Huelsen a terminé les suppléments aux inscriptions de Rome (*vol. VI*). Il espère que cette partie pourra paraître dans quelques mois. La préparation des *Indices* a été poussée activement.

« L'impression des inscriptions de la Germanie (*vol. XIII, t.* 2), a été conduite, par M. Zangemeister, jusqu'à la feuille 55. Son manuscrit pour le reste de la Haute Germanie est terminé. M. Hirschfeld a fait commencer, à la fin de l'année dernière, l'impression des inscriptions de la Belgique. M. de Domaszewski a terminé la partie bibliographique de la région non française de cette province.

« M. Dressel a fait commencer l'impression de la troisième partie du *volume XV* (Instrumentum de la ville de Rome) relative aux inscriptions des cachets et des gemmes.

« Le tome supplémentaire du *volume III*, que rédigent MM. Mommsen, Hirschfeld et de Domaszewski a fait l'objet de leurs constants travaux, mais à cause du surcroît de matériaux provenant entre autres des fouilles de Baalbek il n'a pas encore été possible d'en terminer l'impression. M. Dessau a prêté une aide efficace à la rédaction de ce supplément. Le raccolement des inscriptions est achevé. M. Richard Kiepert a entrepris et mené à bonne fin le travail des cartes commencé par son père défunt, et M Regling a poussé activement la rédaction des *Indices*; de sorte que la publication retardée pourra paraître presque certainement dans quelques mois.

« L'impression du tome supplémentaire du *volume IV* (Pompéi) est restée stationnaire. M. Mau espère, cependant, qu'il lui sera possible de mettre avant peu la dernière main à son manuscrit.

« MM. Dessau et Cagnat n'ont pas encore pu terminer, en raison de l'afflux incessant de matériaux nouveaux, la partie du tome supplémentaire du *volume VIII* relative à l'Instrumentum d'Afrique.

« Les archives épigraphiques de la Bibliothèque royale sont ouvertes tous les mardis de 11 heures à 1 heure ; on peut les consulter avec les précautions rendues nécessaires par la nature même de la collection ».

Reinach (Th.), *L'Hercule gaulois à Salins*. Paris, 1902, in-8, 7 pages. (Extrait de la *Revue celtique*, t. XXIII, janvier 1902). — M. Th. Reinach fait un examen critique, dans ces quelques pages, de trois inscriptions de Salins, près de Moutiers, insérées, sous les numéros 5708 à 5710, dans les *Additamenta* du tome XII du *Corpus*, d'après une copie unique faite, au XVIe siècle, par Aymar du Rivail, conseiller au Parlement de Grenoble. L'une de ces inscriptions est ainsi conçue :

EX ·VOTO HERCVLEIO GRAIO...

M. Th. Reinach rappelle que la forme *Herculeius* pour *Hercules* est sans exemple en épigraphie ou en littérature, même aux époques les plus barbares, et propose la correction : *Herculei Ogmio*. Nous serions ainsi en présence d'une dédicace au dieu celtique *Ogmius*, identifié à l'Hercule gréco romain, et seulement connu, jusqu'à présent, par la description célèbre de Lucien. (Voyez ci-dessus, p. 225).

Mowat (Robert), *Martelage et abrasion des monnaies sous l'Empire romain* ;

leurs contremarques. Paris, 1901, in-8, 31 p., une planche. (Extr. de la *Revue numismatique*, 1901, p. 443). M. le Commandant Mowat s'est proposé de rechercher dans quelle mesure les noms et les effigies des personnages, dont la mémoire fut l'objet d'une flétrissure sous l'Empire romain, ont été atteints sur les monnaies après l'avoir été sur les monuments lapidaires. La question, par elle-même, était des plus intéressantes ; elle a été traitée avec toutes les qualités de précision qui distinguent les travaux de notre savant confrère. Il semble en résulter, du moins pour le moment, que Séjan le fameux favori de Tibère, Néron, Domitien et surtout Géta, sont les seuls que cette vindicte spéciale ait frappés. Mais il faut observer que les effigies condamnées n'ont disparu que sur des monnaies *à deux têtes*. Quand l'effigie était unique, son abrasion aurait eu pour effet de démonétiser la pièce. Des motifs d'ordre économique ont alors tempéré la rigueur des mesures dictées par les passions politiques.

ZANGEMEISTER (Karl), *Neue Dolichenus-Inschriften*. — LOESCHCKE (G.), *Bemerkungen zu den Weihgeschenken an Juppiter Dolichenus*. Bonn, 1901, in-4, 10 p. trois planches. (Extr. des *Bonner-Jahrbuecher*, t. 107, p. 61). Ces deux études ont pour point de départ des plaques d'argent votives dédiées à Jupiter Dolichenus. Elles se complètent l'une par l'autre, et il est à peine besoin de dire qu'elles sont d'une importance capitale pour la connaissance plus approfondie du dieu qu'elles concernent.

ZANGEMEISTER (Karl), *Strassen-Saüle auf dem Donon*. Trèves, 1901, in-8, 5 p. (Extr. de la *Westd. Zeitschr. für Gesch. und Kunst*, XX, II, p. 115). Il s'agit, dans ce travail, de l'inscription célèbre du Donon. M. le professeur ZANGEMEISTER en propose la nouvelle lecture que voici: *D(eo) Mer(curio) L(ucius) Vatini(us) Fel(ix) miliaria a vico Saravo l(eugis) XII c(onstitui) i(ussit) v(otum) s(olvens) l(ibens) m(erito).*»

— DOMASZEWSKI (A. Von), *Der Truppensold der Kaiserzeit*. Heidelberg, 1901, in-8°, 22 p. (Extr. des *Neue Heidelberger Jahrb.*, X, p. 218). L'appui que les empereurs attendaient de leurs soldats, et le soin qu'ils prenaient de se les attacher par de continuelles faveurs ressort nettement de ce remarquable travail. On voit, par exemple, que la solde des prétoriens, qui n'était que de 125 deniers sous la République, fut doublée par César, doublée une première fois et ensuite fixée à 750 deniers par Auguste, puis portée à 1.000 deniers par Domitien, à 1,250 par Commode, à 1,700 par Septime-Sevère, à 2,500 par Caracalla. Pendant le même temps, celles des légionnaires était décuplée et passait de 75 à 750 deniers. C'est donc en grande partie sur la cupidité des soldats que reposait la stabilité du pouvoir. Ainsi l'Empire portait en lui une des causes de sa ruine.

— DESSAU (H.), *Sur un nouvel édit de l'empereur Julien*, Paris, 1901, in-8°, 4 p. (Extr. de la *Revue de Philologie*, t. XXXV, p. 285). — L'édit dont il s'agit est celui que MM. Grenfell, Hunt et Hogarth ont publié en 1900, en l'attribuant à Sévère-Alexandre, dans leur beau volume sur les papyrus du Fayoum. (*Egypt Exploration Fund*, Section gréco-romaine, p. 116).

M. Dessau démontre que cet édit, par lequel un empereur romain dont le nom a disparu, informe les communes de l'Empire qu'il leur fait grâce des sommes qu'elles viennent de voter pour fêter son arrivée au pouvoir, émane de Julien et doit être daté du 24 juin 362.

— J.-P. WALTZING, I. *Dédicace des Gésates à Volkanus*, II. *Les milices locales sous Tibère*. Louvain, 1902, in-8°, 6 p., une planche. (Extr. du *Musée Belge*, 6e année, n° 1). — M. Waltzing revient, dans ce travail, sur l'inscription de Tongres dont il a été question dans le n° 101 de la *Revue*. (Ci-dessus, p. 190). Il résulte d'une vérification très minutieuse faite sur la pierre, que la première ligne est à lire [*v*]OLKA[*no s(acrum)*]. Cette remarque fournit au savant professeur à l'Université de Liège l'occasion de rappeler que les Romains avaient l'habitude, après une victoire, de consacrer à Vulcain et de détruire par le feu, les armes dont ils s'emparaient sur leurs ennemis. Dans la seconde partie de son travail, M. Waltzing arrive à ces conclusions : « 1° que les pays soumis mais incomplètement organisés étaient gardés par leurs milices locales; 2° que ces pays dépendaient militairement de l'armée de la province voisine et que leurs milices servaient d'avant-postes à cette armée; 3° que ces pays étaient gouvernés par un préfet, que ce préfet était choisi parmi les centurions primipilaires d'une légion fixée dans la province voisine, et qu'il commandait aussi les milices locales ».

GSELL (Stéphane). *Les Monuments antiques de l'Algérie.* Paris, Fontemoing, 1901, 2 volumes grand in-8; 1ᵉʳ vol. VIII, 290 p., 72 pl. hors texte et 85 illustrations dans le texte; 2ᵉ vol., 447 p., 31 pl. hors texte, et 89 illustrations dans le texte; 40 fr. — Cet ouvrage de M. Gsell est publié sous les auspices du Gouvernement général de l'Algérie. Il constitue, ainsi que l'a dit son auteur, un manuel d'archéologie monumentale algérienne, et il sera vivement apprécié des savants et des touristes, chaque année de plus en plus nombreux, qui visitent notre belle colonie. M. Gsell étudie les monuments anciens, depuis l'époque la plus reculée, et les grossiers dessins rupestres qu'elle nous a légués, jusqu'à l'effondrement définitif de la puissance romaine sous les coups de l'invasion arabe. Les édifices de tout genre : arcs de triomphe, temples, thermes, théâtres et mausolées de l'antiquité païenne, remplissent le premier volume et commencent le second. Dans celui-ci sont décrits avec une profusion de détails et une sureté de méthode, dont il nous est impossible, en quelques lignes, de donner un aperçu, d'abord les restes des églises chrétiennes, ensuite ceux des forteresses hâtivement construites et des sépultures de la période byzantine. Les vues photographiques, d'une exécution irréprochable, et les plans qui accompagnent ce travail contribuent considérablement à la clarté des descriptions. Par eux, en effet, les deux volumes de M. Gsell forment un véritable album de tout ce que l'Algérie possède de ruines curieuses. L'œuvre elle-même est une des plus remarquables que l'archéologie ait produites depuis longtemps. L'éditeur qui a veillé à son exécution matérielle a droit à une bonne part des éloges qu'elle mérite.

ADDITIONS ET CORRECTIONS AU N° 103

P. 217, lignes 16 et 17, lire : *c(oronarum) XIIII*, « couronné quatorze fois ». — Ligne 35, lire : des épitaphes de gladiateurs. A la première ligne de l'inscription que cette rectification concerne, M. Maruéjol, nous propose la lecture : *m(urmillo) c(ontra) r(etiarius)* ou *c(ontra) r(ete)*, par analogie avec l'inscription de Rome *C.I.L.*, VI, n° 631.

P. 218, ligne 22, au lieu de : Nîmes, lire : Arles. L'erreur provient d'un classement de fiches.

P. 222, avant dernière ligne, mettre deux points après le mot œuf.

P. 227. L'inscription gravée sur la stèle qui porte le n° 161, dans le travail de M. D. Mater, contient, sans nul doute, au génitif, le nom gaulois *Demioncus*. M. le professeur Max Ihm, à qui nous sommes redevable de cette remarque, nous signale très obligeamment un autre texte où se retrouve ce même nom gaulois. (*Korrespondenzblatt der Westd. Zeitschrift*, X, 1891, p. 109 : *Demioncae coniugi eius*; cf. Holder, *Altcelt. Sprachschatz*, I, col. 1265).

P. 228. M. Clermont-Ganneau, membre de l'Institut, a bien voulu nous faire connaître qu'il venait de recevoir, du père Pargoire, la copie d'une inscription d'Eski Chehir se terminant de la sorte :

VALEVMΓORTVN

CLEGESETREPAVSAS

On doit lire, évidemment, en faisant une correction déjà reconnue par M. Clermont-Ganneau : *Vale, v[ia]tor, tunc leges et repausas*, et ce nouveau texte confirme l'interprétation que M. le professeur Buecheler nous a proposée pour le dernier mot de l'inscription de Monastir. Dans cette inscription, cependant, le mot *dunc* ne serait pas à changer.

ESPÉRANDIEU,

Correspondant de l'Institut.

Vienne, imp. Savigné — Ogeret et Martin, succʳˢ. — Le Gérant : J. OGERET.

REVUE

ÉPIGRAPHIQUE

Nº 105. — Avril, Mai, Juin 1902

Langres. — *Rome*. — *La Saalburg* (*Allemagne*).
ALLMER. — *Les dieux de la Gaule Celtique* (suite).
Chronique. — *Bibliographie*. — *Additions et Corrections*. — *Nécrologie*.

1489 à 1493

Estampages, copies et renseignements de M. Ch. Royer, directeur du musée de Langres, communiqués par M. Robert Mowat, membre de la Société nationale des Antiquaires de France.

1489

Epitaphe

Langres. — Stèle en calcaire grossier, découverte par M. Pincot, au mois d'avril dernier, « en faisant des travaux dans des pépinières situées au nord-ouest de Langres, à environ 300 mètres de la ville ». Donnée au musée de Langres. Haut. 0m. 48; larg. 0 m. 35; épais. 0 m. 08. Hauteur des lettres, de 0 m. 03 à 0 m. 04. Les deux dernières lettres ne sont que tracées.

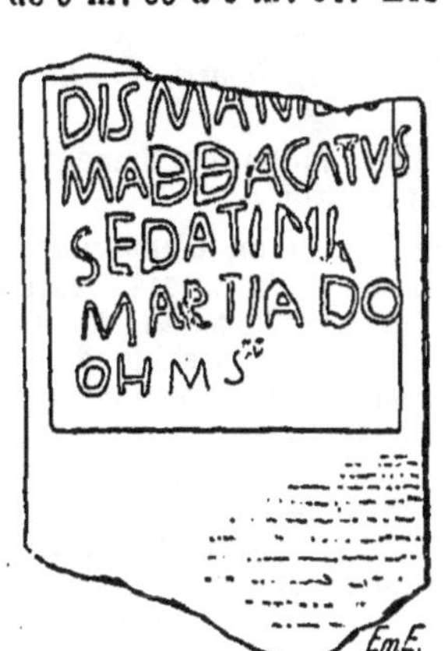

Dis Manibus. Maddacatus, Sedati fil(ius); *Martia do(navit?)*.....

« Aux dieux Mânes. Massacatus, fils de Sedatus; Martia a fait don (de cette sépulture)..... ».

La présence du double D barré dans le nom celtique *Massacatus*, dont la forme nous paraît nouvelle, est à noter. On en connaît d'autres exemples, notamment dans une inscription du musée d'Avignon (*C. I. L.*, XII, nº 2882; cf. XIII, 10010, 1323 à 1329). Au sujet de ce groupe, quelquefois remplacé par un ou deux 0, voy. ci-dessus, p. 324.

Sedatus, *Martia* sont des surnoms romains.

Les lettres, de lecture certaine, par lesquelles se termine cette inscription, sont peut-être les sigles d'une formule se rapportant à l'hérédité du tombeau.

1490

Epitaphe

Langres. — Stèle en calcaire grossier, de même provenance que la précédente. Donnée au musée de Langres. Haut. 0 m. 95; larg. 0 m. 66; épais. 0 m. 13. Hauteur des lettres, 0 m. 09 à la première ligne, environ 0 m. 06 aux lignes suivantes.

D(iis) M(anibus). Satta, Genti(i filia). Maior uxori.

« Aux dieux Mânes. (Sépulture de) Satta, fille de Gentius ; Maior à son épouse »

Deux inscriptions, l'une de Reims (ci-dessus, p. 203), l'autre d'Aumale, l'ancienne *Auzia* (*C. I. L.*, VIII, 9097), ont déjà fait connaître l'appellation *Satta*, que nous avons eu peut-être le tort de croire celtique. Le nom du père de la défunte était probablement *Gentius* (cf. *C. I. L.*, VIII, 10,907, etc.). A la vérité, il existe bien une mutilation de la pierre avant la première lettre de ce mot, mais il ne semble pas, d'après l'estampage, qu'elle ait eu pour effet de le rendre incomplet. S'il l'était cependant, nous proposerions de lire *[A]genti(i)*, en n'admettant que la lacune d'une lettre. Le cognomen *Agentius* est connu par un certain nombre d'exemples (*C. I. L.*, VIII, 858, 863; etc.).

1491

Epitaphe

Langres. — Stèle en calcaire grossier de même provenance que les précédendes. Donnée au musée de Langres. Haut. 0 m. 85 ; larg. 0 m. 65 ; épais. 0 m. 14. Haut. des lettres 0 m. 06 à 0 m. 075.

D(iis) M(anibus) Cameii, Anextlomari fil(ii).

« Aux dieux Mânes de Cameius, fils d'Anextlomarus ».

La forme de nom, d'apparence celtique, *Cameius*, n'avait pas encore été signalée. *Anextlomarus*, dérivé d'*Anextlus*, dont on possède deux exemples fournis par une inscription découverte près de Poitiers (*C. I. L.*, XIII, 1165) était, sans doute aussi, un nom celtique des plus rares. On l'a cependant relevé, sous la forme *Anextiomarus*, comme surnom d'Apollon dans une dédicace trouvée en Angleterre. (*Ephem. epigr.* VII, p. 349, n° 1162. = Cagnat, *Année épigr.*, 1890, n° 78 ; cf. *C. I. L.*, XIII, n° 3190). Une autre forme dérivée, *Anextlatus*, est connue par des poteries (*C. I. L.*, XIII, 10010, 124).

(Sur l'adjectif *marus*, « grand », par lequel sont terminés de très nombreux noms gaulois, voy. Holder, *Altcelt. Sprachsch.*, II, col. 432).

1492

Epitaphe

Langres. — Stèle en calcaire grossier, de même provenance que les précédentes. Donnée au musée de Langres. Haut. 1 m. 15; larg. 0 m. 55; épais. 0 m. 14. Hauteur des lettres, de 0 m. 05 à 0 m. 075.

D(iis) M(anibus). Gippa, Cintusmi (filia).
« Aux dieux Mânes.(Sépulture de) Gippa, fille de Cintusmus ».

Gippa, Cintusmus, sont des noms celtiques. Le premier est connu sous sa forme masculine, mais seulement par des estampilles sur des poteries, qui paraissent provenir d'un même fabricant. (*C. I. L.*, III, 6010, 98; XIII, 10010, 969). Le second est des plus communs. (Voy. Holder, *Altcelt. Sprachsch.*, I, col. 1024).

A la fin de la seconde ligne, le graveur semble avoir, par inadvertance, figuré un M, dont il a ensuite effacé les deux derniers jambages. Peut-être cependant faut-il lire *Gippae*.

A la première ligne de cette inscription, la forme spéciale de l'S est à retenir. On la retrouve, mais à une époque de beaucoup postérieure, dans une épitaphe chrétienne de l'année 405. (Edm. Le Blant, *Nouv. recueil*, n° 277). Les I ressemblant à des L sont, de même, à signaler.

1493

Epitaphe

Langres. — Stèle en calcaire grossier, de même provenance que les précédentes. Donnée au musée de Langres. Haut. 0 m. 20; largeur 0 m. 28; épais. 0 m. 09. Hauteur des lettres, de 0 m. 025 à 0 m. 05.

Dis Ma(ni)b(us). Vitalis, Licini(i) serv[u]s.

« Aux dieux Mânes. (Sépulture de) Vitalis, esclave de Licinius ».

En Gaule, presque chaque cité avait, pour l'embellissement de ses tombeaux, des motifs préférés d'ornementation. A Langres, les stèles, de forme rectangulaire, sont décorées, en général, à leur partie supérieure, d'un triangle, sorte de fronton, que des acrotères de faible relief accompagnent fréquemment. Dans un assez grand nombre de cas, l'intérieur évidé de ce triangle est occupé par une rosace ou par un croissant. Quelquefois surtout, quand les acrotères font défaut, chaque angle supérieur de la stèle contient une rosace, remplacée, sur une tombe, par un dauphin; sur une autre, par un miroir. L'inscription est presque toujours dans un encadrement, qui affecte parfois la forme d'un cartouche, et repose alors sur deux colonnettes plates, entre lesquelles est sculpté un autel allongé supportant une pomme de pin. Sur un certain nombre de stèles, le défunt est représenté debout, tenant à la main les instruments de sa profession, s'il s'agit d'un homme ; une corbeille de fruits ou un coffret quand l'image est celle d'une femme. Il existe aussi quelques pierres tombales, sur lesquelles le défunt est figuré, en demi relief dans une niche, soit seul, soit avec d'autres personnes. Une mère est représentée avec ses deux filles ; un mari est entouré de sa femme et de son enfant. A titre de curiosité, on peut d'abord citer deux stèles, où l'on voit un homme debout accompagné d'un chien tenu en laisse, ensuite la partie supérieure d'un cippe, dont les acrotères contiennent les bustes de face d'Apollon radié et de Diane au croissant.

1494

Cachet d'oculiste

Cachet et renseignements communiqués par M. Frœhner. Notre copie.

Rome. — Fragment de réglette en stéatite verte découvert « dans la campagne romaine » et acquis, en 1884, par M. Frœhner. Des trois inscriptions gravées sur ses tranches, l'une est en sens contraire des deux autres, ce qui nous vaut de pouvoir restituer les noms de l'oculiste et nous permet de juger approximativement de l'étendue des lacunes.

1. — [*C(aii) Juli(i) Bil*]*lici col(lyrium)* [.....] *Panth(eum)*.

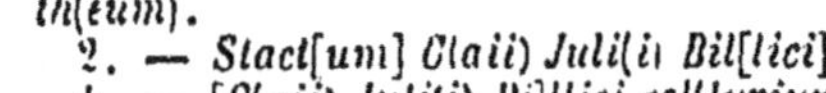

2. — *Stact*[*um*] *C(aii) Juli(i Bil*[*lici*].

4. — [*C(aii) Juli(i) Bi*]*llici col(lyrium)* [...*a*]*d gen(as) r(etortas?)*.

1. — « Collyre..... extra-divin de Caius Julius Billicus ».

2. — « Collyre *stactum* de Caius Julius Billicus ».

4. — « Collyre... de Caius Julius Billicus contre l'ectropion ».

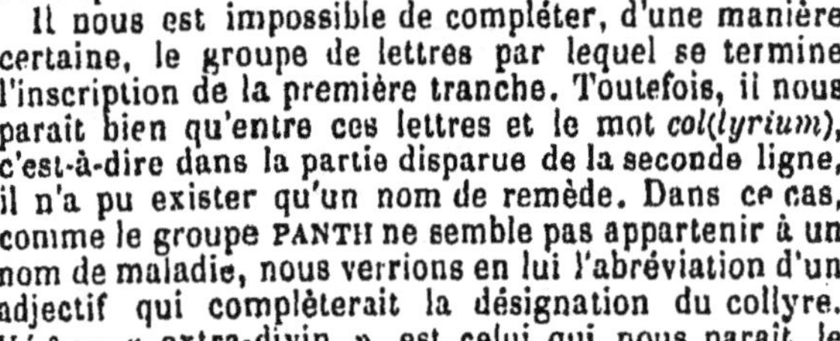

Il nous est impossible de compléter, d'une manière certaine, le groupe de lettres par lequel se termine l'inscription de la première tranche. Toutefois, il nous paraît bien qu'entre ces lettres et le mot *col(lyrium)*, c'est-à-dire dans la partie disparue de la seconde ligne, il n'a pu exister qu'un nom de remède. Dans ce cas, comme le groupe PANTH ne semble pas appartenir à un nom de maladie, nous verrions en lui l'abréviation d'un adjectif qui compléterait la désignation du collyre. Πάνθειον « extra-divin », est celui qui nous paraît le plus probable ; cependant, nous devons faire observer que les *cognomina Pantheus, Panthius, Panthus, Panthera*, sont connus et qu'il existe, d'autre part, des médicaments dans la dénomination desquels on a fait entrer le nom du médecin réputé qui, le premier, en donna sans doute la formule. Il nous suffit de citer, parmi les collyres, le *thalasserum Hermophili* (Galien, Περὶ συνθέσεως φαρμάκων..., l. IV, c. 8, p. 781, du t. XII, de l'édit. Kühn ; Aetius, *Tetrab.*, sermo IV, c. 110, col. 358 H), le *theodotion Dionysianum* (Marcel l'Emp., c. 8, p. 79 de l'édit. Helmreich), le *crocodes Paccianum* (notre recueil, n° 110), le *crocodes Terentianum*, (*Id.*, n° 45), etc. Il se pourrait donc qu'on doive lire *Panth(eanum)*, ou quelque forme approchante ; mais cette hypothèse nous semble moins fondée que la précédente, en raison de la préférence des pharmacopoles anciens pour les noms emphatiques de remèdes.

La lecture *ad gen(as) r(etortas)* est hypothétique ; Desjardins l'a déjà proposée pour une inscription de cachet conçue de la sorte :

S PIENTISVPERS
EVVODADGENRE

(*Mon. épigr. de Bavai*, p. 92, = notre recueil, n° 23). Il s'agirait, si elle était admise, d'une rétorsion des paupières (*genae*), c'est-à-dire de la maladie que les oculistes modernes désignent, comme les Grecs, par le mot ectropion.

(Sur le collyre *stactum*, voy. ci-dessus, p. 184).

1495

Cachet d'oculiste

Cachet et renseignements communiqués par M. FROEHNER. Notre copie.

Rome. — Tablette rectangulaire, de couleur noire, découverte « dans la campagne romaine », et acquise, en 1884, par M. Frœhner. On remarque, sur un des plats deux sillons assez profonds produits, semble-t-il, par l'aiguisage d'instruments pointus ou à lame étroite.

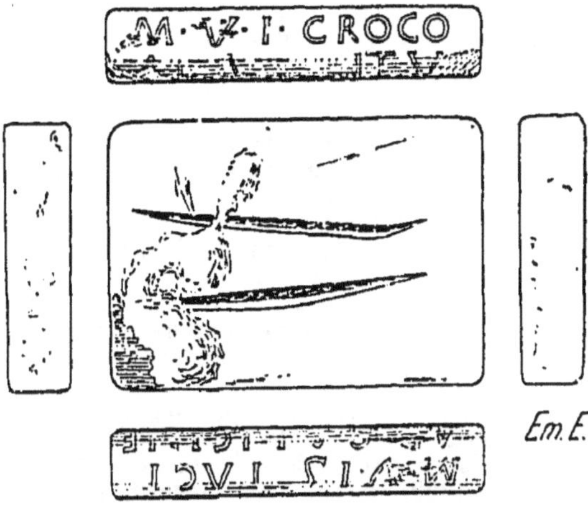

M·V·I·CROCO

1. — *M(arci) V(....ii) I(....) croco(des) ad a[spr]itu[d(ines)].*

2. — *M(arci) V(.....ii) I(...) stact(um) ad caligine(m).*

1. — « Collyre au safran de Marcus V... I... contre les granulations palpébrales ».

Em.E. 2. — « Collyre *stactum* de Marcus V... I... contre l'obscurcissement de la vue ».

Les cachets n'ont fourni, jusqu'à ce jour, qu'un autre exemple de l'abréviation par leurs lettres initiales des *tria nomina* d'un oculiste. (Notre *Recueil*, n° 26). En dehors de cette particularité, la pierre que nous décrivons est encore remarquable par les sillons creusés sur un de ses plats. On savait déjà que les oculistes se servaient quelquefois de leurs cachets comme d'un godet pour la préparation de leurs collyres (Héron de Villefosse et Thédenat, *Bull. mon.*, 1883, p. 351); on voit, par le cachet que possède M. Frœhner, qu'ils les employaient aussi pour l'aiguisage de leurs outils, à moins qu'il ne s'agisse de la représentation voulue de deux érignes. De toute manière, on a par là une preuve de plus, que les oculistes n'étaient pas toujours des charlatans nomades. Beaucoup, sans doute, avaient une certaine expérience de la chirurgie et y recouraient concurremment avec l'application de leurs remèdes. (Voy. Deneffe, *Chirurgie antique; les oculistes gallo-romains au IIIe siècle*, Anvers, 1896, in-8).

La maladie appelée *aspritudo, aspritudines*, a été identifiée, par le docteur Sichel, avec les granulations palpébrales « bourgeons charnus des plaies », que les ophthalmologistes allemands désignent sous le nom de trachômes. « Un microbe ou quelque protozoaire mal défini encore, en est, dit le docteur Deneffe, le principe actif et propagateur ». (*Loc. cit.*, p. 152). Les auteurs anciens l'ont décrite sous les noms de τραχώματα et de τραχύτητες et aussi, à ce qu'il semble, sous ceux de *scabrities* et de *scabritiae*. (Voy. Sichel, *Nouv. rec.*, p. 13 et pour les références seulement aux auteurs anciens, notre recueil, p. 147, note 2). La *caligo*, faiblesse générale ou obscurcissement de la vue, dont le nom revient très fréquemment dans les écrits des médecins anciens, (voy. notre recueil, p. 142, note 2), a fait l'objet d'une savante note de MM. Héron de Villefosse et Thédenat (*Bull. mon.*, 1882, pp. 695 à 701). Nos lecteurs y trouveront tous les renseignements qui peuvent les intéresser.

(Sur les collyres *crocodes* et *stactum*, voy. ci-dessus, p. 184).

Nous exprimons à M. Frœhner notre respectueuse gratitude pour le témoignage de sympathie qu'il a bien voulu nous donner, en nous mettant en mesure de faire connaître les deux cachets qui précèdent, de sa collection, comme on le sait, aussi importante par le nombre, que précieuse par les pièces toutes de choix, dont elle est formée.

1496

Cachet d'oculiste

Empreintes et renseignements communiqués par M. H. Jacobi, architecte du Gouvernement à Homburg vor der Hœhe (Allemagne).

La Saalburg. — Cachet en forme de réglette, « en porphyre du Donnersberg », découvert, le 16 juin 1902, « dans une des *canabae* de la Saalburg », près de Homburg vor der Hœhe (Allemagne). Conservé au musée de la Saalburg. Long. 0 m. 041 ; larg. 0 m. 009 ; épais., 0 m. 008.

1. — *C(aii) Xanthi penicille at imp(etum).*
2. — *C(aii) Xanthi diamisus ad asp(ritudines).*

1. — « Collyre à la cendre d'éponges de Caius Xanthus contre les premières atteintes de l'ophthalmie ».
2. — « Collyre au misy de Caius Xanthus contre les granulations palpébrales ».

L'oculiste Caius Xanthus est désigné d'une manière anormale par son prénom et son surnom. En général, dans les appellations, quand le gentilice manque, le prénom fait aussi défaut. Sur les 223 cachets dont on connait les inscriptions, on ne relève que cinq fois la particularité que présente le cachet trouvé à la Saalburg. (Héron de Villefosse, *Bull. des Ant. de F.*, 1897, p. 351 ; notre recueil, n°s 16, 35, 36 et 132).

Une autre remarque, beaucoup plus importante, est relative au groupe de lettres PENICILLE et à l'interprétation qu'il convient de lui attribuer. D'après les docteurs Sichel (*Nouv. rec.*, pp. 16, 25 et 50), et Camuset (*Gazette des hôpitaux*, 15 déc. 1879), il s'agirait d'un pinceau de charpie et aussi, dans certain cas, d'un pinceau ou plumasseau préparé avec un collyre. Sichel cite à l'appui de son opinion, différents textes de Celse, (VI, 6, 2 et 8), recommandant l'emploi d'un plumasseau pour l'application des remèdes dans le traitement des ophthalmies. Grotefend (*Die Stempel der rœmisch. Augenærzte*, p. 32), Huebner (*C. I. L.*, VII, n° 1309), Klein (*Stempel*, n° 113) et Desjardins (*Rev. arch*, 1873, p. 256) ont pensé à un pinceau d'éponge ou à une éponge et leur opinion a été partagée, pendant quelques temps, par MM. Héron de Villefosse et Thédenat (*Cach. d'ocul.*, p. 47). Pline dit effectivement : « *Mollissimum genus earum (spongiarum) penicelli oculorum tumores levant ex mulso impositi* », (*Hist. nat.*, XXXI, 57, 2) ; et ailleurs : « *Trogus auctor est circa Lyciam penicillos mollissimos nasci in alto unde ablatae sunt spongiae* » (*Ibid.*, 6). MM. Héron de Villefosse et Thédenat observent, en outre, que le mot *penicillus* n'est pas particulier au célèbre naturaliste. Columelle l'emploi dans cette phrase où il parle vraisemblablement d'une éponge : « *Rutabulo ligneo et ferrea curvata radula ducitur quod destillavit aut quod in lateribus haesit ; deinde penicillo detergitur* » (*De re rust.*, XII, 18). Enfin, le grammairien Festus nous donne la raison du diminutif *peniculus*, dont Térence s'est servi dans le sens d'éponge (*Eunuchus*, IV, 7, 7, p. 105 de l'édit. Fleckeisen, 1858). « *Peniculi*, dit-il, *spongiae longae, propter similitudinem caudarum, appellatae* » (*De signif. verb.*, l. XVI, p. 208, édit. Müller).

On le voit, les preuves abondent, et le sens du mot *penicillus* ne saurait être doûteux. Mais en résulte-t-il nécessairement que, sur les cachets d'oculistes, le groupe de lettres PENICILLE doit se traduire par les mots *penicil(lum) le(ne)*, que l'on emploie d'habitude, et surtout qu'il s'agit d'un petit pinceau d'éponge douce ? La question devient plus discutable. On a rapproché de l'expression *penicillum lene* cette inscription d'un cachet d'oculiste :

C·CINTVS·BLAN
DI· SPONG·LENI

que l'on a transcrite : *G(aii) Cintus(mii) Blandi spong(ia) leni(s)*, « éponge douce de C. Cintusmius Blandus ». Huebner et Klein ont lu, sur un autre cachet : *Jul(ii) Jucundi collyr(ium) pen[i]c(illo)*, « collyre de Julius Jucundus à appliquer avec une éponge ». Mais ces hypothèses, ainsi que l'ont reconnu par la suite MM. Héron de Villefosse et Thédenat, ne semblent pas justifiées. Pour ce qui regarde le cachet de C. Cintusmius Blandus, nous adopterions de préférence la lecture *spong(arium) lene*. De toute manière, il s'agit, croyons-nous, non pas d'une éponge, mais d'un collyre fabriqué à l'origine avec de la cendre d'éponges, dont le souvenir s'est conservé par cette formule d'Alexandre de Tralles, et qui a fini, comme tant d'autres, par ne plus contenir aucune trace du produit auquel il devait son nom. « *Aliud collyrium quod spongarium* (σπογγάριον dans le texte grec) *dicitur, ad maximos oculorum cruciatus, (celeriter enim mitigat) in hunc modum habet : Amyli, cerusae, singulorum drachmae quatuor, opii obolus, gummi drachmae duae; aqua pluvialis adiicitur ; usus ex lacte est* ». (*De arte medica*, l. II, ch. 4).

Les propriétés curatives des éponges calcinées sont d'ailleurs attestées, comme l'ont fait observer MM. Héron de Villefosse et Thédenat, par les écrits de Pline, de Dioscorides et d'Oribase. Le premier, dans le chapitre qu'il a consacré aux éponges, a écrit ce qui suit : « *Et oculorum causa comburuntur in cruda olla figulini operis, plurimum proficiente eo cinere contra scabritias genarum, excrescentesque carnes, et quidquid opus sit ibi destringere, spissare, explere ; utilius in eo usu lavare cinerem* ». (*Hist. nat.* XXXI, 57, 6). Le second dit de son côté : *Crematae (spongiae) oculorum inflammationi aridae auxiliantur, et ubi aliquid abstergendum est aut astringendum ; satius vero est ad ocularia medicamenta prius lavare cineres* ». (Περὶ ὕλης ἰατρικῆς, l. V, ch. 137, p. 805 du t. I, édit. Kühn). Oribase, enfin, s'exprime de la sorte : « *Spongia usta acris et digerentis facultatis est ; haec bitumine imbuta, et adhuc ardens, ut sicca reddatur, facit ad sanguinis eruptiones ex vulnere* ». (*De facult. simplic. medicam.*, spongia, *M. A. P.*, col. 609, D-E).

De toutes ces citations, il parait donc bien résulter jusqu'à l'évidence que le groupe PENICILLE ne peut que désigner, lui aussi, un collyre pâteux, ayant pour base de la cendre d'éponges. Au surplus, on n'aperçoit pas, ainsi que l'a dit excellemment M. le docteur Deneffe (*Les ocul. gallo-rom. au IIIe siècle*, p. 58), de quelle manière un pinceau d'éponge aurait pu recevoir l'empreinte d'un cachet. Il faudrait admettre que les pierres d'oculistes pouvaient servir à étiqueter des récipients contenant des objets en rapport avec le traitement des maladies d'yeux, et cette opinion, sans être rigoureusement impossible, irait à l'encontre des renseignements que les découvertes de collyres ont fournis. (Voy. notre recueil, n°s 149 et 149 *a*). MM. Héron de Villefosse et Thédenat sont revenus sur leur première interprétation et pensent de même : « Nous sommes convaincus, disent-ils, que les cendres d'éponges, soit seules, soit mélangées à d'autres substances, étaient formées en collyres, qu'on estampillait en y imprimant le mot *penicillum* ». (*Cachets d'ocul.*, p. 132). Notre manière de voir ne diffère de la leur que sur un seul point : nous ne croyons pas qu'il soit nécessaire, pour lui trouver un sens, de scinder en deux mots le groupe de lettres PENICILLE. Cette opinion, depuis longtemps déjà exprimée par M. Frœhner (*Kritische Analekten*, p. 89), est corroborée, ainsi qu'il l'indique, par une particularité d'un cachet trouvé à Trèves. (Notre recueil, n° 179). Sur ce cachet, les inscriptions des tranches sont relatives aux collyres *diarhodon, diamisus, chloron* et PENICILLE. Pour sa commodité personnelle, le possesseur de la pierre a reproduit sur un des plats, parallèlement aux bords, les noms de remèdes qui figurent sur les tranches correspondantes, et il a écrit encore PENICILLE.

Sur 21 exemples de cachets se rapportant à la question, on trouve : quatre fois *penicillum* (notre recueil, n°s 25, 30, 53 et 62); trois fois *penicillem* (*Id.* n°s 13, 23 et 111); huit fois *penicille* (*Id.*, n°s 11, 49, 95, 100, 104 *bis*, 142, 145 et 179); trois désignations impossibles à compléter d'une manière sûre

(*Id.* n°s 73, 87 et 104); deux fois *lene penicillum* (*Id.* n°s 42 et 129), et seulement une fois *penicil*(...) *lene* (*Id.* n° 8). On connait, d'autre part, les formes orthographiques : *diaglaucium* et *diaglaucen* (*Id.* n°s 13 et 64), *crocodes* et *crocodem* (*Id.* passim et n° 120), *diasmyrnes*, *diasmyrnum* et *diasmyrnem* (*Id.* passim et n° 60), etc.; elles nous conduisent, tout naturellement, à présumer celles analogues : *penicillum*, *penicillem* et *penicille*. D'ailleurs, si la lecture *penicil(lum) le(ne)* était admise, il semble bien qu'on devrait trouver, au moins dans quelques cas, un point séparatif entre les 7e et 8e lettres du groupe PENICILLE ; or, il n'en est rien, même sur les cachets gravés avec soin, où tous les mots, abrégés ou non, sont séparés. Enfin, il n'est peut-être pas inutile de faire remarquer, à l'appui de la lecture *penicille*, que l'adjectif *lene* précède, plus souvent qu'il ne suit, les noms de collyre auxquels il se rapporte. On écrivait préférablement, semble-t-il, *lene euvodes* (*Id.* n° 39), *lene herbidum* (*Id.* n° 55), *lene Hygia* (*Id.* n° 162), *lene rapidum* (*Id.* n° 55), *lene sommus* (*Ibid.*). Avec celui de la nomenclature qui précède, les seuls exemples du contraire sont fournis par le cachet de C. Cintusmius Blandus, dont il a déjà été question, et par trois autres cachets, sur lesquels sont mentionnés les collyres *cycnium lene*, *solonos lene* et *dielaeum lene*. (Ci-dessus, pp. 150, 184 et 219).

L'orthographe *at* pour *ad* est le résultat d'une permutation assez fréquente, provenant, selon toute probabilité, de la consonnance peu différente des deux lettres *d* et *t*. Elle a déjà été signalée sur un autre cachet d'oculiste. (Notre recueil, n° 186).

Les expressions *ad impetum*, *ad impetum lippitudinis*, *ad impetum oculorum*, cette dernière seulement connue par un cachet (notre recueil, n° 141), signifient que le collyre avait un caractère abortif et s'employait dès le début de l'ophthalmie, « avant, dit le docteur Sichel, qu'il ne soit survenu de sécrétion muqueuse ». (*Nouv. rec.*, p. 29). Celles *post impetum*, *post impetum lippitudinis*, *post lippitudinem*, *post impetum pituitae lippitudinis*, dont on a de nombreux exemples, au moins pour les premières, indiquent par suite, que le collyre était utile quand la maladie, parvenue à son déclin, commençait à devenir chronique.

Ainsi que l'ont fait observer MM. Héron de Villefosse et Thédenat, le mot *impetus* est un de ceux qui se rencontrent le plus fréquemment sur les cachets. (*Cachets d'ocul.*, p. 17). Le collyre *penicille* était employé, non seulement *ad impetum*, mais aussi *post impetum* (notre recueil n° 179) et *ad omnem lippitudinem* (*Id.* n°s 73, 100, 101 bis et 111), c'est-à-dire contre les ophthalmies de tout genre. (Sur le sens du mot *lippitudo*, voy. Galien, Εἰσαγωγὴ ἢ ἰατρός, XV, p. 765 du t. XIV, édit. Kühn; Actuarius, V, 11, col. 282-C ; cf. Desjardins, *Mon. épigr. de Bavai*, p. 95, Héron de Villefosse et Thédenat, *Cachets d'ocul.*, p. 51 ; Deneffe, *loc. cit.*, pp. 137 et 145).

Le collyre *diamisus* a été longuement étudié, dans sa composition et dans ses propriétés, par Sichel (*Nouv. rec.*, p. 25), Grotefend (p. 17), Klein (*Stempel rœmisch. Augenærzte*, n° 116), Ernest Desjardins (*Mon. épigr. de Bavai*, p. 80) et, en dernier lieu, par MM. Héron de Villefosse et Thédenat (*Cachets d'ocul.*, p. 159), qui ont rapporté les textes de Pline (*Hist. nat.* XXXIV, 31), de Dioscorides (Περὶ ὕλης ἰατρικῆς, l. V, ch 116, p. 782 du t. I, édit Kühn) et de Galien (Περὶ τῆς τῶν ἁπλῶν φαρμάκων κράσεως καὶ δυνάμεως, l. IX, ch. III, 21 et 34, pp. 226 et 221 du t. XII, édit. Kühn), où il est question de la substance appelée *misy*. Il nous suffira de rappeler, d'après ces auteurs, qu'il existe une formule, donnée par Marcellus, d'un collyre *diamisyos, quod facit ad aspritudines oculorum tollendas et ad lacrimas substringendas*. (*De medic.* VIII, p. 90 de l'édit. Helmreich).

Nous avons déjà parlé (ci-dessus p. 249), de la maladie appelée *aspritudines*, contre laquelle on se servait du collyre *diamisus*, ainsi qu'il résulte du texte de Marcel l'Empirique, et des indications fournies par les cachets. (Voy. notre recueil, n°s 79, 130, 153, 154, 171, etc.).

Les lettres gravées sur les tranches 3 et 4 ne proviennent pas d'inscriptions plus complètes qui seraient presques complètement effacées. Il ne faut y voir, pensons-nous, que des graffites sans intérêt, dus au désœuvrement de l'oculiste.

Le cachet que M. Jacobi a bien voulu nous faire connaître, en nous autorisant à le publier avec une gracieuseté que nous ne saurions oublier, est le second que l'on ait trouvé dans les ruines de la Saalburg. Le premier, dont la découverte remonte au milieu de l'année 1887, a été donné en fac-similé et commenté, par M. Jacobi lui-même, dans son bel ouvrage : *Das Rœmerkastell Saalburg bei Homburg vor der Hœhe*, p. 349, (= notre recueil nº 158).

DIEUX DE LA GAULE

par Auguste ALLMER

I. — LES DIEUX DE LA GAULE CELTIQUE (suite).

1497
PATER

Voir *Dis Pater* (t. III, p. 480).

1498
PERTA

Prov. Narbonnaise (civitas des Arécomiques ; colonia Augusta Nemausus, Nîmes).

Trouvée à Uchaud, canton de Vauvert, dép. du Gard, dans le Vistre, où la pierre servait de « passe », presque à la limite de la commune et de celle de Vestric. L'inscription forme un tableau encadré vers le haut de la face antérieure. — Nîmes, au musée.

PERTAE
EX VOTO

Ci-dessus, III, p. 181, d'après un estampage d'Estève : « lettres du deuxième siècle ».

« A Perta, en accomplissement d'un vœu ».

A l'endroit du Vistre où était la pierre, et dans le lit même du ruisseau, explique Estève, se trouve une source ; c'est un trou que, en patois, on appelle *lou Peiroou*, c'est-à-dire « le Chaudron ».

Perta, nom plutôt romain que celtique et de même racine latine que notre mot français « pertuis », un trou.

1499
PIPIUS

Prov. Narbonnaise (civitas d'Antipolis, colonie grecque marseillaise, sur le territoire des Déciates, peuple ligure).

Trouvée à Vallauris, canton d'Antibes, dép. des Alpes-Maritimes, sur la colline appelée le « Pioulet », au quartier des Pertuades.

Pipio v. s. l. m. Nasidia Epictesis.

Estampage de Mougins de Roquefort. — Abbé Thédenat, *Bull. des Ant. de Fr.*, 1885, p. 168. — Mowat, *Bull. épigr.*, p. 142. — Hirschfeld, *C.* XII, 5722.

« A Pipius, Nasidia Epictesis, avec reconnaissance en accomplissement de son vœu ».

Pipius, suivant M. Mowat, serait le dieu qui présidait au vagissement des nouveaux-nés. Pourquoi pas préférablement, et en plus étroite attache avec la signification précise du mot, le dieu protecteur de l'élevage des poussins ? On sait qu'ils sont sujets à des mortalités contre lesquelles les gens de la campagne emploient divers moyens. Dans tous les cas, Pipius n'est pas un dieu celtique ; son nom dérive du grec et lui-même est grec, comme le lieu où a été trouvé son autel.

1500

POENINUS, Jupiter POENINUS

1. — En Italie. Alpe Pennine, à la limite de la Gaule, de l'Italie et de la Rétie.

Lamelle de bronze trouvée au sommet du Grand Saint-Bernard, dans le haut Valais (Suisse). — Au musée de l'hospice du Saint-Bernard.

I(ovi) ❦ o(ptimo) ❦ m(aximo) ❦ Poenino ❦ pro salute Heli(i) et suorum, Apriclus ❦ eius dedit donum voto s(olutus) l(ibens) m(erito).

C. V., 6865: « Contuli et edidi *Inscr. Helv.*, n° 45 ».

« A Jupiter très bon très grand Poeninus, pour la conservation d'Hélius et des siens, Apriclus, son esclave (?) a fait don (de cet objet) avec reconnaissance en accomplissement de son vœu ».

2. — Lamelle de bronze trouvée au sommet du Grand Saint-Bernard. — Au musée de l'hospice.

T. Annius Cissus.

C. V., 6863: « Contuli et edidi *Inscr. Helv.*, n° 44 ». Lettres au pointillé.

« Titus Annius Cissus ».

Cissus, nom grec.

3. — Lamelle de bronze trouvée au sommet du Grand Saint-Bernard. — Au musée de l'hospice.

M. Apisius A[.....] praef. c[oh....] v. s. l. [m.].

C. V., 6864 : « Contuli et edidi *Inscr. Helv.*, n° 38 ».

« Marcus Apisius A...., préfet de la cohorte...., avec reconnaissance en accomplissement de son vœu ».

Le dévôt ne s'appelait peut-être pas *Apisius*, mais *Apigius*, avec un G fait comme un S, et alors le même nom que *Apicius*.

4. — Lamelle de bronze trouvée au sommet du Grand Saint-Bernard. — Londres, au Musée Britannique.

Poenino sacrum P. Blattius Creticus.

Copie de M. Mowat : « lettres au pointillé », *Bull. épigr.*, 1882, p. 314 ; *Notice épigr.*, 1887, p. 129 ; — *Inscript. Helvet.*, n° 47.

« A Poeninus, Publius Blattius Creticus ».

5. — Lamelle de bronze trouvée au sommet du Grand Saint-Bernard. — Au musée de l'hospice.

Iovi Poenino Q. Cassius Facundus a com(mentariis) cos(ularis) v. s. l. l. m.

C. V., 6867 : « Contuli et edidi *Inscr. Helv*, n° 40 ».

« A Jupiter Poeninus Quintus Cassius Facundus, employé aux écritures du consulaire, avec reconnaissance et contentement en accomplissement de son vœu ».

Le consulaire, le gouverneur d'une province de ce côté-ci des Alpes, l'une des deux Germanies ou la Bretagne.

6. — Lamelle de bronze trouvée au sommet du Grand Saint-Bernard. — Au musée de l'hospice.

I(ovi) o(ptimo) m(aximo) Poenino, C. Catullin(i)us Carinus vet(eranus) Aug(usti) n(ostri) v. s. l. m.

C. V, 6868 : « Contuli et edidi *Inscr. Helv.*, n° 41 ».

« A Jupiter très bon très grand Poeninus, Caius Catullinius Carinus, vétéran de notre empereur, avec reconnaissance en accomplissement de son vœu ».

Vet. Aug. n., peut être une faute de gravure à corriger en *(leg.) Aug. II*, c'est-à-dire *leg(ionis) Aug(ustae) II*. S'il n'y avait pas de correction à faire, il s'agirait vraisemblablement d'une des milices qui gardaient la personne de l'empereur : les *frumentarii* ou les *equites singulares*.

7. — Lamelle de bronze trouvée au sommet du Grand Saint-Bernard. — Au musée de l'hospice.

Sex. Eb[....] mil(es) le[g.....] Geminae [....] v. s. l. l. m.

C. V, 6870 : « Contuli et edidi *Inscr. Helv.*, n° 34 ».

« Sextus Eb...., soldat de la légion .... Gemina, avec reconnaissance et contentement en accomplissement de son vœu ».

8. — Lamelle de bronze trouvée au sommet du Grand Saint-Bernard. — Au musée de l'hospice.

Iovi op(timo) m(aximo) Poenino T. Cl(audius) Severus fr(umentarius) leg(ionis) III Italic(ae) v. s. l. m.

C. V., 6869 : « Contuli et edidi *Inscr. Helv.*, n° 30 ».

« A Jupiter très bon très grand Poeninus, Titus Claudius Severus, frumentaire de la légion III° *Italica*, avec reconnaissance en accomplissement de son vœu ».

9. — Lamelle de bronze trouvée au sommet du Grand Saint-Bernard. — Au musée de l'hospice.

Felicio et Crispinus fratres Poenino votum solverunt l(ibentes) m(erito).

C. V, 6871 : « Contuli et edidi *Inscr. Helv.*, n° 48 ».

« A Poeninus, les frères Felicio et Crispinus, avec reconnaissance en accomplissement de leur vœu ».

10. — Lamelle de bronze trouvée au sommet du Grand Saint-Bernard. — Portée à Brunswick, au musée ducal. L'inscription gravée au pointillé.

Felicio et Terentia Prisca m(issus) h(onesta) m(issione) ex leg(ione) XIIII Gem(ina) Poenino v. s. l. m.

C. V, 6872 ; *Inscr. Helv.*, n° 33. Ligne 3, MICM à corriger en MHM, c'est-à-dire *missus honesta missone.*

« A Poeninus, Felicio, libéré avec le congé honorable de la légion XIIII° *Gemina*, et Terentia Prisca, avec reconnaissance en accomplissement de leur vœu ».

11. — Lamelle de bronze trouvée au sommet du Grand Saint-Bernard. — Au musée de l'hospice.

Iovi P[oenino] Q. Ju[lius?] Alp[inus?] pro [itu et] re[ditu] v. s. l. m.

C. V, 6873 : « Contuli et edidi *Inscr. Helv.*, n° 49 ». Ligne 3, ALP ou ALT.

« A Jupiter Poeninus, Quintus Julius Alpinus, pour son heureux aller et retour, avec reconnaissance en accomplissement de son vœu ».

12. — Lamelle de bronze trouvée au sommet du Grand Saint-Bernard. — Au musée de l'hospice.

C. Julius Antullus, praefectus cohor(t)is V Asturum Poenino v(otum) sol(vit)

C. V., 6874 : « Contuli et edidi *Inscr. Helv.*, n° 35 ».

« A Poeninus, Caius Julius Antullus, préfet de la cohorte V° des Astures, en accomplissement de son vœu ».

13. — Lamelle de bronze trouvée au sommet du Grand Saint-Bernard. — Au musée de l'hospice

Poenino pro itu et reditu C. Julius Primus v. s. l. m.

C. V. 6875 : « Contuli et édidi *Inscr. Helv.*, n° 50 ».

« A Poeninus, Caius Julius Primus pour son heureux aller et retour, avec reconnaissance en accomplissement de son vœu ».

14. — Tablette de bronze trouvée au sommet du Grand Saint-Bernard. — Au musée de l'hospice

C. Julius Rufus Pœnino votum solvit libens merito.

At tua templa lubens vota suscepta peregi
Accepta ut tibi sint numen adoro tuum,
Impensis non magna quidem. Te, sancte, precamur
Majorem saculo nostrum animum accipias.

C. V, 6876 : « Contuli » ; *Inscr. Helv.*, 51. En lettres pointillées.

« A Poeninus, Caius Julius Rufus, avec reconnaissance en accomplissement de son vœu. — Je viens avec contentement accomplir à ton temple le vœu que j'ai contracté, et, afin que ma reconnaissance te soit agréable, j'adore ta divinité. Notre offrande n'est pas riche ; nous te prions, dieu saint, d'agréer notre intention plus grande que notre bourse ».

15. — Lamelle de bronze trouvée au sommet du Grand Saint-Bernard. — Au musée de l'hospice.

Poenino votum Latinius S(e)que(ns ?) d(at).

C. V, 6877 : « Contuli quod superest et edidi *Inscr. Helv.*, n° 46 : ...NO'VOTVM| ...SOVE'I...

« A Poeninus, Latinius Sequens donne (cet objet) ».

16. — Lamelle de bronze trouvée au sommet du Grand Saint-Bernard. — Au musée de l'hospice.

L. Licinius S[eve ?]rus eques le[gionis] IIII Mac(edonicae) Poen[ino] v. s. l. m.

C. V, 6879 : « Contuli et edidi *Inscr. Helv.*, n° 31 ».

« A Poeninus, Lucius Licinius Severus, cavalier dans la légion IIII° *Macedonica*, avec reconnaissance en accomplissement de son vœu ».

La légion IIII° *Macedonica*, dans la Germanie supérieure depuis Claude ; licenciée par Vespasien. L'inscription, contemporaine du séjour de la légion en Germanie.

17. — Lamelle de bronze trouvée au sommet du Grand Saint-Bernard. — Au musée de l'hospice.

I. o. m. Poenino T. Macrinius Demostratus v. s. l. m.

C. V., 6880 : « Contuli et edidi *Inscr. Helv.*, n° 52 ».

« A Jupiter très bon très grand Poeninus, Titus Macrinius Demostratus, avec reconnaissance en accomplissement de son vœu ».

18. — Lamelle de bronze trouvée au sommet du Grand Saint-Bernard. — Au musée de l'hospice.

Iovi Poenino L. Paccius, L. f., Pal(atina), Nonianus, Fundis, 7 le(gionis) VI Victricis p(iae) f(idelis) ex voto.

C. V., 6881 : « Contuli et edidi *Inscr. Helv*, n° 32. Omnium quae ibi repertae sunt et maxima et optime scripta ».

« A Jupiter Poeninus, Lucius Paccius Nonianus, fils de Lucius, de la tribu Palatina, de Fundi, centurion de la légion VI° *Victrix Pia Fidelis*, en accomplissement de son vœu ».

Fundi, ville du Latium, maintenant Fondi, dans la Terre de Labour.

19. — Lamelle de bronze trouvée au sommet du Grand Saint-Bernard. — Au musée de l'hospice.

M. Papirius Eunus ex voto.

C. V., 6882 : « Contuli et edidi *Inscr. Helv.*, n° 53 ».

« Marcus Papirius Eunus, en accomplissement de son vœu ».

20. — Lamelle de bronze trouvée au sommet du Grand Saint-Bernard, « dans les ruines du temple de Jupiter ». — Au musée de l'hospice.

Phoebus, Fusci Ti. Caesaris, Poenino v. s. l. m.

C. V., 6884 : « Contuli et edidi *Inscr. Helv.*, n° 51 ».

« A Poeninus, Phoebus, vicaire de Fuscus esclave de Tibère César, avec reconnaissance en accomplissement de son vœu ».

Phœbus et Fuscus étaient, l'un et l'autre, esclaves de Tibère ; mais Phoebus était sous les ordres de Fuscus sans être, pour cela, son esclave. *Vicarius* était le terme propre pour désigner un esclave subordonné à un autre esclave.

21. — Lamelle de bronze trouvée au sommet du Grand Saint-Bernard. — Musée de l'hospice.

Numinib(us) Augg. Iovi Poenino Sabinius Censor Ambianus v. s. l. m.

C. V., 6885 : « Contuli et edidi *Inscr. Helv.*, n° 43 ». — Desjardins, *Table de Peutinger*, p. 14.

« Aux divinités des Augustes, à Jupiter Poeninus, Sabinius Censor, de la cité des *Ambiani*, avec reconnaissance en accomplissement de son vœu ».

L'inscription, contemporaine de deux empereurs régnant ensemble. La cité des *Ambiani* avait pour ville principale *Samarobriva*, dont le nom signifie « Pont sur la Somme » ; c'est aujourd'hui Amiens.

22. — Lamelle de bronze trouvée au sommet du Grand Saint-Bernard. — Au musée de l'hospice.

C. Se[....] Cad[....] mil(es) n[....] doctor [.......] coh(ortis) VIII pr(aetoriae) v. s. l. m.

C. V., 6888.

« C. S.... Cad.... soldat, ...instructeur.... de la cohorte VIII° prétorienne, avec reconnaissance en accomplissement de son vœu ».

23. — Lamelle de bronze trouvée au sommet du Grand Saint-Bernard. — Autrefois au musée de l'hospice. Perdue.

I. o m. Poenino M. Sulpicius Marcellus AGNIP *v. s. l. m.*

C. V., 6888 : « ego *Inscr. Helv.*, n° 55 : AGrIPpinensis? ».

« A Jupiter très bon très grand Poeninus, Marcus Sulpicius Marcellus, de Cologne, avec reconnaissance en accomplissement de son vœu ».

24. — Lamelle de bronze trouvée au sommet du Grand Saint-Bernard. Au musée de l'hospice.

Iovi Poenino Q Silvius Perennis tabellarius colon(iae) Sequanor(um) v. s. l. m.

C. V.; 6887: Contuli et edidi *Inscr. Helv.*, n° 42. Litteris bonis ».

« A Jupiter Pœninus, Quintus Silvius Perennis, courrier de la colonie des Séquanes, avec reconnaissance en accomplissement de son vœu ».

Les Séquanes, probablement la ville de Besançon, appelée abusivement « colonie »; on ne lui connait pas d'autre exemple de cette qualification.

25. — Lamelle de bronze trouvée au sommet du Grand Saint-Bernard, « dans les ruines d'un temple de Jupiter ». L'inscription, gravée au pointillé. — Berne, au musée.

Paulus Ve[.....] Restitu[tus] trib(unus) mi[litum] Poen[ino] v. [s.].

C. V, 6883: « ego *Inscr. Helv.*, n° 39 ».

« A Pœninus, Paulus Ve...ius Restitutus, tribun de la légion..., en accomplissement de son vœu ».

Paulus, employé, à ce qu'il semble, comme prénom.

26. — Lamelle de bronze trouvée au sommet du Grand Saint-Bernard. — Autrefois au musée de l'hospice. Perdue.

.....], cent[urio] legionis XXII Primigeniae.

C. V, 6889, et *Inscr. Helv.*, n° 36

« ....., centurion de la légion XII° *Primigenia* ».

La légion XXII° *Primigenia*, dans la Germanie supérieure, à Mayence.

27. — Tablette en argent trouvée au sommet du Grand Saint-Bernard. — Au musée de l'hospice.

....le]g(ionis) XXXV. [v. v. s.] l. m.

C. V, 6890.

« ..... de la légion XXX° *Ulpia Victrix*, avec reconnaissance en accomplissement de son vœu »,

La légion XXX° *Ulpia Victrix*, dans la Germanie inférieure à Vetera, aujourd'hui Birten, près de Clèves.

28. — Lamelle de bronze trouvée au sommet du Grand Saint-Bernard. — Au musée de l'hospice.

.....coh.] tricentisimae [Vo]luntariorum [p]osuit ex voto.

C., V, 6891 et *Inscr. Helv.*, n° 37.

« .....de la cohorte trentième des Volontaires, en accomplissement de son vœu »,

29. — Lamelle de bronze trouvée au sommet du Grand Saint-Bernard. — Autrefois au musée de l'hospice. Perdue.

[Iovi Poen]ino [....]us [.....ped]isseq(uus) [.....]Libonis [.....]im ser(vus).

C. V, 6878 : « A prioribus ego *Inscr. Helv.* n° 56 ».

« A Jupiter Poeninus, ...us, ...valet de pied de .... Libo, et son esclave ».

Le dieu *Poeninus*, dont le nom devrait, d'après l'étymologie, s'écrire *Penninus*, était la montagne du Grand Saint-Bernard. Il s'appelait aussi Jupiter Poeninus, c'est-à-dire Poeninus identifié avec Jupiter, à cause des tempêtes de neige et des brumes qui règnent à cette haute altitude et font du col, qui servait de passage entre l'Italie et la Gaule, un des endroits les plus dangereux à traverser. Au sommet, qui s'appelle encore le mont Joux, existait un temple expressément attesté par l'inscription de Julius Rufus, par d'autres retrouvées sur place et par des vestiges de constructions encore subsistants sous le sol. De nombreux voyageurs, parmi lesquels il y a à citer un séquane, un originaire de la cité d'Amiens, un originaire de Cologne, un originaire de Fundi, en Italie, des soldats des légions du Rhin et de la Bretagne : la IIIIe *Macedonica*, la VIe *Victrix*, la XIIIIe *Gemina*, la XXIIe *Primigenia*, la XXXe *Ulpia*, et de la légion de la Rétie : la IIIe *Italica* ; des soldats de cohortes : la VIIIe *Praetoria*, la Ve *Asturum*, la XXXe *Voluntariorum*, ont laissé, dans ce temple, des témoignages de leur dévotion reconnaissante, inscrits sur des lamelles de bronze, sans doute fournies et gravées par les prêtres gardiens du sanctuaire, précurseurs des moines et de l'hospice de notre temps.

Les opinions accréditées dans l'antiquité que, par là, seraient descendus en Italie les Boiens et les Lingons (Tite-Live, V, 35) et plus tard Hannibal (XXI, 38 ; Pline III, 17 ; Ammien, XV, 10), sont à mettre au rang des fables. La plus ancienne mention d'un projet de route par le mont Poeninus ne remonte qu'à Jules César (*B. G.*, III, 1); il envoie, au début de la troisième campagne de sa guerre des Gaules, Servius Galba, avec une partie de l'armée, dans la vallée du haut Rhône, avec mission de rendre praticable le chemin par lequel les marchands traversaient les Alpes, mais non sans courir de grands dangers et être soumis à des péages vexatoires. Du temps de Strabon (p. 208), ce n'était encore qu'un chemin étroit et difficile. Ensuite, il fut amélioré de manière à pouvoir servir au passage des troupes, et cela dût se faire à la suite de l'organisation militaire des provinces de Germanie et de l'installation des camps du Rhin. (Voir Mommsen, p. 761).

Une inscription trouvée dans la Mésie inférieure (*C.* III, 6143, p. 995) est dédiée *Silvano Poinino*, c'est-à-dire à un Silvain personnifiant le sommet boisé de quelque haute montagne de la Mésie. Silvain *Poininus* n'est pas le même dieu que Jupiter *Poeninus* des Alpes.

(*A suivre*).

CHRONIQUE

Au mois de juillet 1901, on a retrouvé à Limoges, boulevard Saint-Maurice, près d'un mur du couvent des Carmélites, et transporté au musée Dubouché, l'inscription suivante dont on avait depuis longtemps perdu la trace :

D M
IVSTINI
SIBI ET SVIS
VIVI POSVE
RVNT

La pierre, en forme de tronc de pyramide, d'environ 0 m. 50 de haut, a servi de soubassement à une croix de pierre dont on a également retrouvé les débris. De l'inscription gravée pour rappeler l'érection de cette croix en 1701 (voy. *C. I. L.* XIII, n° 1406), il ne reste plus que la partie supérieure des lettres de la première ligne. (Renseignements de M. Paul Ducourtieux ; cf. *Bull. de la soc. hist. et archéol. du Limousin*, tome LI, 1902, p. 413).

BIBLIOGRAPHIE

INSCRIPTIONES TRIUM GALLIARUM ET GERMANIARUM LATINAE, ediderunt Otto Hirschfeld et Carolus Zangemeister. Pars tertia, fasciculus primus [Instrumentum] edidit Oscar Bohn. Berolini apud Georgium Reimerum, MCMI. — Ce premier fascicule de la troisième partie du volume XIII, consacré aux inscriptions des trois Gaules et des deux Germanies, est dû à M. Bohn, qui a mis en œuvre, indépendamment des résultats de ses propres recherches, la masse de documents recueillis, depuis des années, par M. Hirschfeld et le regretté Zangemeister Il n'est peut-être pas de besogne littéraire plus ingrate que celle qui a présidé à la rédaction de ce travail. Les marques de tout genre qu'il contient sont en nombre prodigieux, et leur classement méthodique nous apparaît comme un véritable tour de force. Que M. Bohn soit, du moins, récompensé de ses peines, par la certitude des incommensurables services qu'il a rendus à la science.

Inscriptionum Orientis et Illyrici latinarum supplementum ediderunt Theodorus Mommsen, Otto Hirschfeld, Alfredus Domaszewski. Pars posterior. Adjectae sunt tabulae geographicae decem. Berolini apud Georgium Reimerum, MCMII. — En réalité, cette seconde partie supplémentaire a bien près de 1000 pages. Par elle, le volume d'Orient du *Corpus* des Inscriptions latines devient le plus important, après celui de Rome et peut-être celui d'Afrique, l'un et l'autre encore inachevés, de l'œuvre colossale entreprise sous les auspices de la royale Académie des Lettres de Prusse. L'esprit reste véritablement confondu devant l'immense labeur qu'il représente, et nous ne trouvons, pour en faire l'éloge, aucune expression qui traduise notre pensée. A elles seules, les tables de ce volume, que l'on a refaites, ont nécessité 394 pages. On peut juger, par ce détail, de la prodigieuse quantité de matériaux dont il a fallu s'occuper et se pénétrer, par suite, de la reconnaissance que les épigraphistes ne peuvent manquer d'avoir pour les savants illustres qui se sont consacrés à un tel travail et l'ont mené à bonne fin.

Mowat (Robert), *Le monnayage de Clodius Macer et les deniers de Galba marqués des lettres S. C.* Milan, L. F. Cogliati, 1902, in-8, 39 p., une planche. (Extrait de la *Rivista italiana di Numismatica*, 15e année). — M. le commandant Mowat a réuni, dans cette étude, tous les types (une trentaine) des pièces à l'effigie de Macer qu'il est parvenu à rassembler, et démontré, en isolant chaque variété pour la décrire minutieusement, que la suspicion, dont les premières pièces connues de ce personnage furent l'objet, ne se justifie pas. Une importante série de deniers légionnaires se classent sous le chef de quatre types: la Liberté, l'Afrique, le Lion et la Victoire. M. Mowat observe que leur impression est celle d'une frappante analogie avec les deniers de Marc-Antoine ; il en conclut que Macer « professait une prédilection personnelle pour la grande figure historique du triumvir, et qu'il a pris le rival d'Octavien César pour modèle, en politique aussi bien qu'en fabrication monétaire ». Ce travail, très intéressant, fournit une contribution de grande valeur à l'histoire du rival malheureux de Galba.

Blanchet (Adrien). *Une émission de monnaies en Gaule sous Gallien, en 262.* Bruxelles, 1902, in-8, 16 p. une planche. (Extrait de la *Revue belge de numismatique*, année 1902). — M. Blanchet arrive à cette conclusion « que les pièces portant des invocations à Mars, à Vulcain et à *Segetia* ont été émises, en 262, à l'occasion des fléaux qui ravageaient l'Empire, et que cette fabrication a eu lieu à Lyon, alors placée sous l'autorité de Gallien ».

Additions et Corrections au N° 104

En parcourant le dernier numéro de la *Revue*, notre ami M. Camille Jullian, correspondant de l'Institut, s'est posé à lui-même, la plume à la main, certaines questions qu'il nous a transmises. Nous les avons accueillies avec reconnaissance, et nous sommes heureux d'en faire profiter nos lecteurs.

« N° 1464. Cette inscription est-elle bien de Narbonne? Je le souhaite, parce qu'elle confirme ce que nous savons par ailleurs du degré de culture de Narbonne au temps de César et des seconds triumvirs. Ne pourrait-on savoir si le marbre dont est faite la table sépulcrale est, ou n'est pas, des carrières de l'Ariège ? » — [M. Thiers nous confirme que l'inscription a été découverte à Narbonne, dans les conditions que nous avons indiquées. Le fragment de table qui la contient n'est pas en marbre, mais seulement en calcaire du pays].

« N° 1468. J'ai remarqué sur les poteries bordelaises de FELICIO des traces d'interversion ou d'inversion qui dénotent, peut-être, l'emploi de caractères mobiles. Or, ces poteries sont parmi les plus anciennes. Je me demande si cet usage, connu dans les premiers temps de l'Empire, ne s'est pas ensuite perdu ? C'est une enquête à faire.

« N° 1478. Y a-t-il bien deux têtes formant acrotères ? A-t-on d'autres exemples de ce fait ? N'a-t-il pas une valeur symbolique, celle par exemple de parents appelant à eux leur enfant ? Ne sont-ce pas les portraits des enfants du défunt, comme dans les médaillons du monument d'Igel ou de tombes rhénanes ? Ou n'est-ce que des figures de style et d'ornement ? Je pose ces questions sans y répondre. Nous avons quelques exemples de polychromie dans les sépultures funéraires du musée de Bordeaux. Le fruit est assez souvent donné comme objet sépulcral aux enfants, soit en figuration, soit en réalité. Je me rappelle une tombe de Bourgogne (musée d'Alise Sainte-Reine), où on découvrit une poignée de noisettes ». — [Les deux têtes, formant acrotères et disposées comme l'indique notre croquis, ne sont pas douteuses].

« Nos 1482-1483. Les *Olatonae*, *Olloudius* me paraissent des divinités de sources à nom préceltique. Comparez à ces noms, *Oltis*, nom du Lot ; *Olda*, nom d'un affluent de la Mayenne, l'Oudon ; *Oldeia*, nom d'une source bordelaise (aujourd'hui Fondaudège), l'*Antumnus* l'Anthone de l'Oise. Comparez aussi, peut-être, l'*Oldra* de l'inscription, d'ailleurs mal transcrite, des Saintes-Maries. (*C. I. L.*, XII, 4191). Je suis de plus en plus persuadé que le nom de Mars, au moins en Gaule, a pu s'appliquer à des divinités de sources ».

P. 239, n° 1481, 3. L'estampille C·STLA est à rapprocher de celle C·STLACCI, insérée au tome XV du *Corpus*, sous le n° 3195. M. le professeur Bohn, à qui nous sommes redevable de cette remarque, nous fait observer également que les mots *manu* et *officina* ne se rencontrent jamais sur les amphores romaines. Il nous propose de préférence, pour l'estampille n° 1481, 1, la lecture : *M. I(ulii) Apo(....) Ma(....)*. Le dernier mot serait un nom d'esclave ou de localité.

P. 244, additions à la p. 227 du n° 103 de la *Revue*. Le nom gaulois *Demioncus* est aussi connu par des estampilles sur poteries. (*C. I. L.*, XIII, 3, n° 10010, 767).

Nécrologie

— Le 9 juin dernier est décédé à Heidelberg, dans sa 65e année, M. le professeur Karl Zangemeister. La haute érudition allemande, si durement éprouvée depuis quelques années, perd en lui un de ses plus illustres représentants. L'œuvre du *Corpus*, à laquelle il consacra une bonne partie de son existence, lui doit le volume IV relatif aux inscriptions pariétaires de Pompéi, d'Herculanum et de Stabia. Il collaborait au volume XIII, pour ce qui regarde les inscriptions de la Germanie et celles, en partie, de la Belgique, lorsque la mort est venue le surprendre.

— Depuis moins d'un an, des vides à jamais regrettables se sont aussi produits dans les rangs des savants français. La mort a frappé MM. Girard, membre de l'Institut ; Maxe-Werly, président de la Société des lettres, sciences et arts de Bar-le-Duc ; Bulliot, correspondant de l'Institut ; Vincent-Durand, secrétaire-général de la Diana, et Ludovic Vallentin, président de la Société archéologique de la Drôme. La *Revue épigraphique*, qui les compta parmi ses lecteurs, gardera fidèlement leur souvenir.

ESPÉRANDIEU,
Correspondant de l'Institut.

Vienne, imp. Savigné — Ogerel et Martin, succrs. — *Le Gérant :* J. Ogeret.

REVUE

ÉPIGRAPHIQUE

Nº 106. — Juillet, Août, Septembre 1902

Saint-Cassien (*Alpes-Maritimes*). — *Fréjus.* — *Villeneuve-lez-Maguelonne* (*Hérault*). — *Briord* (*Ain*). — *Orléans.* — *Sagonne* (*Cher*). — *Rouen.* — *Boulogne-sur-Mer.* — *L'Auvergne.*

ALLMER. — *Les dieux de la Gaule Celtique* (suite).

Chronique. — *Nécrologie.*

1501 à 1503

Copies dessinées et renseignements de M. le colonel DE VILLE D'AVRAY, bibliothécaire et conservateur des musées de Cannes.

1501

Fragment d'épitaphe

Saint-Cassien. — Fragment de table découvert à Saint-Cassien, près de Cannes (Alpes-Maritimes), par M. Raimbault, et publié par M. Marie Bertrand, secrétaire de l'Ecole félibréenne de Lérins, dans le *Ouvrier de Cannes* du 5 mai 1898. La pierre est encastrée « dans un des terre-pleins de St-Cassien ». Hauteur, 0m25; largeur, 0m 19. Hauteur des lettres, 0m04. Il n'existe plus que la moitié inférieure des lettres de la première ligne.

....

MI.......

M·TE....

.....*m*(*onumentum?*) *te*[*stamento fieri iussit?*].

«.....a ordonné, par testament, la construction de ce tombeau ».

1502

Epitaphe

Fréjus. — Fragment de table découvert, en 1895, dans la propriété Saint-Lambert, près de Fréjus, par M. le docteur Roquemaure, conservateur du musée de Fréjus. Hauteur, 0 m. 34; largeur 0 m. 37. Hauteur des lettres, 0 m. 05.

ANICETO CA
L·CONLIBERTI
ET·FAMILIA

...*Aniceto, Car*[*i*] *l*(*iberto*); *conliberti et familia*.

« A... Anicetus, affranchi de Carus; ses co-affranchis et la *familia* ».

Il s'agit, ainsi qu'on le voit, de la sépulture donnée à un affranchi par ses camarades. Dans le sens restreint où le mot *familia* est ici employé, nous croyons, en effet, qu'il faut entendre, non pas la femme, les descendants et les esclaves du défunt, mais, de préférence, une association, dans un but funéraire des affranchis et peut-être aussi des esclaves d'une même personne. (Voy. Waltzing, *Corporations professionnelles*, t. IV, pp. 167 à 176).

M. Bertrand, secrétaire de l'école félibréenne de Lérins, qui a publié cette inscription dans le *Nice historique* (tirage à part, Nice, 1900, p. 9), a observé que « le jambage droit, terminant la première ligne incomplète, paraît être le commencement d'un R ». Nous nous sommes autorisé de cette remarque pour restituer le surnom *Carus*, dont le génitif répond à l'étendue de la lacune, mais il est assez rare que l'affranchissement soit exprimé de cette manière. A sa partie supérieure, où l'encadrement fait défaut, la pierre, à ce qu'il semble, a été retaillée. Dans ce cas, la partie disparue aurait probablement contenu, avec la formule habituelle de consécration aux dieux Mânes, le prénom et le gentilice du défunt, dont on ne possède plus que le surnom, d'origine grecque, *Anicetus*.

1503

Epitaphe

Fréjus. — Stèle à sommet cintré, en pierre dure, découverte à Fréjus. Donnée au musée. Hauteur, 0 m. 16; largeur, 0 m. 31. Hauteur des lettres, 0 m. 03.

EVPHRANORI

Euphranori.

« A Euphranor ».

Le nom servile, d'origine grecque, *Euphranor* était certainement fort rare. Nous n'en connaissons pas, en Gaule, d'autre exemple.

1504

Epitaphe

Copie et renseignements de M. Marie Bertrand, secrétaire de l'Ecole félibréenne de Lérins, transmis par M. le colonel de Ville d'Avray, bibliothécaire et conservateur des musées de Cannes.

Fréjus. — Bloc de marbre « trouvé enfoui dans la terre à 0 m. 50 du sol actuel, dans la propriété de M. Jullien, au pied de l'un des piliers de l'aqueduc romain », près de Fréjus. Hauteur, 0m55; largeur, 0m45. Hauteur des lettres, 0m01. L'inscription « est entourée d'une gorge ».

D · M
VIGELLIÆ
ISIADI
VIGELL·CYNE
LIB· CARISSIM

D(iis) M(anibus). Vigelliae Isiadi; Vigell(ia) Cyne lib(ertae) carissim(ae).

« Aux dieux Mânes. A Vigellia Isias; Vigellia Cyné à son affranchie très chère ».

Le gentilice peu commun *Vigellius* fut porté par un consul du temps de Marc-Aurèle (*Prosopogr.*, 3, p. 433). Les surnoms *Isias* et *Cyne* sont d'anciens noms serviles d'origine grecque.

Cette inscription a été publiée inexactement dans l'*Eclaireur de Nice* du 25 novembre 1899. M. Marie Bertrand en a donné une meilleure copie dans une brochure ayant pour titre: *Inscriptions antiques inédites*, extraite du *Nice historique* des 1er juillet 1899, 1er avril et 1er juillet 1900.

1505

Epitaphe

Estampage de M. Bonnet, docteur en droit, avocat près la cour d'appel à Montpellier. Renseignements de MM. Fabrège et Bonnet, extraits des *Mémoires* de la Société archéologique de Montpellier, 2e série, tome II, 1902.

Villeneuve-lez-Maguelonne. — Stèle de forme quadrangulaire découverte à Villeneuve-lez-Maguelonne (Hérault), au nord-est du cimetière actuel, et à 200 mètres environ du village, dans une vigne appartenant à Madame Berganion et bordant le chemin dit de l'Hippodrome. Hauteur, 0m25; largeur, 0m27. Hauteur des lettres, 0m043 à la 1re ligne, 0m037 à la ligne suivante, 0m028 à la dernière ligne. Lettres « d'un bon style ».

C(aius) Vera[tius.....sibi] et Genna[eae...] uxor[i....

« Caius Veratius....., à lui-même et à Gennaea......., sa femme..... ».

On pourrait aussi songer à la restitution *Vera[nius]*, mais ce gentilice serait nouveau dans la Narbonnaise, où celui de *Veratius* est, par contre, assez répandu. (*C. I. L.* XII, nos 527, 660, 3290, etc.). Une inscription perdue de Vaison a fourni trois exemples du gentilice *Gennaeus*. (*Ibid.*, no 1430).

1506

Epitaphe

Estampage et renseignements de M. Joseph Peysson, propriétaire à Briord; copie de M. l'abbé Frédéric Marchand, à Bourg qui a déjà publié cette inscription dans le *Journal de l'Ain*, du 11 décembre 1901.

Briord. — Cippe découvert au lieu dit Sur-Plaine, à 800 m. au sud-est de Briord (Ain), au mois de décembre 1901, par M. Joseph Peysson, cultivateur, au cours de terrassements exécutés dans sa propriété. « Le monument était couché sur le franc droit et enfoui sous terre à 0 m. 60 seulement de profondeur. Il se compose d'une base, d'un dé ou fût, et d'un entablement dans lequel on distingue l'architrave, qui est moulurée, la frise qui est nue, et la corniche qui est relevée en fronton et munie d'oreillettes [acrotères] sur ses côtés. Dans le fronton, une tête humaine, vue de face, est sculptée en relief ». Haut., 2 m. 10; larg., 0 m. 70; épaiss., 0 m. 65. Hauteur des lettres, 0 m. 055.

D M
ET AETERNAE
MEMORIAE
CONNITYTICI
CONNIANICEN
CONIVGI PON
ENDVM CVRAVIT
ET S· A· D

Lettres liées: lignes 4 et 5, les deux N; ligne 8, V et M, V et R, A et V. « A la 4e ligne, la lettre Y est incertaine ».

D(iis) M(anibus) et aeternae memoriae Conni Tytici; Connia Nicen, conjugi ponendum curavit et s(ub) a(scia) d(edicavit).

« Aux dieux Mânes et à la mémoire éternelle de Connius Tyticus; Connia « Nicen a fait construire (ce tombeau) pour son mari et l'a dédié sous l'ascia ».

L'intérêt de ce texte est dans les appellations qu'il fournit. Le gentilice *Connius*, assez commun dans la Narbonnaise (*C. I. L.*, XII, p. 870), n'avait pas encore été signalé chez les Ambarres, dont la cité s'étendait sur les deux rives de la Saône (*Amb-arri, Amb-Arari*) et comprenait notamment l'actuel territoire de la commune de Briord. Toutefois, ce même gentilice est à reconnaître dorénavant dans une inscription de Cressin, relative à une femme qui se serait appelée *Co[nn]ia Antiqua*. (*C. I. L.*, XIII, n° 2522).

A la quatrième ligne, il faut peut être lire *T(o)uticus*, diminutif de *Toutus* dont on a des exemples. A la ligne suivante, *Nicen* est une forme anormale, empruntée au génitif *Nicenis*, de *Nice*, surnom servile assez fréquent d'origine grecque. Il faut aussi remarquer que Connia était probablement l'affranchie de son mari dont elle portait le gentilice.

1507

Autel au dieu Auguste et au dieu Mocetis

Photographie et renseignements de M. Léon DUMUYS, conservateur-adjoint du musée historique d'Orléans. (Voir la planche XVI).

Orléans. — Fragment de « dalle en pierre de Bulcy (Nièvre) », découvert à Orléans, au mois de février 1902, parmi les restes d'un rempart romain de 3 m. 80 d'épaisseur, en creusant le sous-sol d'une maison de commerce qui doit s'élever sur l'emplacement d'un immeuble ayant porté le numéro 3 de la rue Ducerceau. Hauteur, 0 m. 28; plus grande largeur, 0 m. 26; épaisseur, 0 m. 08. Hauteur des lettres : 1re ligne, 0 m. 035; 2e, 5e et 7e lignes, 0 m. 020; 3e ligne, 0 m. 045; 4e ligne, 0 m. 025; 6e ligne, 0. m. 030. L'S final de la 4e ligne a 0 m. 040.

*di*VO·AVG
MOCETI
*s*ACRVM
*M*OCETES
*dic*AVERVN
*et*POSVER
*u*NT

« Capitales très lisibles, mais d'une exécution peu soignée ». A la première ligne, ce qui reste de la première lettre mutilée indique sûrement un V et non un N, « attendu que les V de cette inscription lapidaire ont seuls la hampe droite verticale, et que dans les N, au contraire, les deux jambages sont parallèlement inclinés vers la droite ».

[Di]vo Aug(usto), Moceti sacrum; Mocetes [dic]averun[t et] posuer[u]nt.

« Consacré au dieu Auguste et à Mocetis; les Mocetes ont dédié et fait placer (cet objet) ».

A la seconde ligne, ainsi que l'a fait remarquer M. Louis Dumuys (*Bull. de la Soc. arch. de l'Orléanais*, t. XIII), le mot *Moceti* se trouvait « en vedette, c'est-à-dire entre deux blancs ». Il faut donc, pour une raison de symétrie, renoncer à la restitution : *[Di]vo Aug(usto) [et] Moceti*, qui se présente naturellement à l'esprit, quand on examine une copie de ce texte. Le mot *Augustus* devient alors embarrassant. On ne voit pas s'il s'agit du dieu Auguste, ce qui conduirait à la lecture : *[Di]vo Aug(usto), Moceti*, ou d'un qualificatif donné au dieu *Mocetis*, comme conséquence de l'assimilation de son culte à celui des dieux Lares. Malgré l'absence du mot *et*, nos préférences sont pour la première hypothèse. A la vérité, peut-être pourrait on lire : *[de]vo Aug(usto) Moceti*, en s'autorisant d'une inscription de Lydney-Park, dédiée *devo Nodenti* par la substitution de la forme celtique *devus* à celle *deus* purement latine. (*C. I. L.*, VII, n. 140). On pourrait aussi songer à faire de *divus* l'équivalent de *deus*. Deux inscriptions d'Espagne sont relatives notamment, l'une *divae Dianae*, l'autre, à ce qu'il semble, *divae Fortunae*. (*C. I. L.*, II, nos 3015 et 3026). Mais il n'y a là que des exceptions, et il est toujours dangereux, pour la restitution d'un texte mutilé, de s'écarter des règles générales.

Le dieu Mocetis ou Mogetis, désigné par un nom dont le thème *mogeto*, exprimant, en langue celtique, une idée de grandeur, se retrouve dans une foule d'appellations (voy. d'Arbois de Jubainville, *Noms gaulois chez César et Hirtius*, p. 78 et suiv.), a pu être un Mars local, personnifiant un bois, une source (voy. ci-dessus, p. 260) ou quelque autre détail de topographie. Peut-être ne différait-il pas du dieu Mars Mogetius, connu par une inscription de Bourges (*C. I. L.*, XIII, n° 1193) et aussi, du dieu Mogtis, dont il est question dans une dédicace découverte à Old-Penrith, dans le Cumberland. (*C. I. L.*, VII, n° 320). Cependant, ainsi que l'a dit Allmer (ci-dessus, p. 86), à propos de l'identification de ces deux dernières divinités, « ce n'est nullement sûr ».

M. d'Arbois de Jubainville (*Ant. de France*, séance du 30 avril 1902), estime que le mot *Mocetes* désigne, non pas les membres d'une sodalité constituée pour rendre un culte au dieu Mocetis, mais une peuplade celtique dont l'emplacement serait à rechercher près d'Orléans, l'antique *Cenabum* du pays des Carnutes. Meung-sur-Loire, qui a porté le nom de *Magdunum*, où l'on peut trouver une forme contractée de *Magetodunum*, celle-ci non différente de *Mogetodunum*, par suite de la permutation, plusieurs fois constatée, des préfixes *mog* et *mag* (cf. *Mogontiacum* et *Magontiacum*, Mayence), serait la localité moderne qui lui paraîtrait le mieux convenir. On y a, du reste, rencontré quelques ruines romaines. (*C. I. L.*, XIII, n° 3072).

1508

Autel au Numen *impérial et à une divinité locale*

Renseignements de M. le marquis DES MÉLOIZES, Correspondant honoraire du Ministère de l'Instruction publique, à Bourges, extraits des *Mémoires* de la Société des Antiquaires du Centre, 1901. (Voir la planche XVII).

Sagonne. — Piédestal découvert au mois de décembre 1899, « à quelques « centaines de mètres des dernières maisons de Sagonne (Cher), au lieu dit les Maisons neuves, près du sentier qui mène à la route de Sancoins à Blet, en fouillant le sol pour assurer les fondations d'un bâtiment «. On a trouvé, en même temps, d'autres fragments de sculptures qui n'ont pas été conservés, une monnaie gauloise paraissant inédite, et cinq petites monnaies de bronze aux effigies de Tetricus, Constantin I, Valentinien et Valens. Ce piédestal a été donné au musée de la Société des Antiquaires du Centre par l'intermédiaire de M. le curé-doyen de Sancoins. Il ne reste que les deux pieds de la statue qu'il supportait et qui faisait corps avec lui. Long. 0m27 ; larg. 0m28 ; épaiss. 0m06 sur les bords, 0m075 entre les pieds. Hauteur des lettres, 0m05.

/////M · AVG · D · SOVCO/////
/////VIXTVS · SILANI · F/////

[*Nu*]*m(ini) Aug(ustorum), d(eae)* ou *d(eo) Souco*[...; *Di*]*vixtus, Silani f*[*il(ius)*].

« A la divinité des empereurs et à la déesse (ou au dieu) Souco.....; « Divixtus, fils de Silanus ».

On connaît la définition souvent citée, de Varron : *Numen dicunt esse imperium* (*L. L.* 6, 5) « Appliqué aux empereurs, a dit Allmer, le *numen* était leur souveraineté assimilée à la toute puissance divine. Sur les inscriptions où le *numen* impérial est énoncé sans abréviations, l'expression est ordinairement *numini Augustorum*, les Augustes au pluriel, c'est-à-dire l'empereur, l'impératrice, la famille impériale, la *domus divina* comme on se mit bientôt à l'appeler habituellement ». (*Rev. épigr.* III, p. 128). D'après M. des Méloizes, les pieds représentés seraient ceux d'une femme. Il faudrait alors restituer très probablement, ainsi qu'il l'a fait, *d(eae) Souco*[*nae*], et il s'agirait d'une source personnifiée, celle du *Sagonin*, qui jaillit et forme un ruisseau à peu de distance de l'endroit, d'où provient l'inscription. Le nom de cette divinité, par sa terminaison, serait à rapprocher d'autres noms de déesses de sources, tels que *Bormona, Damona, Divona* et *Sirona*.

1509

Fragment d'épitaphe

Copie dessinée et renseignements de M. Seymour DE RICCI.

Rouen. — Fragment de table en forme de bandeau découvert à Rouen, dans le cimetière St-Gervais, à une époque déjà lointaine. Conservé au musée de Rouen, dans l'ancienne collection Thaurin. Long. 2 m. 05 ; haut. 0 m. 30.

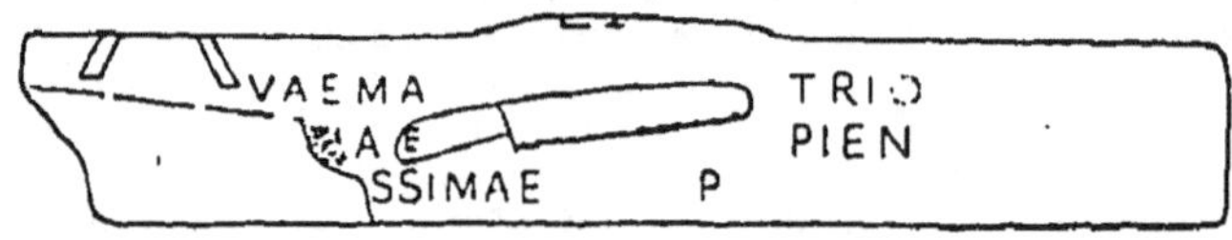

.....*vae, matri o[pti]mae pien[ti]ssimae p(osuit).*

«.....a fait construire (ce tombeau) à... son excellente et très chère mère ».

Il est remarquable de trouver, sur la tombe d'une femme, la représentation d'une scie et, peut-être, celle d'un niveau.

1510

Cachet d'oculiste

Empreinte communiquée par M. le docteur H.-E. SAUVAGE, conservateur des musées de Boulogne-sur-Mer. Renseignements extraits d'un rapport de M. Sauvage publié dans le tome VI du *Bulletin de la Société académique* de Boulogne-sur-Mer.

Boulogne-sur-Mer. — Tablette de pierre gris-verdâtre, « sans doute en schiste », découverte, par M. le docteur Sauvage, au cours de fouilles faites à Boulogne-sur-Mer, dans un cimetière mérovingien situé entre la rue de Dringhem et le numéro 4 de la rue Framery. Cette tablette, recueillie dans une tombe de femme, faisait partie d'un mobilier funéraire, qui comprenait, encore, différents objets, dont une agrafe de bronze et un collier en perles d'ambre, de terre cuite et de pâte de verre. Donnée au musée.

1 — Δικέντη(τον).
2. — Κυκν(άριον).
3. — Χλωρόν.

1. — « Collyre *dicentetum* ».
2. — « Collyre *cycnarium* ».
3. — « Collyre *chloron* ».

Des 226 cachets que l'on a publiés à l'heure actuelle, celui que nous décrivons est le deuxième dont les inscriptions sont en caractères grecs (voy. notre *Recueil*, n°s 12 et 132 ; cf. cependant, *Monatsschrift des Frankenthaler Altertumsvereines*, 1896, p. 47); le troisième ne donnant, pour tous renseignements, que des noms de remèdes (*ibid.*, n°s 120, 136 et 138 *bis*). Les collyres *cycnarium* ou *cycnium* et *chloron* ne devaient probablement d'être ainsi désignés qu'à leur coloration particulière: blanche (couleur de cygne) pour le premier, verte, du grec χλωρός pour le second. Ils sont, l'un et l'autre connus par un certain nombre d'exemples. (Notre *Recueil* n°s 7, 61, 98, 117, 133, et 13, 54, 57, 64, 66, 77, 99; cf. ci-dessus, p. 151).

Nous avons déjà dit (ci-dessus, p. 221), ce qu'il fallait sans doute penser du collyre *dicentetum*.

1511

Estampilles sur poterie rouge

Copies communiquées par M. E. KUHN, receveur à Marcillat (Allier).

Auvergne. — Les estampilles sur poterie rouge qui vont suivre font partie de la collection de M. E. Kuhn et sont inédites. Elles proviennent presque toutes de l'Auvergne et, plus spécialement de Clermont, Les Martres de Veyres, Lezoux, Moulins, le Mont Dore, Vichy, Corent et Royat. Les chiffres que nous donnons entre parenthèses renvoient, sauf indication contraire, aux subdivisions du n° 10,010 de la 3° partie du tome XIII du *Corpus*. Les lettres liées sont, de même, entre parenthèses.

A·AVC	Bol. Clermont.
OFI.A	Petit bol.
ABIA·F	Grand vase orné. Les Martres.
ABILIM	Patère. Clermont. (cf. 12).
ABITIIM	Petit bol. Clermont. (cf. 13).
OFABITI	Bol. Les Martres. (13 *b*).
ABVS FE	Petit bol. Clermont (16 *a*).
ACAPERRI	Patère. Lezoux.
ACCIRIS M	Vase orné. Clermont.
ACEDILL(VS)	Grand bol. Les Martres (cf. 59).
OFFACER	Bol. Clermont.
ACIRIASIS F	Bol. Lezoux.
ACO	Petit bol. Auvergne. (cf. 22).
ACVITLI	Patère. Clermont. (cf. 28).
ACVITA	Bol. — (28 *a* 1).
OFACVI	— — (cf. 28).
ACVRIO·F	— — (30 *a*).
OF·ACV	Petit bol. —
OFFIC·ACVTI	Très grand plat. Clermont.
OFIC·ACVTI	Grand plat. Les Martres, Mont-Dore (37).
ACVTVI	Petit bol. Clermont.
AC·VT·I·M	Grand vase orné. Vichy.
OF ACVT	Gros bol. Les Martres (37).
OFIC·AC·V	— —
OF·AC(VT)I	Patène. Clermont, Lezoux. (cf 37).
ACVTVS	Grand bol. Les Martres (37 *a*).
ADVOCISI	Coupe. Clermont. Vichy. (43 *e*).
OF AECANI	Patène. Auvergne.
(AE)DILLIS	Grand vase orné. Les Martres.
AIISTIVI M	Bol. Clermont (49 *a*).
AESTIVI·M	Patère. — (49 *c*).
AIDANI	Bol. Auvergne.
AINDICIVI	Petit bol. Clermont. (cf. 66).
AIR(AM)N	Patère. —
OFAIR	Bol. —
AISCINO	— —
AIV	Petit bol. Clermont (73 *b*).
ALB	Bol. — (76 *b*).
ALBINI·OF	Petit bol. —
ALBI	Petit vase orné — (cf. 78).
ALBVCI·OF	Petit bol. — (cf. 85).
ALBVS F	Patère — (86 *f*).
AFALDINI	Patère. Auvergne (cf. 95).
ALPINIM	Grand plat. Clermont (cf. 95)
OF(AMA)N	Petit bol. — (100 *c* 6).
AMMIDO	Grand vase orné. Clermont.
A(MA)OI	Coupe. Les Martres.
ANAILL·F	Bol. Lezoux.
A(NA)B	Patère. Clermont.

ANDILLIM	Gr. plat. Les Martres (cf. 120).
ANI	Petit bol. Clermont. (126 *a*).
ANNI	Vase orné. Les Martres. (cf. 134).
ANTICVM	Patène. Clermont.
ANTICV	Patère. —
ANVBIS	Gr. vase orné. Auvergne.
ANVNVS | FECIT	Patère. Lezoux. (cf. 138).
APOLINARIS	Petit bol. Vichy, Clermont. (144).
OF APRI	Bol. Clermont. (140).
APRI'M	Patère. — (140 *b*).
AQ℈NO	Bol. —
APRONIOS	Petit bol. — (153).
OF AQVIT(AN)	Vase orné. — (157*e*4).
OF AQVITNI	Patène. — (cf. 157).
ARCIT'M	Patère. —
ARDA	Petit bol. Clermont, Mont-Dore.
ARDAC	Bol. —
OF ARDA	Petit bol. —
OF ARD	Grand plat, bol. — (167 k_2).
OF ARDICI	Patère. —
ARICIMA	Petit bol. —
ARIMINI	Bol. —
ASIATICI OF	Patère. — (178 *d*).
ASIATICI OICI	Patène. — (cf. 178).
ASIIVI	Bol. Auvergne.
OF ASKAPRI	Patène. Clermont.
ASVCI'OF	Patère. Clermont.
AT'OF	Petit bol. —
ATEI	— —
ATEINI	Bol. —
ATEICREST | ET E(VH) ODI	Très gr. plat. Clermont.
A(TE)PO(MA)R	Petit bol. Clermont. (187 *k*2).
ATEPOMI	— — (cf. 187).
OF·ATI (retr.)	Vase orné. Clermont.
ATILIANV	Petit bol. Clermont. (194 *k*).
ATILIANIM	— — (194 *d*2).
ATILIANI' | OF'	Patène. — (cf. 194).
ATICILOI	Patère. —
ATIN	— — (cf. 197).
ATIS'O	Gr. vase orné. (Vichy). (cf. 198).
ATOC	Petit bol. Clermont.
ATVIA'F	Grand plat. —
ATTILIM	Grande patère. Clermont, Les Martres. (cf. 204).
ATTILLVS	Petit bol. — (cf. 204).
ATTISPIL	— Auvergne. (cf. 207).
ATTIVSFE	Grand bol. Les Martres. (cf. 208).
AVETV	Petit bol. Clermont. (cf. 229).
AVE'VALE	Grand plat. Les Martres. (cf. 226).
AVII	Bol. Clermont.
AVILIM	Grand bol. Lezoux.
AVITIM	Petit bol. Clermont. (235 *v*).
AVITVS'F'	Bol. Les Martres. (cf. 238).
AVNVS	Petit bol. Clermont. (cf. 246).
AVPIM	Patère. —
AVR	Bol. — (cf. 251).
AVREL	Patère. — (cf. 251).
BALBINIM	Patère. Les Martres. (cf. 267).
BANVI	(Deux exempl.). Vase orné. Clermont, Les Martres (cf. 270-272).
BANVI	(renversée). Vase orné. Les Martres. (cf. 270-272).
BANVI/O	Patère. Les Martres. (cf. 270-272).

M.IVNAB Vase orné. Clermont. (cf. 270-272).
OBANVI Grande patère. Les Martres. (cf. 270-272).
OFBANVI Bol. Les Martres. (cf. 270-272).
BANTVIS F (rétr.). Petit bol. Les Martres.
OF BASI Grand bol. Clermont. (276 *k*?).
BASSI Patère. — (276 *a*).
BASSI·OFI Grande patène. Vichy. (cf. 276).
OF·BASSI Patère. Clermont, Les Martres. (cf. 276).
OF·BASSIO — — (cf. 276).
OF·BASSI (deux S rétr.). Petit bol. Clermont. (276 *i*2).
OF·BASSI·CO Vase orné. Clermont. (277 *a*).
BELICIS Patère. Clermont. (cf. 280).
BELINICCVS F Petite patère. Clermont, Les Martres. (cf. 281).
BELINICVS F Bol. — — (cf. 281).
BELINICVCF Petit bol. Les Martres. (cf. 281).
: BELINICCI : Patère. Clermont. (cf. 281).
BELLICVS Petite patère. Les Martres. (cf. 284).
BELLIM M Grande patère. Moulins. (cf. 282).
BELSAAR(VE)F Patène. Clermont. (cf. 287-288).
BENICCI(MA)(rétr.). Patère. Vichy.
BIA·ININI·M Grande patère. Clermont.
BICA·FEC — — (294).
BILLICAT Petit bol. Les Martres. (cf. 297).
BILLIC F — — (cf. 299).
BITTIC F Bol. — (cf. 299).
BILLICO Petit bol. — (cf. 299).
BILLIC(OF) (rétr.). Bol. Clermont. (299 *b*).
OFIC·BILLIC Patère. Les Martres. (cf. 299)
BILLICVIO Patère à anses. Clermont. (cf. 300).
BIO.FE Patère. Clermont. (cf. 302).
BIOC FECIT — — (cf. 302).
BIO FECIT Petit bol. Lyon. (302 *b*).
BIRACILLVS F Grande patère. Les Martres. (cf. 305).
BIRACILLI Petit bol. Les Martres, Clermont, Vichy. (305 *b*).
BIRANTVS Bol. Clermont. (cf. 310).
BIRRANTVS Bol. Clermont, Vichy. (cf. 310)
BITVRIX F Patène. Les Martres. (310 *c* 2).
BLANDINVS Grande patène. Clermont. (cf. 328).
BORILLI M (deux exempl.) Moules. Lezoux. (341 *k*).
BORILLVS F (marque circul.) Patère. — (cf. 341).
BVCXI Patère. Clermont. (cf. 359).
BVRDO·F Bol. — (cf. 368).
BV(RD)ONIS·OF Patère. — (cf. 368).
BYRILOI Bol. —
BVTRIO Vase orné. — (372 *b*).
BVTRIV — — (372 *d*).
BVTR Patère, Clermont, Lezoux. (cf. 372).
BVTVRO· (palme) Grand bol. Les Martres. (374 *d*).
L·C·CEL·SI·OF Plat. Mont-Dore. (cf. 376).
CABIA(TV)S F Patène ornée, Clermont. (cf. 381).
CABIATVS F Grand plat. Auvergne. (cf. 381).
CABV Patère, Clermont. (cf. 383 à 385).
CACASY(retrogr.) Patère. Auvergne. (cf. 387).
CACASI·M Patère. Lezoux. (cf. 387).
CALISSI M Patère. Clermont.
OF CALVI — — (412 *a*).
CAMBVS F Grand plat. Auvergne. (412 *a*).
CAMII M. Bol. Clermont. (cf. 617).
CA(MV)LO Grand bol. Les Martres. (cf. 423).
CA(MV)LI(OF)· Scyphus. Les Martres. (cf. 423).
CANAI M Patène. Clermont, Lezoux. (427 *d*).

CAPII·	Grand bol, Clermont. (442 m 3).
CAPITV·F	Bol. Vichy. (cf. 444).
CAPRA FE	Patère. Auvergne. (cf. 446).
CARANIVS	Ornement. Clermont. (cf. 449).
CARATI M	Patère. Clermont. (454 *b*).
CARATILLI	— — (453 *a*).
CARATILLI M	Bol. — (cf. 453).
CAROSENO	Patène. Les Martres.
CARVS	Bol. Clermont. (465 *b*).
CARVSS(AF)	Patère. — (cf. 466).
CARVSSA	Bol. Lezoux. (466 *a*).
OFC·ASSI	Bol. Clermont. (cf. 475).
OF CASTI	Plat. — (478 *c*).
CATI	Patère. — (cf. 500).
CATIO	Bol. — (cf. 487).
CATIANIMNI	Patère. — (cf. 485).
OFCATVI	Plateau. — (cf. 493).
OF CATVS	Patère. — (cf. 500).
CAVTERRA	Patène. — (507 *a*).
CAVTI M	Patère. — (cf. 508).
OFF CE	Bol. — (509 *c*).
OFFI CE	— — (cf. 509).
CELSI	Petit bol. — (523 *a*).
TS·CEMINI	Grand plat. — (cf. 955).
CEMI(NI) M	Ornement. — (cf. 955).
CEMINI F	Bol. — (cf. 955).
CIINATV	Grande patère. Clermont. (530 *a*).
CENIA	Petit bol. Les Martres. (cf. 959).
CENIALIS	Bol. — (959 *e*).
CIINIALI M	— — (959 *b*).
CENIALIFS	— — (cf. 959).
CER F	Petit bol. Clermont. (cf. 544).
OFF CER	— — (cf. 544).
CERMANI	Grande patère. — (cf. 963).
CER(MA)NI	Plat orné. — (963 *g*).
CIISI(NN)I F	Patère. — (cf. 521).
CESORINI	— — (537 *e*).
CENSORINI	Vase orné. — (cf. 537).
CESORINI (R ret. N retr.).	Vase orné. Clermont (cf. 537).
CETI	Bol. Clermont. (cf. 548).
CIITTVS·NI	Plat. Les Martres. (cf. 548).
CIRIIS	Patère. Clermont, Les Martres. (cf. 549).
OF C(HR)ESTI	Bol. Clermont. (552 *b* 1).
OF C(HR)E	Patère — (552 *b* 2).
CILOGNATO	Bol. Clermont, Lezoux.
CINA F	Petit bol. Clermont. (cf. 563).
CINNAMVS	Patère. Lezoux. (cf. 567).
CINNAMI (retr.)	Vase orné. St-Georges-l'Allier, Clermont, Lezoux (cf. 567).
CINNAMIM (retr.)	— Mont-Dore. (cf. 567).
CI(NN)AMI	Moule. Clermont. (cf. 567).
CINNAMI	— — (cf. 567).
BI(NN)AMI(OF)	Vase orné. Lezoux (cf. 567).
CINIV	Bol. Clermont. (cf. 566).
OF C(IN)SEN	Patène. —
CINTVSMIM	Grande patère (573 *a*).
CIRRLIVS	Patère. Les Martres. (cf. 580 ?).
OF CIT	Bol. Clermont. (cf. 582, 583).
CITAIIRIS (R ret.)	Patère —
CIVOIVS	Patère. Auvergne. (cf. 591 ?).
CLA	Petite patère. Clermont. (cf. 586).
CLEMES	Patère. — (588 *a*).

CLOC	Petit bol. Clermont.		
CNAVCORIX	Plat. Auvergne.		
COBNERTI	Patère. Lezoux. (592 f.).		
COCA	Bol. Clermont. (cf. 594, 595).		
COCATV	—	—	(cf. 595).
COCATVS (circ.)	Grand plat. Les Martres. (cf. 595).		
COCVRO·F	Patène.	—	(601).
C·OMISATO	Patère. Auvergne. (cf. 611).		
CONTIONIC	Bol. Clermont.		
CORII (ou COVII)	Petit bol. Clermont.		
COSRVI	Bol.	—	(cf. 655).
OF COTON (retr.)	Patère.	—	(cf. 675).
COTTOIF	—	—	(cf. 677).
COTTOF (retr.)	—	—	(678 *a*).
COTTO	Grande patère.	—	(678 *d*1).
CRACVS·F	Petit bol.	—	(cf. 690).
OF·CRESIMI	Grand plat.	—	(cf. 550).
C·RESIMI	Patène. Les Martres. Vichy. (550 *a*1).		
OF CRES	Bol	Clermont.	(698 *e*4).
OF CREST	Grande patère.	—	(698 *p*).
CRESTI	Bol.	—	(698 *a*).
CRESTI (R rétr.)	Petit bol.	—	(cf. 698).
CRESTO (R rétr.)	Patère.	—	(cf. 698).
OF CRESTI (rétr.)	Bol.	—	(cf. 698).
OF·CRESTIO	Grande patère.	—	(cf. 697).
CRESTIO.	Bol.	—	(cf. 697).
CRICIRO·OF	Patère.	—	(702 *e*).
CRILLVS F	Grande patère.	—	
CRISPVS FE	Grand plat. Les Martres. (cf. 705).		
CVCALIM	Bol. Clermont. (cf. 716 *h*).		
CVCAIIM	Patère. Les Martres. (cf. 716).		
CVCCIILV	Patère. Clermont. (cf. 717).		
CVNOV	—	—	
C·APITVS	Grand plat. Les Martres. (cf. 726).		

(*A suivre*).

DIEUX DE LA GAULE

par Auguste ALLMER

I. — LES DIEUX DE LA GAULE CELTIQUE (suite).

I § 12

PROXUMAE, PROXSUMAE

1. — Prov. Narbonnaise. (Civitas des Salluves, peuple d'origine ligure; colonia Julia Paterna Arelate, Arles).

Trouvée à Auricet, en Camargue, commune d'Arles.

Attia Prima Proxsumis suis

Aurès, *Bull. des Ant.*, 1872, p. 101. — Germer-Durand et Allmer, *Hist. de Lang.* XV, *Nîmes*, 1385. — Hirschfeld, *C.* XII, 661, et *Add.*, p. 817.

« Attia Prima à ses Proxsumes ».

2. — Prov. Narbonnaise. (Civitas des Cavares; Avennio; Avignon).

Trouvée à Avignon, dép. de Vaucluse, dans un puits. — Lyon, au musée.

PROXS
VMIS
TIIRTV

Aurès, *Bull. des Ant.*, 1872, p. 101. — Hirschfeld, *C.*, XII, 1024, « descripsi »; voy. *Add.*, p. 821.

Proxsumis Tert(ius) v(ovit).
« Aux Proxsumes ; vœu de Tertius ».

3. — Trouvée à Lourmoirin, canton de Cadenet, dép. de Vaucluse.
Canacia v. s. l. m. P(roxumis).
Notre copie dessinée. — *Bull. de la Drôme*, 1874, p. 266. — Hirschfeld, *C.*, XII, 1096.
« Aux Proxumes, Canacia avec reconnaissance en accomplissement de son vœu ».

4. — Prov. Narbonnaise. — (Civitas des Cavares ; colonia Julia Firma Arausio ; Orange).
Trouvée à Orange. — Gigondas, canton de Baumes, collection Raspail.

PROXS

Hirschfeld, *C.*, XII, 1224, « descripsi ».
« Aux Proxsumes ».
Au-dessous du texte, un autel sculpté.

5. — Prov. Narbonnaise. (Civitas des Memines ; Colonia Julia Carbantorate ou Carpentorate ; Carpentras).
Trouvée à Mazan, canton de Carpentras, dép. de Vaucluse.
Proxsum[is] suis L. Sen[n]ius ꝯ *Tertiol[us].*
Ci-dessus, III, p. 121, d'après une copie de M. l'abbé Fer, de Carpentras.
« A ses Proxsumes, Lucius Sennius Tertiolus ».

6. — Prov. Narbonnaise. (Civitas des Tricastins ; Noiomagus ; St-Paul-Trois-Châteaux).
Trouvée à Clansayes, canton de Saint-Paul, dép. de la Drôme. — Montélimar, collection Ludovic Vallentin.
Proxsumis suis Baebia [...]erotem[...
Vallentin, *Bull. de la Drôme*, 1875, p. 316. — Hirschfeld, *C.*, XII, 1737, « descripsi », et *Add.*, p. 827.
« A ses Proxsumes, Baebia ...erotem[a?] ».
La fin du texte, à lire peut-être *Baebia*, [....] *l(iberta)*, *Ero et M...*
Au-dessous, un bas relief mutilé représentant deux femmes, probablement les deux dévotes.

7. — Prov. Narbonnaise. (Civitas des Voconces).
A Vaison, dép. de Vaucluse ; trouvée en septembre 1895, dans un champ situé derrière l'église de Saint-Quinin.

PROXVMIS
VOTVM
T·ATILIVS·FELIX

Abbé Beurlier, *Bull. des Ant. de Fr.*, 1895, p. 287.
« Vœu aux Proxumes ; Titus Atilius Felix ».

8. — Autrefois à Vaison. — Avignon, au musée.
Proxumis, Potita C .. Codoni f. v. s. l. m.
Hirschfeld, *C.*, XII, 1331, « descripsi » ; *Add.* p. 825.
« Aux Proxumes, Potita fille de C... Codonus, avec reconnaissance en accomplissement de son vœu ».
Au dessous du texte, une femme tenant une patère.

9. — Trouvée sur le territoire de Vaison. — Avignon, au musée.

PROXVM SVIS
LVCCEIVS·FVSCVS·V·S

Aurès, *Bull. des Ant.*, 1872, p. 102. — Hirschfeld, *C.*, XII, 1330, « contuli », et *Add.*, p. 825.
« A ses Proxumes, Lucceius Fuscus en accomplissement de son vœu ».
Le défunt s'appelait peut-être *L. Ucceius.*

10. — Vaison, autrefois dans le pavé de l'église-cathédrale. — Perdue.
Proxumis Seneca Secundi f. v. s. l. m.
Hirschfeld, *C.*, XII, 1332, d'après Suarès, ms. du Vatican 9141, f. 13; Voy. *Add.*, p. 825. — Spon, *Miscell.*, p. 96.
« Aux Proxumes, Seneca fils (*ou* fille) de Secundus, avec reconnaissance en accomplissement de son vœu ».

11. — Prov. Narbonnaise. (Civitas des Arécomiques; colonia Augusta Nemausus; Nîmes).
Trouvée à Nîmes, près du temple de Diane.

*pr*OXXVMIS
....

Ci-dessus, I, p. 263, d'après une copie d'Aurès. — Vallentin, *Bull. épigr.*, 1882, p. 154. — Hirschfeld, *C.*, XII, 3112, et *Add.*, p. 834, « descripsi a. 1886 ». — Germer-Durand et Allmer, *Hist. de Lang.*, XV, 507.
« Aux Proxxumes... ».

12. — Trouvée à Beaucaire, dans les déblais du canal d'Aigues-Mortes. — Nîmes, au musée.
Proxum(is) Anicia Notata v. s. l. m.
Hirschfeld, *C.*, XII, 2822, 3113. — Germer-Durand et Allmer, *Hist. de Lang*, XV, *Nîmes*, 1428.
« Aux Proxumes, Anicia Notata avec reconnaissance en accomplissement de son vœu ».

13. — Trouvée à Nîmes. — Au musée.
P. r. o. [x]. Bituka v. s. l. m.
Aurès, *Bull. des Ant.*, 1872, p. 101. — Hirschfeld, *C.*, XII, 3114, et *Add.*, p. 835, « contuli a. 1886 ». — Germer-Durand et Allmer, *Hist. de Lang.*, XV, Nîmes, 64 et 508.
« Aux Proxumes, Bituka avec reconnaissance en accomplissement de son vœu ».
Au-dessous du mot P·R·O·*x*, trois femmes en buste.
Bituka, le même nom que *Viduca*.

14. — Trouvée près de Nîmes, au chemin d'Alais. — Au musée.
Calvina P(roxumis) suis v s. l. m.
Aurès, *Bull. des Ant.*, 1872, p. 101. — Hirschfeld, *C.*, XII, 3115, et *Add.*, p. 835, « contuli a. 1886 ». — Germer-Durand et Allmer, *Hist. de Lang.*, XV, *Nîmes*, 68 et 509.
« Calvina à ses Proxumes, avec reconnaissance en accomplissement de son vœu ».

15. — Trouvée à Nîmes. — Au musée.

PROXVMIS·SVIS
CORNELIA·CVPITA

Aurès, *Bull. des Ant.*, 1872, p. 101. — Hirschfeld, *C.*, XII, 3116, et *Add.*, p. 835, « contuli a. 1886 ». — Germer-Durand et Allmer, *Hist. de Lang.*, XV, *Nîmes*, 61 et 510.
« A ses Proxumes, Cornelia Cupita ».

16. — Trouvée à Nîmes, dans un puits, près de la Fontaine. — Au musée.
Proxumis Gra us, Celeris f(ilius), v s. l. m.
Aurès, *Bull. des Ant.*, 1872, p. 101. — Hirschfeld, *C.*, XII, 3117, et *Add.*, p. 835, « contuli a. 1886 ». — Germer-Durand et Allmer, *Hist. de Lang.*, XV, *Nîmes*, 65 et 520. Un accent sur l'A de GRATVS.
« Aux Proxumes, Gratus, fils de Celer, avec reconnaissance en accomplissement de son vœu ».

17. — Trouvée à Nimes en 1891. — Au musée.

IANVA *ris*
PROX *su*
M I S S *u*
IS

Au dos : X·V·III

Dessins d'Estève et de M. Espérandieu.

« Januaris (*ou* Januaria), à ses Proxumes, en accomplissement de son vœu (?) ».

18. — Trouvée à Nimes. — Uzès, collection Rousset.

Hosela, Sollarion(is) filia, Proxsum(is) v. s. l. m.

Aurès, *Bull. des Ant.*, 1872, p. 101. — Hirschfeld, *C.*, XII, 3118. — Germer-Durand et Allmer, *Hist. de Lang.*, XV, *Nimes*, 66 et 511.

« Hosela, fille de Sollario, aux Prosumes, avec reconnaissance en accomplissement de son vœu ».

19. — Trouvée à Nimes, à la Tour Magne. — Au musée.

Laliae Primulae Proxsumis suis N(...) s(erva?).

Aurès, *Bull. des Ant.*, 1872, p. 101. — Hirschfeld., *C.*, XII, 3119, et *Add.*, p. 835, « contuli »; à la fin NS (non VS) « a recenti, ni fallor, manu scariphatae ». — Germer-Durand et Allmer, *Hist. de Lang.*, XV, *Nimes*, 67 et 512; un martelage après SVIS.

« N... esclave de Lalia Primula, à ses Proxsumes ».

Si les lettres de la fin: NS, sont modernes, il faut comprendre « Lalia Primula à ses Proxsumes »; mais alors la rédaction du texte latin est incomplète.

20. — Baron, canton de Saint-Chaptes, dép. du Gard. — Perdue.

Proximis Ledae.

Aurès, *Bull. des Ant.*, 1872, p. 101. — Hirschfeld, *C.*, XII, 2861, et *Add.*, p. 832. — Germer-Durand et Allmer, *Hist. de Lang*, XV, *Nimes*, 1697.

« Aux Proxumes de Leda ».

21. — Trouvée à Nimes. — Au musée.

Paterna, Cari f(ilia) Proxumis v. s. l. m.

Aurès, *Bull. des Ant.* 1872, p. 101. — Hirschfeld, *C.*, XII, 3120, et *Add.*, p. 835, « contuli a. 1886 ». — Germer-Durand et Allmer, *Hist. de Lang.*, XV, *Nimes*, 62 et 513.

« Paterna, fils de Carus, aux Proxumes, avec reconnaissance en accomplissement de son vœu ».

22. — Autrefois à Nimes. — Perdue.

[P]ro[x]u[mis] suis Phronimus v. s. l. m.

Hirschfeld, *C.* XII, 3121. — Germer-Durand et Allmer, *Hist. de Lang.* XV, *Nimes*, 59 et 521.

« A ses Proxumes, Phronimus, avec reconnaissance en accomplissement de son vœu ».

23. — Trouvée probablement à Nimes. — Metz, dans une collection particulière.

Proxsumi[s] Pollento v. s. l. m.

Aurès, *Bull. des Ant.*, 1872, p. 102. — Hirschfeld, *C.*, XII, 3122. — Germer-Durand et Allmer, *Hist. de Lang.*, XV, *Nimes*, 70 et 514.

« Aux Proxumes, Pollento, avec reconnaissance en accomplissement de son vœu ».

Pollento, probablement un nom de femme.

24. — Trouvée à Nimes, avec un assez grand nombre de petits autels, la plupart anépigraphes.

Pompeia Pompulla Proxsumis v. s. l. m.

Aurès, *Bull. des Ant.*, 1872, p. 102. — Hirschfeld, *C.*, XII, 3123. — Germer-Durand et Allmer, *Hist. de Lang.*, XV, *Nimes*, 69 et 515.

« Pompeia Pompulla aux Proxsumes, avec reconnaissance en accomplisse-« sement de son vœu ».

25. — Trouvée à Nimes. — Perdue.

Proxumis M. Porcius Juvenalis [.....].

Aurès, *Bull. des Ant.*, 1872, p. 101. — Hirschfeld, *C.*, XII, 3124, — Germer-Durand et Allmer, *Hist. de Lang.*, XV, *Nimes*, 63 et 522.

« Aux Proxumes, Marcus Porcius Juvenalis...... ».

26. — Trouvée à Nimes. — Au musée.

Proxumis Quintina et Vr[.....].

Aurès, *Bull. des Ant*, 1872, p. 101.— Hirschfeld, *C.*, XII, 3125, « descripsi », et *Add.*, p. 835, « infra nil deest », — Germer-Durand et Allmer, *Hist. de Lang.*, XV. *Nimes*, 16 et 516.

« Aux Proxumes, Quintina et Ve.... ».

27. — Trouvée à Nimes, au quartier de Sainte-Baudille. — Perdue.

PROXVMIS TERTIA

Aurès, *Bull. des Ant.*, 1872, p. 101. — Hirschfeld, *C.*, XII, 3126 — Germer-Durand et Allmer, *Hist. de Lang.*, XV, *Nimes*, 60 et 517.

« Aux Proxumes, Tertia ».

Une auge a été creusée dans la face opposée à l'inscription.

28. — Trouvée à Nimes. — Au musée.

VRASSIA
P·S·V·S·L·M

Hirschfeld, *C.*, XII, 3127, et *Add.*, p. 835, « contuli a. 1886, l. 1: VRASSI///, — Germer-Durand et Allmer, *Hist. de Lang.*, XV, *Nimes*, 75 et 518.

Urassia Proxumis suis votum solvit libens merito.

« Urassia à ses Proxumes, avec reconnaissance en accomplissement de « son vœu ».

Creuly (*Noms gaulois*) lit URASSIS et explique : « Divinité gauloise comme *Ura fons* ». La lecture et l'explication sont aussi fautives l'une que l'autre.

29. — Trouvée à Nimes. — Au musée.

[? *Pri*]*mania* [*P*]*roxumis suis* [*v.*] *s.*

Hirschfeld, *C.*, XII, 3128 et *Add.*, 835. « descripsi « 1886 ». — Germer-Durand et Allmer, *Hist. de Lang.*, XV, *Nimes*, 519.

« Primania (?) à ses Proxumes, avec reconnaissance en accomplissement « de son vœu ».

Le nom de la dévote non sûrement restituable.

Les Proxsumes constituaient, à elles seules, un cycle mythique exclusivement féminin ; leur nom ne se rencontre, il est vrai, qu'au datif pluriel, mais leur représentation, où elles figurent, formant un groupe de trois femmes, ne permet pas de doute.

Leur culte était spécial à quelques cités plus ou moins voisines du bas Rhône : Saint-Paul-trois-Châteaux, Vaison, Orange, Avignon, Arles et surtout Nimes. C'est de Nimes que proviennent les deux tiers des inscriptions qui les rappellent. Ce culte paraît avoir été essentiellement domestique ; très souvent l'adorateur des Proxsumes les invoque comme « siennes »: *Proxsumis suis*. Selon Aurès, leur culte aurait été celui des aïeules, mais en réalité on ne sait rien de ce que furent les Proxsumes. Elles ne sont jamais dites ni *deae*, ni *Augustae*, ni *Matres*.

L'orthographe du nom au datif varie entre plusieurs formes : *Proxsumis*, *Proxxumis*, *Proxumis*, et même *Proximis*. La plus fréquente est *Proxsumis* ; la plus rare, si ce n'est pas là une erreur de gravure ou de lecture, est *Proximis*.

(*A suivre*).

CHRONIQUE

Le 6 novembre dernier, sous la présidence de M. Chaumié, ministre de l'Instruction publique, a été célébré le cinquantième anniversaire de l'entrée à la Bibliothèque nationale de son administrateur, M. Léopold Delisle, membre de l'Institut. Un vase de Sèvres offert par le Gouvernement et un album d'aquarelles représentant onze vues diverses de la Bibliothèque ont été remis à l'illustre savant au cours de cette solennité. Une fête plus intime avait déjà réuni, le 6 mai précédent, les sociétés de l'Histoire de France et de l'Ecole des Chartes, avec le concours de nombreux représentants d'autres Sociétés savantes de Paris et de province, pour commémorer le cinquantième anniversaire de l'admission de M. Delisle parmi leurs membres et de sa collaboration à leurs travaux. Le Congrès international des bibliothécaires a décidé, en outre, de faire paraître une *Bibliographie générale des ouvrages et des articles publiés par M. Léopold Delisle*. La rédaction de ce travail a été confiée à M. Paul Lacombe.

Le 19 de ce même mois, une délégation composée de MM. Gaston Boissier, secrétaire perpétuel de l'Académie française, Michel Bréal, René Cagnat, Maxime Collignon, Alfred Croiset, Paul Foucart, Th. Homolle, Léon Heuzey, Edmond Pottier, Salomon Reinach, membres de l'Institut; Victor Bérard, Maurice Croiset, Gustave Fougères, Paul Jamot, Vidal de la Blache, etc., s'est rendue, d'autre part, à l'École normale supérieure pour fêter le cinquantenaire de l'admission de M. Georges Perrot à cette Ecole, qu'il dirige depuis vingt ans. L'éminent historien de *l'Art dans l'antiquité* a reçu, à cette occasion, en même temps que les vœux de ses confrères, de ses anciens élèves et de ses amis, le premier exemplaire d'un splendide volume de *Mélanges* portant son nom, et dû à la collaboration de cinquante-trois savants français ou étrangers. La *Revue épigraphique* s'associe bien modestement, mais en toute cordialité, aux témoignages de respectueuse sympathie et d'admiration dont M. Léopold Delisle et M. Georges Perrot viennent d'être l'objet.

Dans le courant de la nuit du 18 au 19 novembre, le Cabinet des médailles de Marseille a été victime d'un vol audacieux, dont les auteurs sont restés introuvables. Les pièces disparues, presque toutes en or, atteignent le chiffre de 783, et les plus précieuses se répartissent de la sorte: Provence romaine, 13; Provence franque, 13; Provence indépendante, 43; Provence seigneuriale, 23; papes et légats d'Avignon, 35; Provence royale, 78; médailles historiques de Provence, 10; personnages remarquables de Provence, 2; monnaies françaises, 132: grands maîtres de l'ordre de St-Jean-de-Jérusalem, 29; monnaies grecques et coloniales, 2; monnaies romaines, 133; monnaies de l'empire d'Orient, 31. La rareté de quelques-unes de ces pièces, parmi lesquelles se trouvait la demi-augustale de Charles Ier, rend leur perte inappréciable. Il est à craindre que la ville de Marseille ne puisse, de longtemps, les remplacer.

NÉCROLOGIE

M. Eugène MUNTZ, né à Soulz sous-Forêts (Alsace), le 11 juin 1845, membre de l'Académie des Inscriptions et Belles-Lettres et du Conseil supérieur des Beaux-Arts, chevalier de la Légion d'honneur, est mort à Paris le 30 octobre dernier, en pleine vigueur intellectuelle et, sans doute, de l'écrasant labeur auquel il s'astreignait. M. Müntz fut un historien puissant de l'art, plus épris de documents que de brillante littérature. L'œuvre qu'il laisse lui survivra.

M. Louis BLANCARD, correspondant de l'Institut, archiviste en chef honoraire des Bouches-du-Rhône, chevalier de la Légion d'honneur, est mort à Marseille, le 27 octobre dernier, à l'âge de 71 ans. La Provence perd en lui un de ceux qui ont le plus étudié et le mieux connu sa numismatique et son histoire.

ESPÉRANDIEU,

Correspondant de l'Institut.

Vienne, imp. Savigné — Ogeret et Martin, succ[rs]. — Le Gérant: J. OGERET.

Planche XVIII

Autel à un MARS local

(Revue épigraphique, t. 4 p. 277).

REVUE

ÉPIGRAPHIQUE

Nº 107. — Octobre, Novembre, Décembre 1902

Serviers (Gard). — *Lyon.* — *L'Auvergne.*
ALLMER. — *Les dieux de la Gaule Celtique* (suite).
Tables du tome IV.

1513

Autel à un Mars local

Renseignements de M. Ulysse DUMAS, membre de l'Académie de Nimes, à Baron (Gard). Notre copie sur un moulage que M. Salomon REINACH, membre de l'Institut, conservateur du musée de St-Germain-en-Laye, a bien voulu nous communiquer. (Voir la planche XVIII reproduisant une photographie, faite par nous, de ce moulage).

Serviers. — Autel en pierre du pays, avec base et couronnement, trouvé sur le territoire de la commune de Serviers (Gard), «dans un champ appartenant à M. Verdier et situé dans l'angle sud-ouest formé par le croisement des routes de Foissac à Saint-Quentin-la-Poterie et de Serviers à Labaume, à 150 mètres environ du pont jeté sur le ruisseau de Seynes ». Conservé à Baron, chez M. Ulysse Dumas. Hauteur, 0 m. 225; largeur, 0 m. 115; épaisseur, 0 m. 075. Hauteur des lettres, 0 m. 22 aux deux premières lignes, 0 m. 015 aux lignes suivantes :

m a R T I
. G I O
C·BAEBIVS
FELIXS
V·S·L·M

A la seconde ligne, l'avant dernière lettre est douteuse : peut-être un T ou un L, mais préférablement un I.

[*Ma*]*rti* [*?U*]*gio*; *C*(*aius*) *Baebius Felixs v*(*otum*) *s*(*olvit*) *l*(*ibens*) *m*(*erito*).
« A Mars Ugius (?) : Caius Baebius Felix, avec reconnaissance en accomplissement de son vœu ».

Il s'agit d'un Mars local dont le surnom, qui ferait le principal intérêt de ce petit texte, ne peut pas être restitué d'une manière certaine. Nous croyons cependant que la lacune, à la seconde ligne, n'est que d'une lettre. Il semble même qu'on en distingue la trace inférieure sous une forme aiguë qui conduirait à la lecture d'un V. Mais il n'existe pas de désignation topique pouvant être rapprochée de la lecture *Ugius* et de nature, par suite, à la faire accepter. On ne saurait dire, non plus, quel détail de topographie ou quelle force de la nature furent personnifiés par ce dieu Mars. M. Ulysse Dumas, qui s'est livré sur place à une enquête minutieuse, nous signale, seulement, à 400 ou 500 mètres au nord du point où a été faite la trouvaille, un gouffre profond, désigné dans le pays sous le nom de *gour de Conca*, et creusé par les eaux d'une petite rivière, la Seynes, dans le calcaire néocomien qui borde ses deux rives. Ce gouffre, que les habitants considèrent comme funeste aux baigneurs, a pu, dans l'antiquité, inspirer aussi de la crainte et être connu sous un autre nom. C'est même d'autant plus probable, que celui qu'il porte est moins une désignation particulière qu'un terme générique pouvant s'appliquer, dans le midi de la France, à tous les gouffres de forme circulaire rappelant celle d'un bassin de cuivre d'un modèle spécial appelé *conca*. La *conca* d'Ugius (?) a pu devenir simplement la *Conca* et, plus tard, le gouffre ou *gour* de *Conca*. Si cette hypothèse, que nous reconnaissons nous-même fort hardie, était justifiée, on pourrait y trouver un argument en faveur de cette présomption de M. Camille Jullian que « le nom de Mars, au moins en Gaule, a pu s'appliquer à des divinités de sources ». (Voy. ci-dessus, p. 260).

Encore que rustiques, les lettres du petit autel que possède M. Dumas ne sont vraisemblablement pas postérieures au temps d'Auguste. La forme de la plupart d'entre elles et l'archaïsme X S pour X, très rare dans le mot *Felix*, paraissent le prouver. Il importe cependant de se souvenir que cet archaïsme, dont un senatus-consulte de l'an 185 avant notre ère et la quatrième inscription du tombeau des Scipions offrent des exemples, a traversé toute l'antiquité, sinon dans la langue classique, où il cessa d'être employé au commencement de l'Empire, du moins dans la langue vulgaire. On sait d'ailleurs qu'il en fut surtout fait usage, à partir du cinquième siècle, sur les marbres chrétiens de la Gaule, quand cette langue vulgaire prévalut.

1514

Statue d'un prêtre à l'autel de deux princes régnants,
près le temple de Rome et des Augustes, au confluent de la Saône et du Rhône

Copie et renseignements de M. Dissard, conservateur des musées archéologiques de Lyon, communiqués, par M. Héron de Villefosse, membre de l'Institut, à la Section d'Archéologie du Comité des travaux historiques (*Extrait des procès-verbaux*, décembre 1902, p. IX).

« Bloc de calcaire blanc, retaillé en forme de meule et percé d'une ouverture circulaire pour servir de pressoir à huile, trouvé en 1902 à Montluel (Ain), sur le chantier d'un tailleur de pierres. Diamètre, 0 m. 82 ; hauteur des lettres des deux premières lignes, 0 m. 08, des suivantes, 0 m. 06. Conservé au musée de Lyon ».

. . . .
*omn*I B HON C *ribus*
*ap*VD SVOS FVN *cto*
*sa*CERDOTI APVD AR*am*
CAE *sar* VM
*a*D TEMPLVM ROM*ae*
*e*T AVGVSTORV*m*
*tres p*ROVINC' G*alliae*

« Lettres très belles et assez profondément gravées ». Restitutions de M. Héron de Villefosse.

. . . *omn*]*ibus hono*[*ribus ap*]*ud suos fun*[*cto, sa*]*cerdoti apud ar*[*am*] *Cae*[*sar*]*um* [*a*]*d templum Rom*[*ae e*]*t Augustoru*[*m. Tres p*]*rovinc*(*iae*) *G*[*alliae*].

« A..... parvenu dans sa cité à tous les honneurs (municipaux), prêtre à l'autel des Césars au temple de Rome et des Augustes. Les trois provinces de la Gaule ».

Cette inscription vient s'ajouter à la très courte liste de celles qui distinguent entre un autel et un temple, l'un et l'autre situés dans le *pagus* de Condate, au confluent de la Saône et du Rhône. (*C. I. L.* XIII, n°s 1702 et 1712). Elle contribue à prouver qu'il y avait à la fois, en ce lieu, un autel affecté au culte de l'empereur régnant et un temple consacré aux empereurs divinisés. D'après Allmer, cet autel et ce temple auraient été placés derrière, et plus ou moins près, de l'église Saint-Polycarpe actuelle. Les colonnes surmontées de Victoires ailées qui se trouvaient, ainsi que l'attestent de nombreuses monnaies aux effigies d'Auguste, de Tibère, de Claude et de Néron, de part et d'autre du massif quadrangulaire formant l'autel proprement dit, plus large que haut, existent peut-être encore et soutiennent les angles du chœur de l'église d'Ainay. On possède, en tout cas, de notables parties du revêtement de marbre qui décorait les faces de ce massif. Sur l'une d'elles se lisent même les lettres RO, commencement presque certain de l'épigraphe *Romae et Augusto* que les monnaies fournissent également. (Voir Allmer, *Musée de Lyon*, 2, p. 25)

Le pluriel *Caesarum*, dans l'inscription qui précède, indique deux empereurs régnant ensemble. La beauté des lettres peut faire supposer qu'il s'agit de Marc-Aurèle et de Vérus.

1515

Estampilles sur poterie rouge

Copies communiquées par M. E. KUHN, receveur à Marcillat (Allier).

Auvergne (*suite*). — Voy. ci-dessus, p. 267.

DACCMINVS Gr. patère. Les Martres.
DACCIV Bol. — (736 *a*).
DACCIV(OF)I Gr. bol. Clermont. (cf. 736)
DAGO Bol. — (740 *d*).
DAGOMARVS F Gr. patère. Les Martres. Clermont (740 *b*).
DAIMVSI Patère. Vichy.
DAISTOF Bol. Clermont.
D(AM) — — Mont-Dore. (743 *h*7).
D(AM)O — — Lezoux. (743 *g*4).
DAMO Patène, bol. Clermont. (743 *l* 2)
D(AM)ON Patère, — — (743 *g*3).
D(AM)oN Patène. — (cf. 743).
F·D(AM)ON Patère. Les Martres. (cf. 743 *n* 8).
D(AM)ONVS — Clermont. (743 *b*).
DAMONVS F — — (cf. 743).
D(AM)ONVS F Plat. — (743 *m*).
D(AM)ONI Gr. plat. — (743 *f* 2).
DARIBIT(VS) Patère. — (749).
DECMANI — Auvergne. (764 *f*).
DECVMINI·M Gr. plat. Les Martres. (cf. 766).
DEMO(MT)C Patère. Vichy. (cf. 767).
(O·)DI Petit bol. Auvergne.
DILLIS(?) — Les Martres.
DIOCHNIO Petit bol. Les Martres. (cf. 780, 781).
DIOCHNILIS Patère, bol. Clermont, Les Martres (cf. 780).
DIOCHNLIS(S retr.) Patère. Les Martres. (cf. 780).
ΔIOCIMI·O Gr. plat. Lezoux.
DIOECIT Patère. Clermont.
DIOR·F — Auvergne.
DIVICATVS Gr. plat. patère. Clermont. (788 *a*).
DIVICINI Petit bol. — (cf. 789).
DIVIVS Patène. Vichy.
DOCCALI Patère. Clermont. (794 *c*).
DOCCALI M Petit bol. — (794 *a*).
DOCCALVS — — (cf. 794).
DOCILISI Moule. Auvergne. (cf. 797).
DOHCCI·O Vase orné. Clermont, Les Martres. (cf. 801).
DOIVI F Petit bol. Les Martres. (cf. 804 2).
DOM·M Patère. Clermont. (cf. 803 à 808).
DOMETOT Petite patère. Les Martres. (cf. 804).
DOMETOM Bol. Clermont. (cf. 804).
DOMIN Plat. Les Martres.
DO(NN)A(N retr.) Gr. plat. Les Martres (cf. 812).
DO(NN)(AV)C·F Petit bol. — (812 *a*).
DO(NN)(AV)CI — — (813 *k*).

DONII Petit bol. Clermont. (804 *b*).
DO(NN)I(N retr.) Patère. —
DO(NN)VCI Bol. — (cf. 812).
DRAVCVS·F Gr. patère. Les Martres. (cf. 820).
DRAVCI Patère. Clermont. (820 *a*).
DRIPPI·M·A — Auvergne.
DVBIA Moule. — (cf. 826).

OF EICI Patène. —
ELIANIM Gr. patère. Clermont.
ELPIDI Patère. Vichy.
ELVIINI·(MA) — Clermont.
ELSIANI F — Auvergne.
ENICI Bol. Clermont. (cf. 860 ?).
ERINICVS Petit bol. Les Martres.
ERISVS·F Patère. Vichy.
ESC·VS F — Clermont. (cf. 865).
OFFEV — — (cf. 869 à 872).
EXII Petit bol. —

F·FAGER Gr. bol. Vichy.
FELICIS Patère. Clermont. (889 *l* 3).
FIRMO Petit bol. — (900 *a*).
FLAMMAEM Coupe. —
FLAVOS Patère. —
FORTIS Lampe. Clermont, Lezoux.
OF·FRO Patère. — (cf. 920).
OFFVCE Gr. patère — (923 *a*).
FVSCIM Gr. plat. — (927 *e* ?).
GEMINM Vase orné. Clermont. (cf. 955).
GENETII Gr. bol. Clermont. (cf. 958).
GE(NE)ALIS Patère. Les Martres. (cf. 959).
GENIALIS Petit bol. — (959 *e*).
GIINIALI·M Gr. plat. Lezoux. (cf. 959).
GENIALIS·M Patène. Les Martres (cf. 959).
GENIV Petit bol. — (cf. 961).
GIA·A·R Petit bol. Clermont.

HABILIS·F Petit bol. Les Martres (cf. 982).
HASSVS Patère. Auvergne.
IIILARI Petit bol. Clermont.
(HO)MODO... Gr. plat. Les Martres. (cf. 987).

OF IAB Petit bol. Clermont, Vichy (cf. 996).
IABI — — (cf. 996).
IABVS F Patère. — (cf. 996).
IADNVS F — Les Martres.
IAMOC Petit bol. Clermont.
IANICNI Gr. plat. Auvergne.
IANVARI Bol. Les Martres. (cf. 1002).
IANVARIS Coupe. — (1000).
IANVARIS·O(retr.) Vase orné. Lezoux. (cf. 1000).
ICCINI Petit bol. Clermont.
ICCINI(AM)O Patène. Auvergne.
IC·INI·(AMA) Bol. Clermont.
IGINI(AMA) — —
ICCIVS F Patère. —
IDNIDI·O Patène. Les Martres
IEM Petit bol. Clermont.
IIOITIOF Patère. —
ILLIM — — (1021 *a*).

ILLIO·M Gr. bol. Clermont. (cf. 1020).
ILIO(MA)R Bol. — (1020 *c*).
ILLIOMARI Patère. — (cf. 1020).
IMIMOI — —
I(NA)FI Petit bol. —
I(NA)ILIO Patère. Les Martres.
INANI (retr.). Petit bol. Clermont.
INDICITI Bol. Les Martres.
OF IN Petit bol. Clermont. (1028).
OFINC·I Bol. — (cf. 1032).
OFINCE Gr. plat. — (cf. 1032).
OFFIC·IN(GE)N — — (1032 *dd*).
INGEN Bol. — (1032 *a*).
INGENVI Patène. — (1032 *c* 1).
INIMILI Petit bol. Les Martres.
INIRINIS Patère. Clermont.
INIRRIMI (N retr.) — —
INIXI Bol. —
IOE/ALIS Gr. bol. Les Martres. (cf. 1043).
IORNALIS F Petit bol. — (cf. 1043).
IOV — Clermont. (cf. 1047 à 1050).
OFFIRCE Patère. —
IR(TH)INVS F Gr. plat. Les Martres.
OFISIDI Patère. Clermont.
ISMINI Petit bol. Auvergne.
ISMITVAC — Les Martres. (cf. 508).
OF MA(TV)G Bol. patère. Clermont. (cf. 1314).

(*A suivre*).

DIEUX DE LA GAULE

par Auguste ALLMER

I. — LES DIEUX DE LA GAULE CELTIQUE (suite).

1516

QUADRIVIAE voir BIVIAE

1517

Mars RANDOSATES

Province d'Aquitaine prolongée (civitas des Arvernes; *Augustonemetum*, Clermont).

Patère d'argent trouvée auprès du gué de la Dore, à Taragnat, dans une carrière de sable, près de la rivière d'Allier, commune de Crevant, canton de Lezoux, dép. du Puy-de-Dôme. Au fond du vase, un oiseau becquetant une baie, et, autour de ce sujet, une inscription circulaire gravée au pointillé, les mots séparés par des palmes inclinées.

MARTI❦RANDOSATI❦BASSINVS❦BASSVLI❦F❦V❦S❦L❦M

C. I. L. XIII, 1516. — Chassaing, *Ant. de Fr.*, 1872, p. 75. — De Villefosse, *Bull. épigr.*, 1881, communication du docteur Plicque.

Marti Randosati, Bassinus, Bassuli filius, votum solvit libens merito.

« A Mars Randosates, Bassinus, fils de Bassulus, avec reconnaissance en accomplissement de son vœu ».

« Le lieu où le vase a été découvert est voisin de Randon, chef-lieu de canton de l'arrondissement de Lyon; n'y aurait-il pas un rapprochement à faire entre le nom du dieu et le nom de la localité? »

1518

RATH?

Province d'Aquitaine prolongée (civitas des Pictaves; *Limonum*, Poitiers).

Trouvée au lieu dit Vieux-Poitiers, commune de Cenon, canton de Vouneuil, arr. de Chatellerault, dép. de la Vienne. L'inscription gravée vers le milieu d'une stèle brute pointue au sommet, encore debout sur les bords du Clain, affluent de la Vienne. Hauteur, 4 mètres; largeur à la base, 1 m. 68 ; à la pointe, 0 m. 45 ; épaisseur, 0 m. 60.

Fac-similé de Pictet :

RATIN BRIVATIOM
FRONTV·TARBEISON o S
IEVRV

Pictet, *Inscript. gaul.*, 1859, pp. 13 et 48 ; l'I et le premier jambage de l'N de RATIN, le V et l'A de BRIVATIOM, l'N et le T de FRONTV, liés en monogrammes ; la lettre après TARBE un I ou un L ; l'S, à la suite, réduite à sa partie inférieure; les E fermés et ressemblant à des *theta* carrés.

Fac-similé du *Dictionnaire archéologique de la Gaule* :

RAT-N BRIVATIOM
FRONTV·TARBE ι SONIOS
IEVRV

Dictionn. archéol. de la Gaule, époque celtique, 1875; le fac-similé paraissant fait avec plus de soins que celui des *Inscriptions gauloises*; le T et l'N du premier mot joints l'un à l'autre par un trait horizontal pouvant faire le monogramme THN, et alors: RATHN; le V et l'A de BRIVATIOM, l'N et le T de FRONTV, liés; la lettre après TARBE incomplète en bas, et un I ou un L; l'O de NIOS, petit et coupant l'I par le milieu de sa hauteur; les E fermés par devant. — Espérandieu, *Epigr. rom. du Poitou*, 1888, pp. 107 et suiv. avec une bibliographie complète.

En présence de deux fac-similés discordants, on ne peut se soustraire à la perplexité. Celui du *Dictionnaire*, fait le dernier, et d'une manière plus soignée, à ce qu'il semble, paraît devoir être en droit de mériter la préférence, si ce n'est cependant que le groupe initial RAT-N qui, bien que complet, ne forme pas un mot articulable, est peut-être à sacrifier à RATIN, adopté d'ailleurs par la plupart des commentateurs, même par les auteurs du *Dictionnaire archéologique*, en contradiction avec leur propre copie. Il y a donc à hésiter entre deux lectures :

Rathn brivatiom Frontu Tarbe[i]sonios ou *Tarbe[l]sonios ieuru* ;
Ratin brivatiom Frontu Tarbe[i]sonios ou *Tarbe[l]sonios ieuru.*

C'est-à-dire, d'après la première lecture :

« A Ratho, Fronto, fils de Tarbeisonos *ou* de Tarbelsonos consacre ce ponceau ».

Où, d'après la seconde:

« Fronto, fils de Tarbeisonos *ou* de Tarbelsonos consacre ce bateau-passerelle ».

Beaucoup d'interprétations de ce petit texte, très différentes les unes des autres, ont été proposées. Les meilleures pèchent presque toutes en ce qu'elles prennent la forme adjective du nom du père du consécrateur pour le nom même, et traduisent fautivement TARBELSONIOS par « fils de Tarbelsonios », au lieu de « fils de Tarbelsonos », oubliant que l'*i* de circonstance, introduit dans la dernière syllabe du nom paternel, n'est autre chose ici que la marque de la filiation. Plusieurs des autres, et non des moins savantes, prêtent simplement à rire : « A la mémoire de Ratinus Brivatus, soldat munitionnaire des vivres, originaire de Tarbes ; Ieuru a élevé ce tombeau » — « A Durat (le chef pictave Duratius des *Commentaires*), né dans cette *briva*, mort à la tête des

Tarbelliens; Ieuru », — « En souvenir de notre bataille, un taureau roux a été sacrifié ici à Ieuru »...

Dans cette pléiade d'étymologistes d'élites Pictet n'a eu garde de manquer. Pour le savant celtiste de Genève, *Frontu Tarbelsonios* est, non pas Fronto fils de Tarbelsonos, mais un Fronto à la voix de taureau (*taurisonus*). Creuly dit aussi : « Tarbelsonios, nom propre gaulois », en méconnaissance de l'usage qui, nous venons de le rappeler, transformait à la suite du nom du fils la syllabe finale *os* du nom du père en *ios*.

D'après la première des deux traductions ci-dessus présentées, le premier mot de l'inscription serait le nom. au datif de la divinité, dieu ou déesse, à qui était dédié l'objet donné. Cet objet serait peut-être un pont, et plus précisément, si *brivatiom* est une forme diminutive de *briva*, un ponceau, une passerelle.

D'après la seconde, Fronto aurait consacré à une divinité, non nommée dans le texte quoique complet, une chose désignée par les mots *ratin brivatiom*, à traduire, peut-être, en latin par *ratem ponti em* : un bateau ayant rapport à un pont et alors, vraisemblablement, un bateau servant de support à un pont, une passerelle appuyée sur un bateau. Il s'agirait d'une passerelle en bois pour traverser le Clain, sur le bord duquel la borne est restée plantée.

Les nombreuses lettres liées, le nom romain du donateur, l'indication de la filiation par la forme adjective *ios*, toute latine, du nom du père, au lieu de la forme celtique en *cnos* plus ancienne, nous paraissent ne pas pouvoir faire remonter la stèle du Vieux-Poitiers antérieurement à la domination romaine. L'ortographe *ei* pour *i* dans *Tarbeisonios*, si la lecture n'était pas douteuse, en fixerait même l'âge à quelques années avant ou après le commencement de notre ère, tandis que la forme ovale des O indique une époque plus basse, probablement le deuxième siècle.

(A suivre).

TABLES

I. — LIEUX DE PROVENANCE PAR DÉPARTEMENTS

Ain. — *Coligny*. Inscr. celtique, p. 1,22. — *Briord*. Epit., 263.

Aisne. — *Leury*. Cuillère votive, 134. — *Montceau-le-Neuf*. Coupe de verre à inscription bachique,136 ; vase de terre avec inscription grecque, 136. —*Saint-Quentin*. Autel à Vulcain, 188. — *Soissons*. Vase de terre à inscription bachique, 135.

Allier. — *Néris*. Cachet d'oculiste, 185; légende poinçonnée sur une bague, 232. — *Saint-Bonnet-Iseure*. Marques d'amphores, 238.

Alpes-Maritimes. — *Fréjus*. Inscr. relative à un tombeau de famille, 82 ; épit. 261, 262. — *Mougins*. Sceau en bronze, 152. — *Saint-Cassien*. Epit. 261. — *Vence*. Epit., 126.

Ardèche. — *Aps*. Inscr. relative à des travaux de route, 148.

Aude. — *Montfort*. Autel à Jupiter, 195; épit., 194, 195. — *Narbonne*. Fragm. d'inscr. votive, 92 ; fragm. faisant mention d'un sévir augustal, 215; épit. de deux gladiateurs, 130 ; épit. avec formule prohibitive, 93 ; épit. en vers, 219 ; épit. chrétiennes, 51, 92, 93 ; épit. 19, 51, 214, 215, 216. — *Roquefort des Corbières*. Milliaire de Constantin et de Licinius le père sur la route de Narbonne à la frontière d'Espagne, 17. — *Sigean*. Marque de fabrique, 516.

Basses-Alpes. — *Puimoisson*. Epit., 152.

Bouches-du-Rhône. — *Aix*. Milliaires d'Antonin-le-Pieux, de la voie Aurélienne, 126 ; épit., 126. — *Arles*. Cachet d'oculiste, 231 ; épit., 26, 123, 126, 218 ; lampe en terre avec marque grecque, 152. — *Les Baux*. Fragm., 534. — *Gardanne*. Autel à Liber Pater, 129. — *Gréasque*. Autel à Belenus, 131. — *Marseille*. Epit. grecque, 124 ; épit. chrétienne, 91. — *Martigues*. Monument en l'honneur de Caligula, 2. — *Maussane*. Milliaire d'Auguste, de la voie Aurélienne, 1. — *Paradou*. Milliaire d'Auguste, de la voie Aurélienne 161. — *Saint-Canadet*. Autel aux Nymphes, 91. — *Trets*. Autel pour la conservation d'un empereur du premier siècle, 151; estampille sur poterie rouge, 238.

Charente Inférieure. — *Saintes*. Autel à Maia, 196 ; cachet d'oculiste, 150.

Cher. — *Bourges*. Fragm. se rapportant à un personnage impérial, 84 ; épit., 227. — *Sagonne*. Autel au Numen impérial et à une divinité locale, 265.

Côte-d'Or. — *Arles*. Frag. de tuile avec marque de fabrique, 36. — *Bessey*. Frag. de tuile au nom de la légion VIIIe Augusta. — *Nuits*. Fragm. de tuiles avec marque de fabrique, 36. — *Pommard*. Fragm. de tuile au nom de la légion VIIIe Augusta, 36.

Deux-Sèvres. — *Rom*. Fragm., 37, 160.

Doubs. — *Mathay*. Milliaire de Trajan, de la voie de Langres à Kemps, 179; milliaire d'Hadrien, de la voie de Langres à Kemps, 181.

Eure. — *Rugles*. Cachet d'oculiste, 219.

Gard. — *Grézan*. Epit., 122. — *Nîmes*. Inscr. celtique, 227; autel à Mercure Depulsorius, 120; épit. d'un curateur de corporations décurion ornamentarius, 120 ; épit. d'un flaminique, 20 ; épit. d'un sévir augustal incorporé 218 ; épit. d'un gladiateur, 217 ; fragm. rappelant la construction d'un sanctuaire, 231; épit., 34, 121, 122, 218. — *Serviers*. Autel à un Mars local, 277.

Gers. — *Lectoure*. Marques diverses, 95 à 103, 125; poids antique, 134 ; épit., 179. — *Preignan*. Epit., 210.

Haute-Garonne. — *Saint-Béat*. Autel, 178. — *Saint-Martory*. Epit., 149.

Haute-Marne. — *Langres.* Epit., 245 à 247.

Haute-Savoie. — *Duin.* Autel à Castor, 193. — *Mésigny.* Epit., 94.

Haute-Vienne. — *Limoges.* Epit., 258.

Hérault. — *Cazouls-lès-Béziers.* Epit. d'un sévir, 33. — *Fabrègues.* Epit., 84. — *Florensac.* Ep t., 230. — *Montagnac.* Epit. celtique en lettres grecques, 83. — *Montbazin.* Inscr. en un lieu frappé de la foudre, 213. — *Villeneuve-lès-Maguelonne.* Epit., 263.

Indre-et-Loire. — *Langeais.* Epit. chrétienne, 6.

Isère. — *Grenoble.* Marque de fabrique avec le monogramme du Christ, 35. — *Vienne.* Epit. chrétienne, 35; épit., 4.

Jura. — *Baume-les-Messieurs.* Cachet d'oculiste, 85.

Loire. — *Montbrison.* Epit., 5.

Loiret. — *Orléans.* Autel au dieu Auguste et au dieu Mocetis, 264.

Marne. — *Reims.* Epit. chrétienne, 204; épit., 145 à 147, 196 à 201, 223 à 225, 234 à 236.

Morbihan. — *Vannes.* Graffite avec nom gaulois, 124.

Oise. — *Chelles.* Epit., 234,

Pas-de-Calais. — *Boulogne-sur-Mer.* Cachet d'oculiste, 266; épit. d'une femme pourvue d'un prénom, 52; épit., 52. — *Thérouanne.* Dédicace au nom de Gordien III, 119.

Puy-de-Dôme. — *Collanges.* Cachet d'oculiste, 189. — Estampilles sur poterie rouge, 267 à 271, 279 à 281.

Rhône. — *Lyon.* Piedestal d'une statue décernée à un prêtre à l'autel de deux princes régnants, près le temple de Rome et des Augustes, 278.. — Disque de bronze inscrit, 5; épit., 21, 89; fragm. divers, 71 à 81. — *Sainte-Colombe-lès-Vienne.* Epit., 21; marque de plombier, 35, 186; marques d'amphores, 236 à 238. — *Saint-Romain-en-Gall.* Marque de fabrique, 134.

Saône-et-Loire. — *Autun.* Autel au dieu Anvallus, 132, 133. — *Châlon-sur-Saône.* Piédestal votif en bronze, 212.

Savoie. — *Les Echelles.* Marque de fabrique sur une tuile, 34.

Seine-Inférieure. — *Rouen.* Epit., 266.

Vaucluse. — *Cadenet.* Autel à Lanovalus, 90. — *Cammaret.* Marque de fabrique sur lampe, 95. — *Orange.* Marque de fabrique sur lampe, 95. — *Vaucluse.* Epit., 131.

Vendée. — *Civray.* Fragm., 93.

Vienne. — *Poitiers.* Marque de bronzier, 186.

Vosges. — *Grand.* Cachets d'oculistes, 182, 184.

ETRANGER

Bavière. — *Hausen.* Autel à Apollon Grannus, 154.

Italie. — *Rome.* Cachets d'oculistes, 248, 249; épit., 127, 159.

Prusse. — *Saalburg.* Cachet d'oculiste, 250.

Suisse. — *Conthey.* Epit., 188. — *Martigny.* Autel à la déesse Salus, 3.

Turquie d'Asie. — *Ancyre.* Inscr. relative à un fonctionnaire des Gaules, 205. — *Daïr el-Gamar.* Lettre d'un haut fonctionnaire aux naviculaires d'Arles, 113.

Macédoine. — *Monastir.* Inscr. rappelant un corps de cataphractaires tirés originairement du pays des Pictaves, 209, 228.

II. — NOMS DE PERSONNES

	Pages
Acutia Epiteuxis...	127
Sex. Aemilius Nigrinus......	132
M. Annius Firminus.........	35
L. Antonius Rufinus........	126
L. At(ius) Rusticus.........	237
C. Atilius Vestalis...........	103
T. Attius Quartus...........	216
Aurelia Pia..............	209
C. Aurelius................	214
L Aurelius Cupitus.........	214
Aurelius Daza............	209
Q. Aurelius Exsoratus.......	214
C. Baebius Felixs...........	277
Q. C(...ius) R(...)..........	237
L. C(..ius) Sol(...).........	237
Caecilia Decumilla.......	20
C. Caesius Rufus............	122
Calpurnius B(..)........	95
Camillius Melissus.......	95
C. Caprilius Sparus.........	193
Cecinia Euporia..........	159
Cellius Catianus..........	145
Sex. Celtilius Sencio.........	90
Tib. Claudius Di(...)........	184
C. Claudius Firmus.........	205
Claudius Philetus.........	179
Connia Nicen...........	263
Connius Tyticus..........	263
Domitia Paterna..........	126
Domitius Papus..........	215
M. Domitius Sequanus.......	4
M. Domitius Urbicus.........	127
M. Domitius Zosimas........	127
L. Eppius..................	99
C. Flavius Secundinus.......	126
C. Flavius Secundus.........	126
M. Frontonius Cintugnatus...	153
Gallius Marcellinus.......	159
Gavia Silvina............	82
Gavia Vera..............	82
Sex. Geminius Pistris........	2
T. Geminius Titanius........	127
L. Janius Sedatianus........	212
Julia Juliane............	123
Julia Primigenia..........	19
Julia Zosime............	195
M. Julius..................	19
P. Julius..................	33
Q. Julius..................	92
M. Julius Apo(...)..........	239
Sex. Julius Baccylus........	129
C. Julius Billicus...........	248
Sex. Julius Callistus........	81
C. Julius Chrysio..........	219
P. Julius Firmo............	33
L. Julius Florus.......	99
C. Julius M(...)...........	237
Julius Natalis............	123
Q. Julius Rufus.............	19
C. Julius Sandyx..........	34
Sex. Julius Sextilianus.......	21
C. Julius Tauricus..........	94
C. Junius Draco............	102
Juventia Pipia...........	122
Sex. Karius Felix...........	130
Sex. Karius Rufus..........	130
L(...ius) Graccus......	228
C. Lu(...ius) Pri(...).......	217
Lucretia Laïs...........	120
L. Manlius Nigrinus........	5
L. Martius	194
M. Nigidius Paternus........	127
Norbaneius Thallus......	133
L. Octavius Silvanus........	214
Ovidia Veneria..........	230
C. Oppius Restitutus.........	95
T. Paternius Martinus.......	84
Paternius Pollio..........	202
Pescennia Silvina........	82
T. Pescennius Gracchus.....	82
Q. Pescennius I...........	82
M. Planius Maxumus.......	51
Pompeia Cantharis.......	123
Pompeia Eutychis........	218
Pompeia Secunda.........	123
T. Pomponius Victor........	3
L. R(...) E(...)...........	238
L. R(...) Martialis..........	186
Q. Ru(..) Cornelius	96
Rutinius Atita...........	238
L. S... Crescens...........	99
Tib. Sabineius Ingenuus.....	4
C. Secundius Vitalis Appa...	132
C. Sempronius Polyclitus....	238
C. St(...ius) La(...)........	239
Q. Statius Hermes.........	152
C. Suiccius Latinus.........	188
P. Suscius.................	238
Terentia Marcella.........	21
L. Tettius Sabinianus.......	231
Teucidia Sabina.........	218
Valeria Hellas...........	122
M. V(...ius) I(...)..........	249
C. Valerius Cosmus.........	122
C. Valerius Crescens........	19
Q. Valerius Flavianus.......	183
L. Valerius Karus..........	231
Valerius Phileros.........	150
L. Valerius Trophimus......	96
Veratia Se(...)..........	214
C. Veratius..............	263
Sex. Veratius..............	90
L. Verrius Pacatus.........	34
Vibius................	238

	Pages
Vigellia Cyne	262
Vigellia Isias	262
Vireia V...ina	4
M. Vitellius Celsus	226
C. Voccius Campanus	35
P. Vongidia Saturnina	52

III. — SURNOMS, NOMS CELTIQUES ET NOMS CHRÉTIENS (1)

	Pages
†Adcennus	34
Adiectus	148
Aeternalis	227
Agathopus	152
†Agecius	6
†Aigullus	6
Albinus	96
Albus	96, 234
Alletinus	83
Alycius	196
Amator	196, 223
Anextlomarus	246
Anicetus	261
Apo(...)	239
Appa	132
Apollinia	218
Astimus	197
Atesmertus	124
Atimetus	102
Atita	238
Atticus	189
Attilus	96
Auctus	194
Aunatus	224
Augustus	197
Aventinus	197
Baccylus	129
Bellatumarus	212
Bergussa	145
Belatonus	198
Bellicus	237
Biatucco	198
Billicus	248
Bio[...]	225
Bocca	198
Borissa	198
Bouda	224
Cadurcus	97
Callistate	81
Callistus	81
Cameiius	246
Campanus	35
Caraθouna	234
Carnonus	83
Carus	261
Cascellius	217
Catianus	145
Cattus	199
Catullus	179
Cavva	199
Celsus	126
Censa	235
Cerialis	200
Chelido	215
Chresimus	97
Chrysio	219
Cinamus	97
Cinto	198
Cintagnatus	153
Cintusmus	247
Clemens	126
Codicarius	212
Coerana	149
Communis	95, 102
Condillus	227
Connus	199
Corinthus	125
Cornelius	96
Cosius	97
Cosmus	122
Cotinus	97
Crescens	19, 99
Creticus	97
Cupitus	214
Cyne	262
Daza	209
Decumilla	20
Demetria	124
Demetrios	124
Demioncus	227
Demonicos	124
Di(...)	184
Dionysius	34
Divixtus	265
Donicatus	97
Draco	102
Dulcis	232
Duteria	147
Eloppo	147
Epiteuxis	127
Eranus	149
Erenius	235
Euphranor	262
Euporia	159
Eutychis	248
Excingorix	227
Eutyches	218
Euticus	98
Exsoratus	214
Exsupera	52

(1) Consulter aussi les listes des pages 267 et suivantes, 279 et suivantes.

	Pages
Famulus	98
Felicio	98
Felix 130,	215
Felixs	277
Firmanus	98
Firminus	35
Firmo	33
Firmus	205
Flaccus	85
Flavianus	183
Flavinus	98
Florina	227
Florus 98,	99
Fortunata	195
Gabrus 204,	224
Gentius	246
Germanus	238
Giamillus	200
Gippa	247
Gracchus	82
Graecus	228
Helena	80
Helenus	196
Heliane	81
Hellas	122
Hellias	81
Hermes	152
Hermione	123
Ingenuus	4
Inpetratus	148
Isias	262
Januaris	182
Jovinchus	225
Jovinus	135
Jucundus	99
Julia	200
Juliane	123
Julius 99,	125
Junianus	236
Junior	94
Justinianus	186
Justinus	258
Karus	231
La(...)	239
Lais	120
Latinus	188
Licinia	84
Licinius	247
Longinus	235
Maior	246
Malivi(..)	202
Marcella 21,	223
Marcellinus	159
†Martha	91
Martia	245
Martialis 186,	202
Martina	234
Martinus	84
Ma00acatus	245

	Pages
Maxumus	51
Melissus	95
Mellita	6
Mercuria	201
Montanus	100
Natalis	123
Nepos	100
Nica	237
Nicen	263
Nigrinus 5	132
Nocturna	224
Nomus	100
Notta	201
Odo?	205
Pacatus	34
Papus	215
Paterna	126
Paternus	127
Peculiaris	197
Phileros	150
Philetus	179
Pia	209
Pipia	122
Pistris	2
Pollio	202
Polyclitus	238
Primigenia	19
Primitivus	202
Primulus	146
Primus 101	134
Privatus	101
Ponticus	237
Publicianus	194
Pusilla	202
Quartus	216
Quirinalis	85
Restitutus	95
Romanus	92
Rufinus	126
Rufus 19, 122	130
Rusticus	237
Rutenus	101
Sabelius	189
Sabina	218
Sabinianus	231
Sabinus	189
Sacio	202
Samutus	101
Sandyx	34
Santa	200
Satta 203	246
Saturnina 52, 140	225
Scapula	125
Secunda 123, 234	235
Secundinus	126
Secundus	126
Sedatinus	212
Sedatus	245
Senior	94

	Pages
Sonnus	200
Sentio	90
Sequanus	4
Serenus	129
Serotinus	234
Servatus	91
Sextilianus	21
Silvanus	214
Silanus	265
Silvina	82
Sol(...)	237
Solimarus	34
Sparus	193
Suca	199 204
Sucuelos	227
Tauricus	94
Tetricus	235
Thallus	133
Titianus	127
Titulla	6
Togenetus	147
Trophimus	96
Tyticus	203
Ulatugnus	101
Urbicus	127
Ursio	217
Valentinus	190
Valerianus	84
Veneria	230
Vera	82
Verecundus	184
Verus	182
Vestalis	103
Vestinus	103
Vicanus	239
Victor	3
Vitalis	132 247
Vitulus	101
Xanthus	250
Zosimas	127
Zosime	195

IV. — DIVINITÉS

Deus Anvallus, 132, 133. — Augustus, 132, 133, 264. — Belenus, 131. — Castor Auguste, 193. — La Fortune, 195. — Fulgur divom, 213. — Apollon Granus, 135. — Heracles, 136. — Hygie, 135. — Les Junons de Néris, 7. — Jupiter à la roue, 7. — Mars Lacavus, 11, 99. — Larraso, 12. — Lavaratus, 13. — Letinno. 23. — Mars Leucimalacus, 23. — Mars Leucetius, 23. — Mars Leusdrinus, 13. — Liber Pater, 129. — Litavis, 23. — Locitos, 24. — Lug, 25. — Lugoves, 24. — Luxovius, 26. — Maglomatonius, 27. — Mercure Magniacus Vellaunus, 38. — Maia, 196. — Maiurrus, 38. — Matrae, Matres, 38, 52. — Matrona, 56. — Matronae, 56. — Menmandutiae, Minmantiae, 57. — Mercure, 160. — Minurae, 57. — Mercurius Moccus, 57. — Mocetis, 264. — Mars Mogetius, 86. — Mogounus, 86. — Deus Moltinus, 86. — Deus Moritasgus, 103. — Mars Mullo, 101. — Mars Nabelcus, 105. — Mercure Depulsorius, 120. — Nantosvelta, 106. — Dea Naria, 106. — Nemausus, 107. — Matres Nemetiales, 136. — Deus Nerius, 136. — Nert..., 138. — Nicarinus, 138. — Numen impérial, 265. — Les Nymphes, 91, 138, 155. 186, 206. — Matrae Obelenses, 207. — Obio, 207. — Mars Ocellus, 207. — Hercule Ogmios, 225, 242. — Les Olatonae, 239. — Mars Olloudius, 239. — Onuava, 240. — Deus ...orevaius, 241. — Osdiavae, 241. — ...otuti (au datif), 241. — Pater, 253. — Perta, 253. — Pipius, 253. — Jupiter Poeninus, 254. — Proxsumae, 271. — Quadruviae, 000. — Mars Randosates, 281. — Rathn?, 282. — Salus, 3. — Sirona, 135. — Dea Soucona, 265. — Dea Temusio. 182. — Mars Ugius (?), 277. — Dea Vienna, 127. — Vulcain, 188, 243.

V. — EMPEREURS

Auguste, p. 1, 161. — Caligula, 2. Constantin, 17. — Gordien, III, 119. — Hadrien, 181. — Licinius le père, 17. — Tacite, 141. — Tetricus, 140. — Trajan, 179, 192. — Victorin, 140. — Empereur inconnu du premier siècle, 151.

VI. — PRÊTRES ET CHOSES RELIGIEUSES

Pages

Flaminica Augustalis........ 21
Gutuater.............. 132, 133
Sacerdos.................... 193
Sacerdos Romae et Augustorum..................... 188

Pages

Sacerdos apud aram Caesarum 278
Sacerdotalis................ 120
Sevir................. 33, 120
Sevir Augustalis. 2, 79, 80. 81, 215
Sevir Augustalis corporatus.. 218

VII. — POUVOIRS PUBLICS

Pages

Consuls :

Manius Acilius Glabrio...... 192
Basilius................... 38

Curator civitatis Suessionum. 188
Curator negotiatorum vinario-rum et sevirorum Lugduno consistentium............ 120
Decurio ornamentarius....... 120

Pages

Duumviralibus ornamentis honoratus................ 126
Duumviralis 126, 127
Omnibus honoribus apud suos functus................ 84, 278
Inquisitor Galliarum......... 188
Legatus 188
Praefectus vigilum et armarum..................... 127
Procurator Augustorum ... 3 113

VIII. — CORPS DE TROUPES

Pages

Legio VIII Augusta...... 36, 188
Cohors XVII 5
Equites catafractarii Pictavensses................ 209, 228
Gaesates.................... 190
Centuria Valentini.......... 190

Pages

Praefectus legionis octavae... 188
Praepositus................. 209
Primuspilus................. 188
Centenarius................. 209
Miles....................... 5
Marques sur tuiles.......... 36

IX. — NOMS GÉOGRAPHIQUES

Pages

Pagus Arec(...)........... . 148
Arelatenses................. 113
Avaricum.................... 141
Foroclaudienses Vallenses... 3
Provincia Dacia............. 209
Tres provinciae Galliae...... 278
Colonia Copia Claudia Lugdunum...................... 120
Lugdunum.......... 80, 81, 205

Pages

Mocetes..................... 264
Civitas Morinorum.......... 119
Colonia Narbo............ . 21
Nemausus.................... 21
Civitas Suessionum.......... 188
Urbs........................ 113
Vesontio.................... 179
Vienna................. 36, 186
Civitas Viromanduorum...... 188

X. — PARTICULARITÉS DIVERSES

Pages

Annona...................... 113
Bague avec inscription.. 208, 232
Bonememorius.......... 51, 93
Chat représenté sur une tombe 89

Collyres :

Authemerum ad lippitudinem 231

Pages

Crocodes.................... 85
Crocodes ad aspritudinem.... 249
Crocodes dihynudinum....... 184
Χλωρόν...................... 266
Κυκνάριον................... 266
Cycnium lene................ 150

	Pages
Diacholes ad diatheses.......	231
Diachylum ad caliginem.....	231
Dialepidos ad veteres cicatrices ex tilia...............	182
Diamisus ad aspritudines. 182	250
Diapsoricum delacrimatorium	219
Diasmyrnes................	184
Diasmyrnes post impetum pituitae ex ovo.............	182
Δικέντητον	266
Dicentetum post impetum....	219
Dielaeum lene ad siccam lippitudinem................	219
Dioxsus ad cicatrices........	189
Euvodes ad veteres cicatrices ex tibia...................	182
Fes post impetum..........	219
Italicum ad diatheses........	150
Pantheum..................	248
Penicille ad impetum........	250

	Pages
Solonos lene...............	184
Stractum ad caliginem.......	249
Stactum delacrhrimatorium..	184
Stactum ad scabras genas ...	185
Conliberti.................	261
Faber lapidarius,............	216
Familia....................	261
Femme pourvue d'un prénom.	58
Formule prohibitive..........	93
Murmillo..................	217
Navicularii marini Arelatenses	113
Negotiatores vinarii..........	120
Pedisequus	145
Prosecutores...............	113
Tribu Papiria..............	126
Tribu Pupinia..............	33
Retiarius.................	130
Verna ?...............	145

XI. — DISSERTATIONS

ALLMER. — Dieux de la Gaule Celtique, p. 7, 22, 38, 52, 86, 103, 136, 155, 186, 206, 225, 239, 253, 271, 281. — Lettre à M. André Steyert au sujet des noms de lieux dans la région lyonnaise, p. 87.

CAGNAT. — Inscription d'Ancyre relative à un fonctionnaire des Gaules, p. 205.

HÉRON DE VILLEFOSSE. — Remarques épigraphiques, p. 152.

HIRSCHFELD. — Les Eduens et les Arvernes sous la domination romaine, p. 13, 30, 44, 58. — Supplément à son mémoire sur D. Clodius Albinus, p. 27.

MOREL. — Observations sur le papyrus latin de Genève, n° 1, p. 191.

XII. — NÉCROLOGIE

Auguste Allmer, p. 50, 65, 142. — Jean-François Bladé, 112. — Bulliot, 260. — Maximin Deloche, 112. — Girard, 260. — Emile Huebner, 192. — Louis-Arthur Le Moyne de la Borderie, 192. — Célestin Port, 192. — Ernest de Sarzec, 212. — Ludovic Vallentin, 260. — Karl Zangemeister, 260. — Maxe-Werly, 260.

FIN DU QUATRIÈME VOLUME

ESPÉRANDIEU,
Correspondant de l'Institut.

Vienne, imp. Savigné — Ogeret et Martin, succrs. — Le Gérant : J. OGERET

REVUE
ÉPIGRAPHIQUE

FONDÉE PAR

AUGUSTE ALLMER

VINGT-DEUXIÈME ANNÉE — NUMÉRO QUATRE-VINGT-SEIZE

Janvier, Février, Mars 1900

VIENNE
OGERET & MARTIN
IMPRIMEURS
13, *place de l'Hôtel-de-Ville*, 13

PARIS
ERNEST LEROUX
ÉDITEUR
28, *rue Bonaparte*, 28

L'Administration de la REVUE ÉPIGRAPHIQUE est à l'imprimerie OGERET ET MARTIN, à Vienne (Isère).

CONDITIONS DE L'ABONNEMENT :

La *Revue épigraphique* paraît par fascicules trimestriels de 16 à 24 pages, grand in-8. L'abonnement est annuel et commence au 1er janvier.

PRIX :

France et Etranger. . . . . 4 fr.
Un numéro trimestriel. . . . . . 1 fr. 25

On s'abonne également à la librairie Ernest LEROUX, 28, rue Bonaparte, à Paris, et chez tous les libraires des départements et de l'étranger.

Les nouveaux abonnés ont intérêt à se procurer les quatre numéros de l'année 1899, qui commencent le tome IV de la *Revue*, et dont il ne reste plus que quelques exemplaires.

Les livres ou mémoires d'archéologie nationale dont on enverra un exemplaire au bureau de la *Revue* seront annoncés ou analysés. Toutes les communications, sauf celles administratives, doivent être adressées à M. ESPÉRANDIEU, à Saint-Maixent (Deux-Sèvres).

REVUE ÉPIGRAPHIQUE

FONDÉE PAR

AUGUSTE ALLMER

VINGT DEUXIÈME ANNÉE — NUMÉRO QUATRE-VINGT-DIX-SEPT

Avril, Mai, Juin 1900

VIENNE
OGERET & MARTIN
IMPRIMEURS
13, *place de l'Hôtel-de-Ville*, 13

PARIS
ERNEST LEROUX
ÉDITEUR
28, *rue Bonaparte*, 28

L'Administration de la REVUE ÉPIGRAPHIQUE est à l'imprimerie OGERET ET MARTIN, à Vienne (Isère).

CONDITIONS DE L'ABONNEMENT :

La *Revue épigraphique* paraît par fascicules trimestriels de 16 à 24 pages, grand in-8. L'abonnement est annuel et commence au 1er janvier.

PRIX :

France et Etranger. . . . . 4 fr.
Un numéro trimestriel. . . . . . 1 fr. 25

On s'abonne également à la librairie Ernest LEROUX, 28, rue Bonaparte, à Paris, et chez tous les libraires des départements et de l'étranger.

Les nouveaux abonnés ont intérêt à se procurer les quatre numéros de l'année 1899, qui commencent le tome IV de la *Revue*, et dont il ne reste plus que quelques exemplaires.

Les livres ou mémoires d'archéologie nationale dont on enverra un exemplaire au bureau de la *Revue* seront annoncés ou analysés. Toutes les communications, sauf celles administratives, doivent être adressées à M. ESPÉRANDIEU, à Saint-Maixent (Deux-Sèvres).

REVUE
ÉPIGRAPHIQUE

FONDÉE PAR

AUGUSTE ALLMER

VINGT-DEUXIÈME ANNÉE — NUMÉRO QUATRE-VINGT-DIX-NEUF

Octobre, Novembre, Décembre 1900

VIENNE
OGERET & MARTIN
IMPRIMEURS
13, *place de l'Hôtel-de-Ville*, 13

PARIS
ERNEST LEROUX
ÉDITEUR
28, *rue Bonaparte*, 28

L'Administration de la REVUE ÉPIGRAPHIQUE est à l'imprimerie OGERET ET MARTIN, à Vienne (Isère).

CONDITIONS DE L'ABONNEMENT :

La *Revue épigraphique* paraît par fascicules trimestriels de 16 à 24 pages, grand in-8. L'abonnement est annuel et commence au 1er janvier.

PRIX :

France et Etranger.	4 fr.
Un numéro trimestriel.	1 fr. 25

On s'abonne également à la librairie Ernest LEROUX, 28, rue Bonaparte, à Paris, et chez tous les libraires des départements et de l'étranger.

Les nouveaux abonnés ont intérêt à se procurer les quatre numéros de l'année 1899, qui commencent le tome IV de la *Revue*, et dont il ne reste plus que quelques exemplaires.

Les livres ou mémoires d'archéologie nationale dont on enverra un exemplaire au bureau de la *Revue* seront annoncés ou analysés. Toutes les communications, sauf celles administratives, doivent être adressées à M. ESPÉRANDIEU, à Saint-Maixent (Deux-Sèvres).

REVUE
ÉPIGRAPHIQUE

FONDÉE PAR

AUGUSTE ALLMER

VINGT-TROISIÈME ANNÉE — NUMÉRO CENT

Janvier, Févier, Mars 1901

VIENNE
OGERET & MARTIN
IMPRIMEURS
13, *place de l'Hôtel-de-Ville*, 13

PARIS
ERNEST LEROUX
ÉDITEUR
28, *rue Bonaparte*, 28

L'Administration de la REVUE ÉPIGRAPHIQUE est à l'imprimerie OGERET ET MARTIN, à Vienne (Isère).

CONDITIONS DE L'ABONNEMENT:

La *Revue épigraphique* paraît par fascicules trimestriels de 16 à 24 pages, grand in-8. L'abonnement est annuel et commence au 1er janvier.

PRIX;

France et Etranger.	4 fr.
Un numéro trimestriel.	1 fr. 25

On s'abonne également à la librairie Ernest LEROUX, 28, rue Bonaparte, à Paris, et chez tous les libraires des départements et de l'étranger.

Les livres ou mémoires d'archéologie nationale dont on enverra un exemplaire au bureau de la *Revue* seront annoncés ou analysés. Toutes les communications, sauf celles administratives, doivent être adressées à M. ESPÉRANDIEU, à Saint-Maixent (Deux-Sèvres).

REVUE
ÉPIGRAPHIQUE

FONDÉE PAR

AUGUSTE ALLMER

VINGT-TROISIÈME ANNÉE — NUMÉRO CENT UN

Avril, Mai, Juin 1901

VIENNE
OGERET & MARTIN
IMPRIMEURS
13, *place de l'Hôtel-de-Ville*, 13

PARIS
ERNEST LEROUX
ÉDITEUR
82, *rue Bonaparte*, 82

L'Administration de la REVUE ÉPIGRAPHIQUE est à l'imprimerie OGERET ET MARTIN, à Vienne (Isère).

CONDITIONS DE L'ABONNEMENT :

La *Revue épigraphique* paraît par fascicules trimestriels de 16 à 24 pages, grand in-8. L'abonnement est annuel et commence au 1er janvier.

PRIX :

France et Etranger. . . . . 4 fr.
Un numéro trimestriel. . . . . . 1 fr. 25

On s'abonne également à la librairie Ernest LEROUX, 28, rue Bonaparte, à Paris, et chez tous les libraires des départements et de l'étranger.

Les livres ou mémoires d'archéologie nationale dont on enverra un exemplaire au bureau de la *Revue* seront annoncés ou analysés Toutes les communications, sauf celles administratives, doivent être adressées à M. ÉSPÉRANDIEU, 59, route de Clamart à Vanves (Seine).

REVUE
ÉPIGRAPHIQUE

FONDÉE PAR

AUGUSTE ALLMER

VINGT-TROISIÈME ANNÉE — NUMÉRO CENT DEUX

Juillet, Août, Septembre 1901

VIENNE	PARIS
OGERET & MARTIN	ERNEST LEROUX
IMPRIMEURS	ÉDITEUR
12 et 12 bis, *place du Palais*	82, *rue Bonaparte*, 82

L'Administration de la REVUE ÉPIGRAPHIQUE est à l'imprimerie OGERET ET MARTIN, à Vienne (Isère).

CONDITIONS DE L'ABONNEMENT :

La *Revue épigraphique* paraît par fascicules trimestriels de 16 à 24 pages, grand in-8. L'abonnement est annuel et commence au 1er janvier.

PRIX :

France et Etranger.	4 fr.
Un numéro trimestriel.	1 fr. 25

On s'abonne également à la librairie Ernest LEROUX, 28, rue Bonaparte, à Paris, et chez tous les libraires des départements et de l'étranger.

Les livres ou mémoires d'archéologie nationale dont on enverra un exemplaire au bureau de la *Revue* seront annoncés ou analysés. Toutes les communications, sauf celles administratives, doivent être adressées à M. ESPÉRANDIEU, 59, route de Clamart à Vanves (Seine).

REVUE
ÉPIGRAPHIQUE

FONDÉE PAR

AUGUSTE ALLMER

VINGT-TROISIÈME ANNÉE — NUMÉRO CENT TROIS

Octobre, Novembre, Décembre 1901

VIENNE
OGERET & MARTIN
IMPRIMEURS
12 et 12 bis, *place du Palais*

PARIS
ERNEST LEROUX
ÉDITEUR
28, *rue Bonaparte*, 28

REVUE ÉPIGRAPHIQUE

Directeur : M. Espérandieu, 59, route de Clamart à Vanves (Seine).

Administrateurs : MM. Ogeret & Martin, imprimeurs, à Vienne (Isère).

Conditions de l'Abonnement :

La *Revue épigraphique*, fondée en 1878 par Auguste Allmer, est trimestrielle. L'abonnement est annuel et commence au 1er janvier.

Prix :

France et Etranger. . . . . 4 fr.
Un numéro . . . . 1 fr. 25

Collections de la *Revue*

Tome i. Années 1878 à 1883 ; du n° 1 au n° 26. Épuisé.
Tome ii. Années 1884 à 1889 ; du n° 27 au n° 55. Épuisé.
Tome iii. Années 1890 à 1898 ; du n° 56 au n° 91. Épuisé.

Les numéros 1 à 9, 12, 13, 17, 18, 23, 28, 31 à 33, 35, 59, 62, 64, 70, 71, 75, 76, 78 à 83 et 101 sont épuisés. La Direction de la *Revue* a l'honneur de faire connaître à ceux de ses Lecteurs qui les posséderaient et ne tiendraient pas à les conserver, qu'elle serait heureuse de les reprendre contre une prolongation d'abonnement de six mois pour chaque numéro rendu.

Numéros 10, 11, 19, 28, 35, 56, 58, 60, 61, 62, 66, 67, 69, 73, 74, 77, 91, 96, 97 et 98, dont il nous reste deux exemplaires, 2 francs.

Autres numéros, 1 fr. 50.

Les livres ou mémoires dont on enverra un exemplaire au Directeur de la *Revue* seront annoncés ou analysés.

Par suite de rachats, nous pouvons disposer, aux conditions suivantes, de quelques tomes et fascicules de la *Revue* :

Tome 1. . . . . Epuisé.

Tome 2. . . . . Epuisé.

Tome 3. Quatre exemplaires. L'exemp.(36 fascicules) 40 francs

Les fascicules n°s 4 à 10, 23, 31, 32, 33, 59, 78, 79 et 83 sont épuisés.

Il nous reste encore :

Un exemplaire des fascicules n°s 12, 13, 17, 18, 28, 35, 62, 64, 70, 71, 75, 80, 81 et 82. . . . . 2 fr. 50

Deux exemplaires des fascicules n°s 11, 19, 28, 35, 56, 61, 62, 66, 67, 73, 96 et 98. . . . . 2 francs

Quelques exemplaires des autres fascicules. . . . . 1 fr. 50

Nous demandons à racheter les fascicules qui nous manquent.

Par suite de rachats, nous pouvons disposer, aux conditions suivantes, de quelques tomes et fascicules de la *Revue* :

Tome 1 . . . . Epuisé.

Tome 2 . . . . Epuisé.

Tome 3. Quatre exemplaires. L'exemp (36 fascicules) 40 francs

Les fascicules n°s 1 à 10, 23, 31, 32, 33, 59, 78, 79 et 83 sont épuisés.

Il nous reste encore :

Un exemplaire des fascicules n°s 12, 13, 17, 18, 28, 35, 62, 64, 70, 71, 75, 80, 81 et 82 . . . . 2 fr. 50

Deux exemplaires des fascicules n°s 11, 19, 28, 35, 56, 61, 62, 66, 67, 73, 96 et 98 . . . . 2 francs

Quelques exemplaires des autres fascicules. . . . . 1 fr. 50

Nous demandons à racheter les fascicules qui nous manquent.

Par suite de rachats, nous pouvons disposer, aux conditions suivantes, de quelques tomes et fascicules de la *Revue* :

Tome 1 .... Epuisé.

Tome 2 .... Epuisé.

Tome 3. Quatre exemplaires. L'exemp. (36 fascicules) 35 francs

Les fascicules nos 1 à 10, 23, 31, 32, 33, et 79 sont épuisés.

Il nous reste encore :

Un exemplaire des fascicules nos 17, 28, 35, 62, 70, 71, 78, 79, 80, 81, 82 et 83 .... 2 francs

Deux exemplaires des fascicules nos 11 à 14, 18, 19, 56, 59, 61, 64, 67 et 96 .... 1 fr. 50

Quelques exemplaires des autres fascicules .... 1 fr. 25

Nous demandons à racheter les fascicules qui nous manquent.

Nous prions ceux de nos Souscripteurs qui n'ont pas encore soldé le montant de leur abonnement pour l'année 1900, de vouloir bien le faire parvenir, en un mandat-poste, à l'adresse de MM. OGERET & MARTIN, imprimeurs, à VIENNE (Isère).

Les quittances non recouvrées seront présentées à domicile prochainement *mais avec une majoration de 0 fr. 60, motivée par les frais de poste.*

Par suite de rachats, nous pouvons disposer, aux conditions suivantes, de quelques tomes et fascicules de la *Revue* :

Tome 1 .... Epuisé.

Tome 2. Deux exemplaires. L'exempl. (29 fascicules) 35 francs

Tome 3. Cinq exemplaires. — (36 fascicules) 35 —

Les fascicules n°s 1 à 10, 17, 31, 32, 33, 79 et 96 sont épuisés.

Il nous reste encore :

Un exemplaire des fascicules n°s 23, 28, 35, 62, 80, 81 et 82.................................. 2 francs

Deux exemplaires des fascicules n°s 11 à 14, 18, 19, 59, 64, 67, 70, 71, 74 à 78.................................. 1 fr. 50

Quelques exemplaires des autres fascicules.......... 1 fr. 25

Quelques erreurs typographiques s'étant glissées à la page 85 du dernier Numéro de la *Revue*, nous fournissons aujourd'hui à nos Lecteurs un carton destiné à remplacer les pages 67, 68, 85 et 86.

REVUE
ÉPIGRAPHIQUE

FONDÉE PAR

AUGUSTE ALLMER

VINGT-CINQUIÈME ANNÉE. — NUMÉRO CENT CINQ

Avril, Mai, Juin 1902

VIENNE
OGERET & MARTIN
IMPRIMEURS
12 et 12 bis, *place du Palais*

PARIS
ERNEST LEROUX
ÉDITEUR
28, *rue Bonaparte*, 28

REVUE ÉPIGRAPHIQUE

Directeur : M. ESPÉRANDIEU, 59, route de Clamart à Vanves (Seine).

Administrateurs : MM. OGERET & MARTIN, imprimeurs, à VIENNE (Isère).

CONDITIONS DE L'ABONNEMENT :

La *Revue épigraphique*, fondée en 1878 par Auguste ALLMER, est trimestrielle. L'abonnement est annuel et commence au 1er janvier.

PRIX :

France et Etranger. . . . . 4 fr.
Un numéro . . . . 1 fr. 25

COLLECTIONS DE LA *Revue*

TOME I. Années 1878 à 1883 ; du n° 1 au n° 26. Épuisé.
TOME II. Années 1884 à 1889 ; du n° 27 au n° 55. Épuisé.
TOME III. Années 1890 à 1898 ; du n° 56 au n° 91. Épuisé.

Les numéros 1 à 9, 12, 13, 17, 18, 23, 28, 31 à 33, 35, 59, 62, 64, 70, 71, 75, 76, 78 à 83 et 93 sont épuisés. La Direction de la *Revue* a l'honneur de faire connaître à ceux de ses Lecteurs qui les possèderaient et ne tiendraient pas à les conserver, qu'elle serait heureuse de les reprendre contre une prolongation d'abonnement de trois mois pour chaque numéro rendu.

Numéros 10, 11, 19, 28, 35, 56, 58, 60, 61, 62, 66, 67, 69, 73, 74, 77, 91, 96, 97 et 98, dont il nous reste deux exemplaires, 2 francs.

Autres numéros, 1 fr. 50.

Les livres ou mémoires dont on enverra un exemplaire au Directeur de la *Revue* seront annoncés ou analysés.

REVUE ÉPIGRAPHIQUE

FONDÉE PAR

AUGUSTE ALLMER

—

VINGT-CINQUIÈME ANNÉE. — NUMÉRO CENT SEPT

Octobre, Novembre, Décembre 1902

VIENNE
OGERET & MARTIN
IMPRIMEURS
12 et 12 bis, *place du Palais*

PARIS
ERNEST LEROUX
ÉDITEUR
28, *rue Bonaparte*, 28

www.ingramcontent.com/pod-product-compliance
Lightning Source LLC
LaVergne TN
LVHW011949220826
846092LV00001B/131
9782329703732